社 会 政 策 译 丛

李秉勤　贡森　主编

全球社会政策

——国际组织与未来福利

〔英〕鲍勃·迪肯 与 米歇尔·赫尔斯 保罗·斯塔布斯 著

苗正民　译

商务印书馆
创于1897 The Commercial Press

2013年·北京

Bob Deacon, Michelle Hulse and Paul Stubbs

GLOBAL SOCIAL POLICY

INTERNATIONAL ORGANIZATIONS

AND THE FUTURE OF WELFARE

Sage Publications Ltd 1997

本书根据塞奇出版公司 1997 年版译出

《社会政策译丛》出版说明

经过不懈的努力,《社会政策译丛》终于面世了。作为从事社会政策研究的学者,我们希望这套丛书能够协助广大同行学者、学生、政策实践者以及对社会政策有兴趣的朋友,在浩如烟海的学术著作中,找到一些可供学习或借鉴的线索。

1

"社会政策"(Social Policy)的概念一般有三个涵义:(1)政府用于福利和社会保护的政策,特别是有关教育、医疗卫生、社会保障和住房的政策;(2)福利在一个社会中发展的方式。其涵义比(1)更为广泛,大大超出了政府行为的范畴,包括福利的提出、形成和发展在内的诸多社会及经济条件;(3)针对上述主题的学术研究。

作为政府政策的一个组成部分,任何一个国家都面临着如何为其公民提供必要福利和保障的问题,并不可避免地遇到一定的经济和社会条件的约束,但是作为一个学术领域,社会政策并没有在世界各国得到普遍的认同和发展。当然,这一现象的存在与"社会政策"概念形成的历史和发展有关。

学术界对社会政策的密切关注,始于战后欧洲福利国家的建构。由于各国在意识形态、历史、经济,以及社会条件等方面均存在较大差异,对福利国家的理解也各有不同,于是形成了各具特色的模式。因而,早期针对福利国家的研究带有很强的地域性特征,并多半针对具体的政策。例如，在最先开始系统性研究社会政策的英国，研究的出发点是社会工作与行政管理。主要针对专门从事福利提供、管理和政策执行的人员。实践的发展对理论建设提出了更多的要求。同时，随着传统福利国家模式在很多欧洲国家受到挑战，以福利国家的社会工作和行政管理为主导的社会政策研究首先遇到理论方面的挑战。传统社会福利体系为什么会面临危机？到底什么样的福利体系更能适应社会的发展？福利体系背后的意识形态标准是什么，又如何影响福利体系的构成？这些问题都不断困扰着社会政策研究人员。

在过去几十年中，社会政策研究发生了根本性的变化。一是外延在扩大。其中涉及了社会服务领域的政策及管理实践（包括社会保障、医疗、教育、就业、社区照顾和住房等），各种社会问题（包括犯罪、身残智残、失业、老龄问题等），关于社会弱势群体的问题（包括种族、性别、贫困等）以及对相关问题的集体性社会反映。二是理论向纵深拓展。突破了国家－市场的简单对立，进一步探讨国家－市场的结合（如准市场、公私合营、合作等），加强了对各种非国家因素在社会保障和救助过程中的角色（如志愿及互助机构的福利提供、亲朋及邻里等非正式的救助形式）的研究，从以补偿收入为目标的福利提供向非收入补偿转化（如对社会排斥问题的关注），等等。

迄今为止，社会政策已经发展成一个跨学科的应用研究领域。它广泛借鉴经济学、社会学、心理学、政治学、管理学、史学、哲学以及法学的理论和研究方法来分析社会对社会需求的反应。它主要关注经济、社会及政治领域中与人类所必需的生存条件及其提供方法有关的问题，所涉及的人类基本需求（或福利）包括：食物及居住、可持续性及安全的环境（包括就业、犯罪、环境等）、增进健康及医治病患、对无独立生存能力者提供照顾和支持（包括社区服务）、对个人提供教育和培训，使其有能力融入社会。

2

伴随当前全球化、信息化的发展，以及新型社会关系的产生和社会结构的变动，社会政策理论研究正面临新的挑战和机会。

首先，对转型国家和发展中国家的社会政策研究受到越来越多的重视。在过去二三十年间，转型国家和若干发展中国家和地区的经济快速增长，使它们需要且可能对社会政策给予充分的关注，如政府与市场的关系、社会保障体系的建立、日益扩大的贫富差距所带来的一系列社会问题；同时，经济的发展和对外开放度的扩大增强了发展中国家与世界经济的相互依赖。如何与发达国家的社会政策进行协调，进而实现国际合作，也已经提到议事日程上来，这方面的一些突出的问题，如，移民管理、反贫困、最低工资待遇、最低劳动保护标准等。越来越多的人已经清醒地认识到，经济增长并不能自动带来完善的社会保护。发展中国家与发达国家的社会政策在国际发展中具有同样重要的意义。

其次，对国际社会政策比较研究的需要越来越迫切。尽管较早时期也出现了一些对不同国家社会政策的比较，但比较研究的意义历来存在较大争议。争议的焦点在于各国社会发展的历史背景、政治、经济和社会特点均有不同，把两个或多个国家的政策进行横向比较似乎并没有什么意义。但随着国际或地区间经济一体化的加强，社会政策的相互隔绝似乎已经成为实现经济合作的障碍。特别是经济一体化所带来的劳动力跨国流动已经不可避免地把社会政策纳入一国国际竞争力的组成中来。在社会政策领域进行比较研究的一个代表性人物是艾斯平－安德森（G. Esping-Andersen）。他在20世纪90年代初把福利国家划分为三种主要模式：以工作和个人贡献为主导的法团模式（corporatist regimes），遵循普遍原则的社会民主模式（social democratic regimes），遵循补余原则（residualism）的自由主义模式（liberal regimes），[①]为国际社会政策的比较研究做了开创性的工作，使其受到更广泛的关注，并引导更多的学者进入这一领域。除此以外，在艾斯平－安德森前后还有一些对具体政策的比较，对政策投入产出的比较，对政策执行和政策效果的比较等。[②]

3

随着我国改革开放的进一步深入，许多经济及社会问题已经难以为经济快速增长这个单一的指标所涵盖，摸索中的改革实践显然已经大大超前于理论的发展。当前，较为复杂的社会现象和改革的推进要求跨学科的理论研究，特别是要求针对我国的特点，对改革提供具有预见性和实践意义的指导，从而达到建设小康社会、维护社会稳定、促进市场经济发展的目的。

如前所述，当今社会政策研究的动态体现了社会政策自身的

① 参见艾斯平－安德森，《福利国家的三种模式》，Polity，1990；该作者又于1997年撰写了《转型中的福利国家：全球经济中的国家适应性调整》一书。

② 参见米歇尔（D. Mitchell），《十个福利国家的收入转移》，1991。

跨学科、开放和适应性的理论灵魂。作为本丛书的编者，我们力图在选题过程中体现当前国际社会科学（不仅限于社会政策）发展的这些特征，向人们展示各国来自经济学、社会学、政治学等领域的学者如何面对社会政策研究的需要，跨越学科壁垒，追求实现社会保护的共同目标。

值得指出，社会政策与一国的文化、历史、经济、社会背景紧密相联。各国社会政策方面的学术文献不计其数，由于人力及财力所限，本丛书只可能使读者对这一庞大领域窥见一斑。参与编译工作的各位同仁，以及积极支持本丛书出版的海内外学者的一个最大愿望是，本丛书能够激发读者的兴趣，并鼓励他们沿着书中所能提供的线索攀登社会政策研究的重重山岭。同时，我们以及丛书的若干作者都希望他们的作品能够得到广大中国读者的评论和批评指正，在探讨的过程中共同进步。

借此机会，我们特别感谢英国谢菲尔德大学社会政策系的 Alan Walker 教授、伦敦经济学院社会政策系的 Howard Glennerster 教授、Julian Le Grand 教授、德国 Bielefeld 大学社会学系的 Lutz Leisering 教授、南开大学国际经济研究所的熊性美教授。他们在本丛书的选题和出版过程中提供了很多宝贵的建议和无私的帮助。商务印书馆的张胜纪先生，在丛书的筹划阶段抱病坚持工作，在此表示诚挚的谢意。最后，编者对商务印书馆在关注并推动社会政策研究方面所表现出的远见卓识，表示崇高的敬意。

李秉勤　贡　森

2002 年 4 月 5 日

目　　录

图 目 录

表 目 录

序　言

本书是在原创性研究基础上写成的一本教科书，探讨了一个重要主题。它涉及社会政策的全球化与全球政治的社会化。本书首先要表明的是，国家的社会政策正日益受到全球经济竞争和国际组织（如世界银行）的社会政策的影响；其次，社会政策的内容正日益超越国家界限。全球社会政策由全球社会再分配、全球社会管制及全球社会提供与赋权构成。本教材就人类需求得到满足的程度向学生展示了世界福利的现状；对全球东西南北各种不同的福利制度大相径庭的经历加以概括。本书首次对国际组织的社会政策进行系统审视，并阐述了两个重大的研究项目，其焦点是后共产主义时代社会政策的形成以及国际组织在此过程中在保加利亚、匈牙利、乌克兰和后南斯拉夫国家所起的作用。研究追溯了国际组织内部及相互之间就福利政策的未来而展开的全球性话语，从而重申了社会政策全球化这一主题。

本书的主要对象是社会政策专业的学生，它也可供学术界、政府部门和国际组织中其他专业的同行和学生阅读。发展研究专家也可从我们对发展中国家与发达国家所作的比较和关联性研究中获益。国际组织与国际关系方面的学生将会发现，本书涉及针对这些研究领域的未来而展开的争论。经济学家也应该阅读本书，因为它表明,经济与社会政策之间的选择并非创建数学模型的问题,而是关系到政治价值。政治学家应该阅读本书,因为它表明,作出关键政策决定的场所根本不在各国政府,而在全球性金融组织的内部。苏联与东欧地区研究专家要想了解外来影响之于本地区的重要性,也应该阅读本书。社会学家应该阅读本书,因为它试图对全球水平上的社会性权力关系(social relations of power)和各种话语实践(discursive practices)的性质加以研究。社会政策制定者及其顾问应该阅读本书,从而可以知道哪些制度与机构是他们最能施展自己技能的场所。

本书是将近四年研究工作的最后成果。它得益于我和我的研究助手米歇尔·赫尔斯(Michelle Hulse)所作的研究,即国际组织在后共产主义社会政策的形成过程中所起的作用。我对米歇尔的支持以及她在多次东欧之行中陪伴我表示感谢。参考书目的完善也有赖于她。第五章得益于保罗·斯塔布斯(Paul Stubbs)对后南斯拉夫国家的社会发展与社会重组所作的研究。本章的初稿就是保罗写的。我们三人对利兹都市大学(Leeds Metropolitan University)的社会政策研究基金、纳菲尔德基金会(Nuffield Foundation)的小额资助方案、英国苏联与东欧研究会(British Association of Soviet and East European Studies)所主持的福特基金会(Ford Foundation)资助方案以及英国政府海外发展局(Overseas Development Administration)等所提供的资金支持表示感谢。同时,本书也得益于我在本研究项目的不同阶段对一些国际组织工作的参与,它们就是该项目所研究的对象。我参与的内容包括,担任国际劳工组织捷克斯洛伐克共和国项目、世界银行资助的保加利亚项目、联合国预防性部署部队(UNPREDEP)马其顿使命、联合国社会发展研究所(UNRISD)的联合国社会发展世界高峰会议项目、官方发展资助的北京项目的社会政策顾问,担任欧盟独联体国家技术资助项目(TACIS)的专家,担任欧洲理事会经济与社会事务局(Directorate of Economic and Social Affairs of the Council of Europe)的专家。此类参与加深了我对这些组织在影响社会政策方面的作用的认识,当然也同时耗费了我撰写成本书所需的时间。

在构思的早期阶段,我与菲奥那·威廉姆斯(Fiona Williams)探讨了本书所包含的一些思想。早期的这些交谈有助于本书的撰写。我也受惠于我的学生,我在给他们讲课时试用了本书,他们反映积极,尤其是"我最热情的学生"鲁斯(Ruth)。我已经对米歇尔的功劳作了鸣谢。保罗虽然名义上而言只负责撰写本书的一章,但却成为一个宝贵的合作者和一个非常热情地宣传国际社会政策研究事业的人。我也受惠于其他几位审阅过各个章节初稿、帮助我形成思想并通过传真或电子邮件详细回答问题的人。他们包括阿拉斯泰尔·麦考利(Alastair McCauley)、大卫·唐尼森(David Donnison)、布兰科·米拉诺维奇(Branko Milanovic)、迈克尔·齐雄(Michael Cichon)、山多尔·西波什(Sandor Sipos)、盖伊·斯坦丁(Guy Standing)、米塔·卡斯尔(Mita Castle)和达拉姆·盖尔(Dharam Ghai)。我最新的研究生大卫·钱德勒(David Chandler)所起的作用不可低估,他对一些思想提出了挑战,他的同学佐伊·欧文(Zoe Irving)也提出了一些思想。感谢格里·莱弗里(Gerry Lavery)、格登·约翰斯顿(Gordon Johnston)、艾伦·沃地(Alan Ward)和琼·福布斯(Joan Forbes)在不同的时间为了忍受我谈论本书话题时所带来的乏味而与我共饮了许多啤酒和许多杯红酒。感谢艾莉森·拉维茨(Alison Ravetz)这位支持我的朋友,我在从前的技术学校任教时她一直鼓励我坚持进行研究。我还要感谢玛里琳·哈里森(Marilyn Harrison)对终稿所作的文字处理。米歇尔和我在基辅、布达佩斯、索非亚、巴黎、斯特拉斯堡、布鲁塞尔、日内瓦、纽约和华盛顿的国际组织和政府所采访的一批部长、官员和专业人士对本书贡献巨大。保罗希望对许多在后南斯拉夫国家非政府组织工作的人所作的贡献表示感谢,这些人帮助他形成了有关这一区域的各种思想。他也希望感谢雅思米娜(Jasmina)对他的支持。我将至为感激之情留给琳达(Lynda),她一直坚定地关爱我、支持我,并向我证明:一个人能写成一本书,同时也能不失正常人之心态。

缩 略 语 表

APEC	Asian Pacific Economic Co-operation 亚太经合组织
BWI	Bretton Woods institutions 布雷顿森林机构
CEE	Central East Europe 中东欧
CEET	Centre for Co-operation with Economies in Transition 转型期经济合作中心(经合组织)
CEF	Social Development Fund 社会发展基金(欧洲理事会)
CIS	Confederation of Independent States 独立国家联合体
COE	Council of Europe 欧洲理事会
DGI	External Relations Directorate 对外关系署(欧盟)
DGV	Directorate of Employment, Industrial Relations and Social Affairs 就业、工业关系与社会事务署(欧盟)
EBRD	European Bank for Reconstruction and Development 欧洲复兴开发银行

EC	European Commission 欧盟委员会(欧盟)
ECHO	European Commission Humanitarian Office 欧盟委员会人道援助办事处
ECHR	European Charter of Human Rights 欧洲人权宪章
ECOSOC	Economic and Social Council 经济与社会理事会(联合国)
ECU	European currency unit 欧洲货币单位
ESC	European Social Charter 欧洲社会宪章
EU	European Union 欧盟
FSU	Former Soviet Union 前苏联
FYROM	Former Yugoslav Republic of Macedonia 前南斯拉夫马其顿共和国
GATT	General Agreement on Tariffs and Trade 关税与贸易总协定
GDP	gross domestic product 国内生产总值
GNP	gross national product 国民生产总值
G7	Group of Seven 七国集团
G77	Group of Seventy-seven (industrialized countries)(工业化国家)七十七国集团
HDI	human development index 人类发展指数
IBRD	International Bank for Reconstruction and Development 国际复兴开发银行
ILO	International Labour Organization 国际劳工

组织

IMF	International Monetary Fund 国际货币基金组织
ISSA	International Social Security Association 国际社会保障协会
NAFTA	North Atlantic Free Trade Area 北大西洋自由贸易区
NGO	non-government organization 非政府组织
NIS	new independent states (of the FSU) 前苏联新独立国家
ODA	Overseas Development Agency 海外发展署
OECD	Organization for Economic Co-operation and Development 经合组织
OSCE	Organization for Security and Co-operation in Europe 欧洲安全与合作组织
PAYG	pay as you go 现收现付;预扣所得税
PHARE	assistance for economic restructuring in Central and Eastern Europe (initially only Poland and Hungary) 中东欧经济重建援助(起初只包括波兰与匈牙利)
PIT	Partners in Transition 转型期伙伴(欧盟项目)
TACIS	Technical Assistance Programme to the former republics of the Soviet Union 对前苏联共和国技术援助项目(欧盟)
TNC	transnational co-operation 跨国合作

UNCTAD United Nations Conference on Trade and Development 联合国贸易与发展会议

UNDP United Nations Development Programme 联合国开发计划署

UNECE United Nations Economic Commission for Europe 联合国欧洲经济委员会

UNESCO United Nations Educational, Scientific and Cultural Organization 联合国教科文组织

UNIDO United Nations Industrial Development Organization 联合国工业发展组织

UNHCR United Nations High Commission for Refugees 联合国难民事务高级专员办事处

UNICEF United Nations Children's Fund 联合国儿童基金会

UNPREDEP United Nations Preventive Deployment Force 联合国预防性部署部队

UNPROFOR United Nations Protection Force 联合国保护部队

UNRISD United Nations Research Institute for Social Development 联合国社会发展研究所

WB World Bank 世界银行

WHO World Health Organization 世界卫生组织

WTO World Trade Organization 世界贸易组织

第一章　全球化与社会政策研究

社会政策的全球化与全球政治的社会化

社会政策就其传统而言，关注的是一个国家内部的各种国家与非政府活动，这些活动的目的是为实现社会保护与社会福利而对自由市场运作进行干预。社会政策的中心内容是各种收入转移支付机制(income transfer mechanisms)，借此，就业者可以对那些因为年龄、伤残、家庭负担和市场失灵而被排除在就业之外的人提供支持。

社会政策活动传统上是在一个国家内部进行的，但在目前的世界经济发展阶段已具有超国家与跨国家性质。其原因有几个。国与国之间的经济竞争也许会使有关国家摆脱社会保护方面的经济成本，以增强其竞争性(即实施所谓社会倾销(social dumping))，除非有超国家或全球性管制措施来阻止这种做法(科索宁(Kosonen)，1995)。国际上的移民压力所导致的政治逻辑是：可以用国家之间的转移支付来阻止大规模移民所带来的政治后果(卡斯尔斯(Castles)，1993)。同样，国与国之间资本与劳动的共同市场有可能导致一个超国家权威的诞生，从而在超国家层次上提供国家层次上所不能提供的社会公民权利(social citizenship rights)(鲍伯克(Baubock))。

在目前的全球化阶段,社会政策领域尚没有对国家、超国家和跨国家社会政策所涉及的问题作充足的理论表述与研究。虽然政治学(赫尔德(Held),1991;1995)、社会学(费瑟斯通(Featherstone),1990;斯克莱(Sklair),1991)、经济学(格里菲思和沃尔(Griffiths and Wall),1993;赫斯特和汤普森(Hirst and Thompson),1996;斯特兰奇(Strange),1994;斯塔布斯和昂德希尔(Stubbs and Underhill),1994)和国际关系学(哈利迪(Halliday),1994;肖(Shaw),1994)等学科的学者近年来已经在很大程度上关注全球化问题,但社会政策方面并非如此。欧洲化背景下的超国家问题则属于例外。科莱曼和皮亚乔(Kleiman and Piachaud,1993)、利布弗莱德(Liebfried,1994)等人对次全球化背景下的研究工作作了有益的审视。休伯和斯蒂芬斯(Huber and Stephens,1993)预测了全球经济竞争与欧洲化增强情况下斯堪的纳维亚式社会民主的未来。埃斯平-安德森(Esping-Andersen,1996)也审
2 视了全球化背景下的比较性福利趋势。亚伯拉姆·德斯万(Abram de Swaan,1994)对社会政策作了最为深远的分析,已将视角转移到全球性和跨国性方面。

面对全球性资本的流动,国家政府的势力相对衰减,从而在几个方面对传统的社会政策分析框架提出挑战。

首先,这表明在阐释变化中的社会政策时,应更加关注**超国家与全球性运作者**(*supranational and global actors*)。由于各种社会政策分析框架源于对北方与西方具有经济优势的福利国家的研

究工作，因此，会忽视国际货币基金组织和世界银行等幕后机构的重要性。既然社会政策分析（埃斯平－安德森，1996）正逐渐包括南方与东方那些经济上处于弱势的福利国家，就不应该再忽视这些机构的作用。第四章将说明，这些机构现在对国家社会政策产生重要影响。

其次，该课题出现了一个新的研究领域。该领域包括我们所说的社会政策手段、政策和提供的超国家化或全球化现象。社会政策的超国家化（至少）呈现出三种形式，即超国家管制、超国家再分配和超国家提供。

第一种形式包括一些超国家和全球层次上的机制、手段和政策，其目的是为实现社会保护与福利目标而试图对贸易条款和企业运作加以管制。就全球层次而言，这些手段与政策尚处于初级发展阶段。当此之际，关键问题是，欧盟所实施的对资本主义的社会管制能否被提升到全球性运作领域。一些人（朗和海因斯(Lang and Hines)，1996）认为，关税与贸易总协定和新成立的世贸组织应该关注社会与环境问题。当然，这些问题一直是发展研究的内容。而正是这一领域的学者主张从自由市场结构调整转向具有人情味的社会性管制调整（科尔尼亚等(Cornia et al.)，1987）。我们的意思是，随着 1989 年之后国家官僚集体制的垮台以及全球经济竞争的日趋激烈，传统上与发展研究和贫穷国家相关联的问题也应成为研究发达福利国家的学者的关注对象。福斯特－卡特(Forster-Carter，1993)最近则提出了相反的观点：发展研究应该从其窠臼中脱颖而出，以解决其对全球化过程的分析所引发的问题，达菲尔德(Duffield，1996b)对此表示赞同。

超国家社会政策所呈现的第二种形式为国家之间的再分配形式。从次全球层面而言，该形式已在欧盟内部得到有效实施，即通过结构基金和联合基金在一定程度上保障较富裕地区对较贫穷地区的支持。显而易见，这又与发展研究以及关注全球治理之诞生的学者的研究相重叠。得到大家重视的联合国《人类发展报告》指出，"人类社会正日益呈现出全球化景象。为此，联合国迟早要推出一些全球性机构，以适应（从富国到穷国的）累进所得税制……加强联合国的作用"（联合国开发计划署（UNDP），1992：78）。

3 区的支持。

超国家与全球社会政策的第三种形式是，社会福利提供在国家政府之上的层次上进行。这指的是那些几乎只是在亚全球层次上——尤其在欧洲范围内——所推出的初级阶段措施，即通过某一个在超国家层次上运作的机构，使人们能够有权享受到一项服务或被赋予社会公民权利。联合国难民事务高级专员办事处就是为那些无国籍的人和难民谋求社会福利的。欧洲理事会规定，如果其成员国的公民认为自己的权利受到限制，就有权将其政府告到斯特拉斯堡人权法庭。威尔（Weale，1994）认为，为了抵消人们对外国人"福利旅游"的担心，欧盟应该推出一个适用于所有国家的欧洲安全网社会资助政策。

社会政策的全球化这枚硬币的另一面是全球政治的社会化。换句话说，当今政府间会议的主要议事项目从根本上而言是社会（与环境）问题。譬如，1996 年 6 月的西方七国峰会（国际货币基金组织和世界银行的主席以及联合国秘书长也参加了）决定，在 1996 年秋季于新加坡召开的会议上对自由贸易和"国际上承认的主要劳工标准"之间的关系进行探讨（第六章将报告该次会议的结果)。说到联合国在马其顿的预防性干预工作(迪肯(Deacon),1996),其侧重点是寻求一些社会政策机制,以增强种族分裂状况下的合作(第五章)。图 1.1 描述了全球政治内容的这种变化趋势。

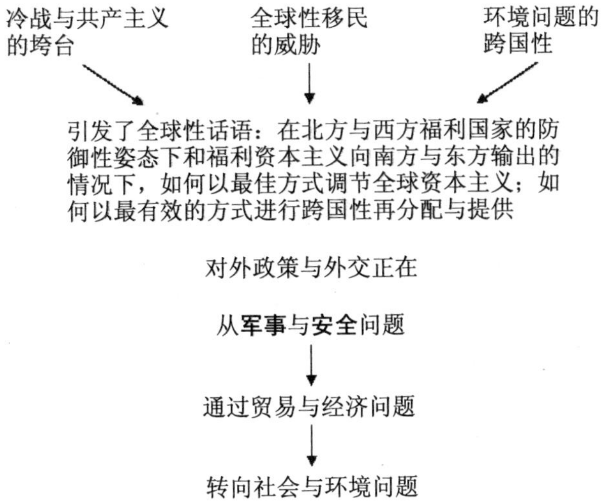
冷战与共产主义
的垮台
全球性移民
的威胁
环境问题的
跨国性
引发了全球性话语：在北方与西方福利国家的防御性姿态下和福利资本主义向南方与东方输出的情况下，如何以最佳方式调节全球资本主义；如何以最有效的方式进行跨国性再分配与提供
对外政策与外交正在
从军事与安全问题
通过贸易与经济问题
转向社会与环境问题

图 1.1　社会政策的全球化与全球政治的社会化

随着冷战的崩溃,国际性移民压力的出现,以及因全球许多地方的社会不稳定而造成的人类苦难等,世界领导人所面对的安全问题实际上就是社会保障问题。当今的首要议事项目就是:取消因信息不灵时代所作的结构性调整而导致的各种债务,为创建全球政治安全实行跨国人道援助,消除欧洲福利国家的"社会保护做法"对经济竞争所造成的"威胁"。1995 年联合国的世界社会发展峰会只不过是对这种情形的一种回应而已。

在本章其余部分，我们将首先比较详细地从社会科学——而不是社会政策——的角度审视全球化过程。接着我们着重讨论前面所说的全球经济竞争力度的增强是否对发达的福利国家造成威胁。然后，我们更加详细地描绘全球社会政策分析的状况。

4 全球化、社会科学与社会政策

随着冷战的终结和“社会主义”这种国家主义式与指令性的经济模式的历史性失败，世界进入了一个新的时期。一方面，可能会出现众多的国家对手或区域贸易战，种族主义与非自由做法（illiberalism）也有增强之势。譬如，乔姆斯基（Chomsky，1993）就描绘了这种悲观的景象。另一方面，有效的国际政治诞生的机会已经到来，其关注对象不是维护国家主权，而是对国家经济体系加以干预，以改善世界人口的福祉。人们不再沉溺于过去 70 年间所谓当今资本主义和当今“社会主义”正反两面已经软弱无力的老生常谈，而是开始寻求全球与社会公正，争取满足世界更多人口的更多人类需求。

促成这一发展趋势的不仅仅是冷战的结束，还有其他因素。其中一个重要因素是，全球日益关注既不会威胁环境也不会影响未来的可持续增长问题。全球化所带来的文化效应包括世界媒体的扩展。我们认为，现在既可以觉察到欧洲与发达世界内部所出现的种族主义情绪，也可以感受到人们对世界上的穷人日益同情，
5 并且希望减轻他们的苦难。此类迹象包括，非政府组织在解决全球再分配与发展问题方面所做的工作不断增加，联合国一些专门

机构的力量在增强，世界银行之类的世界机构日益关注发展中国家贫困的消减（世界银行，1990；1992a）。1995 年的几次联合国峰会聚焦于社会发展与妇女的地位。全球治理委员会（Commission on Global Governance，1995）的前瞻性报告就表明了这一点。我们可以看到，无论是出于人道性同情，还是因为欧洲和其他发达经济国家对自身利益的保护，未来十年里世界改革家的力量将逐渐战胜世界自由放任经济学家的力量。全球经济竞争与全球经济移民对欧洲与其他地方的社会民主和社会市场经济成就所带来的威胁，将促成全球改革呼吁之声，正如一百年前的情形一样：一国内部的贫穷对资本主义的稳定所造成的威胁促使了民族社会改革之举。作为减轻世界贫困与饥饿的慈善行为可能会让位于有体系的超国家政府间干预行为。

在此背景下，社会科学家开始努力理解各种新的全球化过程，同时提出适用于新的世界秩序（或无序）的其他社会、经济与政治战略。**经济学家**已经对经济体系的全球化过程作了描述（卡努瓦等（Carnoy et al.），1993；斯塔布斯和昂德希尔，1994）。随着苏联的垮台，资本积累和竞争的必要性等说法已传遍全球。在其非民主政府半遮半掩的操控下，中国所进行的管制性经济改革正在走向有效竞争的国家资本主义（科尔尼亚，1994；凯里（Kelly），1992）。虽然《可兰经》的教义禁止放债，但亚洲与中东的国家将继续采取迂回曲折的办法；因此，尽管有反西方的呼声，它们仍然希望发展经济。跨国公司的全球投资份额日益增加。由于这些经济过程，民族国家对世界经济活动的影响已不如从前那么重要，尽管人们对这一趋势的发展程度尚有争议（赫斯特和汤普森，1996；皮奇奥托(Picciotto),1991)。本章另一部分将从经济分析的角度进一步阐释这一点,同时说明,发达的福利国家也许会因为全球经济竞争的力量而感到威胁。

为反映这些由经济所驱动的变化,**政治学家**已开始从事两个新的研究领域。一方面,**比较**政治学领域正在拓宽,以包括众多新诞生的民族国家,也常常包括一些亚民族区域(subnational regions)对自主的吁求。另一方面,人们重新感兴趣的是,全球化过程是否可能导致国家主权呈衰落之势(卡米列里和法尔克(Camil-
6 lieri and Falk),1993;史密斯(Smith),1995)。埃文·卢亚德(Evan Luand,1990)首先系统地探讨了这一主题。大卫·赫尔德(1995)在一本重要的著作里对政治全球化之后民主的命运加以关注。赫尔德指出了这种脱节情形:我们现在需要一种世界性的民主体制,但国家的政治制度都存在滞后现象。一方面,在世界舞台上,非民主政体与国家对民主造成威胁。他还指出,世界银行等全球性机构在民主化方面没有取得多少进展。另一方面,地方、国家与超国家决策体系的并行发展为加强民主提供了可能性。各级政府都能够相互遏制对方对权力的滥用。按照这种新的政治学范式,各级政府将会让位于各种势力范围,而这些势力范围由地方、国家、超国家和全球层次上既相互补充又相互抗衡的政治论坛构成。欧洲共同体的运作过程就显示了这一点。在此背景下,社会主义者认为,既需要在欧洲内部、也需要在全球层次上建立民主性规划团体(布莱克本(Blackburn),1990;帕内奇和曼德尔(Panitch and Mandel),1992)。因此,现在不再是“既置身于国家又反对国家”,而是“既置身于国际组织又反对国际组织”了。

政治学家关注超国家现象的发展对民主所构成的挑战，与此同时，**国际关系**领域内的争议也在持续进行。新现实派人士（neo-realists）仍坚持认为（吉尔平（Gilpin），1984；华尔兹（Waltz），1986），全球政治依然是主权国家之间达成各种妥协的产物，而主权国家仍是关键的运作者。国际货币基金组织或世界银行等超国家机构仍然是国家政策的工具（鲁吉（Ruggie），1993）。其他人则认为，在冷战年月也许是如此，而现在的情形是，国际组织已成为改变国际社会的工具，或者至少是对多元化世界社团的一种反映（博德曼（Boardman），1994）。还有人走得更远。斯特朗和张（Strang and Chang）在研究国际货币基金组织时得出的结论是：

> 社会福利，以及更广泛意义上的国内政策，已经日益成为跨国事务。全球标准与全球议程制定（agenda setting）促成了一些国家项目的快速扩展。我们似乎应该认为，形成“福利国家”的话语在一定程度上具有全球性质，而这种话语也诞生于国家社会里普遍存在的规范性模式与正式组织（1993：259）。

本书将支持这一结论，因此可能会被看做是目的不在于研究比较政治学或国际关系，而是研究具有跨国性质的一个政策领域（内格尔（Nagel），1991）。

弗莱德·哈利迪（Fred Halliday）为国际关系课题设计了一个新的研究议程，其中涉及“机构的跨国运作方式，即一些霸权团体具有国际组织的性质”（1994：242）。苏姗·斯特朗（Susan 7
Strang）对她那些持现实观点的朋友呼吁道：“如果不把国家作为

分析单位,不把战争看做是国际体系的主要问题,国际政治经济的教学、研究与著述就要有意思得多。”(1994:218)。马丁·肖(Martin Shaw)认为,“全球社会的发展要求一种新的具有全球责任的政治”(1994:187)。在此背景下,我们需要问的是,世界银行和国际非政府组织等国际机构是站在天使的一边消除世界上的贫困呢,还是站在帝国主义匪徒的一边,用一件新的道德外衣把西方的干预行为伪装起来呢?(钱德勒(Chandler),1996)。对国际关系课题认识的这种转变,的确导致了一种激烈的辩论:正在形成的国际社会或世界社区以及政府间组织所赖以行事的道德说法是什么呢?(惠勒(Wheeler),1996)第六章将对这一辩论加以评价。

女权主义人士对国际关系理论的再认识作出了一项重要的贡献(蒂克纳和摩根索斯(Tickner and Morgenthaus),1991),即认为应该将国际关系重新看做是涉及食品、健康与环境安全的事情,因而看做是主要由妇女做的事情。赋权与人类共享价值之说就反映了这种观点。在同一本书里,奥克伊恩(O'Keohane,1991)也认为,女权主义对国际关系理论的贡献就是要挑战“男性的”主权与权力观念,代之以相互联系与相互促成的观念。

在全球化背景下,**社会学家**,或者至少是那些受到后现代说法影响的人,在其分析工作中都面临一种紧张状况,如果他们希望将其分析加以应用,还会面临一种限制。后现代派的分析与主张意在颂扬社会内部与社会之间的多样性与不同之处。在当今这个充满疑虑、意外与不稳定的时代,所有那些旨在拯救世界的跨国性方案皆遭到抛弃。资本主义、共产主义或理性哲学都不能为各种世界问题提供答案。在鲍曼(Bauman,1991)看来,抗衡资本主义方案的最佳办法就是一种反文化(counter-culture),而这种东西如果畅行无阻的话,会使宽容变成忽视,会使多样化变成冷漠,会使自由变成大型购物中心。我们认为,社会学理论既不应该采纳“马克思主义愤世嫉俗的凝视态度”(李和拉宾(Lee and Raban,1990),也不应该采纳后现代派令人麻木的凝视态度。前者认为,除非一切都已做了,不然就什么也不能做;后者认为,没有任何可采取行动的理由。因此,社会学理论应该用其实质性见解去认识世界体系如何运作,才能在未来对这种运作有所改善。沃勒斯坦(Wallerstein,1991)——尤其是斯克莱(1991)——对跨国权力结构所作的研究能够提供一个这种项目赖以建立的基础。这样,我们也许就能回答当今世界事务转变所带来的这一中心问题:在全球不公平所导致的环境制约和政治问题重重的情况下,社会管制下的资本主义的益处能否被推广到全世界呢(斯克莱,1992)? 麦格鲁等(McGrew et al.,1993)在探讨全球化时对相同的理论基础
进行了审视,而且有意思的是,他们最后强调了马格丽特·阿彻 8
(Margaret Archer,1991)在第十二届世界社会学大会上的发言。她在其中认为,“国际社会学目的恰恰在于将人类自身动员起来,使其作为自觉的社会作用者(social agent)”。本项研究秉承了这种研究分析传统,即使显得比较过时,还是旨在加深对世界的理解,从而使其有所改善。德斯万因此也建议道:

> 社会学如果要保持其作为人类社会综合科学的本色,现在就应该超越国家与区域研究的制度性学科限制,甚至超越比较研究的范畴,如此才能够面对世界社会日益形成的现实

> 状况。只有聚焦于正日益将人类联结为一个全球网络的跨国关系，才可从事这一艰巨任务(未注明日期:25-26)。

而本研究就是为这一项目作一点贡献。

我们认为，**社会政策**这一学科或研究领域对新的世界秩序(无序)所产生的影响的反应要慢于一些经济学家、政治学家、国际关系研究者和社会学家。但从另一方面而言，这一学科因为致力于福利事业，其实践者不但要对现存政策进行分析，而且要为表述与满足人类需求提出更好的方式，所以它对新的全球政治所能作的贡献是巨大的。由于若干年前推出了比较分析方法，该学科也的确突破了其费边主义改革思想与国家范畴。近年来，也出现了许多项研究项目，着力探讨发达的西方社会如何以各种方式满足社会需求(卡斯尔斯和米切尔(Castles and Mitchell)，1990；埃斯平-安德森，1990；金斯伯格(Ginsburg)，1992；米什拉(Mishra)，1990)。西方的福利资本主义世界现在可划分为自由的(自由市场)体制(美国)，保守的法团主义或社会市场经济体制(德国)，社会民主体制(从前的瑞典)，以及混合的自由集体或劳工体制(英国，澳大利亚)。女权主义者对此类文献所作的贡献是提出了一些对妇女有利的标准，可供福利制度比较研究之用。西亚罗夫(Siaroff，1994)得出的结论是，经合组织国家存在四种体制：其中三种类似于埃斯平-安德森所说的，另外一种是"迟缓型妇女动员(late female mobilization)福利制度"，即既不鼓励妇女工作，也不支持对妇女的关照(如西班牙、瑞士和日本)。在系统比较对少数民族有利的福利制度方面，此类研究尚未得出结论，但威廉姆斯

(Williams,1995)所做的工作对此具有相关性。

除了西方的这些体制,还应该提及现已崩溃的国家官僚集体主义体制及其替代物,即我们在别处(迪肯(Deacon),1992)所说的那些不但与西欧的体制相似的体制,还包括新的后共产主义时代保守的法团主义。最新的比较社会政策也开始对东南亚福利体制类型所包含的鲜明的国家管理特色加以描述(古德曼和彭(Goodman and Peng),1996);琼斯(Jones),1993)。有人指出,拉 9
丁美洲国家提供了一种介于新自由与社会民主模式的选择(休伯(Huber),1996)。

人们现在认识到,在欧洲环境内,欧洲共同体内部福利制度多样性的未来将受到欧盟委员会超国家社会政策的影响。这些福利体制也许会向一种社会市场经济体制(而不是自由的或社会民主的)类型靠拢;同时也应认识到,不同成员国之间已经为满足需求而开始实行资源再分配。奥夫(Offe,1991)认为,欧洲内部就业模式的变化表明,欧洲共同体的整体社会政策需要从基于就业的享受权(work based entitlement)转向由基本收入或社会分红(social dividend)的公民享受权(citizenship entitlement)。有人认为前苏联也应该实行类似转变,以鼓励劳动力市场的灵活性(斯坦丁(Standing),1991)。

尽管这些研究对**比较**分析和欧洲分析进行了有益的探索,但社会政策研究者并没有对全球化现象作出什么表述。乔治(George,1988)倒是开始探讨国家范围内的财富、贫穷与饥饿问题,麦克弗森和米奇利(MacPherson and Midgley,1987)对第三世界的社会政策问题进行了探讨。多伊奇(Deutsch)探讨了这一思想：我们应该从国家福利向国际福利转移。他的乐观结论是，“向国际福利体制转移的趋势要大于、强于相反方向的势力”(1981：437)。汤森(Townsend，1993)最近也对国际范围内的贫困作了分析。在与唐科(Donkor)合写的文章里，他得出颇有争议的结论：

> 绝不应该废除众所周知的“福利国家”制度与服务，也不应该像货币论者(monetarists)目前所建议的那样将其当做抨击对象，而应该对其加以改进或现代化，应该将其基础设施中最重要的部分逐步推广到最贫穷的国家……19世纪末的工业革命和资本主义的剥削形式所引发的问题导致了福利国家的纷纷建立。20世纪末国际市场和国际权力体系对君主制和帝国的取代所带来的问题要求我们建立国际性福利制度形式(1995：20)。

这一领域尚未出现持续的思想性与政治性研究。我们认为，随着冷战的结束，众多小国家的诞生以及超国家的、地区的和全球的经济与政治过程都要求，社会政策分析不能仅仅聚焦于国家的和比较性社会政策，而应该同样重视超国家和全球社会政策。

为了从事社会政策全球化的研究，社会政策分析方面的思想资源应该与活跃于发展研究的思想资源联合起来，从而进一步分
10 析各种阻碍因素，探讨如何在未来更好地满足大家的人类需求。多亚尔和高夫(Doyal and Gough，1991)的研究应该能够提供一个比较性社会政策与发展研究的交汇点，在此基础上可进一步深化社会政策全球化的研究。他们在社会政策的话题内对基本人类

需求概念作了详细的阐述，认为它包括健康与自立(automony)两个要素；与此同时，联合国人类发展项目(United Nations Human Development Project)也推出了一个人类发展指数，包含收入、长寿与识字率这三个要素(联合国人类发展项目(UNDP)，1990)。虽然就如何定义与衡量人类需求仍存在争议，但我们已经拥有有用的框架，既能衡量、也能比较不同类型的福利制度在多大程度上能促进这些需求的满足。因此，原则上讲，我们应该能够通过合理的跨国性再分配、调节与提供机制来增加世界上的良好福利体制的数目。

从另一种意义上讲，社会政策分析家如果要使该学科迎合全球化过程，就应该利用发展研究学科的手段。一个国家或地区的社会政策不再(即使过去是这样)完全受国家政府政治的影响。我们在前面指出，社会政策正越来越受到众多超国家机构或明或暗的影响，这些机构既包括世界银行和国际货币基金组织这样的全球性组织，也包括经合组织和欧盟委员会这样的超国家团体，还包括牛津饥荒救济委员会(OXFAM，也有译为施乐会——译者)之类的超国家非政府组织。我们在第三、四、五章将谈到，这些机构的工作方向相互矛盾，因此，它们在未来改善全球与国家社会政策的过程中将日益成为意识形态与政治斗争的场所。分析发达经济国家的社会政策的人士，需要从非洲与拉丁美洲的结构性调整政策过程中汲取经验与教训。

社会政策学科或学术活动，对理解到目前为止影响国家社会政策的各种过程作出了相当大的贡献。反过来说，通过制度性过程或通过参与社会运动，这些分析研究也促进了有效的政治行动。

该学科现在应该与发展研究专家联合起来，开始从事一项聚焦于社会政策全球化的分析性与政治性研究项目。我们已经指出，该项目既要涉及国家之间全球性社会政策（跨国性再分配、调节与提供）的诞生问题，也要涉及全球超国家机构对国家社会政策的干预问题。本书意在为这一项目作出贡献。同时，本书对国际组织在塑造后共产主义时代福利中的作用所作的经验性研究加以陈述，从而也对国际关系社会学作出一定贡献，也有助于人们理解这一点：经济过程是超国家论坛和组织内部所作的政治选择的结果。

11

福利国家与全球经济竞争

社会政策作为一个学科和一个政治实践领域，即使没有其他理由需要对全球化过程所带来的问题加以探索，这一事实也能为它提供充足的理由：由于经济竞争，不同类型的福利体制已经处于相互作对的地步。

大量的文献——尤其是埃斯平－安德森（1994）、科索宁（Kosonen，1995）、沙普夫（Scharpf，1995）、高夫（1996）和早期的普法勒等（Pfaller et al.，1991）所作的研究——都指出，1970 年代和 1980 年代对全球金融资本管制的取消和关税与贸易总协定协商下的自由贸易的增加可能会对欧洲的社会民主与保守的法团式福利国家带来各种问题。大家一致认为，西方福利国家的黄金时代是二战后经济保护状况下凯恩斯式经济管理的产物，这种管理与工会和社会运动力量结合起来，将资源从资本转向劳动，或者说从工资转向福利。虽然企业之间的竞争主要是在一个地理界限内进行的，但有关企业承担社会成本的规则可适用于其他地方。同样，也可以对一些经济管理技术加以利用，如为鼓励能创造实际就业的投资而改变资本利率。一旦出现全球性资本流动，一旦政府失去了凯恩斯式经济管理手段下对投资政策的控制，从原则上讲，资本就会进行“体制寻求”(regime shopping)，进行社会倾销，这样企业就会离开那些(为了社会目的而)收税高的地区。

针对这种各国经济对全球贸易的开放，已经出现了三种反应(埃斯平－安德森，1994)。有些社会民主福利国家(如瑞典)试图通过在公共领域创造就业来维持对福利事业的承诺，但越来越多的人怀疑这一解决办法是否会永远行之有效。就另一极端而言，为了将全球投资吸引到低工资领域，自由福利国家已经开始积极取消管制、降低工资。美国向来自第三世界的低工资工人开放了边界，因此，在这条路上走得最远。德国之类的保守性法团体制已经在生产率较低的部门裁减工作职位，事实上采纳的是投资于高生产率企业的无就业增长(jobless growth)战略。因此，出现了一种社会二元化现象。高夫(1996)指出，要了解竞争性对福利政策的影响，就需要审视福利活动对资本供应、劳动供应和资本与劳动生产率的影响。同时，应该在不考虑具体项目性质、不考虑福利支出后果的情况下，单独看待福利事业、单独考虑税收效应。如果这样分析的话，福利活动与竞争性之间的关系就显得复杂了。福利 12
活动很少的话，就会出现犯罪，也会给企业造成安全方面的成本。相反的一个例子是，工薪税(即社会保险缴费)给投资带来消极影响。现收现付(PAYG)式养老金会减少个人储蓄，从而减少新的投资。

科索宁(1995)得出的结论是,面对竞争性压力,可采取两种选择。一种是实行低工资、低社会成本、从而导致不平等的取消管制战略。另一种是为实现生产优势而投资于福利事业。

> 比较性证据表明,高生产率国家即便工资高、雇主的社会成本高,也可以保持竞争性……生产率越高,因事故、旷工和人员流动而造成的花费就越大,从而会鼓励社会福利项目投资的增加,以巩固内部劳动市场。此外,社会福利提供的增加可提高工人的积极性,达成更强的社会共识,而两者皆有利于生产的增益。(1995:15)

然而,两种战略——低工资、低失业战略和高工资、高生产率、高失业战略——可能导致一种结果:劳动力的二元化。从全球看肯定会这样,就一国内部而言,也经常是这样。一方面,一些工人因为能得到基于保险的津贴而受到保护,另一方面,其他工人面临一种霍布森式的选择(Hobson's choice,即没有选择的选择——译者),也就是低工资与(充其量而言)吝啬的基于生计调查(means-tested)的社会救助。劳动力的日益灵活化(伯罗斯和洛德(Burrows and Loader),1994)、低工资外围领域受到裁减的趋势、劳务合同的临时雇用化(casualization)等,都对构成欧洲许多福利国家根基的传统的社会保障结构与机制造成威胁。所面临的危险是,各种基于工作场所的社会保险体系即使能适应新的情况,也会成为圈内人的一种特权,而圈外人士只能获得一种残留式基于生计调查的救助。因此,收入维持领域近年来出现了一些值得认真探讨的替代性社会政策战略。此处可举两个例子。一个是公民或叫参与性收入，能为所有人提供最低的、有保障的社会福利(social entitlement)。政府如果做到了这一点，就可以安然地放弃履行收入维持领域的其他社会责任。公民就只好寻找临时性或非临时性就业，来补充这种最低福利，再自己想办法解决生病和老龄期间所需的其他福利。另外一种办法就是澳大利亚所采纳的，但这也远远背离了俾斯麦式基于就业的社会保险制度。即提供充足的基于税收的福利(和服务)，但这是通过高标准的生计和资产调查而针对较为富裕的公民的，因而能在一定程上维持中产阶级的福利。

我们在这里所作的粗略的和介绍性探讨旨在暗示，全球资本 13
主义经济竞争也许已经对促成社会民主式或保守法团式全民性福利制度的各种条件造成了永久性侵蚀。斯堪的纳维亚国家种族一致的(ethnically homogeneous)社会民主体制和保守法团体制的那种工作稳定性都一去不复返了。其危险是，我们面临一个自由主义的与残留的福利世界，结果迫使许多人忍受不平等与低报酬。但我们至少可以考虑其他两种福利选择：一是将公民收入权作为某种具体的福利基础(其水平与有关国家的状况相适应)，在此基础上建立具有灵活性的不平等；二是实施有人情味的自由主义体制或曰社会自由主义体制，即基于生计与资产调查、基于税收的社会提供。我们将在后面的章节里试图了解当今全球性社会政策论坛正在酝酿哪些种类的未来福利选择，其中是否包含这两种选择。

全球社会政策分析的场景

我们在前一部分谈到，社会政策学的中心应该从**比较性**社会政策向**超国家**或**全球性**社会政策转移。要想这么做，就应该将其思想与发展研究学的思想结合起来。如此，这些学科内的专家就能够在超国家和全球论坛实施更为有效的干预，因为这些论坛日益成为决定社会政策的场所。如此，这些专家就可以在社会运动与超政府机构之间更好地充当需求的阐释者。这一观点意在说明，全球（有缺陷的）知识阶层的聚焦点不应再是民族国家，而是全球性组织。

我们在这一部分将较为详细地展现全球社会政策分析的场景。通过以下六个步骤，就可以对全球社会政策现象进行系统的分析：

1. 可以对影响社会政策的**全球化压力**（*pressures of globalization*）、超国家现象（supranationalism）和随后所出现的国家主权削弱现象进行研究与分析。

2. 可以在全球层次上对社会政策实践与研究领域的传统与实际分析性**问题**——如社会公正方面的问题——赋予新的概念。

3. 为了分析目的，可以对超国家与全球社会政策**机制**划分**类型**。

4. 可以构想出一些**全球改革人士**为促进全球公正而希望实现的**目标**。

5. 可以对全球化过程中的**障碍**以及实现全球社会改革项目的

障碍加以阐述。

6.可以为影响全球社会政策的全球运作者指出其他可采纳的**政治战略**。

在新的全球社会政策领域所作的这些经验性、分析性、理论性 14
和政治性努力都会对国家社会政策与比较性社会政策产生影响。这种新的思想活动能够形成一些假设并对其加以检验，从而不但有助于我们认识跨国性社会政策的形成，也能使我们认识各种福利体制未来可能出现的情形。这一部分将更加详细地阐述全球社会政策分析图景的一些部分（即步骤1、2和3）。我们也会简要论及步骤4、5和6，将在第六章对其作更为详细的探讨。

社会政策全球化所面临的压力

我们在本章第一部分已经审视了导致社会政策全球化的压力。其中包括冷战的结束、全球经济竞争的加剧以及全球资本主义为满足人类需求而对自身进行调整时所面临的挑战。沃布里巴（Vobruba，1994）在别处所分析的边界消解（dissolving frontiers）现象也具有重要性。他指的是经济移民压力和常见的跨国界环境威胁，这些因素会促使跨国性社会政策的形成。然而，我们已经看到，这些压力不会自然而然地导致人们采纳超国家或全球性解决办法。各国政府有可能采取维护国家或地区自身利益和保护主义等其他战略。超国家化过程可能会受到抵制。也许不会出现能够抓住机遇的具有长远目光的全球性政治参与人士。我们在后面将审视这些阻碍全球政策的因素。

全球环境下的社会政策问题

社会政策学常见的著述不但对一些具体的社会服务——如保健、住房与收入维持以及这些领域内的社会问题——进行描述与分析，而且在更为抽象的层次上探讨若干社会政策问题。提出这些问题的方式以及对其进行分析时所存在的细微差别因分析家理论框架的不同而各有千秋。尽管如此，所有的视角都对若干问题有所剖析，包括自由主义式、社会民主式、马克思主义的、女权主义的、反种族歧视的和后结构主义的“福利制度”观，等等。

社会公正 这一概念指的是什么？政府与其他政治和社会参与人士如何保障最大程度的社会公正？社会公正与经济竞争之间的权衡一直是人们关注的焦点。这里也涉及各种配给(rationing)过程与机制。

公民权 公民权利与福利的社会成分指的是什么？允许工作、不允许工作是由哪些过程决定的？

15 **全民性与多样性** 如何在全民意义上为所有人实现社会公正与公民权？与此同时，如何承认和满足不同社会群体大相径庭的需求？这方面会出现歧视问题和机会是否平等的问题。

自主与保证 经济、政治和社会方案能在何种程度上促成下层的和地方层次上个人与群体对社会需求的自主性呼吁并如何满足这些需求？这种自主又如何与通过上层的社会提供而实现的社会保障相互权衡？这方面涉及辅助性(subsidiarity)和区域性(regionalism)问题。

提供机构 国家、市场、民间社会团体、家庭等单位应该提供人口的福利需求吗？这些单位该如何组合？这方面涉及两个令人烦恼的问题：公共支出的水平与福利事业方面国民总产值的投入比例。

公共的与私人的 这指的是，关怀问题(business of care)在多大程度上属于私人的事情(往往由女性替男性完成)？在多大程度上属于公共的事情(而不同性别之间对关怀的分担已成为政治论争的议题)？此类分析也常常涉及民族方面。

不同的社会政策分析家在排列这个单子时也许稍有不同之处，但大家都基本上认为这些问题是我们这个研究领域常见的内容，也是我们的政治关注点。

如果国家的重要性在萎缩，如果超国家机构的力量在增加，如果移民与全球经济联系使得世界成为一个地方，那么，我们应该如何在超国家与全球层次上赋予这些问题新的概念？让我们逐个谈论吧。

国家之间的公正 就一种层次而言，这不会构成重大的概念性问题。社会政策分析家如果从全球考虑的话，就会与发展研究领域的专家联合起来，一起来分析这个世界在多大程度上是“公正的”。涉及国家内部以及国家之间社会不平等的资料现在很容易得到，我们将在第二章加以审视。我们不但能对世界人口的福利需求日益得到满足的程度进行描述，而且也能描述满足这些需求时的不平等程度。

然而，从另一种层次上说，跨国家公正话题引发了一些难以解决的分析问题与政治问题。就全球层次而言，适用于资本主义国家的罗尔斯公正概念(Rawlsian conception of justice)(即只要不平等可以提高最贫穷者的生活水平，它就是合理的）就会带来问题。有人尝试对国家之间的这种原则加以重构（奥尼尔（O'Neill），1991）。同样，北方与西方小的、相对一致的国家内所进行的民主式阶级斗争政治过程已经实现了一定程度的社会公正，但这在全球范围内是难以得到轻易复制的。而且，我们已经看到，这些相对公正的国家与那些没有"承担"相同程度社会公正的国家之间的竞
16 争，会破坏北方与西方一些国家所取得的局部社会公正成就。

简单而言，南方的穷人与北方境况较好的穷人之间如何结成一个联盟，从而既能够改善南方穷人的境况，又不会破坏北方较为富裕的穷人的生活？哪些方式具有经济与环境可持续性？换句话说，如何使欧洲社会与经济政策方面的社会承诺不但能像现在那样在欧盟境内实现更大程度的公正，而且也能在全球其他地方实现这种承诺？何种社会与政治过程能使那些不稳定的全球性联盟自下而上地转变为全球性政治制度，从而努力实现令人满意的全球性公正？尽管这一前景显得难以企及，本书也意在说明，我们正在目睹这一过程及其所取得的进步。世界银行已开始为实现一个更为公正的世界而努力。欧盟委员会与世贸组织理事会之间的对话就涉及对资本主义进行全球性调节，以防止社会倾销、将全球移民降低到最低程度，从而在更大程度上实现全球政治安全。第一章分析了旨在实现跨国性公正的全球社会政策的诞生。最后一章会再次谈到这一过程的未来前景以及可采纳的其他政策性战略。

超国家公民权　在日益全球化的世界里考虑公民权概念，就会突出这一概念的双面性。一方面，民主式资本主义社会环境下

的公民权指的是在一国之内实现所有人的权利与福利。另一方面，它指的是排除本国之外的人的公民福利享受。我们在 20 世纪最后几年看到，一些国家内公民权利与福利享受得到深化与加强，但同时，同样的北方与西方国家则加强对那些试图获得公民权利的移民加以限制。重叠于这种发展趋势之上的是，在次全球区域内——尤其是欧洲——出现了超国家公民权利与福利享受权（米汉（Meehan），1993）。与此同时，这些次全球区域对完全的外来者（complete outsiders）则采取排斥的态度（西瓦南丹（Sivanandan），1993）。

要在超国家层次上对公民权赋予新概念，可以再次像马歇尔（Marshall）那样将这一概念分为政治权利（选举权）、民权（法律面前人人平等）和社会权利（公平分享国家资源）等成分。虽然从历史而言，这些权利与其相关的责任是在一国之内的资本主义社会中发展而来的，但全球化过程正导致这三种超国家权利与享受权的诞生。这一过程在欧洲环境下的发展速度最快。欧洲理事会的 17
三十多个成员国在人权问题方面保障其公民在斯特拉斯堡人权法庭面前有权享受平等待遇。欧洲理事会成员国的公民并没有被保证享有任何超国家的政治与社会权利，但理事会鼓励各个国家认可（大多数已经认可了）欧洲理事会的社会宪章，其中规定了一系列最低限度的社会权利与福利享受权（见第三章）。欧共体的少数国家已有许多政治、民事与社会权利，并且都受到共同体超国家法律的保护（米汉，1993）。然而，对欧洲层次上社会公民权的超国家化过程持怀疑态度的人指出，一个超国家机构是不可能宣布这些权利的，除非它同时有权支配与重新支配经济资源，以保障所宣布的社会权利能真正实现(克洛萨(Closa),1995)。

就全球层次而言,《联合国人权宣言》已涉及多种社会问题,但到目前为止,并没有在其成员国用法律强制实施这些权利,也尚不存在个人请愿权(individual rights of petition)。海牙的国际法庭目前只能调解国家之间的争端,而无法调解个人与其国家之间的争端。

公民权的社会内容也以其他方式零敲碎打地向国际维度发展。国家之间已经存在许多涉及互相承认社会保障和其他社会权利的双边协议(第四章)。在全球层次上,联合国难民事务高级专员办事处(United Nations High Commission for Refugees)为无国可归的人的生计承担责任。与此同时,随着社会公民权利日益超国家化和全球化,许多地方也在进一步限制人们获取国家公民身份(national citizenship)。在东欧与前苏联出现许多新的国家的过程中,有几个国家(爱沙尼亚、捷克共和国、前南斯拉夫等)则在制定公民法,拒绝让前殖民国的公民(爱沙尼亚的俄罗斯人)或受压迫的少数民族(捷克共和国的吉卜赛人)享受公民福利。值得重视的是,有些人可能因此而无法享受社会救助权。

我们在第四、第五章将进一步探讨超国家层次上社会公民权的重新概念化(reconceptualization)所引发的这些问题。我们在这两章谈到,正在发生两个并行的过程。在基于保险的社会权利与福利领域,国际化过程正在进行,以满足全球性流动的技术劳动力的需求;而在基于生计调查的社会救助领域,地方性的制定济贫法过程正在进行,超国家机构和许多国家都纷纷将责任推卸给贫困地方。

全球的全民性与多样性　就一个国家内的社会政策分析状况而言，当代的问题最近被表述为“如何促成全民意义上对不同人需 18
求的满足”(威廉姆斯，1994)。这就十分恰当地描绘了两种状态之间的紧张情形：社会政策分析家继续致力于全民性这一道德原则，而批判性的和后现代派的社会政策分析家则强调对多样性与差异持一种新的敏感态度。

在超国家、甚至全球范围看，这一问题就更加复杂。首先，我们无法轻易对全民性的价值观作出全球性的承诺，因为决策者也许会用这些价值观来指导有关多样性的思维。盖尔纳(Gellner，1994)指出，三种相互竞争的世界观正在争夺支配地位。第一种是伦理相对论(ethical relativism)，在很大程度上反映了社会主义式项目的各种确定性因素的消失。第二种是各式各样的基要主义思想(fundamentalism)，其地域和报偿方式(place and reward)在很大程度上都明确划分与规划了。第三种(唯有这一种)是自由主义思想(liberalism)，仍在试图寻求某种真理性观念，在其范式内可以展开有关正义、平等和全民性的原理性话语(rationale discourse)。

虽然作为两种世界观，对理性真理的追求和对基要主义思想的张扬似乎相互抗衡、不可调和，但伦理相对论者和理性真理的追求者之间可以展开对话。有鉴于此，鲍曼(1993)最近认为，后现代主义的新时期为道德话语提供了一个新的空间。资本主义和国家社会主义之类的现代思想已经摒弃了道德判断与对话。而只有追求其中的一种镜像式现代主义项目(mirror image modernist projects)，才能产生最佳的秩序。由于这两种项目都遭遇危机，政策便又宣称其道德目的。为了应对各种伦理性问题,就需要在全球范围内对资本主义加以管制。

如果情况真是这样,就能说明为什么在几十年的沉默之后,学者和政治家都重新对人权宪章感兴趣了。无论伦理相对论者、基要主义者和理性真理的追求者之间有何争议,事实是,目前阶段正在形成的超国家思想是理性的东西,意在向超国家与全球政策制定过程注入全民性这一道德思想。联合国人权宪章和欧洲理事会得到大力扩展的人权宪章现在具有一种新的特色,依此可以评判无论是东方、西方还是南方、北方的资本主义。联合国成员国只有通过了此类检验才能获得充分的世界成员身份(full world membership)。

再进一步说,我们可以认为社会权利现在已成为超国家议程(supranational agenda)上的内容了。资本主义的西方以前只能注重政治权利与民事(法定)权利,以抗衡"共产主义的"东方,后者漠视这些权利,而是强调社会权利;现在,随着"共产主义"项目的垮台,全球资本主义便义不容辞地担当起重任:为全民(虽然是以各种各样的方式进行)实现法定的、政治的**以及**社会的权利。我们将在第三章审视超国家机构所要应对的社会权利发展问题。这并不是说,这一项目现在一帆风顺。显然,种族清洗现象与排外思想
19 的兴起都会产生相反的影响。同时,这意味着我们更加迫切需要一种拥有国际性权威的管理机构,在人们因为种族或文化差异而被剥夺掉政治、民事和社会权利时能进行干涉。

辅助性与超国家化:自主与保障 在"共产主义"垮台之前,常见的著述在比较资本主义和国家社会主义时(戴维斯和斯凯西

(Davies and Scase),1985),都会指出这种明显的权衡现象:一方面是具有资本主义特色的个人自主(individual autonomy)——即自下而上地呼吁社会需求,另一方面是具有共产主义特色的社会保障(social guarantees)——即往往由家长式统治的国家自上而下地提供全民性的社会需求。从跨国的场景中也同样可以看出这种两分法。国家越是有权自主地决定在其内部满足哪些社会需求以及如何满足这些需求,就越无法保证这些需求的满足,反之亦然。在欧洲的超国家化背景下,目前的争议涉及辅助性概念。辅助性原则已包含在马斯特里赫特条约后的(post-Maastricht)政策制定过程中,即能够保证在特定的地方、区域或国家层次之上作出有关决定,其前提条件是,在这些层次之上所作出的决定效果会更好。不然的话,各种决定(往往还包括提供方式)应尽可能在地方上作出并得到采纳。

然而,辅助原则可能会回避这一问题:在超国家层次上能就哪些社会政策内容作出最佳决定?一种两难的政策选择就说明了这一点:既需要一些能在超国家层次上要求各个国家保证某些社会权利的手段,又能使各个国家自主地决定其政策与提供方式。要想使任何政策能提供跨国性再分配,能针对资本主义竞争规则制定国家之间的管理办法,并且能保证对贫困地区提供补助、保证避免社会倾销,这样的政策都必须在国家层次之上实施。而且,在此政策框架内,也应该能够形成这样的决策过程:将地方(对需求的呼吁)和超国家(对资源与规则的提供)联系起来,从而既能保证提供,又能促进自主。

国家决定政策的自主权正受到侵蚀,超国家干预和管制现象正在增强，这一过程不但见于欧洲区域内，也如本书所要表明的，已在全球范围内展开。联合国机构最近对以前神圣的自主权的质疑只不过是其中的一个例子。这又涉及前面所指出的、并且在第五、第六章将要阐述的那个争议：超国家干预者到底是站在文明化的天使的一边呢，还是站在全球帝国主义匪徒的一边呢？

全球性福利混合方式（提供机构） 我们在前一部分试图展
20 示，社会政策分析家所关注的那些政策问题一旦从国家层次移到超国家与全球层次，就会具有各种有趣而不同的维度。社会公正变成了超国家再分配，公民权问题变成了社会排斥问题，在多样化环境下对全民性的探求变成了对人权与社会权的全球性法规化（global codification），对社会权利的保障变成了超国家层次上对社会倾销的防止。那么，在超国家背景下进行审视的话，社会提供的机构混合（agency mix）这一政策问题是否也具有一种新的维度？

这又涉及不同福利国家之间的全球竞争问题。在政策制定者看来，仍然可用的一种范式是：经济竞争与福利事业支出是互为平衡的东西。经济竞争受到的管制越小，福利事业支出就可能越少。这一范式似乎特别关系到有关企业税收水平及其企业运行的成本管理的政策争议。如果全球性竞争的增加导致这一范式的盛行，则超国家管制这一发展趋势便会放慢，福利混合方式（welfare mix）就可能逐渐遭到国家的放弃（shift away from the state）。我们在前面指出，有证据表明，一个竞争性的范式有可能取代前一个。其意思是，无论从教育投资而言还是从社会保障接受者消费的乘数效应（multiplier effect）而言，抑或从实现政治稳定而言，某些类别的国家财政支出都是对资本有益的。这就会加大政府干预。我们将在第三章审视这种范式转变在全球性机构(如国际货币基金组织、世界银行和经合组织等)内部及其之间展开的程度。这一争议将产生的一种结论是,如果消费者——而不是企业——为福利出资的话,福利国家的支出也许是承担得起的(沙普夫,1995)。这样,一个国家是否同意用工资换取福利,就是自己的事情了;或者,这就意味着,以福利为导向的全球管制如果不想损伤企业的竞争性的话,就可能会聚焦于公共层次上的税收,而不是企业层次上的。

全球化也可能会加强国家提供向地方和地区提供转移的趋势。我们已经说明了全球性与地方性的钳行攻势(pincer movement)对国家的侵蚀。在此过程中,国家与企业的社会政策责任也许可以由地方上承担。这一过程也可能导致向联邦制的进一步发展。对国家和就业场所福利的侵蚀也会加强公民社会(civil society)的作用。非政府组织活动的增加便是国家势力遭受侵蚀这一过程所导致的。第四、第五章中的个案研究将说明这些预期的东西有多少已成为现实。

全球意义上谁为谁服务　社会政策分析家已经指出关怀方面(caring)的性别与种族差异(威廉姆斯,1987)。女人在关怀男人, 21
黑人在为白人服务。在家庭内,妇女通常对男人和受抚养者(dependents)的关怀要多(但国与国之间有例外,受关怀者的类别也有例外)。一般而言,如果关怀是在公共机构中进行的,则性别差异就稍有变化。妇女的阶级与种族差异也很明显。对西方福利国家所作的一些分析表明,在公共机构中,作为少数人口的黑人和移民工人承担了更多的低技能关怀工作。

全球化过程导致关怀方面性别、阶级和种族分野的进一步加大。在美国(这是一个自由体制,全世界也许都会被迫朝这个方向发展),对白人中产阶级男性与女性的关怀责任都是由来自南方国家的黑人移民(往往是非法移民)承担的。这一分析结果也适用于那些为无力照顾自己的人提供关怀的公共(和受管理的私人)机构。这种通常由黑人流动劳动力来满足特权国家里白人的福利需求之现象的另一面是,这些流动劳动力将所挣的钱寄回南方(和东方)国家。这些汇款占劳动力出口国家国民生产总值相当大的比例。接受汇款的家庭很可能就不能享受当地的社会资助。

以上的简要阐述可以说明,关怀关系(caring relationships)问题一旦转移到全球场景后会变得多么复杂。此处要提出的问题是,如果大家都愿意的话,应如何对各种管理方式、跨国分配方式或其他政策加以修改,以减少全球在关怀方面的不平等现象。

我们在这一部分审视了社会政策分析者将如何在国际化过程背景下对各种政策问题赋予新的概念。我们也暗示某些政策做法可在跨国层次上实施。在下一部分,我们将对三种全球社会政策反应进行概念化表述。

全球性社会再分配、管理与提供

如果对**全球社会政策反应与机制**进行非常简单的**分类**,首先要辨明哪些是对**国家**社会政策的全球性干预;其次,要区分三种全球社会政策形式,即跨国性**再分配**、超国家**管理**和全球性或超国家**提供**。这三种超国家活动已在进行,但往往局限于某一经济贸易集团，如欧盟。然而，这三种形式都见于全球层次。西方对东方的经济援助也许不算是马歇尔计划之类的东西，但在一定程度上而言，是希望实现前苏联的社会稳定。现在世界银行的议程上也开 22
始关注如何防止跨国资本所进行的社会倾销。联合国难民事务高级专员办事处也在为无国籍的人运作一个初级形式的全球公民权利体系。在这一思想图景(intellectual map)内，目前针对欧盟正在诞生的社会政策所做的学术研究可以成为未来全球社会政策分析与实践的一个特例与示范。科莱曼和皮亚乔(1993)最近对正在形成的欧洲超国家社会政策的辅助性、公民权和民主等问题所做的研究可以移植到全球性场景。同样的关注点也适用于全球情境：在何种层次上能以最佳方式形成政策；国家公民身份如何与超国家流动性相协调；如何重塑国家的民主选民群，以保证超国家层次上出现可行的责任承担制(accountability)。

要对这种初步的概念化进一步完善，就要求我们作这样的分析：若干影响国家政策的过程正在出现，而哪些超国家与全球机构是其中的运作者，并且负责跨国性**再分配**、超国家**管理**以及超国家与全球**提供**？除此之外，我们还需要分析在国家层次之上运作的机构与组织靠何种**手段**来重新分配资源，如何影响与管理国家社会政策与国际竞争。对此话题稍加思考，就会使我们认识到，这一问题极其复杂，并且处于快速的演变过程中。有许许多多的机构在用各种各样的手段将国家社会政策往往推拉到颇为不同的方向，并试图对国际竞争施加程度颇为不同的管制。

表 1.1 聚焦于对国家政策的全球性干预，由此可了解希望加入欧盟的东欧国家在收入维持政策领域所处的网状交织情形。这

清楚地说明了各种相互竞争的影响力，比如说国际货币基金组织意在平衡国家预算，而国际劳工组织（ILO）则试图采纳体面的社会保障惯例。国际货币基金组织的预算平衡要求与欧洲理事会社会宪章的支出要求之间的紧张关系又是一个例子。当然，本书后面（第三、第四章）将更详细地探讨这些例子以及其他例子。

表 1.1　对欧洲地区国民收入维持政策的几种竞争性影响

机构	影响类型
所有国家	
国际货币基金组织	在贷款条件影响到收入维持预算时进行公共支出限制
世界银行	就社会"安全网"政策与社会保障支出提供建议；在实施社会改革的条件下提供贷款
国际劳工组织	达成有关社会保障体系的协约；就三方政府（tripartite government）形式提供建议
欧洲理事会内部的国家	
欧洲理事会	强制实施人权宪章；受制于斯特拉斯堡人权法庭 实施非强制性社会宪章（Optional Social Charter）；听从独立的专家裁决 实施非强制性社会保障协约
欧盟内部的国家	
欧盟	强制实施社会章程（Social Chapter）；受制于卢森堡法院 参与社会排斥项目（Social Exclusion Project） 结构性基金（Structural Funds）再分配中的净输家/赢家

表 1.2　超国家的和全球性的再分配与管理

机　构	手　段					
	提高对公民与企业的税收	提高对国家的税收[1]	根据某些社会需求花钱	以非市场条款发放贷款	影响国家社会政策的能力	对贸易实施社会管理
联合国[2]	×（尚未）	√	√	×	√	×（尚未）
世界银行	×	√	√	√	√	×（尚未）
国际货币基金组织	×	√	×	×	√	×
经合组织	×	×	×	×	√	×
世贸组织	×	×	×	×	×（尚未）	×（尚未）
欧盟	×	√	√	?	√	√
北美自由贸易协议	×	×	×	×	×	×
国际劳工组织	×	×	×	×	√	√（打算做）

注：[1] 指超过机构运作所需之外的税收。

[2] 在此阶段，联合国被看做是其所有的社会与其他机构的伞形组织，除非另有说明。第三章将更为详细地分析联合国活动的构成部分。联合国为社会福利目的而进行资源再分配所依赖的最重要机构包括联合国儿童基金会、联合国开发计划署、联合国粮农组织的世界粮食计划、联合国难民事务高级专员办事处等。

表1.2聚焦于全球性社会政策的再分配与管理机制，可初步说明哪些最重要的全球与地区性机构在从事超国家政策方面的工作，并且说明它们用何种手段来促成再分配或对有关活动加以管理。此处展示了欧盟与北美自由贸易协议（North American Free Trade Association）之间的一种重要对比，前者的国家间再分配伴随着自由贸易，后者虽然使贸易自由化，但并不从事补偿性社会再分配（甚至不实施有力度的社会管理）（格林斯平和卡梅伦（Grin-
23 spin and Cameron），1993）。表中还有值得注意的东西：世贸组织在社会再分配或社会管理领域缺乏支配能力。从表中的说明可获知目前有关发展全球性社会管理机制的问题而展开的国际性争论，以及这种讨论已进展到何种地步。当然，这些问题将在第三、四、五章得到更为详细的探讨。

我们如果再审视一下超国家与全球性机构所施行的**社会提供**，就会出现一个重要的复杂问题。超国家层次上尚没有什么直接的服务提供，虽然联合国难民事务高级专员办事处的工作是个例外。但是，我们可以谈及有些超国家团体所推进的公民**赋权**工作（empowerment of citizens）。图1.2中所指出的一种超国家手段是通过超国家层次上所存在的法律权威机构赋予个体公民的权利而运作的。欧洲地区内的政府政策与实践——如社会保障领域、社会资助享受权、男女的平等待遇以及普遍的人权等——现在都要考虑到卢森堡欧洲法院和斯特拉斯堡欧洲人权法庭的裁决。伊丽莎白·米汉（1993）详细描述了卢森堡法院对欧盟的公民社会权利的各方面所带来的影响。戴维森（Davidson，1993）最近也审视了斯特拉斯堡法庭的一些裁决的人权意义。到目前为止，全球的个体公民尚不能诉诸于海牙的联合国国际法庭。该法庭只解决国家之间的领土争端，或者从事战争罪审判。然而，原则上讲（并非一种乌托邦景象），到一定时间这样的法庭可以对全球公民的人 25
权与社会权诸方面作出裁决。图 1.2 描绘了这种演变情形。

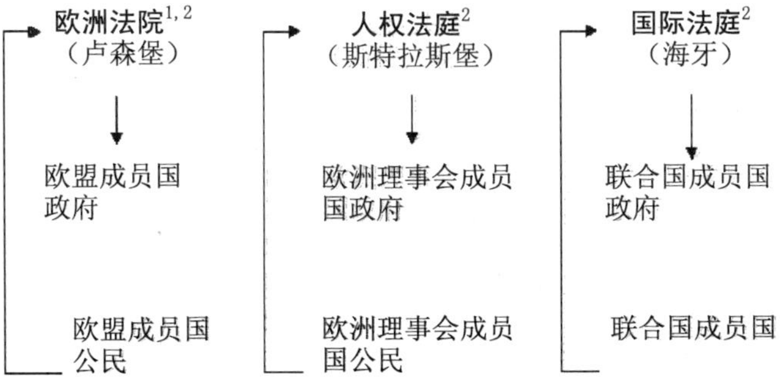

注：[1]管辖权在社会权利领域
[2]管辖权在人权领域

图 1.2　人权与社会权利领域所出现的超国家公民身份

因此，超国家与全球性机构已经在影响国家政策以及国际竞争条款，即通过规定各国政府在接受财政资助时应遵循的条件，或者通过在政府之间实施资源再分配，或者通过设立一些惯例、提供技术性建议和帮助，然后再实现法制性社会管理。同样，随着个体公民有权诉诸于国家之上的某一权威机构，这样的世界原则上已成为可能：普世的人权与社会权利得到承认与加强。本书意在通过对东欧与后南斯拉夫国家进行个案研究来描述这些全球化趋势已达到何种地步，并且在第六章阐述这些趋势未来的发展方向。

全球性社会改革项目：目标、障碍与政治战略

我们已经指出了社会政策制定的全球化所面临的各种压力与势力，探讨了这一课题所关注的问题移植到全球场景后的情形，指出了超国家运作者在影响社会政策时可利用的再分配管理与提供
26 机制。现在应该探讨在超国家与全球性机构内部及周围工作的人应努力实现哪些目标。

从一种意义上说，全球性改革项目可以简单地被表述为对上述再分配、管理与提供体系的进一步发展。全球性递增税政策(progressive taxation policy)大规模地从富裕国家征税，从而为贫穷国家的社会保障方案提供资金，这就是一个再分配例子。将欧洲的项目加以推广，从而对全球的资本主义实施社会管理，这就是管理方面的例子。超国家法庭的权力日益增加、公民越来越有权利用这些法庭起诉自己的政府，这就是提供方面的例子。第三章将探讨全球性改革家为制定这些目标已努力到何种程度。第六章将探讨如何在面对各种障碍与其他政治战略的情况下实现这些目标。我们在此处只是简单地指出，全球性改革家在全球层次上努力实现提供、管理和再分配目标时所面临的障碍是多重的。初步而言，最明显的障碍包括：国家的自我利益，民主性体制在很大程度上仍然离不了这个东西；次全球地区的经济贸易竞争，它会驱动成本削减与去管制(deregulation)行为；全球层次上就全球社会进步的内涵难以达成一致意见；还有各种切实存在的可持续性问题。由于能源与其他资源的有限性，北方与西方世界的社会福利成就也许无法在全球范围内加以复制。当然，这些障碍反过来也

许会促使集体运作者与社会运动努力寻求解决办法。第六章将详细论述这些障碍及可能的解决办法。

我们对正在形成的全球社会政策分析领域进行了初步探讨，然后可提出一个这样的论点：人们正在以无形的方式（即不是明确地）为全球社会改革提出或努力提出其他**政治性战略**。在有些人看来，为发展中国家的经济增长而实施**自由贸易**或者打破贸易壁垒就是一种可采纳的战略。另一种做法是，**对世界银行和国际货币基金组织实施改革**，从而使这些布雷顿森林机构在其放贷办法中采纳更为彻底的**社会条件性**(social conditionality)战略。日益增长的现象是，超国家机构为保障贫困项目、保障人权与政治权利、保护少数群体而实施此类干预。其他人则不认为世界上的全球资本最高管理者能保障世界上穷人的利益，因此便采纳**让全球性机构相互争斗**的政治战略。为了遏制世界银行的力量，应进一步强调国际劳工组织和世贸组织等联合国社会机构的工作与力量，以帮助各国政府形成自己的社会政策。

无论是将改革世界银行还是把全球性机构的相互争斗作为最合适的战略，都需要形成**国际性社会压力**，如此才能保证全球性改 27
革项目的成功。当然，在不久的将来，这种趋势会得到加强还是会消失——导致大家对地方的或种族群体利益的认同——将是一个根本性问题，对全球进步性社会政策的任何探讨都有赖于此。事实上，我们将在第六章指出哪些情况将有助于**建立一个全球性霸权项目**(a global hegemonic project)，可以将国家之间的社会压力与全球和超国家机构中的运作者联结起来，以实现可持续的全球性社会公正。

第二章　世界福利状况

28 本章为社会政策方面的学生简要地介绍一下世界福利状况。我们将描述世界上不同国家公民的福利需求已在多大程度上得到满足，过去几十年来这方面已取得哪些进步，北方、南方、东方和西方仍存在着多大程度的不平等，以及福利进步措施在多大程度上与经济发展和政治自由措施有关联或没有关联。但本章不仅叙述这些东西，还试图描绘世界上的主要发达国家在为满足其公民需求而部署战略时所存在的差异。我们也描述了不同类型发达国家所采纳的宽泛的政策选择与福利模式。并且说明第一点（世界福利需求在多大程度上已得到满足）和第二点（不同社会所采纳的不同福利战略）之间的联系。从历史角度看，一个关键问题是，到底是资本主义社会还是社会主义社会更好地满足了其公民的福利需求？当然，在目前阶段，这一问题就变成：正在从“社会主义”向“资本主义”转变的那些社会是否在改善其公民的福利？这是本章要探讨的第三个问题。

这三方面中的每一方面都可以构成一整本书的内容，实际上也的确是这样。而我们此处的目的是将比较社会政策文献与发展研究工作的不同方面汇集到一本书里，以此为背景来探讨有关福利未来的全球性话语，这就是随后几章里将要叙述的东西。本章不同于其他章节，不是叙述原创性研究以及从概念上展开这一话题，而是完全基于已出版的资料源。本章在很大程度上取材于多亚尔和高夫（Doyal and Gough，1991）的《人类需求理论》，联合国开发计划署的年度《人权报告》以及世界银行、国际劳工组织和联合国儿童基金会并行推出的世界状况报告。对发达福利国家的比较取材于埃斯平－安德森（1990；1994；1996）和其他人所做的工作。在谈及经济结构重组（economic restructuring）对前社会主义经济的社会影响时，本章主要受惠于联合国儿童基金会佛罗伦萨儿童发展中心所做的工作（UNICEF，1993a；1994；1995b）。

描述福利进步：基本需求与普世权利

我们要衡量一个国家在满足其公民的福利需求方面取得了多 29
大进步，就需要一些不同国家与文化之间在广泛意义上认同的指标。首先，我们拒绝将经济增长衡量手段作为衡量福利进步的唯一东西。人们也长期认为，国内生产总值（GDP）并不能对促进人类福利的许多活动作出说明，如温饱型经济活动（subsistence economic activity）、非正式经济活动、主要由妇女所从事的无报偿的家庭经济工作等（米斯（Mies），1986；迈尔斯（Miles），1985）。同样，经济指标也包括人类的浪费活动，如战争煽动与战争准备；值得怀疑的所谓有用的活动，如企业做广告；对人类绝对有害的活动，如制造污染、从事有害于环境的运营过程。最近人们构建了一个尚处于试验阶段的真实发展指标（GPI），将家务劳动的价值添加到 GDP 里边，但从 GDP 里边减除掉环境成本、消闲的减少和资源减耗。根据这一指标，美国自1965年以来**没有**取得真实的进步（新经济学基金会（New Economics Foundation），1989）。文化相对论（cultural relativity）问题仅次于经济衡量手段的缺陷问题。原教旨主义思想、伦理相对论与理性主义等范式之间能否达成一个一致性的人类与社会进步概念？多亚尔和高夫（1991）试图表示，这样的概念是可以达成的。他们认为，在所有的文化中，人类有一个基本的需求：在各自的文化与社会中有效地发挥作用。要做到这一点，个人就需要一个衡量健康与自主的手段。各种不同的文化通过满足衣、食、住、爱、安全、教育等直接需求来实现健康与自主。他们还在健康与自主这一核心观点的基础上添加了批评性自主的说法，即个人不但能够在其自身文化里起有效的作用，而且能够对自身文化提出挑战或者退出这种文化。譬如，多元文化教育就是一种直接需求，只有满足了这种需求才能使个人培养批评性自主。从原则上说，有了一些综合的健康度与公民自主行动能力的衡量手段，就可以对不同国家作比较了。同样，也可以比较不同国家在多大程度上满足了各种直接的需求。我们虽然赞同并使用多亚尔和高夫的分析，但绝不敢肯定地说，他们能解决这一问题：在不同范式内运作的社会是否会就此达成一致意见？在过去的一个拥有奴隶的社会，奴隶的福利就不是总体福利的构成部分。可以说，在伊斯兰教国家，妇女的福利要少于男子的福利。在苏联式社会主义体制里，尤其是1920年代和1930年代，工人阶级的福利要比那些敌对阶级的福利多得多。同样，在有些原教旨社会里，批评性自主会被看做是一件“坏事”而不是一件“好事”。

30 联合国发展项目于1990年设计了一个人类进步测量手段，认为超过了一定水平之后，经济活动标准就不一定能在很大程度上满足人类需求，同时则认为健康与自主（重新被定义为受教育程度）对于衡量进步至关重要。人类发展指数（HDI）是一个包含长寿、受教育程度（由接受教育的平均年数和识字率构成）和修改后的 GDP 构成的综合标准，后者扣除了超过一定水平后的大部分 GDP 增长额（联合国开发计划署，1993a：104）。不同国家处于某一相对尺度时才能加以比较。HDI 并不能明显衡量出多亚尔和高夫所关心的批评性自主。然而，最近的年度《人类发展报告》则尝试性地提出一个政治自由指数（PFI）（联合国开发计划署，1992），由言论自由、组织政党的自由、流动自由（freedom of movement）、法律面前待遇平等等许多变量组成。如果不同性别、种族和区域在健康、教育和经济数据等方面存在差异，可以用人类发展指数分别衡量。我们在本章后面对不同的发展中国家与发达福利国家的社会进步进行比较时，除了使用其他手段，也将使用联合国所界定的这种衡量手段。

也许仍然有人会反对说，人类发展指数衡量手段（尤其是政治自由指数）属于某种理性主义范式的构成部分，不适合于原教旨社会的情形。从理性的角度说，可能无法驳斥这种观点，但就何为理想的社会与政治目标和过程等价值选择而言，必须驳斥这种观点。联合国体系 1948 年采纳世界人权宣言时并没有出现一个反对的声音。但是，联合国体系内存在着一种矛盾：许多成员国既属于推广各种人权的联合国，也在各自的法律与习俗范围内运作，而这些法律与习俗都源于反对这些人权的宗教与其他传统。虽然人们会对人类发展指数（尤其是政治自由指数）提出批评，说它们是西方自由体制的东西，但由此引发的反应只能是两种：或者为自己的价值选择辩护，或者采取务实的态度，即在当今的世界上，除了伊斯兰原教旨主义国家这种明显的例外，所有国家(1)都逐渐用这些标准来衡量自身；(2)都在逐渐而成功地按照这些标准来促进人类福利。我们现在就谈论这些衡量进步的手段。

满足人类福利需求方面的进步与差异

拿以上所探讨的标准衡量，全球已取得了多大的人类与社会进步？有关这一话题的文献多不胜数，内容也各式各样。有些证据表明，以某种经济与政治方式组织起来的社会比其他社会能更
31 加成功地实现人类发展目标，但人们对这些证据提出质疑。也有众多的论文探讨了这种情形：世界上大多数地方的帝国主义历史使一些发展中国家沦为对发达国家依赖的状况。尽管这方面所涉及的问题错综复杂，我们还是能够从中看出一些类似的趋势与真实情况，即本章的这一部分和随后的部分将要描述的内容。联合国的《人类发展报告》最为明确地描述了持续的全球进步与持续的全球缺陷并存的状况。表 2.1 和表 2.2 取自 1995 年的报告(联合国开发计划署，1995a)，其中罗列了有关发展中国家与发达世界的一些关键性结论。从该报告中可以看出，世界人口的预期寿命在增加，入学率在提高，世界大多数地区的国内生产总值在增加。总之，除了少数例外——尤其是撒哈拉以南的非洲(我们在下面要谈及的)以及 1989 年以后东欧和前苏联的许多地方——全世界几乎所有国家人口寿命都在延长、识字率在提高、人们都生活在资源更

表 2.1　具有代表性国家的社会发展状况(1990 年)

体制类型	代表性国家	人均GDP（美元）	出生时的预期寿命（年）	成人识字率（%）	人类发展指数
发达国家					
自由体制	美国	21 449	75.9	99.0	0.976
保守法团体制	法国	16 051	76.4	99.0	0.972
社会民主制	瑞典	17 014	77.4	99.0	0.977
晚来的妇女动员制	日本	17 616	78.6	99.0	0.983
前共产主义东欧	匈牙利	6 116	70.9	97.0	0.887
前共产主义苏联	苏联	7 968	69.3	94.0	0.862
发展中国家					
自由体制	巴西	4 718	65.6	81.1	0.730
社会自由体制	哥斯达黎加	4 542	74.9	92.8	0.852
多元民主制	印度	1 072	59.1	48.2	0.309
社会主义威权制	中国	1 990	70.1	73.3	0.566
东南亚国家管理资本主义制	马来西亚	6 140	70.1	78.4	0.790
伊斯兰国家	伊朗	3 253	66.2	54.0	0.557
撒哈拉以南的非洲	安哥拉	840	45.5	41.7	0.143

资料来源：联合国开发计划署，1993a。

表 2.2　具有代表性的发达国家按性别与收入不平等调整后的人类发展指数(1990 年)

国家	人类发展指数	按性别差异调整后的人类发展指数	按收入分配调整后的人类发展指数
美国	0.976	0.824	0.943
法国	0.972	0.864	0.938
瑞典	0.977	0.921	0.958
日本	0.983	0.763	0.981

资料来源：联合国开发计划署，1993a。

加丰富的状态下。同样，这种社会进步与巨大的全球经济不平等并存，发达与发展中国家的经济不平等进一步加大，许多地区饥饿与食品匮乏的危险继续存在，同时出现了各种全球性社会问题，如强制性移民（forced migration）、人身不安全因素增加、有组织犯罪所带来的危险增加。许多国家的各种不平等现象也在增加（联合国开发计划署，1996）。

32 从表 2.1 可以看出，就社会进步指标而言，国家之间存在着若干差异。我们在本章后面将会看到，这里所选择的国家在各种发展中和发达国家中都有明显的代表性。表中的几个特点值得注意。首先可以看出，在处于人类发展最高阶段的国家中，长寿与识字率指标并不能使我们仔细地区分出哪些是更为成功的发达福利国家类型，哪些则不那么成功。然而，如表 2.2 所示，如果将美国、法国、瑞典和日本相类似的总体人类发展指数按性别加以分解的话，就会出现一些有趣的差异。

可以看出，瑞典这样的社会民主制国家比自由体制的美国或日本更能成功地满足妇女的人类发展需求。如果拿收入不平等来度量国家人类发展指数，会发现类似的差异。与美国相比，瑞典能更为平等地满足其公民更多的人类需求。表 2.2 也显示了这一点。

如果按种族（此处没显示）将美国的数字加以分解的话，也会出现明显变化。虽然所有公民的人类发展指数为 0.976，但白人公民的指数要比这个高些，而黑人公民的指数则为 0.880。这说明除了其他差异，美国白人与黑人的预期寿命大约相差六岁。本章后面的一节将对美国、瑞典、法国和日本这几个福利国家进行更为复杂的比较与对比。

第二个现象是，前第二世界、苏联和东欧在人类发展方面所取得的进步要小于资本主义的西方。后面将进一步探讨这一点。相形之下，对中国这样一个采纳了社会主义发展战略的国家与印度这个采纳了英国式多元民主政府形式的国家加以对比，就会显示出在当时的发展水平上社会主义道路在人类发展方面的明显优势。显然，人类发展指数无法描绘中国的各种政治不自由情形。

在南美大陆，巴西——尤其是智利——之类的国家与哥斯达黎加之类的国家之间存在明显对比，前者在国际货币基金组织的压力下所采纳的发展战略是更为正统的自由市场做法，国家管制减少到最小程度，后者则加大了其一如既往的做法：由国家对福利 33
干预作出全民性承诺（埃斯平－安德森，1994；1996；休伯（Huber），1996）。同发达世界的社会民主制一样，国家采取一定程度的社会干预（我们在后面把这个定义为社会自由体制）是有益于人类发展的。

马来西亚——但不可能是新加坡——成为所谓的东南亚老虎（South East Asian tigers）中的一个突出例子（古德曼和彭（Goodman and Peng），1996；琼斯（Jones），1993；理查德等（Richard et al.），1992）。东南亚老虎的社会政策的特点是高水平的投资，尤其针对教育和培训，但也针对保健和就业者的社会保障。这一体系的基础是各种家庭支持网，无论在经济还是社会方面都产生了明显的好处。与此相比，我们所列举的有代表性的伊斯兰教国家与撒哈拉以南非洲国家的情形则不那么令人满意。伊斯兰教国家的男女不平等在一定程度上能说明其目前的人类发展水平。这些国家的妇女识字率为42%,而国家的平均识字率是54%(联合国开发计划署,1993a)。撒哈拉以南非洲国家的凄凉景象是由多种情况导致的,包括后殖民主义、前种族分离的南非对解放战争的干涉、1980年代不明智的结构调整政策、不良的气候条件等。

日益缩小的社会不平等,日益加大的经济不平等

前一部分所描绘的画面基本上是静止的,即对目前情形所拍的一幅快照。如果对变化中的经济与社会发展进行描述,我们就能够感觉到世界上社会与政治领域的不平等现象在缩小,经济领域的不平等现象则在加大。表2.3概括了我们所谈论的代表性国家在二三十年中所发生的一些变化。有些方面表现突出。各个国家的人均预期寿命都延长了,虽然后期的资料显示前苏联和东欧的情形有所恶化(联合国儿童基金会,1994)。各国的中学和大学入学率也提高了。除了一个典型的撒哈拉以南的国家,各国的GDP都出现增长,虽然增长率差别很大。然而,后期资料(联合国开发计划署,1996)显示,从1980到1993年,不但撒哈拉以南非洲的人均GDP出现小幅下降(-1.0%),拉丁美洲(-0.3%)、东欧和前苏联(-1.8%)、阿拉伯国家(-0.9%)也是如此。从这一组数据明显看出,与巴西相比,哥斯达黎加取得了更大的社会成就,
34 与印度相比中国取得了更大的社会成就。

就某些社会指标而言,世界变得更为平等了。就预期寿命、五岁以下儿童的死亡率、每日卡路里摄入量、成人识字率、安全饮用水的获得等方面而言,北方与南方之间的差距在明显缩小(联合国

表 2.3 具有代表性国家的社会与经济趋势

	出生时的预期寿命(年)		教育入学率[1](%)		实际人均 GDP(美元)	
	1960	1990	1965－1970	1990	1960	1990
美国	69.9	75.9	40	70	9 983	21 449
法国	70.3	76.4	18	37	5 344	16 051
瑞典	73.1	77.4	13	33	6 483	17 014
日本	67.9	78.6	13	31	2 701	17 616
匈牙利	68.1	70.9	13	15	－	6 116
苏联	67.7	69.3	－	45[2]	－	7 968
巴西	54.6	65.6	65	91	1 404	4 718
哥斯达黎加	61.6	74.9	76	77	2 160	4 542
印度	44.0	59.1	49	68	617	1 072
中国	47.1	70.1	66	88	723	1 990
马来西亚	53.9	70.1	62	75	1 783	6 140
伊朗	49.5	66.2	52	83	1 985	3 253
安哥拉	33.0	45.5	－	－	1 308	840

注:[1] 发展中国家指的是小学与中学入学率,美国、法国、瑞典、日本、匈牙利和俄罗斯指的是大学入学率。

[2] 1993 年。

资料来源:联合国开发计划署,1993a。

开发计划署,1993a)。即使在 GDP 下降的国家里,按照人类发展指数衡量的话,生命质量也在提高。东欧与前苏联在这方面属于例外,这一点我们将在后面详细探讨。从 1980 到 1993 年,这一地区的人类发展指数下降了 7%。(联合国开发计划署,1996)

如果用 100 作为北方的指数,那么,从 1960 到 1990 年,中等人类发展水平的国家的指数从 70 增加到 91。在同一时期,低水平人类发展国家的指数则从 62 增加到 76。其他指标方面也取得了类似的进步。

然而，就人均 GDP 而言，北方和南方之间的差距一直在加大。如果将 100 作为北方的指数，中等人类发展水平的国家的实际人均 GDP 从 19 下降到 18，而低水平人类发展国家则从 11 下降到 8。撒哈拉以南的非洲下降最厉害，从 1960 年的 14 下降到 1990 年的 8。这就是说，北方越来越富，南方越来越穷。北方占世界 GNP 的比例从 1960 年的 30%上升到 1989 年的 59%。1996 年全世界最穷的 20%人口只能获得世界收入的 1.4%，而最富的 20%人口则获得 85%（联合国开发计划署，1996）。在国与国之间
35 经济不平等加大的同时，国家内部的经济不平等也在加大。对走经济发展新自由道路的国家而言，国内经济不平等的增加尤其明显。英国现在是发达世界中最不平等的国家，从 1979 到 1993 年，其 10%最穷人口的实际收入下降了 20%（联合国开发计划署，1996）。东亚大约 14 个国家里则出现了相反的趋势。从 1960 到 1980 年，日本最穷的 20%人口所占的国民收入翻了一番。

福利进步的关联因素：经济先决条件、经济过度景气和政治选择

如果说，就社会与人类发展而言世界变得更为平等，而经济方面却更加不平等，这说明社会与经济进步之间有何种关联？从一种意义上而言，这只是加强了我们在本章开头所提出的观点：不能将经济指标作为人类进步的衡量手段。我们在这一部分进一步探

讨经济增长与社会福利的关系，同时探讨社会和人类发展与政治自由之间的关系问题。

一项早期的福利国家对比发展研究（维伦斯基（Wilensky），1975）认为，福利国家努力与经济增长之间有关联。对福利国家努力的度量（社会保障开支占 GNP 的百分比）受到这样的指控：这样也会衡量出失业救济方面支出的增长并没有出现进步。研究结果是，两者有直接的关联。其结论是，经济增长是社会福利的一个先决条件。但是，经济发展到更高阶段后，显然会出现复杂情况，尤其就美国而言更是如此。尽管美国的经济进一步增长，它却是一个明显的“福利滞后国家”。后来的比较社会政策分析也表明，超过一定的经济先决条件水平后，一个国家的福利努力性质、福利组织形式和福利效果就不一定与经济水平有关联了。这时政治选择就起重要作用。《人类发展报告》（联合国开发计划署，1993a）也得出这样的结论：超过了某种最低水平，GDP 与人类发展之间就没有自然关联了。有几个国家的人类发展指数明显高于其 GNP 所能导致的水平。其中包括中国和哥斯达黎加。表 2.4 概括了我们所说的代表性国家的情形。

当然，也有人认为，经济发展另一端的情形是，过度增长会带来很严重的负福利（diswelfare）后果。仅举几个例子，新的福利问题包括各种发展性疾病、混乱与犯罪对生活造成的威胁、环境退化 36
的损害性后果等。本章结尾处将简要谈及这些具有全球重要性的问题，然后在第六章再进行探讨。

近年来，经济增长与社会福利之关系的一个方面受到人们的关注，即经济增长与国家内部不平等的联系。1970 年代和 1980 年

表 2.4 人类发展与经济发展的非关联性

国家	扣除人类发展指数排名后的人均 GDP 排名[1]	与 GDP 相关情况下的人类发展指数表现
美国	4	
法国	5	
瑞典	0	
日本	2	
匈牙利	24	好
俄罗斯	10	
巴西	-17	差
哥斯达黎加	34	好
印度	12	
中国	41	好
马来西亚	9	
伊朗	-44	差
安哥拉	-34	差

注:[1]一个国家的 GNP 或人类发展指数排名数越大,在国家名次表中的位置就越低,而 GNP 或人类发展指数的排名数越小,在国家名次表中的位置就越高。因此,正数大表明该国的人类发展快于其经济发展;负数大则表明该国的经济发展快于其人类发展。

资料来源:联合国开发计划署,1992。

代的正统经济学观点认为,一个国家的经济增长越大,其代价就是收入不平等现象越严重,即一个国家越不平等也就越富裕,人人的境况也就越好。这种正统思想现在不但受到联合国开发计划署(1996)的质疑,也受到经合组织的质疑(1996)。联合国开发计划署的 1996 年报告对前面所探讨的国家内部不平等日益加大情形审视之后,得出的结论是,经济增长与收入平等之间存在着正相关

(positive correlation),即平等状况会促使人人去积极参与经济。东南亚国家的增长就是基于这一原理的。社会政策如果能使人人享受公平的资产与资源分配,就会有益于经济增长。经合组织(1996)报告的结论也颇有破除传统思想的意思:在有些情况下未来的繁荣取决于对收入和报酬日益加大的不平等现象的减少。我们在第一章审视福利国家与竞争之间的关系时已感觉到种种观点的复杂性,而这又进一步使问题复杂化。

如果说经济活动与人类福利之间的联系出现问题,政治自由与人类福利之间的联系也就出现了问题。显然,如果按照多亚尔和高夫所定义的那样,即认为基本人类需求包括**批评性**自主这一内容,那么,一个国家如果不具备某些政治自由的话,从定义上而言就无法满足其公民的需求。然而,如果将这一内容排除掉,只强调长寿、受教育程度和其他福利享受指标,情形又会不同。 37

有人试图按照符合联合国人权宣言精神的标准来衡量各个国家自由度的多少。前面提到,联合国 1992 年的《人类发展报告》就尝试了一个由几种要素构成的政治自由指数(PFI),包括对个人安全、法治、言论自由、政治参与和机会均等等方面的度量。如果拿一个国家的政治自由指数与人类发展指数相比较的话,就会清楚地显示,国家的人类发展指数高,其政治自由指数也高,而人类发展指数居中和偏低的国家就只会拥有中等水平的政治自由。这也就不需要问政治自由到底是经济与人类发展的结果,还是经济与人类发展的促进物。胡曼纳(Humana,1992)的人权指数也是在试图衡量各个国家在多大程度上能遵守联合国的人权宣言和类似的公约。它同样显示,人类发展程度高的国家对人权与政治自由的尊重程度也高。

一些人希望看到发展中国家内部的人类和社会进步与民主之间有自动的关联,对他们而言,这些调查结论是很成问题的。政治多元主义、对市场的**民主式**管理根本不能自然而然地保障对人类需求的成功满足。从 1960 到 1990 年的三十年间,人类发展进步最大的一个体制就是韩国(联合国开发计划署,1990)。韩国通过持续实施一些社会项目以及不断推出新的社会项目,使其五岁以下儿童的死亡率从 1960 年的 120‰下降到 1988 年的 30‰,其成人识字率也有很大的提高。这样的体制既不能保障某些人权也不拥有牢靠的民主制度,却能取得如此成就;同样,尽管有人指责中国与古巴的社会主义意识形态,但这两个国家与韩国同时取得的成功都可以归因于国家对经济与社会发展的管理。当然,如果用多元化政治和言论自由的可及性来界定的话,体制成就的排列顺序又会不同。如果将人类需求定义为健康(长寿),如果只是用可否获得收入、是否已扫盲来衡量自主的话,则欠发达世界并不一定非得实行多元政治民主制才能满足人类需求。印度拥有长期的民
38 主传统,但就人类需求指标而言却远远落后于其他发展中国家。其人类发展指数为 0.439,韩国则是 0.903(联合国开发计划署,1992)。

有多种多样的文献涉及民主与发展的关系这一争议性问题。希利和罗宾逊(Healey and Robinson,1992)最近的结论是,“没有证据表明更加民主的(发展中)国家能更好地实现经济增长或减少收入不平等……有效的领导、透明的决策和政治稳定才是更为重要的因素”。联合国 1992 年的《人类发展报告》也承认,“专制政府

有时候的确能实施一些根本性改革，促进对社会问题的关注”，但同样的事实是，“很难在专制统治与经济或社会发展之间建立持久的联系”。然而，从长远看，经济增长和社会发展的加大会伴随着政治自由的加大。人类发展指数高的国家其政治自由指数（PFI）也高（84.1）（联合国开发计划署，1992：32）。在比较中低水平人类发展的国家时，这一结论就有些改变了。人类发展指数居中的国家的政治自由指数为49.6，而人类发展指数低的国家的政治自由指数与此类似，为48.2。对于中东欧国家——第四章谈论的中心——而言，要想实现瑞典那样的民主政治与人类需求满足的理想结合，恐怕无论从经济、文化还是历史等原因来看都是不可能的。民主与人类发展之间的选择也许总是存在的。发展中世界的经验可能更具相关性。也许应该放弃多元政治，实施国家对发展的管理。这一点将会在本章后面再次谈到。

发达资本主义福利国家的多样性：实行社会管理的资本主义效果最好

我们在前面看到，用人类发展指数之类的简单手段衡量社会发展的话，我们就无法对高度发达的资本主义福利国家的运作方式及结果进行完善的比较与对比。要进行这样的比较与对比，就得借助于那些对福利体制作出理想分类的文献，这样才能评估这些体制满足福利需求的能力。但是，在做这一工作之前，我们也许应该指出，多亚尔和高夫（1991）的研究具有一定的重要性。他们的确将其基本需求概念应用于许多不同国家，分析了这些文化方面大相径庭的国家如何先满足人们的直接需求，然后才能满足这些基本需求。表 2.5 复制了他们对第一世界、第二世界（前社会主义国家）和第三世界（被解构为中收入和低收入国家）的概括性比
39 较，以及对中国和印度的单独分析。

多亚尔和高夫从这项研究中得出许多结论，其中的一个是，中国和印度在满足基本需求方面代表了两种颇为不同的成功率，即我们已经看到的情形。中国是“低收入国家中的明星表演者”（1991：270），但有不良的侵犯人权记录。说到发达的资本主义世界，他们将比较进一步细化，把英国、美国和瑞典分离开来，作为不同类型的福利国家代表。与我们在前面所说的一些观点相同，他们认为“瑞典……成为全球的领先者，是目前需求满足方面达到最佳状态的国家”（1991：290）。随后，多亚尔和高夫在他们两人于 1994 年的多伊彻讲座（Deutscher lecture）中，对有关数据（高夫和托马斯（Thomas），1993）作了进一步分析，然后得出明确的结论：就满足人类需求（其定义将批判性自主包括在内）而言，“社会管理形式的资本主义做得最好”。他们又以不同的方式表述了这个结论：“如果有效的公共权威层能保障所有人的民权、政治权和社会权利，因此能够经常经受有效的政治动员所带来的压力，那么，在其指导下的经济发展就最有益于福利事业。”

随后所出现的一些福利国家比较研究都通过聚类分析（cluster analysis）将国家分为不同的类型或族群，但在很大程度上只不过是重申了这些结论。埃斯平－安德森的开创性著作（1990）区分出三种福利制度：美国之类的自由福利国家，在很大程度上依赖私人福利以及对穷人所实施的残留式基于生计调查的提供（residualist means tested provision)；德国之类的保守法团式福利国家，依靠的是基于工作的社会保险方案(work based social insurance schemes)；瑞典之类的社会民主福利国家，即高税收再分配性国家。但这一著作受到了多方的批评。它错误地将英国归于自由制阵营(卡斯尔斯和米切尔(Castles and Mitchell)，1990)。同澳大利亚一样，最好把英国看成一个工党式体制(labourite regime)，它体现了自由主义和集体主义之间的一种未能解决的紧张关系。南欧的福利国家属于另外一个类别，即拉丁语地缘(Latin Rim)(利布弗莱德(Liebfried)，1990)。女权主义者(奥洛夫(Orloff)，1993；塞恩斯伯利(Sainsbury)，1995；谢弗和布拉德肖(Shaver and Bradshaw)，1993)侧重探讨了埃斯平－安德森研究中的阶级再分配焦点(class redistribution focus)的种种局限，然后试图指出，需要用不同的标准来评价福利国家，看其能否满足妇女的需求。刘易斯(Lewis，1992)提出了双养家糊口者和单养家糊口者体制(dual breadwinner and single breadwinner regimes)。也许可以说，从满足妇女需求的程度上而言，西亚罗夫(Siaroff，1994)对发达福利国家作出了最令人满意的聚类分析。如果用三个标准来衡量各个国家，即政策的家庭福利导向、妇女就业的合意性(即妇女是否容易在同等条件下获得与男人相同的工作)、哪个家长能为子女获得福利，那么，就会显示出一个与埃斯平－安德森的体制三分法很接近的东西，然后再加上第四类，非常类似于拉丁语地缘的情形。西亚罗夫将它们命名为新教的自由福利国家(英国)、先进的基督教民主福利国家(德国)、新教的社会民主福利国家(瑞典)和晚来的妇女动员福利国家(西班牙，日本，瑞士，希腊)。 40

表 2.5 三个世界中基本需求的满足状况

	第三世界				第二世界	第一世界	全世界
	中国	印度	其他低收入国家	中等收入国家			
1 人口(1986 年,百万)	1 054	781	663	1 230	396	742	4 885
2 人均 GNP(1986 年)	300	290	290	1 330	(2 059)	12 964	2 780
3 人均 GDP 购买力平价(1980 年)	-	573	(760)	(2 594)	-	9 699	(3 879)
生存/健康							
4 预期寿命(1986 年)	69	57	50	61	72	75	64
5 婴儿死亡率(1985 年)	36	105	119	66	23	9	61
6 五岁以下幼儿死亡率(1985 年)	50	158	193	108	27	12	94
7 出生体重偏低(%)	6	30	24	12	6	6	14
自主性							
8 识字率(1985 年,%)	69	43	46	73	(约 100)	(约 100)	-
水/营养							
9 安全水(1983 年,%)	-	54	33	59	(约 100)	(约 100)	-
10 卡路里(1982 年)	111	96	92	110	132	130	111
住房							
11 过分拥挤(1970 年代,%)	-	-	-	(61)	13	2	-
医疗服务							
12 人口/医生(1981 年)	1.7	3.7	11.6	5.1	0.34	0.55	3.8
13 医疗可及性(1980-1983,%)	-	-	49	(57)	(约 100)	(约 100)	-
安全							
14 战争死亡(1945-1985 年,%)	0.2	0.1	1.0	0.4	0.0	0.0	0.3
15 被杀害(1987 年)	-	-	-	(8.3)	1.9	3.8	(4.6)
16 贫困(1977-1984 年,%)	-	48	(55)	(33)	-		
教育							
17 成人:中学程度(%)	16	14	(9)	10	42	30	16
18 成人:中学以上程度(%)	1.0	2.5	(1.4)	4.8	(8.9)	11.7	3.7
19 学生:中学(%)	39	35	23	47	92	93	51
20 学生:中学以上(%)	-	-	3	14	20	39	19
生育							
21 避孕(1985 年,%)	77	35	21	50	—66—		50
22 产妇死亡率(1980-1987 年,%)	44	340	510	130	—10—		250

说明：

“低”收入、“中等”收入和“工业化市场”经济等定义取自世界银行(1988:217)。但是，我们对 8 个国家社会主义国家的数据作了重新计算，其中包括：阿尔巴尼亚、保加利亚、捷克斯洛伐克、德意志民主共和国、匈牙利、波兰、罗马尼亚和前苏联。中东的四个高收入石油出口国没有被包括在这些国家群体中，但全球平均数中把他们算进去了。将“发展”等同于人均收入会带来很多问题（瑟尔沃尔（Thirlwall），1983：第 1 章），但世界统计数据的组织方式很难使我们用其他变量来罗列数据。同一群体中的国家 41
是用人口计算权重的，除非另有说明。括号内的数字表示数据所涉及的国家占不了这一群体的一半。

众所周知，在比较不同国家的人均收入时存在若干问题，因此，这里提供了不同的衡量手段。第二行显示的是目前汇率水平上按美元计算的人均 GNP，第三行则显示的是“购买力平价”水平上按美元计算的人均 GDP（遗憾的是，只有 1980 年的数据），因为这更能准确地反映国民实际收入方面的差异（世界银行，1987：268 - 71）。遗憾的是，这一信息并没有涉及所有国家。

定义与来源（按行数说）：

1 总人口，1986 年，以百万计（世界银行，1988：表 1）。

2 1986 年的人均国民生产总值，美元计算，使用了 1984 - 1986 年的平均汇率（世界银行，1988：表 1）。

3 1980 年的人均国内生产总值，“购买力平价”水平以美元计算（世界银行，1987：方框 A2）。

4 出生时的预期寿命，以年为单位，1986 年（世界银行，1988：表 1）。

5 1 岁之前的婴儿死亡率，按每千活产计算，1985 年（联合国儿童基金会，1987：表 1）。

6 5 岁以下幼儿死亡率，按每千活产计算（联合国儿童基金会，1987：表 1）。

7 体重不到 2 500 克的婴儿的比例（联合国儿童基金会，1987：表 2）。

8 15 岁和 15 岁以上能读能写的人的百分比，1985 年（联合国儿童基金会，1987：表 1）。

9 世界卫生组织所界定的饮用水获得情况，1983 年（联合国儿童基金会，1987：表 3）。

10 每日人均卡路里摄入量，按要求的百分比计算，1983 年（联合国儿童基金会，1987：表 2）。

11 每室两人以上情况下住房单位的百分比，1970 年代的不同年份（联合国，1987：表 4.5）。

12 人口（千人）/每个医生，1981 年（世界银行，1988：表 29）。

13 世界卫生组织界定下的医疗服务可及性，1980 - 1983 年（联合国儿童基金会，1987：表 3）。

14 1945 到 1985 年的战争死亡人数，按 1986 年的人口比例计算（联合国，1987：表 9.11）。

15 每 100 000 人口中的被杀害人数（世界卫生组织，1989：表 10）。

16 收入低于世界银行所界定的水平的人口比例，即能满足最低营养饮食和一些非食品类要求（联合国儿童基金会，1987：表 6）。

17 在1970到1982年之间不同年份中上过中学的成人的比例(联合国教科文组织,1989:表1.4)。

18 1970到1982年之间接受过中学以上教育的所有成人的比例(联合国教科文组织,1989:表1.4)。

19 所有中学学龄(一般从12到17岁)儿童中的中学入学人数,1985年前后(世界银行,1988:表30)。

20 所有中学以上教育场所、学校和大学的入学人数,除以20-24岁的人口,1985年前后(世界银行,1988:表30)。

21 已婚育龄妇女(或其丈夫)中使用任何避孕形式的比例,无论是传统的还是现代的方法(联合国开发计划署,1990:表20)。

22 每年100 000个活产中死于与怀孕相关病因的妇女人数(联合国开发计划署,1990:表11)。

42 资料来源:多亚尔和高夫,1991。

表2.6 经合组织国家与东欧的福利体制

福利体制类型	代表性国家	福利享受的基础	福利的分配性效应	满足妇女需求的程度[1]
自由制(新教自由制)	美国 澳大利亚	商品化的	不平等	2
保守制(先进的基督教民主制)	德国 法国	半去商品化的(保险)	维持地位差异	2
社会民主制(新教社会民主制)	瑞典 丹麦	去商品化的(公民身份)	再分配	3
晚来的妇女动员制	日本 西班牙	半去商品化的(保险)	维持地位差异	0
国家官僚集体制	保加利亚 俄罗斯	去商品化的(工作忠诚)	无产阶级化,但有特权	2/3

注:[1]按照西亚罗夫(1994)的三重标准定义,0到3的尺度只是对不同体制完全或部分满足妇女需求的程度的一种近似的线性描述。

除了这些分类，迪肯(Deacon，1992)还试图指出东欧与前苏联的早期国家官僚集体制，目的是为了预测这些社会在一定程度上迎合资本主义时，其体制会呈现出什么发展方向。

表 2.6 简要描绘了对欧洲福利国家所作的分类尝试，其中包括转型前的东欧、北美和数量有限的太平洋沿岸发达国家(日本、澳大利亚和新西兰)。

我们不但知道发达福利国家各不相同：它们的筹资方式与组织方式不相同，其现有福利对分配带来的效应不同，对妇女的友好程度也不相同；我们也知道有些因素可以在一定程度上解释这些差异。总之，我们从若干项研究(卡斯尔斯和米切尔，1990；埃斯平－安德森，1990；高夫和托马斯，1993；休伯和斯蒂芬斯(Huber and Stephens)，1993)了解到：

1　社会民主体制往往能产生高度的工人阶级动员和政治代表制(political representation)。 43
2　保守的法团主义体制在很大程度上受到天主教的影响。
3　自由体制往往不存在上述两种因素，因此，往往会营造向上流动的社会(upwardly mobile societies)。
4　晚来的妇女动员体制显然反映了独立妇女运动在政治生活中所起的小规模作用。
5　国家官僚体制是对资本的征用(expropriation of capital)以及对国家实施家长式管理(paternalistic management)的特殊产物。

其他因素也关系到体制方面的差异。其中包括政府的联邦制程度(与自由制相联系)、社会的种族一致性(与社会民主制相联系)、战胜专制主义方面的迟缓性(与保守制相联系)。

尽管现在所展现的画面很复杂,但仍然没有充分描绘我们所感兴趣的福利体制,或者充分解释它们之间的差异,或者充分触及其他能使我们对体制分类的维度。概括而言,我们到此所审视的文献中也许有以下几方面的缺点。

第一,这些文献都没有充分探讨不同体制对少数民族和流动劳动者的福利需求的平等满足程度。金斯伯格(Ginsburg,1992)首先描述了美国、英国、德国和瑞典在这一方面的差异。但他只是得出了这样的结论:"在获取福利津贴和服务方面,这四个国家存在着严重的种族不平等现象,而且有证据表明,这些不平等现象在过去20年里可能日益严重了"(1992:193)。威廉姆斯(1995)开始描绘不同福利体制对其种族化少数群体(racialized minorities)的需求问题解决的程度。在目前阶段,我们还不能完全肯定是否存在这种明显的并行现象:对妇女更为友好的体制也对少数民族更为友好;或者相反,社会民主体制是否恰恰因为其种族的一致性而在有些方面取得了更大的成就,而自由体制出现了相对的福利失败是归因于其种族的复杂状况。显然可以这么认为:由于存在许多少数民族,所以必须作出一系列重要的社会政策反应。一个极端是,实行种族化的民族主义,即根据种族属性来界定公民身份,从而只为这些公民提供福利;另一个极端则是,实行民族同化政策,即为所有人提供福利,同时也不承认各种差别。介于两者之间的是,实行多文化战略,即尊重少数群体的权利,同时平等地提供各种不同的需求,或者是实施反种族歧视战略,即进行明确的区分，以偏向少数种族群体。我们尚需要就这方面进行系统的比较性福利体制分析。

第二，值得注意的是，对正在形成的东南亚与东亚经济国家的具体福利方向所作的分析不充分。琼斯(1993b)区分出一个新的儒教福利制度。古尔德(Gould，1993)对日本福利的具体特点作了比较详细的描述。古德曼和彭(1996)审视了日本、韩国和中国 44
台湾地区的社会政策，其结论是，这个地区的社会政策发展特点是，从其他地方的建国(nation building)经验中学习东西。我们将在第三章看到，一些东南亚老虎的成就显然令经合组织和世界银行的一些人惊叹。这些体制大力倡导对福利基础设施的投资，这与自由体制国家"将福利看做是负担"的心态形成鲜明对比。现在还不完全清楚的是，这一群形形色色的国家的关键性福利特点是什么。虽然有过于简单化之嫌，我们还是可以归纳出这几条：(1)国家在很大程度上集中安排与管理资本投资；(2)国家愿意投资于**某些**福利基础设施方面，尤其是教育、培训以及与**就业**相关的社会保障；(3)私人养老金方案鼓励高水平的个人储蓄；但从另一方面说，(4)这种方式使得照顾被赡养的人和社会保障工作者范畴以外的人成为大家庭的事情，即如果家庭能提供支持，就很少给予这些人社会资助。

第三，上述将美国、加拿大、英国和澳大利亚归入自由主义的类别也是一种颇为混杂的做法。尤其是，这种分类没有对澳大利亚的福利制度给予应有的强调。美国实施的是一种残余形式(residualist version)的福利制度，一般而言，是依靠带有耻辱标志的调查(stigmatizing tests)来给穷人提供公共津贴，而澳大利亚与此不同，其生计调查模式主要是对比较富裕的人进行生计与资产调查。澳大利亚公民所获得的大部分福利津贴都是基于生计与资产调查的。从这个意义上说，澳大利亚既不同于基于保险的发达福利国家，也不同于基于生计调查的残余型福利国家。高夫的结论是，对经合组织国家的生计调查方式所作的审视结果表明，澳大利亚代表了一种独特类别的“选择性福利制度”，即在这样的制度内，“相对而言不很在乎人们的资产与所得，因此，耻辱感相对要小”(1995:24)。他认为这不同于“公共资助制度(美国)”。我们将在第三、第四章看到，澳大利亚模式在世界银行的圈子内受到一定的欢迎。

第四，伊斯兰国家群的福利政策也是比较社会政策的一个研究不足、描述不足的方面。迪安和汗(Dean and Khan，1995)指出，伊斯兰教国家的社区(Ummah)通过穆斯林的天课原则(Zakat，音译“扎卡特”，穆斯林每年一次的慈善捐款——译者)向穆斯林信徒征收宗教税，从而将他们的一部分可支配的财富施与其社区的成员，这种福利组织原则类似于新教与天主教国家的做法。逊尼派穆斯林的征税率是2.5%，什叶派穆斯林是5%；至于哪些财富不属于征税范围，则是比较复杂而有争议的问题。从社会公正的角度而言，穷人有权接受用这种方式收集到的钱。现在世界上有大约10亿穆斯林，在大约38个国家里穆斯林属于多数。
45 然而，“穆斯林国家展现出极为不同的情形。有的是富藏石油的国家，如沙特阿拉伯，基本上保持了封建的政治关系；有的是人口多的陷入贫困的‘发展中’民主国家，如巴基斯坦，还有伊朗那样的革命性伊斯兰国家。针对这些国家的实质性福利制度，还有大量的经验性比较研究工作要做”(1995:8)。

第五,到目前为止,比较性分析都没有对南美洲与拉丁美洲的发展中福利国家的各种差异加以探讨,因为这些国家还不属于经合组织俱乐部。总的来说,这些国家在很大程度上受到了美国的自由制做法的影响。它们或者实行直接的政治干预(如智利),或者通过美国培训的经济学毕业生来施加间接影响,这些人回国后为其政府工作,容易接受自由式的世界银行的建议。所以这些国家都朝自由市场、筹资性养老金方案(funded pension schemes)等方向发展。结果,南美洲存在着世界上最不平等的一些社会,以及赤贫与富裕肩并肩的现象。为数不多的基于就业的法团式社会保障机制只能让少数有特权的劳动力获益。然而,在这个由基本的自由主义体制所构成的海洋里还是有些例外。我们指的不是古巴这样明显的国家官僚集体型体制,虽然它已经为国民获得了别处所没有取得的长寿与教育水平(其代价是牺牲了政治自由),而是哥斯达黎加,它虽然像拉丁美洲的普遍情形,即处于低经济发展水平,但其社会公正、公共提供和社会管理——尤其是全民性保健——的发展方向更加类似于欧洲的情形(埃斯平 - 安德森,1994)。也许可以将哥斯达黎加称为有人情味的自由主义体制,或曰社会自由主义制(social liberalism)。伊夫琳·休伯(Evelyne Huber,1996)也对哥斯达黎加模式大加称颂,甚至称之为拉丁美洲环境下运作的社会民主制榜样。

尽管现存的福利制度对比分析有上述种种缺陷,尽管还有许多工作要做,但我们像多亚尔和高夫所说的,还是能够指出发达资本主义福利国家中的哪些政策与做法能够更好地满足人们的福利需求。

社会主义式发展与向市场转型：是自由主义制付出了社会成本，还是有管制的资本主义取得了社会成就？

在前苏联与东欧的共产主义事业垮台之前，比较社会政策研究所面临的一个关键问题是，如何从社会福利发展的角度对“社会主义”国家和资本主义国家进行比较？而现在的对比分析所面临的一个关键问题是，这些前社会主义国家向市场机制的转变以及它们所采取的不同路径，在多大程度上有助于还是妨碍了社会福利目标的实现和人类需求的满足？

46 过去的答案（迪肯，1983；怀特等（White et al.），1983）与现在的答案（科尔尼亚（Cornia），1994；迪肯，1992；联合国儿童基金会，1993a；1994）类似。在过去，中国、古巴和莫桑比克这样的欠发达国家因为实行了民众革命而采纳了国家社会主义发展路径，但在健康、医疗、教育、卫生和其他许多方面所取得的成就超过了那些没走这条路的同类国家。中国和古巴在人类发展排名表上极高的位置就证明了这一点，虽然其代价是牺牲了政治自由。与此同时，俄罗斯、匈牙利和保加利亚这些更为发达的国家社会主义却似乎耗尽了潜力，其人类福利停滞不前。国家经济管理的无效率，再加上不能自下而上地对需求加以呼吁，导致了僵化的国家官僚体制下的家长式福利提供，在许多方面无法改善其公民的福利。与西方福利国家相比，预期寿命虽没有下降也没有增长，高等层次的教育参与率低，住房、医疗等服务虽然免费或便宜，但筹资、组织和提供方式差。然而，社会保障津贴高，不工作的人也能分享到整个国家相对进步的成果。迪肯(1992)提供了一份这种国家官僚集体制时期的资产负债表。

现在，作为一种临时的判断，我们可以认为，1989 年以后东欧向资本主义和多元民主制的急速转变带来了巨大的社会成本，从短期看，无疑是这样的。自由制导致了高水平的失业，生活水准下降了大约三分之一，贫困明显增加，大多数国家的死亡率之高令人担忧。相形之下，中国自 1979 年以来在不民主的环境下实施了更为缓慢的有管制的资本投资与市场机制，导致生活水准持续上升，公开失业处于最低程度，贫困水平降低。但是，其地区之间存在不平等现象，大量的流动农民都想在新的开发区寻找工作，这成为一个重要的并且日益严重的问题。换句话说，过去的社会主义发展能够满足中国(和古巴及其他地方)的人类需求。而现在有管制地(虽然是不民主地)实施市场力量也似乎有效。在同样意义上说，俄罗斯与东欧陷于僵化的官僚式国家集体制的社会主义发展对其公民已没有什么好处了。而从短期看，这些地区向无管制的、多元的民主自由资本主义方向的冲刺发展是没有益处的。联合国大学的世界发展研究所(UN University's World Development Institute)资助下的一项研究也反映了俄罗斯后共产主义时期的否定性经历与中国肯定性的有管制的社会主义转型之间的鲜明对比。布拉赫(Blaho)的结论是，“中国所实行的经济渐进主义(economic incrementalism)和有限的政治变革做法导致经济的突飞猛进……而俄罗斯到目前为止的转型却导致了非常糟糕的短期经济结果”(1994:49)。 47

表 2.7　所选择的几个前社会主义国家转型期所带来的社会影响

国家	人均实际收入的变化 %	贫困率的变化 %	婴儿死亡率的变化 %	入学率的变化 %
中国	+40 (1982-1990)	-35 (1990-1992)	-25 (1978-1989)	+29 (1982-1990)
俄罗斯	-38 (1989-1993)	+36 (1990-1992)	+13 (1989-1993)	-5 (1989-1992)[2]
保加利亚[1]	-39 (1989-1992)	+4 (1989-1990)	+8 (1989-1993)	-7 (1989-1992)[2]
匈牙利[1]	-3 (1989-1990)	+4 (1989-1990)	-15 (1989-1993)	+3 (1989-1995)[2]
乌克兰[1]	-4 (1989-1992)[3]	-	+16 (1989-1993)	-

注：[1] 之所以包含这些国家，因为它们是第四章中的个案研究对象。

[2] 指中学。

[3] 该计算的依据值得怀疑。

资料来源：根据科尔尼亚，1994 年的表 6 和表 II 而重新计算（要详细了解数据的来源，可参见这些表格的注释）。

表 2.7 清楚地显示，对俄罗斯、保加利亚、乌克兰和匈牙利（程度小些）而言，政治与市场改革的短期社会效应对人口是有害的。有关本地区其他国家的数据也支持这一结论。总体上说，捷克共和国在这一趋势中属于例外。相比之下，中国到目前为止的转变几乎带来了全面的积极效果。表 2.8 展现了前苏联与东欧的这种凄凉景象。

世界银行在审视改革过程的结果时也指出了类似的差异："在中东欧（CEE）和新独立国家（NIS，指苏联解体后获得独立的国家——译者）中……产出降低和收入不平等增加共同导致了许多国家中贫困的激增以及不安全感的日益严重……而东亚持续发展的改革性国家的生活水准则急剧上升；中国第一阶段的改革使将近两亿人摆脱了赤贫状况，这是个巨大的成就"（1996：19 - 19）。然而，世行也强调，俄罗斯与中国的先决条件颇为不同，因此，"一

表 2.8　中、东欧 18 个国家的福利变化概况（1989－1995 年）

指标	单位	捷克	斯洛伐克	匈牙利	波兰	斯洛文尼亚	阿尔巴尼亚	保加利亚	罗马尼亚	爱沙尼亚	拉脱维亚	立陶宛	白俄罗斯	摩尔多瓦	俄罗斯	乌克兰	亚美尼亚	阿塞拜疆	格鲁吉亚	次区域性概括：中欧地区	东南欧地区	波罗的海地区	前苏联西部	高加索地区
基于收入与消费的指标																								
实际工资	%	—	-21.7[a]	-21.6	-24.6	-23.1	-85.0[b]	-40.6	-30.9	-40.0[b]	-41.4	-64.4[c]	-39.0	-79.9	-54.9[d]	-61.4	-85.6[d]	-88.3[c]	-56.0[e]	-22.8	-52.2	-48.6	-58.8	-76.6
贫困率	%	1.2[f]	5.9[a]	5.0[g]	5.1[f]	1.6[h]	—	30.7[i]	22.1[g]	26.0[g]	32.2[g]	37.6[g]	—	38.2[e]	—	—	—	51.4	—	3.8	26.4	31.9	38.2	51.4
食品份额	%	-1.7	3.9[g]	2.4[g]	-6.4	-3.2	—	7.2	5.5	-0.9[m]	15.5[g]	21.6	24.1	24.8	13.9	25.7[g]	25.4[e]	18.8	38.8	-1.0	6.4	12.1	22.1	27.7
人均卡路里消费	%	—	-0.3[g]	-10.7	-13.2[g]	—	-16.4	-18.2	-2.6[g]	—	-12.4[g]	—	1.7[j]	-24.6	-9.8	-21.4[g]	-33.5[e]	-22.9[g]	-28.6	-8.0	-12.4	-12.4	-13.5	-28.3
人口统计指标																								
概约结婚率	%	-32.1	-26.1	-15.9	-19.4	-14.3	-24.1[c]	-38.0	-11.7	-42.0	-52.2	-36.2	-21.9	-18.5	-23.4	-11.6	-46.2	-43.3	-42.9	-21.5	-24.6	-43.4	-18.8	-44.1
再婚率	%	-25.0	-46.2	-27.8	-30.0	-14.3	-50.0[c]	-44.4	-7.1	-22.7[g]	-60.0	-45.0	-15.8	-6.3	-24.0	—	—	-56.3	-50.0[f]	-28.6	-33.9	-42.6	-15.3	-53.1
概约离婚率	%	0.0	6.2	-4.2	-16.7	-27.3	-0.0[c]	-7.1	-16.7	31.6	-23.8	-15.2	20.6	17.2	15.0	0.0	-41.7	-52.9	-64.3	-8.4	-7.9	-2.5	13.2	-53.0
概约出生率	%	-25.0	-24.8	-6.8	-24.8	-18.8	-6.5[g]	-32.3	-35.4	-41.3	-41.1	-26.5	-34.7	-31.2	-35.6	-27.8	-40.1	-26.5[c]	-33.5	-20.1	-24.7	-36.3	-32.3	-33.4
死亡指标																								
男性预期寿命	年	1.9	1.5	-0.1	0.8	1.5	-0.1[g]	-1.4	-0.9[g]	-4.0	-5.5	-3.0	-3.9	-3.7	-5.9	-3.2[g]	-0.9[g]	-3.2[c]	—	1.1	-0.8	-4.2	-4.2	-2.1
女性预期寿命	年	1.5	0.9	0.7	0.9	1.1	0.1[g]	-0.2	0.7[g]	-0.4	-2.6	-1.0	-2.1	-2.6	-2.8	-1.8[g]	0.2[g]	-0.7[c]	—	1.0	0.2	-1.3	-2.3	-0.3
幼儿死亡率	%	-23.0	-18.5	-31.8	-28.8	-32.9	-40.3[g]	2.8	-21.2	0.0	64.0	15.9	12.7	3.9	-1.1	10.8	-30.4	-13.7	-28.6[g]	-27.0	7.3	26.6	6.6	-5.2
1—4岁死亡率	%	-19.5	-17.1	-30.6	-28.4	-35.0	-38.2[c]	3.8	-24.9	5.8	28.3	13.3	6.5	1.1	3.6	11.4[g]	-21.0[g]	-3.1	-30.1[f]	-26.1	5.7	15.8	5.7	-18.1
5—19岁死亡率	%	18.2	-5.6	-12.2	-12.2	-2.6	—	0.0	-3.1	-9.6[k]	-25.3	-18.2	0.0	-7.4	15.9	10.2[g]	71.4[g]	90.4	0.0[f]	-2.9	-1.6	-17.7	4.7	53.9
20—39岁死亡率	%	-5.4	-15.4	-7.0	-7.4	-18.8	—	6.6	-1.1	50.8	75.7	29.8	39.9	23.1	63.9	41.1[g]	41.7[g]	126.0[g]	23.4[f]	-10.8	2.7	52.1	42.0	63.8
40—59岁死亡率	%	-13.5	-19.1	6.3	-11.6	-16.4	—	7.2	18.6	41.2	93.9	38.2	30.8	25.8	58.5	37.2[g]	-5.1[g]	13.5[g]	-4.8[f]	-10.9	12.9	57.6	38.1	1.2
60岁死亡率	%	-9.7	-3.8	0.0	-5.2	-5.6	—	22.4	1.2	2.4	20.8	3.9	17.8	34.2	19.5	22.2[g]	6.1[g]	6.0[g]	-5.6[f]	-4.8	11.8	9.0	23.4	2.1
产妇死亡率	%	-77.4	62.0	-28.6	-6.6	26	-46.9[h]	-12.8	-71.8	25.2	-60.9	-40.8	-44.4	-63.6	5.7	10.1	-15.3[g]	53.1[g]	-22.8[g]	-4.9	-43.9	-25.5	-23.0	5.0
健康指标																								
堕胎率	%	-35.0	-4.7	-6.3	-99.3	-16.1	48.0[g]	11.2	307.0	14.8	-4.7	4.1[l]	14.1	4.1	-1.0	-5.2	72.3[g]	-2.8[g]	-12.1[g]	-32.3	122.1	4.7	3.0	19.1
活产体重	%	5.8	16.1	-9.8	-11.8	-5.5	-17.6	29.0	20.5	25.0[g]	8.9	10.5	19.0	-14.9	10.5	—	8.8[e]	-1.8[g]	37.7[g]	-1.0	10.6	14.8	4.9	14.9
肺结核病例	%	4.4[g,n]	20.3[h,n]	13.9[g,n]	2.7[c,n]	-20.3[g,n]	—	-7.7[g,n]	48.6[g,n]	28.5[g,n]	66.4[g,n]	38.3[g,n]	15.8[g,n]	-3.2[g,n]	100.0[g,n]	1.4[g,n]	27.6[g,n]	-5.3[g,n]	—	-12.3	28.2	44.7	30.1	11.2

社会凝聚与保护指标																							
20岁以下母亲生育数	%	-2.6	0.4	-0.5	0.6	-3.0	4.7[c]	1.7	2.2	3.2	-0.2	3.6	5.1	8.7	7.2	5.4[g]	9.5[g]	3.3	1.5[f]	-1.0	2.9	2.2	6.6	4.8
领养数	%	-0.5[g]	34.6	-4.3	-28.4[g]	-51.9	—	87.0	—	8.4[m]	-34.3	62.0[o]	60.5	—	9.7[p]	16.9[q]	-68.8[c]	-43.2	—	-10.1	87.0	-29.3	29.0	-56.0
犯罪率	%	212.0	143.0	130.0	63.0[g]	-3.9	—	269.0	—	-118.0	40.0	93.5	95.7	-6.2	69.5	77.7[g]	12.7	27.2	-21.2	108.9	269.3	84.0	59.2	6.2
青少年判刑率	%	18.4	68.8	37.1	-14.4[g]	-67.4	—	135.0	212.0[g]	106.0	0.3	134.0	89.0	37.4	70.1	63.9[g]	196.0[g]	90.2[g]	40.6[g]	8.5	173.7	80.1	65.1	108.9
凶杀率	%	119.8	117.0	51.8	—	23.3	—	5.8[r]	—	242.0	57.9	224.0	—	50.6	134.0	—	31.8	83.4	—	78.0	5.8	174.4	92.3	57.6
儿童教育指标																								
托儿/产假覆盖率	%	-1.0[e,t]	—	3.6[e]	-23.6[e]	—	—	-18.8[g]	-1.2[g,t]	12.0[e,t]	29.2[g]	-15.2[g,t]	-21.7[g,t]	-16.1[g,t]	-14.9[g,t]	-13.8[e,t]	—	-1.3[g]	—	-7.0	-10.0	0.7	-16.6	-1.3
学前入学率	%	-10.7	-20.7	1.2	-4.4[g]	6.4	—	-7.6	-24.5	1.1	-15.6	-27.7	-1.2	-16.0	-15.3	-17.2[g]	15.2[e]	-3.0	-16.3[g]	-5.6	-16.1	-14.1	-12.4	-11.5
小学入学率	%	0.4	1.8	0.1	-0.9	2.0	4.0[h]	-4.7	2.2	-1.4[k]	4.2[i]	3.6[k]	2.9	2.0[l]	-3.0	2.2[g]	—	17.0	-12.3[g]	0.7	-2.2	2.1	-0.1	2.3
中学入学率	%	17.8[k]	3.0	16.2	4.2	3.2	—	-2.1	-14.2	-10.2[k]	-3.7	-8.0[k]	-4.3	0.0	-4.3	-7.4[g]	—	-8.0	-18.2[g]	8.9	-8.2	-7.3	-4.0	-13.1
观察到的情况总数，其中		28	28	29	28	27	15	29	26	28	29	28	27	28	28	25	24	29	22	29	29	29	29	29
恶化方面		13	16	15	13	8	11	24	18	23	22	24	22	21	25	22	18	22	14	12	24	24	27	25
改善方面		15	12	14	15	19	4	5	8	5	7	4	5	7	3	3	6	7	8	17	5	5	2	4
恶化占百分比		46.4	57.1	51.7	46.4	29.6	73.3	82.8	72.0	82.1	73.7	85.7	81.5	75.9	86.2	88.0	75.0	75.9	63.6	41.4	82.8	82.8	93.1	86.2

注：[a] 平均值
[b] 估计值
[c] 1995年初步数据
[d] 1993－1995年，联合国儿童基金会
[e] 1989－1993年
[f] 1989－1992年
[g] 1989－1994年
[h] 1990－1993年
[i] 1990－1994年
[j] 1993－1995年
[k] 1990－1995年
[l] 1991－1995年
[m] 1992－1994年
[n] 新登记的病例，来源为世界卫生组织所有国家卫生数据库
[o] 1992－1995年
[p] 儿童进入监护家庭的年度总数
[q] 现有数
[r] 1991－1994年
[s] 只包括产假
[t] 只包括入托率

资料来源：联合国儿童基金会，1997。

个合适的综合性改革方案不能简单地在俄罗斯和中国这样大相径庭的国家之间移植”(1996:21)。总体上说，其结论是，中东欧和新独立国家相互之间的真正区别是，那些在持续实施经济改革的国家——无论快慢——尽管出现了短期的人间痛苦，现在都在重建其经济，而那些回避或阻挠改革的国家现在开始经受更为长期的苦难。

虽然显而易见的是，东欧与前苏联的过渡期所带来的社会成本很高，但这一地区正在出现的福利制度的情形又怎样呢？它们是否在追随某种西方资本主义模式？戈廷(Gotting，1995)的结论是，这些社会成本主要不是福利政策导致的，而是价格补贴政策变化的结果，即快速地取消了对食品、住房和交通的补贴，从而导致 50
了贫困化以及劳动市场的变化，后者又导致了现存福利制度所无法应对的失业。换句话说，她描述了社会政策——养老金政策、医疗政策等——的小小变化：“虽然在过渡期的前五年，共产主义体制里几乎所有的政治与经济制度都从根本上受到挑战，但社会保护制度基本上得以维持。尽管一开始出现了各种具有强烈改革色彩的宏大方案，但后共产主义政府并没有在社会政策领域实施大的变化”(1995:1)。世界银行(1996:17)的分析也在一定程度上证明了这一点，其结论是：无论是慢速还是快速改革的中东欧与新独立国家，其社会政策改革(养老金、补贴的减少、有针对性地发放津贴、企业对社会资产的剥夺(divestiture by firm of social assets))指数要低于法律制度改革、金融改革和政府其他角色改革的指数。虽然这些都是事实，但福利政策也出现了一些变化，这是我们在下面将要描述与分析的。

根据前面表2.6对福利体制特点的概括，我们可以针对国家官僚集体制的未来构建四种假设。第一，国家官僚集体主义基于工作的福利制度，加上预先存在的各种地位差异——这不但反映在显贵人士(nomenklatura)所能获得的特权，也反映在该制度中被高度看重的工人所能获得的特权——都表明，通过建立一个与工资关联的社会保障政策，这一制度可以相对顺利地、合理地转向德国式的保守法团主义制度。第二，从短期而言，社会民主制不会是一个可行性选择，因为这种制度要求生产型经济(productive economy)愿意为促成高水平的社会再分配而被课以重税。第三，与国家官僚集体主义形成直接对比的是，贫困化以及负债状况可能会迫使这些国家面临来自国际货币基金组织和世界银行的强大压力，即要求它们向自由化方向发展。第四，由于妇女的劳动力参与水平高，这些社会恐怕不会出现复归传统现象(retraditionalization)。

基于这些假设，以及对各种在传统上与不同类型福利国家相关联的因素的分析，再加上一些新的可能会影响过渡期结果的因素——即过渡过程的性质(大规模进行还是静悄悄进行)，西方所带来的过渡期效应的性质(如果欠债的话效应就大)，迪肯作出的假设是：不但会出现一些自由体制(匈牙利)和一些保守法团主义体制(东德)，还会出现一种新的变化形式，即人们所说的后共产主义保守法团主义(post-communist conservative corporatism)。

> 由于难以使显贵阶层转变成资本主义企业家，我们因此
> 51 会看到，有些国家将出现一种变形的保守法团主义，即旧的显

> 贵阶层的一些成分会与工人阶级的一些成分达成一种协定，以改变市场力量的自由运作方式，其代价是经济增长会减少，但这样可以在更大程度上维持显贵阶层和技术工人的地位。(1992:174)

迪肯也预测到，“中亚那些共和国的未来……不是很清楚。也许会实行东南亚国家资本主义的那种发展模式，即基本上无视民主”(1992:189)。这本书没有谈及中国，如果谈到的话，其观点肯定与此相同。

那么，就目前的这种概括程度而言，正在诞生的后共产主义福利世界到底会是什么样子？上述的这些提议和预测站得住脚吗？到目前为止，尚没有人对后共产主义的社会政策进行过系统的比较与分析。戈廷(1994)对保加利亚、匈牙利和捷克斯洛伐克的发展所作的比较有一定的启发性。还有人对波兰(科显若波尔斯基(Ksiezopolski)，1993a)和波罗的海国家(辛普拉(Simpura)，1995)作过单个国家研究。曼宁(Manning，1994)和夏皮罗(Shapiro，1995b)最近对俄罗斯的社会政策作过描述。国际社会保障协会(ISSA，1994a；1994b)对一些国家的发展进行了监督。我们已经说过，联合国儿童基金会的佛罗伦萨儿童发展中心在其三个地区监督报告中(联合国儿童基金会，1993a；1994；1995b)提供了优秀的政策**结果**监督工作。世界银行(1996)也审视了所有过渡期经济社会的发展状况。

齐雄(Cichon，1994b)为国际劳工组织工作，他说，收入维持部门现在的一种普遍发展模式是，建立一个三柱体系(three-pillared system)，由**社会保险**(用于养老金、短期津贴)、来自税收的社会**支持**(用于儿童津贴)和**社会救助**构成。社会救助针对的是那些津贴享受权将要终止的人或没有被其他任何方案所覆盖的人。如果事实是这样(波兰、匈牙利、捷克、斯洛伐克、斯洛文尼亚、立陶宛和保加利亚的政策显然在一定程度上朝这个方向发展)，那么，从逻辑上说，国家官僚集体主义就是向保守法团主义转变。当然，问题在于，津贴水平是什么样的；国家养老金在多大程度上是与工资相关的，还是只能提供最低的统一费率保障(minimum flat rate guarantees)；地方层次上的国家社会资助承诺是否充足；国家支持体系是全民性的还是有针对性的。因为许多国家只保障最低养老金，还因为各种支持体系越来越基于生计调查，所以，实际情况是，这些体系越来越像自由制的变种，即带有人情味的自由制，或曰社会自由制，而不是保守的法团制。由于外来运作者的影响，这两种趋势之间的斗争仍在继续，第四、第五章将更为详细地探讨这一点。

国家之间现在存在着这样的差别：一些国家更为积极地采纳
52 了拥有独立资金的俾斯麦式社会保障体系，另一些国家在这方面则拖拖拉拉的，继续主要靠国家拨款提供福利资金。后一种国家也更加着力于保存工业企业、临时辞退工人但不付任何报酬，而不是建立充足的失业津贴。然而，人们所预测的这种(保加利亚、罗马尼亚和乌克兰等国的)后共产主义保守主义正受到其境内的一种新的非管制性的、私营的、半合法的、拒绝被征税的资本主义的包围。因此，与其说这些国家的保守法团主义和社会自由主义之间存在着紧张关系，不如说后共产主义保守主义和极端的无管制自由主义之间存在着紧张关系。

这种紧张关系正在俄罗斯与前苏联的一些国家中展开。夏皮罗(1995b)指出，就收入不平等和有效的社会政策制定过程而言，俄罗斯的发展轨迹是越来越像拉丁美洲福利崩溃的情形，而不像西方福利资本主义的任何变种。对保健政策和死亡率的后果所作的一项对比分析，进一步证实了俄罗斯收入维持领域的这种令人沮丧的景象(夏皮罗，1995b)。俄罗斯男性的预期寿命(1994 年)是 57.3 岁(菲尔德(Field)，1995)。俄罗斯的基尼系数(Gini coefficient)从 1991 年的 260 增加到 1992 年的 289，1993 年又增加到 398，1994 年再增至 409。正如世界银行的专家所言：

> 在你们的“福利未来”分类上，我还想再加上一条：在居中水平的国家中实际上还存在一种社会忽视或轻视的体制(system of social neglect or disregard)，即穷人属于无足轻重的选民(他们不投票，或者选票被人偷走了)，中产阶级的规模不够大(在俄罗斯则明显缩小了)，国家的作用很不可靠(指国家可以没收所有缴费，或者用通货膨胀把缴费蒸发掉，或者国家干脆就不存在了)(私人谈话)。

因此，总而言之，我们可以说东欧和前苏联有各式各样的福利体制。其中包括西方现存的俾斯麦式保守法团主义福利模式，以及新的后共产主义保守主义，而后者随时会出现福利崩溃。也明显存在一种新的社会自由主义(有各种安全网的自由主义)，我们将在第四、五章看到，这也是世界银行喜欢的一种解决办法。

但是,中国的情形依然不同于此。本书与本章无法充分探讨这一问题,但前面已说过,有证据表明,中国虽然维持后共产主义的保守特色(旧工业破产的情形尚未出现),但在其新发展区采纳了明显具有东南亚色彩的有管制的资本主义,比如说,将个人社会保险账户作为首选的社会保障制度。中国向非民主的市场经济迈进,因此看上去没有向欧洲方向发展的迹象(迪肯,1995;怀特和尚(White and Shang),1995)。

53 比较社会政策分析的经验与局限性:还是全球化问题

我们在本章极为快速地审视了世界上的福利状况,主要着眼于不同的国家和国家群体在何种程度上能够满足基本人类需求。我们也审视了各种类型的发达和发展中福利国家社会政策的性质及其所产生的社会效应。我们指出,对于发达世界而言,无论是官僚式国家集体主义(如前苏联),还是自由市场的自由主义(如美国),都不能以最佳方式满足人类与福利需求。最能成功地实现这些目标的福利资本主义形式就是一种社会性管理制度(socially regulated system),该制度或者包含法团形式的三方政府,或者高度致力于再分配性税收(redistributive tax)和福利待遇政策(benefit policy)。对于发展中国家而言,或者继续实施某种形式的国家社会主义计划再加上有管制的市场(如中国),或者实施有管理的资本主义发展(如东南亚的几只"老虎"),似乎只有这样才能使福利得到改善。我们也强调了东欧向民主和自由市场资本主义的快速转变所带来的一些消极后果。

我们在本章也了解到，一些社会、政治、宗教和其他因素可以对福利体制之间的差异加以解释，因此，也能使我们预测某些种类的福利政策将会在何种情况下诞生。说到国家之间如何相互学习以便在未来采纳最佳的福利战略时，这一点很重要。譬如说，虽然世界银行很可能会认为应该将自由主义输出到那些其政治、社会、文化和其他情况皆不适宜的国家，但更为明智的做法是像国际劳工组织所提倡的那样，争取采纳健全的、资金充足的社会政策（齐雄和塞缪尔（Cichon and Samuel），1995），从而试图对各个国家的政治环境施加影响，鼓励它们采取最有益于滋生社会民主或保守法团主义的管理方式（即三方政府形式）。我们可以从比较社会政策分析中了解到，按照我们所共同认可的全民性标准，何种社会政策战略、何种福利体制最能发挥效用；如果某些国家有可能营造出一系列因素，从而有利于复制别国的理想政策，那么，我们希望在这种方面对其施加影响。这是第四章将要谈论的内容，我们将试图考察几个国际组织为影响后共产主义社会政策的发展方向而作出的种种努力。

然而，比较社会政策分析存在着严重的局限性。我们在第一章中认为，全球化过程既改变了社会政策制定的场景（locus），也改变了日益需要用全球化社会政策来解决问题的场所。全球化经济使福利体制之间进行竞争，如我们在第一章所描述的，除非从全球的角度对这种竞争的社会管制加以管理，不然就不会出现最具社会效益的福利体制。全球化政策既会使政策制定过程降到地方 54
层次，也会使其上升到超国家和全球层次。有鉴于此，我们便认为全球社会政策的范围包括全球社会再分配、全球社会管理、全球社会提供与赋权。同样,国家社会政策的制定也日益成为超国家运作者的事情。就社会结构与社会问题而言,全球化过程又引发了一系列新的跨国界问题,这是各个国家所不能完全单独应对的。在此意义上说,全球化趋势导致各种混乱状态。联合国社会发展研究所(UNRISD,1995b)最近对全球化的社会效应有详细的描述。其观点是,全球化使国际移徙(international migration)面临各种压力,增加了罪犯的跨国联络能力,引发了全球贩毒问题,加重了个人身份(identity)的流动性和缺乏稳定性的问题。除此之外的问题还有,跨国企业日益增多,它们拥有自由(不受国家法律的约束)却毋需(为公民的社会福利)负责任;各种生态问题也许会对全球增长带来长期的制约,但任何国家都认为没有必要从局部关注它们。

比较社会政策分析已面临国家社会政策制定者所面临的各种局限。它在其自身范式内无法解决新的世界秩序中的种种跨国界政策问题。这并不是说,社会政策文献中为理解一国的情形而设计的分析框架不能加以改造,以适应全球景象。阶级斗争可能会具有、而且已经具有了跨疆界的维度;妇女的社会流动在很大程度上已是全球性的;帝国主义的遗产以及因此而导致的种族歧视政策后果已经在国家之间和国家内部产生了明显的影响。渐进主义的或者一种权力资源类型(power resource kind)的政策范式会影响到超国家政策的制定。在此背景下,可以对威廉姆斯(1987)所提供的分析框架加以改造,用它来分析社会政策问题和战略的全球互联性。这一框架是针对种族结构的、家族式的资本主义(racially structured, patriarchal capitalism)的,金斯伯格(1992)用

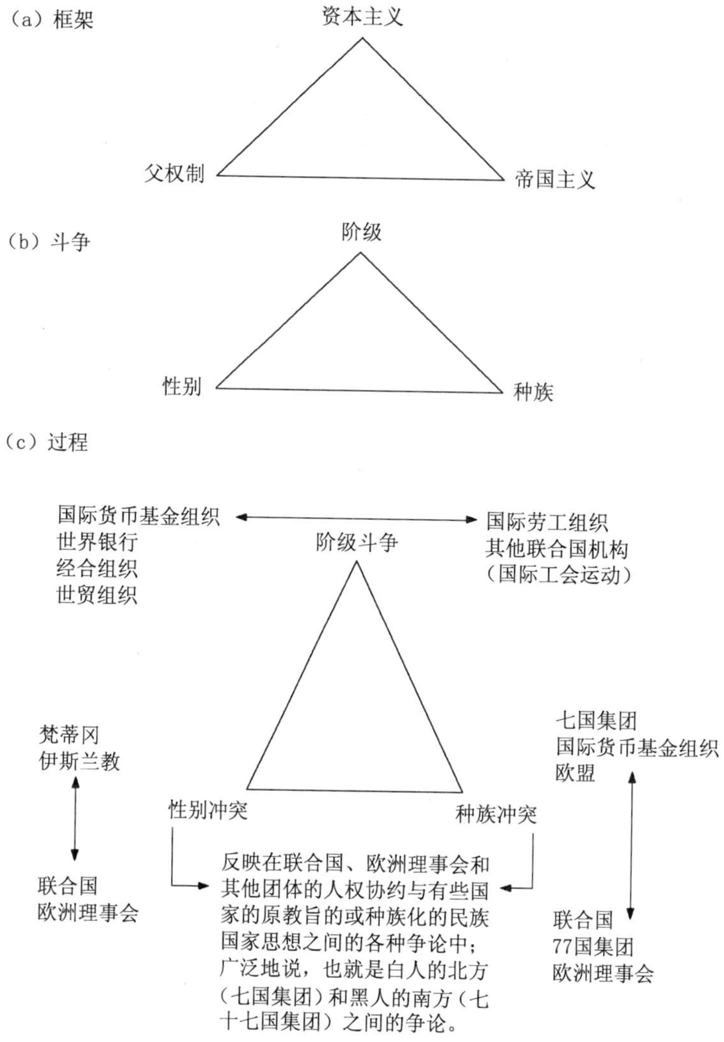
（a）框架
资本主义
父权制
帝国主义
（b）斗争
阶级
性别
种族
（c）过程
国际货币基金组织
世界银行
经合组织
世贸组织
国际劳工组织
其他联合国机构
（国际工会运动）
阶级斗争
梵蒂冈
伊斯兰教
联合国
欧洲理事会
七国集团
国际货币基金组织
欧盟
性别冲突
种族冲突
反映在联合国、欧洲理事会和其他团体的人权协约与有些国家的原教旨的或种族化的民族国家思想之间的各种争论中；广泛地说，也就是白人的北方（七国集团）和黑人的南方（七十七国集团）之间的争论。
联合国
77国集团
欧洲理事会

图 2.1　全球的互联性

它对不同国家的福利划分以及阶级、性别和民族类别进行了有效的分析。威廉姆斯的三角形框架如图 2.1a 所示，它反映了图2.1b中所显示的斗争情形，原则上可以将它改造后用于全球场景，因为我们可以假设，在全球场景中，与这几种相互冲突的利益群体结为联盟的超国家运作者，将会参与到全球性政策制定过程中。简要地说，我们认为可能会出现的力量阵容如图 2.1c 所示。

本书后面的几章将试图借助于这一范式来分析全球社会政策，目的不但在于描绘上面所说的阶级斗争情形，也要描绘全球资本主义派别（欧盟、北美自由贸易协议（NAFTA））之间的斗争，全球资本利益群体的各种代表在基要式自由主义（fundamentalist
56 liberalism）和社会改革性资本主义（social reformist capitalism）这一范围内可能采取的种种立场，以及联合国、欧盟、欧洲理事会和其他组织就性别平等机会、民族多样性和平等性等问题而制定的复杂的全球性议程。最后一章将再次涉及这些理论性问题。

第三章　全球性机构的社会政策

我们在第一章认为，社会政策问题——政府与非政府运作者为实现社会目标而试图改变经济和其他政策的方式——正日益成为超国家和全球性运作者的事情。国际货币基金组织、世界银行和国际劳工组织等机构和许多非政府国际组织所参与的事情是：(1)影响国家社会政策的制定；(2)参与跨国再分配与管理；(3)有时在国家失职的情况下为公民提供生活支持，或至少给他们赋予一定权力。

本章试图对主要的超国家和全球性运作者及机构或明或暗的社会政策加以归类。在此首先需要告诉读者我们作了和没作哪些尝试。本章既没有提供哪个组织的详细历史，也没有对许多组织所涉及的各种政策领域进行充分探讨。这里也没有谈到世界卫生组织和联合国教科文组织等国际机构。但是，在我们的研究进行的同时，科伊武萨罗和奥里拉哈(Koivusalo and Ollilaha，1997)对国际组织的卫生政策作了研究。我们此处谈论的焦点是(1)针对经济与社会政策而出现的广泛趋势；(2)国际组织所推广的涉及收入转移支付(income transfer)的具体政策以及相关的社会保障措施。由于我们要在下面对这些组织的政策进行分类和归类，因此首先探讨第二章所指出的各种不同的福利世界或福利战略。

发展研究和政治经济学领域的大量文献也探讨了世界银行和国际货币基金组织的作用，譬如，这些组织对更为贫穷的国家的社会发展产生了何种影响。此处不打算系统地考察这些广泛的文献，而是试图用新的眼光审视这些全球性运作者，看它们的宣言和政策建议在何种情况下能适应正在诞生的有关发达国家未来社会政策的全球性话语。我们着重谈论的不是它们的历史，不是它们的组织文化（虽然将会提到这一点），也不是它们对个别国家实施干预的后果与效用（这是第四章的内容），而是它们
58 在日益重要的全球性机构内和机构间对话中发出的**声音**。作为知识社群（哈斯（Haas），1992）的成员，我们对这些组织内的专业人士所发表的宣言感兴趣。我们感兴趣的不但是这些组织如何通过有形的机制——如经济制约（economic conditionality）——来行使权力，而且如何通过影响社会福利方面的话语条件而行使权力。

为了将我们的工作置于一定的背景下，我们倒是对相关文献的一个领域作了考察，即国际关系学科内对国际组织所作的探讨。下面将更为详细地谈论这一点。我们也将指出，为了写本书而进行的研究使我们支持这种看法：作为政策制定和议事日程制定的团体，国际组织有其独立的使命，而不仅仅是形式上服务于政府间政治（intergovernmental politics）的工具而已。

为了撰写本章，我们的方法是对社会政策领域内一些组织的官方宣言加以审视，同时对有关团体内人力资源、社会政策和社会保障部门的主要专业人士进行采访。我们并没有关注这些组织内的经济学家针对经济管理所发表的言论，因此，这种做法就带有一

种内在的偏向(in-built bias),从而会使我们描绘出这样的情形:某些组织对经济活动中的社会性目的更加同情,但实际情况并不是这样。然而,我们这么做的理由很明显。因为这种冲突无处不在:资本主义经济活动追求的目标是利润最大化,而人们对社会福利的种种需求是为了增加工人和其他人的利益。国家财政部与劳动部常见的冲突就反映了这一点。我们的兴趣是,针对经济“命令”,这些组织内的社会政策与人力资源专家有可能会作出哪些社会政策反应。他们会听从经济命令,从而制定出相应的工作福利社会政策(workfare social policy),还是会为了考虑国家内和国家间的再分配、管理与提供而主张对经济活动进行变更?

我们在本章聚焦这些组织为影响国家社会政策而发布的政策宣言以及所使用的各种机制。在下一章里,我们将聚焦这些组织为我们所研究的后共产主义转型期经济社会所提出的具体政策建议。下一章也将显示,因为接触了后共产主义国家的社会政策历史和民众对社会政策的种种预期,有些国际组织的社会政策与实践出现了变化。如果没有注意到这些最新的发展,本章是无法撰写出来的。然而,读者得等到第四章才能了解到这方面的详细证据:一些国际组织的社会政策在遭遇到“共产主义”后所出现的变动性。

本章首先探讨“超国家运作者与政府奴仆(servants of government)”之争,然后探讨每一个重要的国际组织,首先是国际货 59
币基金组织,最后是几个联合国机构,如联合国儿童基金会和联合国开发计划署。我们也以同样方式对关键的次全球区域性超国家组织(如欧盟和北美自由贸易协议)加以审视。通过对联合国最近的几次高峰会议的聚焦，以及对南北之间在社会政策领域的冲突的考察，本章最后部分意在与发展研究领域进行对话，同时指出针对全球管理改革而正在形成的争论会具有哪些特点。最后一章将更为详细地探讨这些方面。

是超国家运作者，还是政府的奴仆？

本章和下一章的中心是，探讨主要的国际组织及其对转型期国家社会政策制定过程的影响。因此，一个关键性问题是，这些组织是否能超越那些为它们提供资金与支持的国家政府的影响而拥有独立的生命？它们只是那些为其提供资金的最强大国家的工具呢，还是能独立地构想与制定出与它们所解决的全球性问题相关的政策？世界银行是替美国说话，联合国的社会机构是替南半球国家说话，还是在世行与联合国内部有一个国际公务员阶层活动的空间？这些人能否与国际非政府组织对话，从而形成能代表所有人利益的全球性社会政策内容？政治学文献在探讨国家主权（卡米列里和福尔克(Camillieri and Falk)，1992）和正在诞生的世界管理(cosmopolitan governance)（赫尔德(Held)，1995）之间的紧张关系时，显然已经泛泛地触及这一问题。对本章而言，更加具有相关性的是那些探讨国际组织作用的文献。博德曼(Boardman)认为，针对这一问题有三种观点。国际组织可以被看做是(1)改变国际社会的手段；(2)国家政策的工具，或者(3)是对多元的国际社团(pluralistic world community)的一种反映。然而，政治学文献相对而言很少关注具体的国际组织和与其关联的东西。

德塞纳克林斯(de Senarcleans,1993:453)为《国际社会科学杂志》(*International Social Science Journal*)的一期专刊写了一篇文章,重点谈论了国际组织研究方面的理论观点及目前的趋势,其结论是:“在过去几十年,国际组织研究几乎没取得任何进展”。他认为这是由国际关系研究方面占主导地位的“现实性”方法造成的,这种方法将国际组织视为政府的奴仆。社会学或政治学领域对国际组织缺乏详细的分析,这种局面也能说明为什么持依赖论的理论家(dependency theorists)将许多国际组织看做是北方资本主义国家的工具,因为这些人感兴趣的只是国际组织对各种未来发展趋势的影响。

文献中的一种奇特的趋势是,试图说明主要的政府运作者——尤其是美国——如何将世界银行之类的国际组织政治化了。对此,布朗(Brown,1991)认为,世界银行的非政治性技术作 60
用被美国颠覆了,因为美国试图公然干涉世界银行与其不喜欢的体制(譬如,1970 年代阿连德(Allende)领导下的社会主义智利)所进行的业务。在布朗看来,这种干预违背了世界银行宪章第六条所说的禁止政治活动内容:“世界银行及其官员不得干预任何成员国的政治事务。”但问题是,只有像布朗所做的那样,即采取一个思想上的大转弯,然后才能合理地解释世界银行在其放款政策中要考虑其政策对一个国家所带来的环境(还有社会的)效应。布朗认为,“将纯属局外的政治事务纳入世界银行的放款决定中与考虑放款项目本身会带来的人权或环境影响,这两者是不可相提并论的。继续忽视世行资助项目对人权可能产生的消极影响……将不会有利于国际合作”(1991:239)。

我们在对国际组织所作的这项研究中采取的做法恰恰就是，专门对世界银行、国际货币基金组织、经合组织、国际劳工组织等在社会领域所提出的建议中的**政治内容**进行明确而有批判性的审视。用德塞纳克林斯(1993:460)的话说，这种做法就是将这些国际组织看做是“各种原则与规范的仓库(depositories of principles and norms)，即能赋予其各自的秘书处某种程度的政治独立……使它们能在国际舞台上不同运作者之间的利益与权力斗争冲突中单独行事”。更准确地说，本研究所采纳的方法是，梳理出在政府性与非政府性国际组织内部及相互之间起作用的跨国性网络，这些网络能够建立一种有效的跨国性或全球性话语，从而为全球性决定的作出提供背景。荣松(Jonsson)认为，“跨国性网络会以各种直接与间接方式对国家政策的制定产生影响”(1993:471)。本研究将显示出，该方法能有效地用于社会政策领域。如果本研究所探讨的跨国性网络是一种由人力资源和社会政策学者所构成的知识社群，或许就可以支持哈斯的说法：知识社群“在变化无常的情况下受命出点子时……往往会对国际政策合作模式的形成产生重大影响”(1992:35)。

这并不是完全反对另一种人的观点，他们认为国际组织的政策服务于主要国家的利益。比如说，我们就很难驳斥安妮－马丽·伯利(Annie-Marie Burley)的结论：“人们早就认识到，在战后世界中，无论从实质还是从范围而言，**自由制**福利国家的国内法律与国际合作法律之间存在着相似性……当代的多边主义的根源在于某一个自由制国家对世界的看法，即世界是国内政策、经济或社会的放大形式”(1993:146)。在此方面，我们也难以反对戈尔茨坦

(Goldstein)的说法:“关税与贸易总协定是在美国权力影响下诞生的”(1993:222)。本研究意在指出,虽然官方的国际组织的社会 61
政策的确在一定程度上受到其属下最强大的国家运作者之政策的影响,但在此框架内,国际组织本身,尤其是其人力资源专家,还是拥有一定程度的独立性,其作用越来越大,使国际组织与国际非政府组织之间就社会政策的未来形成一种潜在的全球性政治对话(implicit global political dialogue),而这些社会政策则是其所属国家的政治思维或政治能力所无法促成的。换句话说,国际组织成为一种论坛,近期的跨国性全球政治借此得以形成。就此而言,国际组织成为明确的政治民主论坛的替代物,因为目前在全球层次上还不存在这种有效的论坛。再回到布朗所说的,我们所担心的问题不是(譬如说)世界银行会越来越背离其技术路径(technical path)而被政府政治化,而是世界银行会不停地作出政治决定,因此会在缺乏全球政治的情况下,(与其他国际组织一道)成为全球社会政策制定的场所。

国际货币基金组织:顽固地推行自由制?

世界银行明确地参与到就如何以最佳方式减缓贫困而展开的全球性辩论中,对社会发展文献稍有了解的人都会明显看到这一点,但相形之下,国际货币基金组织在这一全球性话语中的作用则总是了无声息。正如苏姗·乔治和法布里齐奥·萨贝利(Susan George and Fabrizio Sabelli,1994)对世界银行的研究所揭示的,世行日益成为一个开放的机构,愿意与批评它的人进行对话。国际货币基金组织却不是这样。采访世行的某个官员时如同喊一声“芝麻开门”，便可得到许多电话号码，了解到各部门的具体位置，看到许多份报告。而到街对面采访国际货币基金组织的某个官员时，感觉好像身边有人陪护着你，旁边的通道紧闭，不容你窥探。尽管如此，涉及国际货币基金组织的研究最终还是出现了，如科皮茨（Kopits，1994）、坦齐（Tanzi，1992；1993）、艾哈迈德（Ahmad，1993）、昌德和肖姆（Chand and Shome，1995）、布鲁诺（Bruno，1992）、哈迪（Hardy，1991）等；这些著作都在一定程度上试图探讨国际货币基金组织内部的财务与人力资源专家对专业同行应承担的公共责任（public accountability）。在世界社会发展高峰会议上，国际货币基金组织用有光纸印刷了一本小册子，说明其政策对话的社会范围（国际货币基金组织，1995a）。

当然，国际货币基金组织和世界银行的结构性调整项目，对发展中国家所产生的效应催生了一大堆批评性的发展研究文献。这两个机构要求，各国政府要想获得贷款，就必须对自由贸易敞开大门、减少其公共支出、保证实施非通货膨胀性货币政策。许多人认为，正是这一要求导致了贫困化，导致许多国家进一步债台高筑，也导致潜在的反对势力的政治力量的耗竭（加伊（Ghai），1991；哈格德和考夫曼（Haggard and Kaufman），1992；罗德里格兹和格里
62 菲思－琼斯（Rodrigeuz and Griffith-Jones，1992）。布雷顿森林机构所实施的政策导致普遍的呼吁：要求世行和国际货币基金组织终止其对发展中国家和转型期国家的专制行为。在下一部分谈论世界银行时，我们将审视这两个机构是否听从了人们的呼吁，即是否用带有人情味的调整（adjustment with a human face）（乔利

(Jolly),1991)来替代结构性调整。我们也将审视世行在减缓贫困方面所采取的新的优先举措,并根据正在形成的全球性社会政策话语来评价这种举措的含义。但刀枪不入的国际货币基金组织会怎么样呢?难道它还要顽固地推行自由市场自由制政策吗?难道它不觉得应该为一揽子紧缩性结构调整所带来的社会灾难负责吗?

基利克和马利克(Killick and Malik,1991)对国际货币基金组织授意的结构性调整政策所带来的社会效应概括如下:

1　对收入分配产生了明显的影响,虽然这一问题很复杂,各国的情形也不一样。
2　意味着贫穷群体的确遭受到损失,城市的工人阶级尤其面临风险。
3　保证各国政府在采纳国际货币基金组织项目的同时,仍然能够采取一些措施来保护弱势群体,但如果这些措施要花费大量的公共收入的话,就得同国际货币基金组织进行艰难的协商。

国际货币基金组织倒是早在1992年就承认受其影响的结构性调整项目存在某些缺陷:“出现了一些错误……众所周知,其中的一个结果就是进一步强调调整工作的社会效果,并且将负担得起的安全网明确地纳入越来越多的项目中”(国际货币基金组织,1992)。然而,虽然国际货币组织承认其结构性调整政策给有些公民带来短期的负面影响,但仍然试图为其政策辩护:“社会发展要求实施高质量的经济增长战略”(国际货币基金组织,1995a)。“这样的战略要求宏观经济稳定,为贸易与投资提供市场化环境,通过负责任的机构来实施良好的管理,法律框架透明,社会中的所有群体都能积极地参与发展”,而与我们本章尤其相关的是,“要实施健全的社会政策,包括社会安全网,从而在经济改革时期为穷人提供保护;社会支出要有成本效益,要实施能产生就业的劳动市场政策”(国际货币基金组织,1995a)。大家都知道,国际货币基金组织在社会政策方面所提的建议有限。它往往与世界银行协同工作,而后者才负责社会政策。与世行不同的是(1988 年的国际货币基金组织董事会重申了这一点),基金组织并不规定如何使用其与收入分配相关的贷款。尽管如此,该组织还是声称,虽然它支持“旨在通过竞争性与灵活性工资而保障高就业的劳动市场政策,并且支持旨在消除各种僵化问题的政策,但它仍然遵守国际劳工组织的原则”(1995a:7)。

63 就短期而言,国际货币基金组织所公开宣扬的社会政策的要旨便是安全网。安全网可以“包括有针对性的补贴、替代补贴的现金补偿、改善必需品(如药品)的分配、对基本商品实施暂时的价格控制、给被裁减的公共部门雇员提供离职金和再培训、通过公共工程创造就业、对长期的社会保障安排进行调整以保护最贫穷的人”(1995a:15)。其宣称的更为长期的目标是,“实现社会支出方面的真正大增长,包括初等教育和保健等方面……在有些情况下……将大学教育和高级医疗方面的资源转移到别处”(1995a:18－22)。

如果说国际货币基金组织和世界银行倾向于相同的安全网社会政策战略,那么,在给政府提建议、与政府打交道方面它们有何区别呢？我们将会看到，世行在提供贷款时附加了社会性条件，而国际货币基金组织则没这么做。世行最终会公布其对各个国家所提的具体建议，但基金组织通常不会这么做。尤其重要的差别是，根据已出版的著作和对基金组织财务部门官员的访谈，我们有理由认为，国际货币基金组织一般会避免基于生计调查的社会资助方案，因为这些方案在平等性的和部分程度上货币化的（monetized）经济社会里难以实施，而世界银行则支持这些方案。国际货币基金组织不主张在通货膨胀的经济中将福利与价格挂钩，或与工资挂钩，因为这样做会让养老金领取者分享新的经济增长成果；世行则通常支持最低养老金与价格或工资的挂钩（indexing minimum pensions）。基金组织为基于工作的以工代赈方案（work tested food for work programmes）辩护，认为这是一种非歧视性的、有自我针对性的（self-targeting）政策（朱和古普塔（Chu and Gupta），1993）；世行在这方面的态度则不甚明朗。换句话说，国际货币基金组织的社会政策思维给人的感觉是，它恐怕与南半球国家的贫困化有关联。有关现收现付的社会保障体系和完全资助的与工资挂钩的（fully funded wage related）社会保障体系之间展开了一场争论，争论双方所关注的问题往往是国际货币基金组织的社会政策思维所没有触及的东西。埃迪山姆·艾哈迈德（Etisham Ahmad）目前在国际货币基金组织财务部工作，他在世行工作期间，撰写了经合组织、国际货币基金组织、欧洲复兴开发银行（EBRD）和世界银行对苏联经济所做的联合研究中的社会政策那一章。其结论是：

1 有若干措施可用来保护弱势群体，其中包括“现金转移支付、按一定价格提供数量明确的一些基本商品或提供食品券”(经合组织，1991f：137)。

2 “需要避免的危险是，在贫穷与需求存在的情况下，建立一个复杂而费钱的社会保障结构，目的只是为目标人口中有特权的一小部分人提供福利”(经合组织，1991f：192)。

但是，科皮茨(1993)在担任国际货币基金组织财务部负责人时，曾确实提出解决社会保障方面的长期战略问题，而不是安全网方面的短期性问题。他指出，人们认识到，典型的欧洲俾斯麦式社会保障体系危机的原因在于，“津贴享受资格太宽泛，但这是因为
64 政治方面的权宜之计，而不是基于过去的缴费，也不是基于真正的需求”(1993：103)；同时，“病假工资、半伤残养老金、提前退休养老金、服务年限养老金和保健津贴等项目的要求额度太高”(1993：105)。因此需要实施具有成本效益的改革。“不能只从津贴的大额度和覆盖面来看社会保障，也必须根据财政预分配成本来对它进行评估”(1993：108)。

自 1989 年以来，国际货币基金组织已帮助十几个国家设计了新的社会保障方案。其中包括阿尔及利亚、玻利维亚、巴西、希腊、匈牙利、印度尼西亚和几个前苏联加盟共和国。科皮茨指出，在提出改革建议时，应考虑以下几个方面。第一，要考虑到文化与历史环境。在有些社会里，大家庭或村庄结构的“运作方式就像一个非正式的社会保障方案，因此，没必要急切实施大规模的公共养老金”(1993：108)。而另一端的情形是，“家庭已经分裂成很小规

模……需要立即提供一个广泛的安全网，前苏联的许多地方就是如此”。第二，社会保障方案不应干涉有效率的资源分配，不应减少人们的储蓄与工作积极性。第三，应加强津贴与缴费的关联，但同时应使缴费处于相对低的水平。第四，社会保障方案应防止浪费，譬如，在医疗与教育提供方面实施使用费（user fee）制度。第五，从制度上而言，不同要素（如养老金、病假工资等）之间要明确区分。最后，各种方案“从长期的角度而言应有财政上的可持续能力”。

科皮茨所强调的建议意在增加个人投资基金（investment funds），带有个人挣来津贴的意思。这样，就可能在更大范围内实施智利式的强制性私人养老金（Chilean-style mandated private pension funds）。这些建议表明，需要从总体上削减该方案公共部门的缴费与津贴水平。同时表明，如果要对有些国家的养老金领取者进行公共扶贫，就需要加大基于生计调查的资助。我们发现，在世界银行论及养老金的研究中反复出现的一种情形是，澳大利亚和新西兰会突然出现在一条脚注中，说只有这两个国家能“勇敢地面对”俾斯麦式战略的局限性，因为在这两个国家所有的津贴都是基于生计调查的（1993：105）。

总之，国际货币基金组织在继续发挥其常规性作用，即“扶植那些传统上被称之为自由国际主义式的（liberal internationalist）经济政策”（保利（Pauly），1994：120），但我们也将看到，同世行一样，它也开始承认其部分结构性调整项目对弱势群体所带来的社会后果。国际货币基金组织在其1994年的《年度报告》（*Annual Report*）中指出，“董事会再次认识到，有些政策措施也许带来一些重大的分配性问题，这些分配效果可能会削弱公众对改革的支持，在设计基金组织所支持的改革项目时，应评估并努力减轻政策措施对弱势群体所造成的短期不良效果”（国际货币基金组织，1994：
65 120）。我们现在来审视世行在结构调整环境下是如何开展扶贫工作的。

世界银行：为穷人建立安全网吗？

作为一个发展银行，世界银行在公开宣布其促进社会发展、消除贫困的使命时，远不像国际货币基金组织那么谨小慎微。

> 在全世界即将迈入21世纪之际，仍有几亿人不能获得最低水平的教育、保健和营养，这是令人无法容忍的。因此，发展中国家必须将投资于人（investing in people）作为最优先考虑的事情，直到人力资本局限性不会再制约增长或不再使人们继续陷于赤贫状况。投资于人是世界银行工作的核心。

这是世行负责人力资源的副总裁阿米尼·乔基斯（Armeane Chokis）所说的话（世界银行，1995d：v）。

针对此前人们对其在发展中国家的政策与实践的批评，世界银行作出了明确的反应，即采纳了反贫困战略（德瓦利斯（de Varies），1996）。世行1990年发表的《世界发展报告》（*World Development Report*）就是针对贫困问题的。1991年发表了《减贫资助战略》（*Assistance Strategies to Reduce Poverty*）政策文献。随后在1992年又发表了《减贫》（*Poverty Reduction*）手册。世界银行对发展中国家贫困问题的重视，已在一定程度上缓和了此前在非洲和拉丁美洲所实施的结构性调整政策。然后又构想并实施了一些更具社会敏感性的调整政策。譬如，联合国儿童基金会所发表的《人性化的调整》(*Adjustment with a Human Face*)报告(科尔尼亚等(Cornia et al.)，1987)对此已有所揭示。到 1993 年，世界银行已可以宣布，“用于解决社会问题的调整性贷款(adjustment lending)已从1984－1986两个财政年的 5%攀升到 1990－1992 年的 50%。在 1992 财政年，32 项调整性贷款中就有 18 项明确应对贫困问题，其中 14 项调整性贷款带有分期发放(tranche release)条件”(世界银行，1993，xi)。

有趣的是(这一点我们将在下一章再详细谈论)，1989 年东欧事件的重要性压倒了 1992 年的新反贫困举措，结果，没有预料到的发展情形导致世行将扶贫的重点转向独联体和东欧国家。这意味着世行现在必须同欧洲大陆的发达工业经济国家打交道，并给它们提建议。但世行没有能力这么做，因此，为了完成这一任务，世行招录了大批新官员，并雇用了一群新顾问，这些人更加熟悉发达经济社会的收入维持体系，也更了解此前那些体制内的社会保障内容。世行欧洲与中亚部的人力资源处因此被快速扩大了。

虽然世行人力资源部门主要的传统与做法就国内而言受到美 66
国自由思想的影响，就国外而言受到南美洲的私有福利发展模式的影响，同时包括适用于发展中国家的反贫困思维，但新来的这一大批人才却要从事一种不同的话语。这些人使世行了解到并开始致力于“欧洲”传统上的与工资挂钩的社会保障体系，而且使世行对“共产主义”的保障内容持敏感态度。在此背景下，我们认为，不能简单地将世界银行看做是后共产主义社会政策形成过程中的一个重要的运作者(我们在第四章将看到这一点),同时也应认识到,先前存在的那些“共产主义”社会保障内容已经影响了世行,并会继续产生影响,从而使世行重新理解与思考什么是合适的社会政策。当然,导致世行内部出现重大争议的各种因素要比这个复杂。东南亚发生的“小奇迹”也改变了世行的思维,这些奇迹表明,国家应该在教育和医疗等基础设施方面花钱,从而削弱了自由基要主义思想者(liberal fundamentalists)的影响(世界银行,1993d)。

苏姗·乔治认为,世行对持不同见解的人态度苛刻:“它所招录的人员及所雇用的顾问绝大多数都出身于相同的宏观经济学教育背景……思维方式都一样。他们被圈在其自身世界观的玻璃墙里面了,因此,认为自己的世界观是唯一的真理”(乔治和萨贝利,1994:199)。斯特恩(Stern,即将出版)在世界银行官方史的第2卷有一章,专门谈论世行如何起到思想运作者(intellectual actor)的作用。其中写道,“世行会认为反对意见是错误的、无知的、有恶意的”。最具异端邪说色彩的恐怕是戴利(Daly)所持的立场(见卡瓦纳等(Cavanagh et al.),1994),他在离开世行时说,应该“摆脱掉用自由贸易和出口性增长来促成全球经济融合的意识形态,转而采取更具民族主义导向的措施,其目的是,首先为内部市场发展国民生产,只有在国际贸易更具明显的效率时才会去依赖它”。乔治和萨贝利认为,世行既然是关税与贸易总协定的捍卫者,就绝不会接受这一观点。这种看法恐怕是有道理的,至少在目前当人们论及世行所支持的更广泛的全球性与宏观经济战略时是这样(但即使在这一点上,也存在着基要主义的自由派与国家领导的基础设施投资派之间的争论）。但尚不清楚的是，能否将这种看法加以扩大化，以包括世行的观点，即如何在资本主义发展的思维框架内对付贫困或构建合适的社会政策。世行在其 1993 年的《年度报告》（世界银行，1993a）中阐明了其意图，即打算将其研究力量用于贫困、公平和社会福利问题等紧迫性领域。乔治在评论这一意图时指出，世行的文化氛围也不会使它在这一领域的各种宏大方案中表现出思想杰出性。然而，我们这项研究的证据表明，如果认为世行在贫困与社会政策方面观点一致，则是没有事实根据的。我们将认为，这方面也许会有一种占主导性的观点，但针对这一议题，世行的人力资源专家之间存在着激烈的内部争论。从组织结 67
构而言，世行内部也有各种不同部门，皆有各自不同的做法。

世行在 1993 年前后进行了重组，将大多数技术支持人员配置到环境、教育与社会政策、发展经济学等新部门。这等于将技术力量投入到有国家针对性的行动计划中。这一做法操作起来也很麻烦，因为所有向人力资源行动专家提建议的行动部门内部都有一个专门的人力资源支持小组！负责教育与社会政策的副总裁代表世行反贫困政策方面的公众形象，但这一形象不一定与人力资源行动人员所表现出的形象一致。更为复杂的是，环境部的内部又有一个社会政策主题小组。此外，还有一个单独的政策研究部，它又不同于国家行动分部里的行动评估单位。我们在下一章对世行在东欧的运作进行案例研究，将详细说明这些部门内部和部门之间在涉及该地区政策建议时所出现的各种冲突。概言之，对世行在贫困与社会政策话题方面的不和谐声音可作如下分类。

教育与社会政策部的主导性公众形象观点是，将劳动密集型增长与教育和卫生投资结合起来，而为后者提供支持的是一个没有界定清楚的贫困安全网。这包括若干思想内容，如以工代赈方案（但世行不像国际货币基金组织那么拥护这种方案）、对商品与服务的部分补贴、意见尚未统一的现金性社会资助。这一做法的特点是，要对穷人进行技术性人头统计，如果非正式体系不起作用的话，就同时实施某些收入转移机制。该部门在谈到公共社会保障方案时，往往会使用统一费率和基于生计调查的提供等术语。环境部社会政策主题小组里那些持异端邪说的人则喜欢用更具有人类学和社会学色彩的术语来评估贫困产生过程中所涉及的社会关系。进一步形成对比的是，在世行的东欧人力资源行动分部内，以及这些行动人员与其专家顾问小组之间存在着一种争议：应该实施与工资挂钩的现收现付式国家社会保障体制呢，还是实施完全筹资的和私人管理的个人账目方案？前一种方案的支持者还包括政策研究部的人，而后一种方案的支持者集中在教育与社会政策部和发展经济学部。我们在下一章将更详细地描述这件事。简言之，这种内部争议也反映在下面所说的世行的各种有分歧的出版物中。

因为这些内部分歧，在涉及养老金政策时世行便遭遇到非同寻常的情形，即目睹到其不同部门的职员和顾问同时发表一些有不同偏向的著作。其中的一部著作是由发展经济学副总裁的手下
68 发表的（世界银行，1994b），由埃斯特尔·詹姆斯（Estelle James）主编，它成为世行与国际货币基金组织和国际社会保障协会（ISSA）之间争议的焦点。其中，为转型经济所提的方案是，大幅削减公共养老金提供，或者使其降低到温饱水平的全民统一费率，或者

甚至变成基于生计调查的统一费率体制，由工薪税或普通岁入提供资金。同时应该有一个与工资挂钩的养老金方案，从理想的角度而言应由个人账户负担、由私人管理，作为第二级的东西。此外，这部著作还提议实施第三个志愿性私人支柱。东欧行动分部发表的另一部著作（巴尔（Barr），1994）所提出的政策选择则更加符合欧洲主流体制的现存做法。大家都认为，要实施第一个建议，就需要提高养老金年龄、保护最低水平津贴。差别在于，应在多大范围内实施国家式与工资挂钩的养老金及其私营的替代办法，在多大程度上实施该方案所体现的具有社会团结性的再分配（solidaritic redistribution）。

世行的教育与社会政策部具有独立性质，专门负责贫困战略。它最近在世行委托下为世界银行和国际货币基金组织联合发展委员会撰写了一篇有关社会保障改革与安全网的文章（世界银行，1993f）。该部门认为，“智利的养老金体制在转向私营部门运作时彻底打破了过去的做法”，但接着说，“对于东欧和前苏联国家而言，按智利的方式对养老金体制进行改革可能不是一个现实的目标。也许眼下应该实施一个两级或三级体制，其中包括一个只提供最低温饱型养老金的公共方案”（1993f：71）。联合发展委员会会议对这一问题进行了探讨（1993 年 9 月 27 日），委员会主席的文章认可了这一做法。因此，尽管存在持续的争议，世行的养老金政策可能会进一步强硬化，即向残余式最低水平国家养老金（residual minimum state pension）方向发展，再加上私人性个人账户。我们在第四章将再次讨论这一问题，并且更为详细地考虑与东欧的冲突对世行政策所造成的后果。

然而，基于生计调查的安全网政策仍然是悬而未决的问题，即使在联合发展委员会的官方范围内依然处于试验性阶段。委员会主席认为，“至于用何种正确的方法解决这些（安全网）问题，或者哪些详细的办法适合于每一种情形，就此尚未达成普遍的共识”（1993f:6）。但是，联合委员会的文献在探讨生计调查安全网遇到的行政管理障碍时说，“一些支付低工资的公共工程项目，即使规模有限，也会具有成本效益，可以通过自我选择来减少行政管理成本”（1993f:79）。这显然反映了前面所提到的国际货币基金组织的思维。世行的教育与社会政策部受委托撰写一份涉及社会安全网的报告，侧重谈论最佳的做法。行动评估分部和政策研究部也将进行类似研究。

虽然世行内部有明显的争论，但还是可以看到一种占主导地
69 位的方法。这种做法理由充足，从意识形态上而言也是基于世行内部更为广泛的共识，即需要实施自由贸易、取消管制。这就是社会安全网途径，或者用我的话说，叫社会自由主义——即有人情味的自由主义。纳尔逊（Nelson，1992：232 - 44）在探讨结构性调整过程中存在的孪生性平等问题时清楚地捕捉到这种主导性途径的政治逻辑。一个问题是，如何对待那些（往往生活在农村的）非常贫穷的人，从而“既能对他们提供帮助，又不会危及经济发展要求和调整方面的约束”；另一个问题是，如何“使城市正式部门的工作者和中等阶层尽量不要受到调整所带来的社会成本的影响，同时又不会对调整努力本身造成破坏”。面对这种孪生性问题时，“世界银行、国际货币基金组织和其他外来的捐赠者一方面鼓励政府保护穷人，但又常常催促它们针对工会和城市大众阶级的要求采

取坚定的立场”。卡罗尔·格雷厄姆(Carol Graham)曾一度在世行的人力资源副总裁处做访问学者,她在其《1994年的安全网、政治与穷人》(*Safety Nets, Politics and the Poor 1994*)一书的护封上清楚地描述了世行主导性政策的政治逻辑。在此值得引录其全文:

> 全世界所有国家都在努力而艰难地从国家计划经济向自由经济转变。其中大多数国家的民主体制脆弱,受到改革带来的高社会与政治成本的威胁。各国政府(最终而言是各个社会)在转型过程中配置稀缺的公共资源时都要作出艰难的抉择。一个核心的(往往是有争议的)棘手问题就是,如何保护弱势群体和穷人,将为他们提供何种补偿与什么样的安全网?
>
> 卡罗尔·格雷厄姆在本书中认为,安全网可提供这样一个环境:使经济改革更具政治持续性,贫困能得到永久性削减。然而,这两个目标常常涉及权衡问题,因为政府往往更加关注那些声音大的、有组织的改革反对派的意见,而不那么关注穷人的呼声。在经济危机时期,这些有组织的、并非处于非常弱势的群体会对政府现有的稀缺资源提出强烈的要求。政府如果不能成功地解决改革带来的社会成本问题,就要面对大众的反对之声,从而会危及整个经济转型过程,甚至会使其夭折。
>
> 作者详细地审视了各种权衡问题,尤其探讨了何种政治与制度环境会影响到所实施的各种安全网。譬如,在封闭性

> 政党体系(closed-party systems)内,更加难于用安全网来救助穷人和弱势群体,因为既得利益群体垄断了国家的福利。相反,急剧的政治变革或快速实施改革会打击这些群体的影响力,从而可以提供独特的政治机会,将资源重新导向穷人。
>
> 政府不应该将其努力集中于有组织的利益群体,如公共部门的工会(它们在改革过程中会大受损失),而是应该聚焦于那些很少从国家得到好处的贫穷群体。与此同时,穷人可组织起来,要求国家提供安全网带来的好处,因此,会在持续的经济与公共部门改革过程中赢得新的利益。

与有组织的劳动力作对,与欧洲法团主义式社会保障结构作
70 对,为穷人谋福利:这就是世行主导性反贫困思维的政治战略。这一战略的部分内容就是,世界银行为了更加有效地救助最贫穷的人而与非政府组织结成新的联盟(克利里(Cleary),1996)。世行现在被看做是南半球穷人的保护者(有意思的是,世行最近与牛津饥荒救济委员会联合向美国国会进行游说,使其继续向世行发放资金),它同时将国际非政府组织的一部分吸纳到这一项目中,其战略就是战胜国际劳工组织(见后面)和欧盟(也见后面)的企图:维持国家式与工资挂钩的社会保障体系,只是为全球化经济中正常就业的少数利益群体服务。譬如,世行与国际劳工组织就何为良好管理而发生的争议就是这种情形的一种反应。我们将会看到,国际劳工组织认为捍卫社会保障的最好办法是三方合作(齐雄和塞缪尔(Cichon and Samuel),1995),世界银行则认为这种做法会使穷人无法有效地参与贫困政策的制定。

经济合作与发展组织:从作为负担的福利向作为投资的福利转变吗?

虽然从具有开创性的1944年布雷顿森林会议以来,国际货币基金组织就一直自命为世界自由贸易的保护者,同时尽可能减少市场的"配置效率"所遇到的障碍,世界银行也越来越自认为应该履行这样的重任:促进全球经济发展,同时保护穷人与环境。但1961年成立的经济合作与发展组织给自己制定的目标则比较适中:帮助实现最具持续性的经济发展和就业,提高其成员国的生活水准。尽管如此,该组织的确还有一个次要目标:促进非成员国的经济发展,促进世界贸易的发展(经合组织公约第一条)。与国际货币基金组织和世界银行不同的是,经合组织并不在经济或社会或政治条款下提供贷款。除了其他方面,其影响力限于与成员国同甘共苦,同时,通过无条件的技术资助来鼓励对最佳做法进行社会性学习。

与国际货币基金组织和世界银行相同,经合组织的社会政策所关注的是,对整个组织的主要经济增长方向作出反应,或者是在很大程度上与这种增长密切关联。只有当社会因素被看做是经济增长的促进因素或制约因素时,才会引起关注。但是,不能由此认为经合组织在经济与社会事务方面实施了任何元策略(meta-policy)。实际情形是,其上层有一个经济理事会(Economic Directorate),"受到国际货币基金组织的喜欢",然后是一个权力较小的教育、就业、劳动与社会事务理事会(Directorate of Education,

Employment, Labour and Social Affairs),从事自己的日常工作。除了一个转型期经济合作中心(将在下一章专门谈论),还有一个独立的发展研究中心,在社会与经济问题上已形成自己的定位。与国际货币基金组织和世界银行不同的是,经合组织处于欧洲,在其机构内工作的大多为欧洲人,其董事会表决政策并不偏向
71 美国。经合组织的一位高层官员曾对我说,美国实际上并不在意经合组织做了什么或说了什么。

教育、就业、劳动与社会事务理事会成立于 1974 年,1980 年主持召开了一个有关经合组织国家福利制度危机的会议,从而在社会政策方面大显身手。它虽然一方面提高了社会福利事务的重要性,但同时又说,“许多国家的社会政策对发展构成了障碍”(经合组织,1981)。正是这一出版物使人们开始认为经合组织“将福利看做负担”。自此创举之后,该机构对经合组织国家的社会支出作了进一步研究。由于这方面的兴趣以及罗恩·加斯(Ron Gass)在担任社会事务理事会主席期间的热情,社会事务部长会议首次在 1988 年得以召开。经合组织在此领域内的工作持续进行,并且得到学者们的广泛支持。随后的出版物涉及养老金(经合组织,1988a;1993a)、卫生支出与政策(经合组织,1990b)和失业(经合组织,1993f)。1991 年,经合组织委员会因为担心用税收来支撑福利支出会对就业造成负担,便促使社会事务理事会在其新主席汤姆·亚历山大(Tom Alexander)的领导下进一步从事社会政策研究。社会事务官员不想继续宣传“福利负担”论,或许他们也从经合组织发展中心同时所做的工作中学了些东西,该中心在对东南亚充满活力的经济国家进行审视时说,“国家所采取的有限

而有效的行动……（导致了）……增长的快速恢复”（经合组织，1993b:41）。因此，负责为即将召开的部长会议做筹备工作的社会事务官员在撰写《社会政策的新定位》（*New Orientations for Social Policy*）这一文件时宣称，“由于将社会支出作为社会投资，产出与就业因此出现了非通货膨胀性增长”（经合组织，1994a:12）。与此类似的看法还有，“如果牺牲了社会政策目标，对社会支出的限制就会产生负面效果。对生活质量的危及……也许是成本最大的做法”（1994a:13）。无论是社会事务理事会的办公室，还是政府部长的中高层会议，以及1992年的部长会议本身，都基本上原封不动地采纳了这些思想。

在此值得全文引录文件中所说五个新的定位：

促进社会与经济福利 将社会支出作为社会投资，产出与就业的非通货膨胀性增长以及政治与社会稳定都得到提高。

协调社会政策目标与预算限度 需要对社会项目成本和公共预算的总体限度进行协调，但同时要保障：经济措施必须有利于项目的有效性、有利于实现社会目标。

对公共与私营责任的混合形式进行管理 应该寻求公共与私营部门责任之间的最佳平衡，既要满足各种社会需求，又要照顾到每个部门的比较优势。

鼓励与促进人力资源潜力的发展 应优先考虑与就业相关的 72
积极措施，而不是单纯地依赖收入维持；一般而言，应强调对人力资源潜力的鼓励，不但将它看做市场效率的促进因素，也将它作为一个自身目的。为了与这一目标保持一致，收入转移项目的结构就应该有利于使人们通过收入实现自足，同时又不牺牲制度性社会保护的目标。

实现更大程度的政策连贯性 应实现更大程度的政策连贯性，其做法是，重新聚焦于这一问题：用何种手段才能在横跨社会、劳动市场、教育和经济政策以及横跨各级政府的情况下使政策的各个部分（制定目标、形成政策、实施政策以及随后对项目的行政管理等）协同到一起？

整体而言，这些定位反映出，与美国影响下的国际货币基金组织和世界银行形成对比的是，经合组织的经济与社会政策由一套更为平衡的经济与社会考虑因素构成，这代表了欧洲的主流社会与经济政策。教育、就业、劳动与社会事务理事会里负责社会事务部门的领导解释道，经合组织往往从各国的政治现实出发，试图对经济与社会因素加以平衡，再解决各种预算问题，而国际货币基金组织对此所采取的办法则是自上而下地进行预算平衡努力。

经合组织 1992 年的《年度报告》在汇报这项工作时甚至更进一步说道，“社会政策的作用……就是提供一个框架，从而使公民完全参与社会的各个方面……要实现这一目标，就应该将社会支出看做是决定所有公民生活质量的东西”（经合组织，1992a：174）。这就近乎于认为社会政策优先于经济政策，近乎于我们在下面将要审视的联合国一些机构工作中所反映的社会发展观。我们在下一章中审视经合组织与国际货币基金组织针对东欧所做的联合性工作时，也能看到这种做法的突出特征。

《新定位》发表之后，社会事务理事会开始与数目有限的几个志愿参加国召开会议，对国家社会政策进行评估。匈牙利是其中的一个参与国，我们将在下一章对它加以审视。因此，我们可以得出这样的结论：与国际货币基金组织或世界银行相比，经合组织议程上更为优先考虑的就是社会问题，以及用何种办法来支持社会支出，但是，在此需要作审慎的说明。即值得注意的是，为了平衡与协调经济和社会压力，经合组织最近委托有关人员对其成员国所实施的各种基于生计调查的社会资助进行研究。源于这项研究的出版物（高夫（Gough），1995）可能会强调有些经合组织国家——即澳大利亚和新西兰——的做法：一方面实施广泛的福利 73
制度，另一方面实施选择性政策，即通过生计调查有针对性地选择潜在的受益者。可能出现的情况是，这种做法会迎合世行内部一些人的反欧洲、反国家式与工资挂钩的社会保障的态度，从而会进一步挑战欧洲国家或挑战整个欧盟，而后者也许倾向于维持俾斯麦式全民性社会支持政策。

国际劳工组织：全球劳工与社会标准的制定与维持

与国际货币基金组织和世界银行（在更小的范围内也包括经合组织）的新自由式成见和定位再次形成对比的是，国际劳工组织旨在制定与维持共同的国际劳工与社会标准的做法受到第一次世界大战后社会民主气候的影响。在当时布尔什维克动乱席卷欧洲的背景下，《凡尔赛条约》在制定和平条款的同时，包含了一条涉及劳工状况的重要参照条款。当今世界大步迈向自由贸易，因此出现了我们所看到的危险：各国竞相将福利降低到最低程度。在此背景下，条约中的一句话依然有其现实意义，即“任何国家如果不能实现劳工的人性化状况，便会阻碍其他国家对自己国家中此类状况的改善”(转引自伍尔考克(Woolcock),1995)。《凡尔赛条约》第八部分所关注的是,通过国际努力来共同实现这些条款:自由结社权;提供体面的生活水准所需的工资;每天工作 8 小时,每周工作 48 小时;不容许童工现象;男女同工同酬;移民工有权享受平等条件。然而,这些条款并没有与任何制裁法或贸易法相关联。我们将在下一部分看到,当今人们仍在努力使日益增长的贸易与共同的劳工和社会标准相关联。其做法是,通过采纳国际劳工组织的有关公约(其中最早的诞生于 1919 年劳工组织创建之时),用同伴的压力(peer pressure)和道德压力来说服各国政府,使其签约承认涉及良好做法(good practice)的协约。只有当各国政府认可了这些公约之后,国际劳工组织才有权实施它们。

起初,国际劳工组织的公约严格局限于劳工标准,但到 1934 年,第 44 公约要求有关国家认可一个旨在维持失业津贴或补助的公约。1918 - 1920 年的政治气候使国际劳工组织得以成立,同样,第二次世界大战后的又一个社会乐观时期使国际劳工组织能够在更大范围内开展工作。当时的凯恩斯式气候鼓励了国际劳工组织,使其在 1944 年的费城会议上宣布了有关自由结社和成立组织权利的公约。宣言中也提出,只有实现了社会公正才能保证永
74 久的和平,而社会公正包含人类享受经济保障与平等机会的权利。此后,国际劳工组织便有责任“根据这一基本性目标来审查和考虑所有的国家经济与财政政策和措施”(普朗特(Plant),1994:158)。同时,国际劳工组织成功地促使联合国将其 1948 年的《国际人权宣言》转变成 1966 年的《经济、社会与文化权利协议》。其中的第 6 - 10 条是国际劳工组织负责制定的,包括了就业权、享受体面的

工作条件权和罢工权，还有重要的（第 9 条）享受社会保障权，以及（第 10 条）家庭享受社会保护和社会救助的权利。

因此，在 1950、1960 和 1970 年代，国际劳工组织先后制定了大量的公约，而这些公约如果得到认可的话，就可以提供一个运作良好的社会保险、社会支持和社会救助体系。这些公约几乎有 200 个，涉及就业政策、人力资源发展、社会保障、社会政策、工资制定机制、工作条件、劳资关系、劳动管理以及对妇女、儿童和土著居民的保护。国际劳工组织的内部运作和它的各种政策规定都大力强调三方合作，即要实现社会保障就需要良好的管理，而良好的管理则要求资方、劳动者和政府达成共识。

可以说，国际劳工组织在其存在的年月里取得了一定的成就。让所有国家认可其公约当然是不可能的。但是，到 1994 年，平均而言，每个国家认可的公约数目已达到 41 个（国际劳工组织，1995c：115）。发达国家所认可的公约要多些（平均而言，欧洲为 52 个，美洲为 42 个，非洲为 27 个，亚洲为 21 个）。但这并不是说，国际劳工组织在发展中国家的影响力微不足道（斯特朗和张（Strang and Chang，1993））。然而，斯特朗的结论是，“在政策方面，国际劳工组织最具体的贡献表现在工业化世界里福利滞后的国家中”。“在这些国家中，福利制度在政治上是可行的，但受到争议的国际标准往往会使政策选择出现扩大化、合法化与去政治化（amplify，legitimate and depoliticize policy options）的现象。在这种情况下，改革精英们利用外来的标准制定法（standard setting）（“我们的国际责任”）来促进劳动与社会改革。然后，国际劳工组织“称颂西欧开明的社会与劳动政策”，并且介入“一个艰难的白手起家运动，即利用西方福利模式现存的声誉将其推广到其他地方”(1993:259)。

不足为奇的是，国际劳工组织的这种欧洲福利政策定位做法在 1980 年代受到挑战，因为此时新自由思维占支配地位，国际货币基金组织和世界银行也因为促成了许多发展中国家的结构调整政策而增强了其影响力。那么，国际劳工组织是如何迎接这一挑战的呢？它是否会在未来继续施加其影响力？我们将在下面简要谈论这些问题，然后在第四章进一步论述这些要点，到时我们会在后共产主义国家结构调整的背景下审视一些具体例子；然后我们
75 将在最后一章回到这些问题。在下一部分论及世界贸易组织时，我们将涉及这一具体问题：是否应该将劳动与社会标准纳入自由贸易协定？又该如何这么做？

普朗特审视了“结构调整的十年”对国际劳工组织的政策、做法和维持标准等努力所产生的影响，其结论是，在生产的全球化背景下，越来越多的发展中国家受到鼓励，采纳了更为灵活的工作合同形式，这时就会出现一个真正的危险：“随着大多数发展中国家劳动力规模的日益增长，就会出现若干实际问题，而在解决这些问题时，国际劳工组织的标准制定框架的参考价值自然是有限的”。(1994:194)在 1991 年的一次涉及非正式部门的会议上，国际劳工组织的总干事问道：“我们的标准制定活动目标是否太宏大、太不现实，结果导致现代部门中受保护的工作者与非正式部门中没有受到任何保护的大批人之间的差距日益加大？”(1994:193－8)他接着回答道，在此情况下，标准是不应该降低的，但可以采取合适的策略来“首先集中推广核心性标准”。这些标准将涉及基本的人

权，如结社自由、机会均等、废除童工等。然而，普朗特指出，结构性调整的真正问题并不是这些，而是“如何在毋需过多地牺牲就业和社会保护的情况下进行调整，应该将多少国家预算专门用于失业救济、再培训被重新安置的工作者，等等”。

在就业的全球化重组背景下，尤其在面对国际机构为影响后共产主义的社会政策而展开的斗争的情况下，国际劳工组织的思维、内部争议和困境似乎会出现以下转变：首先，面对国家/私营的混合体制，它是否能够坚定不移地拥护国家式社会保障？齐雄(1994a；1994b)和其他人认为，这方面的新的主导趋势是，采取某种混合的提供方式，以维护基本的俾斯麦式结构。然而，国际劳工组织长期以来竭力揭露世界银行主导性养老金思维（世界银行，1994b)的种种缺陷，即认为从人口角度而言，没有必要实施私有化；欧洲式方案是可以维持的；私有化战略只不过是一个幌子，目的是为了增加私人资本储蓄的份额。而且，国际劳工组织认为，这一战略是有风险的，会给目前的工作者增加沉重的负担，使他们不但要为自己的方案出资，而且要为现存的现收现付体制出资（贝蒂和麦吉利弗雷(Beattie and McGillivray)，1995；齐雄，1996)。第二，与工资挂钩的社会保障日益反映了越来越少的公民的利益，那么，国际劳工组织是否能坚持这一政策？我们将在第四章看到，斯坦丁(Standing，1992)身为国际劳工组织的职员，却提出应该实施一个基本的公民收入政策。有趣的是，1995 年在用传真与我交流时，国际劳工组织里那些捍卫俾斯麦式传统的人声言，“从来就没有认真考虑过实施公民收入政策……任何国家所实施的国际劳工组织项目中都没有提倡过这种未经测试的简单性概念”(齐雄)，而 76

公民收入策略的拥护者则坚持认为，虽然保守派目前占了上风……但我们(国际劳工组织)就这一主题发表了一些文章，国际劳工组织还举行了几次研讨会，一些资深的官员私下里也支持这一思想"(斯坦丁)。第三，布雷顿森林机构着力推行一个充其量为社会自由式方案的东西，对此，国际劳工组织该如何在更大范围内一如既往地致力于社会保障与社会保护呢？这方面将出现两种反应。其一是努力创造政治与社会条件，使公民能够抵制对福利事业的财政化(fiscalization of welfare)。我们将在第四章中看到，齐雄和塞缪尔(1995)认为，要想使社会保护起作用，就迫切需要各种形式的管理，包括三方合作，从而能将那些应受到社会保护的人的观点与利益纳入决策过程中。齐雄在一次私人交谈中作了如下阐述："我们(国际劳工组织)试图提倡向公民(最好是居民)赋予权力，其做法是，对社会保护方案实施多方或三方管理。对社会保护的多元化管理将有助于一个社会建立一些再分配结构，从而有足够的力量来抗衡对社会政策的财政化。"另一种反应是，在涉及结构性调整时，应努力使国际劳工组织在国际层次上发挥更大的作用。普朗特(1994)建议，按照 1993 年的国际劳工组织会议决议，应该有程序方面的保障，这样就可以保证，在世界银行促成的结构性调整的环境下，任何劳工法律改革建议如果事先未与国际劳工组织协商，就不应该递呈有关政府。在逐渐出现的全球性管理改革议程方面，国际劳工组织还可以通过另一种办法起到更大的作用，即在世界贸易组织所监督实施的贸易协议中插入一个劳动或社会性条款。下一部分将探讨这种做法的前景会怎么样。最后，应该指出的是，国际劳工组织一直对世行战略的主旨和以下的观点表示担心：在结构性调整背景下对穷人的保护(通过一个安全网而得以实施)完全不同于对固定工作者所实施的社会保障(通过“承担不起的和不灵活的”社会保险方案而得以实施)。在世界社会发展峰会(World Summit on Social Development)上，国际劳工组织强调道，其劳动标准战略与消除发展中国家贫困的政策并非不相容，并且指出“建立联盟”的重要性，即“应着力寻求工会、雇主和公民社会中其他群体之间的共同利益。需要将进入劳动市场的新群体组织起来，并推出其代表，应该与有关的协会、行动小组和地方社区建立对话，这些组织往往代表了相当大的贫穷群体”(罗杰斯(Rodgers)，1995：177)。但是，国际劳工组织似乎也认识到这种不祥之兆：灵活就业与全球化将对劳动标准造成威胁。其 77
结论是，“必须推广一种全民性覆盖方式，即至少可以实施一系列最低程度的保护措施，如国际劳工组织公约中所涉及的童工、歧视与职业安全等领域的初级立法。在消除贫困的同时，必须明确地指出应该管理什么，并且如何管理”(1995：174)。这就导致了下一部分将要探讨的劳动标准与自由贸易之间的联系。

世界贸易组织：社会和劳动标准能否与自由贸易共存？

国际劳工组织的历史性作用就是，防止竞争性自由贸易对劳动和社会标准的削弱，针对目前持续的全球性争论——是否应该并且如何将一个社会性条款(防止对社会成本的削减)插入到自由贸易协议中——国际劳工组织的这种作用受到最严峻的考验。当代人在这个问题上表现出全球性的犹豫不决，这与当年罗斯福总统在1937年的新政立法环境下所持的观点形成了鲜明的反差。他当时声明，“任何商品如果不是在达到起码的体面劳动标准的情况下生产的，将被视为违法的，不容许其对州际贸易渠道造成污染”（引自科林沃斯等（Collingworth et al.），1994：10）。

关税与贸易总协定的商谈于1994年完成，标志着一个更大程度的自由贸易时代的到来，但也引发了人们的担心：这将会破坏那些至少已在发达资本主义世界确立的社会保护措施、劳动与社会条例和标准。我们现在处于一个怪诞的历史时刻：一方面，人们纷纷呼吁保存欧洲的社会保护措施，即通过给自由贸易协定中加入社会性条款而将这些措施输出到其他国家；另一方面，这些呼吁却被自由市场基要主义联盟和一些南半球国家政府视为保护主义做法（protectionism）。

下面的一系列新闻报道出现于关税与贸易协定的最后商谈阶段，颇能说明问题，也很有相关性。“人们指控说，发展中国家在进行社会倾销，即通过拒绝给予其工人基本的权利和体面的工作条件而进行不公平竞争，而这种指控并非空穴来风”（《经济学人》（*The Economist*），1994年4月9日）。可是，“发展中国家更加强烈地反对将社会性条款纳入最终的（关税与贸易总协定）协议中，因为它们担心，制定最低程度的全球性标准的做法是西方迁就后门保护主义（back door protectionism）之举……法国一直在施加压力……说与国际劳工组织相比，世界贸易组织能提供一个更好的制定劳动市场标准并对其加以监督管理的论坛”（《卫报》（*Guardian*），1994年4月13日）。但尽管如此，“针对将社会性条款纳入关税与贸易总协定的协议中一事，并没有做任何准备性工作"(萨瑟兰(P. Sutherland),关税与贸易总协定总干事,刊登于《卫报》,1994 年 4 月 14 日)。的确,世界贸易组织是在没有做任何此类工作的情况下成立的。

发展中国家和中等收入国家几乎一致反对将社会性条款纳入 78
自由贸易协议。有意思的是,最支持纳入之举的国家除了法国,就是美国(伍尔考克,1995)。从历史上看,美国根据其 1984 年的《贸易与关税法案》一直单方面实施一种社会性条款。美国在决定与哪些国家进行优惠贸易时,将那些不承认美国工人权利定义的国家排除在外。这些权利包括自由结社权、组织权、禁止强迫劳动、规定童工年龄、提供令人满意的工作条件等。这些权利不同于美国所不承认的国际劳工组织公约,其力度也普遍弱些。这些年来,由于伙伴的压力,再加上优惠贸易条款方面的损失,一些与美国有贸易往来的国家改变了其劳动标准。欧盟刚刚实施了一个双边条款,如果各个国家能满足国际劳工组织有关强迫劳动、结社自由、劳资谈判和最低雇佣年龄的公约的话,就可获得额外的贸易优惠。目前实施的只涉及强迫劳动部分,其余的将从 1998 年开始生效(伍尔考克,1995:17)。

关税与贸易总协定以及现在的世贸组织将会禁止这种基于单边社会性条款的优惠贸易。譬如,比利时在 1953 年试图与拥有全民家庭补贴(universal family allowance)方案的国家进行优惠贸易(埃斯蒂(Esty),1994),在关税与贸易总协定下这种做法是非法的,因为它没有涉及生产过程得以进行的普遍的经济、劳动与社会环境。然而,伍尔考克质疑道,世贸组织是否"会作出有悖于其两个最重要成员之利益的裁决"(1995:22)?他指出,这方面的前景是，也许会出现一些单边社会性条款，其要求将低于国际劳工组织所推广的社会性条款。即使在国际劳工组织内部，也一直难以在此问题上取得进展。譬如，国际劳工组织 1994 年在其第七十五次会议上同意成立一个工作组，专门解决自由贸易给社会性标准带来的问题。可是，国际劳工组织在这一领域的能力肯定会受到挑战，因为人们认为世贸组织可能会对全球性劳动标准进行管理。然而，由于这一问题带有政治性质，并且会导致北南分裂，因此，国际劳工组织的管理机构只是同意，对这一问题进行考虑的工作小组应该完全由其管理机构的 56 人组成。伍尔考克（1995）的报告中说，“社会性条款的主要倡导者（美国政府、法国政府和工会）遭遇到主要的反对者（印度、中国、巴西和雇主们）”。在 1995 年 4 月的第二次会议上，大家都很清楚，这方面不会取得什么进展了，因此，同意将基于制裁的社会性条款暂时搁置起来。在 1996 年 12 月世界贸易组织的部长会议上，人们又就这一问题展开激烈辩论。最终宣言中达成了一项妥协。一方面，本次会议决心“遵守国际上承认的核心性劳动标准”，并且认为，国际劳工组织有能力制定和
79 执行劳工标准。另一方面，会议达成这样的决议：“拒绝将劳动标准用于保护主义目的”，“任何情况下，都不得质疑一些国家——尤其是低工资发展中国家——的比较优势”。世贸组织与国际劳工组织将继续合作。这一宣言的意义在于，它引发了各种不同的解释：国际自由工会联合会对世贸组织作出的核心性劳动标准承诺拍手称赞，马来西亚的贸易部长则说“世贸组织将不再讨论劳动标准问题”（霍尔（Khor），1997）。

在这一问题上所出现的僵局清楚地说明了各种冲突性利益群

体的复杂性，这些群体希望共同塑造一个冷战后的全球社会政策，因此，可能同时实现南部国家的进一步繁荣（通过自由贸易），加大从北到南的资源再分配，对全球经济进行可持续性管理，从而维持并增强发达福利国家的社会成就。我们在最后一章审视目前的全球性管理改革方案时将再次探讨这一问题。

次全球性区域运作者：

欧盟与北美自由贸易协议的比较：社会管理相对于自由资本主义？

格林斯平和卡梅伦（Grinspin and Cameron）所撰写的著作对北美自由贸易的政治经济进行了评论，其序言中说：

> 1980 年代全球化过程的加快，削弱了先进的工业化国家的国内社会契约（domestic social contract）。我们需要一个全球范围的社会契约，但却没有这个东西……劳动方面没有全球性的管理手段，也不存在一个可以支撑全球劳动标准的底线，更不用说全球最低工资了。放任主义又通过贸易与企业投资的后门跑回来了，暗中造成了种种不平等和不稳定现象……北美的区域经济融合完全是在保守思想的庇护下进行的，既拒绝高工资，也拒绝欧洲大陆式的管制方式。自由贸易破坏了混合经济所存留的一点东西，因为这些东西被认为过时了，并且带有保护主义色彩。

作者接着说道：

> 北美自由贸易协议甚至连欧盟雏形的保护措施都没有：没有区域发展基金，劳动与环境标准方面没有可预防“彻底崩溃”的共同管制方式，没有持续地向民主政治和政府制度发展的机制。(1993:xiv)

作者预言了四种未来情形：或者是全世界屈服于放任主义做法，然后导致标准下降和政治混乱；或者又回到第二次世界大战后高贸易关税的国家管制做法；或者在全球范围内继续努力创建混合的经济手段。而最可能出现的第四种情形则是，在区域范围内创建标准、形成再分配与调控政策。

80 全球化的增强和自由贸易面临的压力给国家福利制度带来了各种问题，而就次全球区域层次上解决这些问题而言，北美自由贸易协议和欧盟代表了两种大相径庭的方法。就欧洲而言，1987 年的单一欧洲法案(Single European Act)从欧洲理事会此前的种种举措(将在下一部分加以描述)发展而来，它已包含了社会性内容。其中包括工人的自由流动和针对移民工的社会保障(第 51 条)、男女同酬(第 119 条)、健康与安全标准(第 118a 条)、工作条件(第 118 条)、要求在雇主与雇员之间建立社会性对话(第 118b 条)。虽然 1988 年为推出共同体基本社会权利宪章(Community Charter on Fundamental Social Rights)而提出的德洛尔远景(Delors vision。德洛尔为法国政治家，曾任欧洲理事会主席——译者)并没有被完全接受，但 1992 年的马斯特里赫特条约社会性部分体现并强化了这一思想:商品与服务的共同市场要求其成员国的社会政策中包含共同的、能相容的做法,即使这些做法不完全趋同。再加上1979年创建、1992年得到加强的结构性基金,以及消除贫困和社会排斥方面所做的工作,从全球比较而言,这代表了一种大胆的旨在创建区域性社会政策的做法。一定程度的欧洲法律性、政治性与社会性公民权利已得到实现(米汉(Meehan),1993)。在欧洲,就社会政策领域而言,国家主权已经让位于超国家权威(莱布弗里德(Leibfried),1994)。

虽然如此,这些成就以及为进一步发展这些成就而制订的计划在近年来遭受到来自好几方面的压力,这说明,就整体而言,欧盟在全球竞争领域的运作受到种种制约。英国内部一直在抵制这种政策方向,更愿意选择北美自由贸易协议的管制性较小的做法,同时促进大西洋沿岸资本(Atlantic capital)的利益,而不是莱茵河流域资本(Rhine capital)的利益(霍奇斯和伍尔考克(Hodges and Woolcock),1993)。毫无疑问,在北美环境下更容易创造就业职位,因此,欧盟在一份白皮书中专门探讨如何将经济竞争性与社会保护结合起来(欧盟委员会(European Commission),1993a)。就在最近,欧盟负责就业与社会事务的专员帕德里格·弗林(Padraig Flynn)所写的报告《欧洲的社会保护》(*Social Protection in Europe*)(欧盟委员会,1995b)又谈到这一话题。欧盟最近的许多文件中零零散散地涉及若干社会政策举措,其目的是试图取得一种平衡:即要求企业降低间接费用成本(overhead costs),又希望维持已被改变的社会保护形式。其中的建议包括:

1 降低雇主的社会保障成本

2 维持针对工作时间较短的工人的社会保护水平

3 允许工作收入不足的情况下用社会保障收入来补足（或者相反）

4 允许自谋职业者获取福利津贴

5 在福利体系中承认关怀者(carers)所做的工作

那么，有些人非常希望看到一个完全成熟的社会民主做法，对
81 他们而言，设计一个欧洲层次的社会政策则让他们感到沮丧。欧洲各个地区需要达成政治力量的平衡，而欧洲层次上又缺乏一种能够使政府与同一性质的工会运动进行密切合作的法团式结构。这都表明，高税收的、具有高度再分配性质的政策是行不通的（休伯和斯蒂芬斯(Huber and Stephens)，1993）。但是，欧洲的主要运作者所主张的主流式基督教民主发展方向可能会继续使新自由派失势。尽管如此，这种社会共识中心团体必须寻求可行的社会政策解决办法，才可以维持欧洲的竞争能力，同时可以在全球层次上努力创建与此类似的全球性政策途径。在全球化就业重组的背景下需要对超国家社会政策进行重新思考，令人感兴趣的是，阿尔伯特·威尔(Albert Weale，1994)在这方面所作的贡献。虽然他也指出欧洲的议事日程上并没有打算实行极端的市场自由主义和完全制度化的社会政策，但他认为应实行渐进式自由主义。这种渐进式自由主义与前面提到的世界银行内部有些人所主张的社会式自由主义途径颇有共同之处。其中的一个要素是，欧盟不但应该参与超国家社会**再分配**（结构性基金）和超国家社会**管理**（譬如，

涉及工人权利的条款)等事务,而且应该参与超国家社会**提供**之事务。通过征收烟尘排放税(carbon tax),既可以为阿特金森式的参与收入型(participation income)(阿特金森和摩根森(Atkinson and Morgensen),1993)欧洲最低社会资助付款提供资金,也可以为范帕里斯式的公民收入型(citizen's income)(van Parijs,1995)欧洲最低社会资助付款提供资金,同时提供一种欧洲范围内的最低限度安全网,以防止福利旅游(welfare tourism)和福利移民(welfare migration)现象所造成的威胁。

与此形成鲜明对比的是,北美自由贸易协议几乎完全没有任何可辨认的社会性内容:没有任何重要的再分配机制可以缩小不同发展水平国家之间的差距;没有为加深超国家层次上的参与性民主制度(participatory democratic institutions)而作出任何努力;也没有为促进社会、劳动和环境标准自下而上的和谐(upward harmonization)而实施任何实质性机制(格林斯平和卡梅伦,1993)。由于来自美国和加拿大劳工运动和环保运动的压力,在最后阶段才通过协商对协议作了些修订,最终形成所谓北美劳动合作协议(NAALC),但实际上而言,这些修订之处似乎并没有为劳动与社会标准的和谐化提供多大的空间,因为它们的重点是对现存的国内立法的加强。北美自由贸易协议现在设立了一个劳动秘书处(Labour Secretariat),截至 1995 年中期,美国的工会已经向该秘书处提交了四个劳动争议,都是指控墨西哥政府未能在本国实施符合国际劳工组织标准的劳动法。但并没有发现任何不利于墨西哥的证据,结果工会说,北美自由贸易协议涉及劳动的协定是个"大骗局"(《经济学人》,1995 年 2 月 18 日:48)。

显而易见，全球性社会政策的诞生将与不同的区域性社会政
82 策的诞生同时进行。欧洲目前就辅助性原则(subsidiarity)展开了各种争论，目的是为了证明，应该将关键的政策决定权从欧洲层次下放到国家层次。因此，未来一个关键问题是，这种争议是否会在全球层次上重现，以证明应该将关键的管理性决定从全球层次下放到区域层次。次全球层次的区域管理措施将是权宜之计而已。在区域间贸易的环境下，这些措施总会面临被颠覆的危险，因为这些区域会采纳一个非常脆弱的管理性框架。欧盟与北美自由贸易协议在这方面出现的紧张关系就是个实例。显然，一些欧盟人士认为，要解决这一问题，就得在全球层次上采纳欧盟式的管理方法，他们将在世界贸易组织和西方七国高峰会议上继续推销这种观点。正如赫斯特和汤普森(Hirst and Thompson)所得出的结论："欧盟要想真正取得成功，就得提倡国际性经济管理方式，而不是推行内向型的、受地区限制的政策措施"(1996:200)。

欧洲理事会：将会成为社会宪章的捍卫者吗？

与欧盟和北美自由贸易协议不同的是，欧洲理事会并非一个经济自由贸易区。它成立于第二次世界大战后，代表了自由市场资本主义对人权的关注，与东欧阵营的社会主义趋势相抗衡，现在已成为一个容纳西方和东方的政府间组织，其成员国几乎有40个了。理事会通过其欧洲人权法庭已经在人权领域针对其成员国形成了一个超国家性权威。就社会权力范围而言，理事会于1961年确立了欧洲社会宪章(European Social Charter)，包括了19项基本的人权。1988年又增加了四项。总体而言，它们覆盖了就业保

护、社会保护领域，以及针对儿童和移民工等类别的人的权利。1996年完成了对宪章的进一步修订，并且首次由成员国签署。这样就形成了31项权利，其中增加了几项权利，如免受贫困权和享受住房权。就业领域的权利在很大程度上受到国际劳工组织政策的影响；有些甚至超过了国际劳工组织的标准。欧洲理事会还制定了一个欧洲社会保障法（European Code of Social Security）。虽然成员国都必须遵守欧洲人权公约，但是否签约遵守其社会宪章则不是强制性的。成员国如果签署和认可它的话，则必须签署至少十个条款，其中六个必须是所指定那九个中的。因此，这种菜单式做法（menu basis）可以使成员国避免承诺某些权利，譬如组织工会权或享受社会保健权。与国际劳工组织的情形有点类似的是，人们会指责欧洲理事会，说它虽然在社会领域里制定了许多值得实现的目标，但成员国如果不感兴趣，就可以对其不加理睬。

在冷战年代，欧洲理事会的社会宪章颇像一个睡美人（赫尔斯（Hulse），1995），而当后共产主义政府纷纷采纳（至少起初是这样）极端的新自由式和反社会性经济政策时，社会宪章才具有了新的 83
重要性，尤其对后共产主义国家而言。我们将在第四章中看到，社会保护的支持者指出，需要服从欧洲的标准，这样就可以抵制各国财政部长所采取的非常极端的成本削减举措。在此环境下，顺理成章的事情是，欧洲社会宪章中的实施机制将会得到加强。1995年，为防止任何国家有可能不能履行其所认可的东西，部长委员会采纳了一个集体投诉议定书。这样，劳工与社会运动将可以用理事会的监督程序向动作迟缓的政府施加压力。此前，从专家委员会的一份报告中看，这种监督相对而言是看不到的。

欧洲理事会的社会与经济事务董事会并不认为社会宪章是理事会社会政策中最为重要的内容(社会宪章实际上由人权理事会负责管理)。社会与经济事务理事会反而重视社会发展基金(Social Development Fund),用它来帮助成员国解决移民、社会排斥工作,以及进一步实施联合国儿童权利公约等工作中所出现的问题。理事会指导一个工作小组,对欧洲各国经济重组所产生的社会与经济后果进行研究,该工作小组向1997年10月的一次欧洲理事会国家首脑峰会汇报了工作。工作小组的建议是,欧洲理事会应该与世界银行同时起作用,这也是普朗特建议(见前面)国际劳工组织所应起的作用。如果世界银行为其成员国提出劳动与社会改革建议,欧洲理事会就应该批准它们,即使它们会对社会宪章标准的维持造成任何威胁。这些建议中具有同等重要性的一个思想是,在工作重组的环境下,社会保护政策应该从基于就业的权利日益向基于公民身份的权力转移(欧洲理事会,1995a)。欧洲理事会议会的卫生与福利委员会(Health and Welfare Committee)最近要求完成一份有关社会政策的报告,这样,社会与经济事务理事会就会在不久的将来为其成员国制定进一步的社会政策准则。

欧洲理事会是一个独特的超国家团体,它几乎代表了一个面积庞大的大陆的所有国家,为资本主义的运作而试图制定人权、社会与劳动权利方面的游戏规则。它既包括发达国家,也包括发展中国家。它体现了两种愿望之间的紧张关系:一种愿望是保护西方福利国家的社会成就,另一种愿望则是让目前受到排斥的国家公平地分享世界贸易,从而促进这些国家的发展。它在地球的一个地区相当于一个微型的联合国体系,但它却不是联合国在这一地区的代表。在此意义上，它与联合国欧洲经济委员进行竞争，而后者则是一个联合国团体。我们将会看到，这一团体正受到威胁，因为北半球的“主要”国家希望对联合国进行精简。同样，欧洲理事会也是一种政府间协会形式，可替代欧盟计划中的货币联盟所 84
代表的那种政府间协会形式。对有些人而言，它也可以成为欧盟泛欧洲区域经济社会管理的替代模式。欧洲理事会不应该受到政策分析人士的忽视。

联合国儿童基金会、联合国开发计划署、联合国社会发展研究所等联合国机构：它们是全球性社会改革者吗？

我们再从地区回到全球，在努力对国际货币基金组织的自由市场基本思想和世界银行的“充其量”可称之为安全网社会自由主义的东西提出反对意见时，我们就会和国际劳工组织一样，遭遇到联合国体系的其他成分。联合国是一个复杂而意见分歧的组织。即使是其社会领域的工作，也因为几个机构性质的不同而呈现出分歧状态。总体负责此类活动的是联合国的经济与社会理事会(Economic and Social Council)。我们在第六章将会看到，它是北方国家的一些改革者希望得到加强与精简的联合国机构之一。该理事会通过其社会发展委员会(Social Development Commission)而负责 1995 年联合国社会发展高峰会议的召开，我们将在下一部分报告这次会议的内容。然而，此处不可能对联合国的不同机构进行系统的描述，也不可能追溯联合国通过这一迷宫般的委员会结构所提出的政策建议和作出的各种决议。前一项工作已见诸于其他人的著作(卢亚德(Luard),1990;罗伯茨和金斯伯里(Roberts and Kingsbury),1989),而后一项工作尚待进一步加强。我们在此处需要特别加以关注的是联合国体系中的一些成分,这些成分主要通过其关键的专业人士那种企业家式具有长远目光的驱动力而凸显出来,可用来抗衡世界银行和国际货币基金组织的那种放任式自由贸易的反社会性方向(*laissez-faire*, free trade antisocial orientation)。对此,我们在最后一章将更为详细地说明,就社会政策的未来而言,已经形成了一种全球性机构内和机构间话语,而联合国的一些机构一直非常积极地参与这种话语。

我们此刻感兴趣的就是联合国机构在此话语中所发出的关键性声音。在此方面,世界卫生组织和联合国教科文组织的声音并不太引人注意。这方面让人立即想到的机构,也就是那些与世界银行推销其《世界发展报告》一样在相同的地方宣传其出版物的联合国机构,即联合国儿童基金会、联合国开发计划署(更准确地说,是联合国开发计划署中负责出版年度《人类发展报告》的那个部门),以及那个半独立的研究所,即联合国社会发展研究所(UNRISD)。

早在世界银行创建其贫困项目之前,也就是在未经改革的基本性结构调整使南半球国家进一步欠下北半球国家债务的那几十年里,几位尽职的专业人士做了大量的工作,其中包括直至去世一直担任联合国儿童基金会领导的詹姆斯·格兰特(James Grant),还有理查德·乔利(Richard Jolly)、弗朗西斯·斯图尔特和乔瓦尼(Frances Stewart and Giovanni)、安德烈亚·科尼亚(Andrea Cornia)、联合国儿童基金会的经济学家以及联合国儿童基金会内

部的其他人。他们所做的工作是,(1)监督1980年代全球性经济 85
状况对儿童造成的影响;(2)提出另一种具有人情味的调整战略(科尼亚等,1987);(3)不但参与公共论战,而且直接与世行和国际货币基金组织的专业人士交锋,以期改变人们的思维。乔利(1991)的报告说,早在1982年,詹姆斯·格兰特就与世行和国际货币基金组织里的主要人物探讨过调整政策的影响。因此,随后便于1994年召开了一个世行与联合国儿童基金会联合会议,会上宣读了儿童基金会标题为"国际货币基金组织调整政策和方法与儿童的需求"的论文。长话短说(乔利,1991年作了详细的描述),这种影响当时就开始了,并且通过联合国儿童基金会的年度出版物《世界儿童状况》等手段一直在继续着,结果导致了世界银行政策的改革,并且导致世界银行采纳了一些放宽措施,目的在于保护我们在前面所描述过的最贫穷的人。到1995年,联合国儿童基金会就可以发表如下宣言:"世界儿童高峰会议在1990年制定了减少发展中国家儿童的死亡、营养不良、疾病和伤残等目标。四年后,大多数国家都在努力实现这些目标"(联合国儿童基金会,1995a)。联合国儿童基金会对世行思维和战略的影响在继续着,我们将在下一章对此加以描述。现在已经实施了一些实际的方案,使这两个机构可以在它们在东欧同时展开的工作中进行具体的合作。

在这一阶段后期,联合国儿童基金会的工作得到了联合国开发计划署报告处所做的工作的加强。报告处在1991年开始发表其系列年度出版物《人类发展报告》(联合国开发计划署,1990;1991;1992;1993a;1994;1995a;1996)。报告处根据此前发展分析家的辩论推出了一个新的社会进步衡量手段,即人类发展指数。

我们在第二章中看到，这种衡量手段将长寿、受教育程度和一个修改后的收入衡量手段结合起来，对国家的排列多少不同于仅仅使用 GNP 时的排列顺序。这将会继续加强从原教旨自由主义向一定程度上具有社会导向的调整与发展政策的范式转变，这也甚至成为国际货币基金组织和世界银行内越来越多的经济学家所宣传的东西了。

1992 年，《人类发展报告》开始参与日渐展开的有关全球管理改革的辩论（第六章将更为详细地探讨这一点），并且认为，“人类社会越来越呈现出全球性特征。人类社会迟早需要推出一些全球性制度，以配合……（从富国向穷国的）累计所得税体系……配合联合国实力的加强”（联合国开发计划署，1992:74）。有意思的是，理查德·乔利这个联合国儿童基金会的名人却转而去撰写 1996 年的联合国开发计划署报告，以其特有的风格，使世界开始关注我们在第二章所指出的国家内部和国家之间日益加大的经济不平等现象。联合国社会发展研究所本来主要在幕后活动，现在却随着
86 世界社会发展高峰会议上全球性争论的展开而走向前台，并委托一些著名学者撰写了一系列工作文件，涉及全球化对各个社会所产生的影响。其出版物《混乱的状态：全球化的社会效应》（*States of Disarray: The Social Effects of Globalization*），（联合国社会发展研究所，1995b）首先分析了全球化所造成的一系列分裂效应，如身份危机、战争与冲突、犯罪的国际化、就业和家庭生活变化的不确定性等，然后充满想象地呼吁在国家层次之上形成新的公民权利概念，不但要在地区层次上（如欧盟）这样做，而且要在全球范围内这样做。

这份报告提醒我们，公民权利有三个中心命题：个人权与人权、政治参与和社会经济福利。

> 在实践中，公民权的这三个命题是按顺序发展而来的：在接受了个人权和人权后，社会就会为政治参与进行动员，这也就意味着走向社会经济福利……长期以来，有关国家公民身份而展开的争论涉及许多中心问题，目前人们正努力使社会经济发展的全球性力量朝更具建设性的方向发展，在此环境下，许多问题便凸显出来。因此，也许可以说，现在就需要明确地聚焦于全球公民身份问题。(1995b:168)。

采纳了这种全球社会改革性视角之后，将会出现哪些具体的改革措施？我们将在第六章进行探讨。

联合国高峰会议：社会政策与社会发展的对话

我们在第一章认为，社会政策与发展研究这两个学科之间需要对话。

前者专注于发达世界，后者专注于发展中国家，这种做法已对日益缩小的全球化世界里的创造性思维及合适的政策发展构成了障碍。南半球所形成的福利发展模式不同于北半球建立已久的福利制度。全球不平等现象的持续，要求北半球和南半球之间就社会再分配机制推出新的思维。世界各地未来的福利将可能不同于过去，需要分析家们进一步加深共同的认识，进一步分享政策处方,而不能像传统上那样只聚焦于地球上的各个部分。下一章所探讨的后共产主义社会事件将进一步证明这种观点的必要性。

最近,英国政府海外发展管理署(Overseas Development Administration)内部的社会发展专家小组所推出的新思维就反映了发展研究与社会政策之间达成共识的必要性。在1995年的一次研讨会上,专家们试图针对社会发展顾问们的需求而制定一个社会政策定义。大家达成一致的定义是:“社会政策即超国家、国家、地方或社区层次上所制定的任何政策,由一种社会性视野支撑,在正式实施之后,将影响公民满足其生存需求的权利或能力”(海外
87 发展管理署,1995b:26)。从事发展中与发达社会分析的人士可使用这种社会政策做法,因为它明确说明,社会政策的研究者和发展研究的学者一样,都必须仔细地研究联合国经济与社会委员会最近所做的工作,以及最近几次联合国的发展高峰会议所做的动员工作。

联合国于1995年在哥本哈根召开的社会高峰会议只不过是近年来的一系列高峰会议中最晚召开的一次,但却是最重要的。1990年召开了世界全民教育会议(World Conference on Education for All)和世界儿童高峰会议(World Summit for Children)。1992年召开了里约发展高峰会议(Rio Summit on Development)。1993年在维也纳召开了世界人权会议(World Conference on Human Rights),1994年召开了国际人口与发展会议(International Conference on Population and Development)。但是,1995年社会高峰会议无所不包的主题说明,全球已达成这样一个最重要的协议:必须解决南北之间的贫困、社会排斥与发展

问题。

本章已经描述过，各种不同机构和众多的非政府机构一道参与了 1994 和 1995 年的筹备委员会会议，目的是起草宣言和制定列入哥本哈根会议议事日程的行动方案。由于各种国家的、区域的和机构性政治利益集团向会议施加压力，草案所包含的几项最具深远意义、最激进的建议最终不了了之。譬如，联合国开发计划署报告处（联合国开发计划署，1994）建议，为了向社会发展提供资金，应该向金融交易征收一项新的全球税，而这一建议也无果而终。再譬如，联合国儿童基金会竭力主张达成一个 20/20 协议，即南半球国家承诺将其 20%的公共支出用于社会发展，而北半球国家因此承诺将其 20%的援助用来解决社会问题，但这一想法也同样搁浅了。本来要采取行动坚定承诺债务免除，最后也是一筹莫展。但是，有些方面还是取得了进展，譬如，使高峰会议重新认可国际劳工组织的标准，将其作为奋斗目标；还使大家都承认，一国之内的贫困与排斥问题不仅仅是该国的主权问题，而是全球的共同责任（要了解对高峰会议及其后续会议更为全面的审视，可参见联合国开发计划署，1995b）。值得注意的是（我们在第六章将再次谈到这一点），有些激进的建议之所以寿终正寝，原因不仅仅在于更具自由倾向的北方国家的抵制，也因为南半球 77 国组织中一些国家的反对。譬如，许多此类发展中国家的领导人都不想承诺实施 20/20 协议。因此，有关社会改革性思想的斗争不但需要在北方获胜，也需要在南方获胜。

高峰会议最后作出如下承诺：

承诺一　我们承诺，创建一个能够使人们实现社会发展的经济、政治、社会、文化与法制环境。

承诺二 我们承诺，通过果断的国家行动和国际合作来消除全世界的贫困，将此目标作为人类伦理、社会、政治和经济方面的
88 势在必行之举。

承诺三 我们承诺，促进充分就业目标的实现，将其作为我们的经济与社会政策中最优先考虑的事情，并承诺使所有男人和女人通过自由选择的生产性就业和工作而获得安定的、可持续的生计。

承诺四 我们承诺，通过营造稳定、安全与公正的社会而促进社会融合，这样的社会能够促进与保护人权，消除歧视，主张宽容，尊重多样性，实现机会均等，达成团结，有安全感，实现所有人的参与，包括弱势群体与个人。

承诺五 我们承诺，促进对人类尊严的充分尊重，实现男女之间的平等与公平，承认并提高妇女的参与行为及其在政治、民事、经济社会生活和发展中的领导作用。

承诺六 我们承诺，促进与实现如下目标：使全民公平地获得高质量教育；达到最高标准的身体与精神健康；使所有人享受到初级保健；着力纠正社会状况方面的不平等现象，无论涉及哪个种族、国籍、性别、年龄的人或涉及伤残人；尊重并促进我们共同的文化与各自的文化；努力加强文化在发展中的作用；努力保护以人为中心的可持续发展基础，致力于人力资源的充分发展，致力于社会发展。所有这些活动的目的都是为了消除贫困，促进充分就业与生产性就业，促进社会融合。

承诺七 我们承诺，加快非洲和最不发达国家的经济、社会与

人力资源发展。

承诺八 我们承诺，如果各方能就结构调整项目达成协议，这些项目就必须包含社会发展目标，尤其是消除贫困、促进充分就业与生产性就业、提高社会融合等目标。

承诺九 我们承诺，在很大程度上增加并更加有效地利用配置给社会发展的资源，目的是通过国家行动、通过区域和国家合作而实现本高峰会议所制定的目标。

承诺十 我们承诺，本着伙伴精神，通过联合国和其他多边机构，为社会发展而改善与加强国际、区域和次区域层次上的合作框架。

对高峰会议的直接后果所做的评估多种多样，一类人认为它对穷人是无所做为的(伊夫－安·普伦蒂斯(Eve-Ann Prentice)，《泰晤士报》，1995 年 3 月 13 日)，另一类人则认为：

> （高峰会议）将使人们认识到，货币主义的庞大力量 89
> (monetarist juggernaut)开始失势……本次会议成功地了阻止了有些人将社会发展定义为纯粹的经济增长的企图……行动项目也许会保证人们将不再只从狭隘的经济角度来判断世界银行和国际货币基金组织的作用，而是会考虑其对世界穷人的基本权利的影响，因为这些机构声称自己是为穷人服务的。（帕特里夏·菲尼(Patricia Feeney)，牛津饥荒救济委员会(Oxfam)，《卫报》(*Guardian*)，1995 年 3 月 13 日）

我们可以得出以下的临时性结论，然后在第六章再进一步阐述。首先,高峰会议使大家真正在一起进行了这样的全球性辩论:如何从关注社会问题的角度对世界银行和国际货币基金组织进行改革与管理。这一辩论将是长期的和激烈的。联合国内部的人希望加强其经济与社会委员会的作用。持改革态度的北半球政府和一些南半球政府则希望,此举会增加联合国经济与安全理事会(UN Economic and Security Council)在世行和国际货币基金组织眼中的可信度。世行将继续认为,通过采纳社会发展与反贫困政策,它可以充当全球性福利机构。第二,高峰会议上承认,全球非政府组织所起的作用可替代联合国的民主性责任。我们将在第五章审视这一发展趋势的积极与消极方面。第三,欧洲与一些南半球国家联盟之间为采纳别种经济与社会发展战略已展开了一场全球性斗争,因为后者对社会管理不太感兴趣。针对这一问题,新成立的南部中心正试图在一些南半球国家中寻求一种范式转变,此举可能会成为未来全球政治中的一个关键性因素(见第六章)。最后,在高峰会议上,世行与国际货币基金组织的政治战略明朗化了。这两个组织已经对1980年代要求认真对待贫困问题的呼吁作出了反应,因此,现在就会理所当然地说,它们已在实施自己的社会政策;事实上,它们将利用这种倾向于南方(和东方)的安全网社会政策来挑战某些北方福利国家的保守性做法。人们在哥本哈根就这一点质问世行负责人类资源的副行长阿门尼·乔克西(Armeane Choksi)时,他的回答是:“北方为什么不向南方与东方学习呢?”

结论：全球场景中的不和谐声音？

我们在本章看到，关于在全球性、区域性和国家层次上如何实现社会福利而展开的争论已经具有一种全球性维度。本章着重探讨了主要的全球性、区域超国家性和政府间组织有关未来的最佳福利状况而形成的各种不同观点。尽管在联合国高峰会议上大家表面上都认为社会发展问题很重要，但并没有就此达成共识。实际上，本项分析所展现的是一种机构内与机构间话语，即在全球化背景下，经济与社会政策应采取何种方向？下面两章将结合一些更为具体的建议而更加具体地审视这种话语，而这些建议都是给正在从“共产主义”向资本主义模式转变的东欧与前苏联国家提出的。我们将要描述这些机构在具体的收入维持政策领域里所持的 90
观点，同时分析这些组织在塑造国家政策时所使用的手段。第五章将继续涉及此项研究，并且结合前南斯拉夫的情形将我们的探讨范围延伸到国际非政府组织。最后一章将再次谈论这一研究所隐含的全球社会政策话语，以及可能出现的全球制度性改革与政策改革。

第四章　国际组织与后共产主义社会政策的制定

91 国际组织所填充的政策制定空间

东欧各国的“共产主义”体制于 1989 年垮台之后，社会政策分析家感兴趣的关键问题是，何种社会福利制度将会替代国家式官僚集体主义制度？这是一种全民性的、基于工作的福利支付与服务享受制度，是无产阶级化的平等主义和工资挂钩体系相结合的产物，后者为有特权的工作者提供特权性养老金与其他津贴。权贵阶层（nomenclatura）继续享受各种更好的特殊服务（迪肯，1992）。我们在第二章指出，国家官僚式集体主义制度的特征与欧洲保守的法团主义传统有许多共同之处。工作场所以及政府与工会之间的契约主宰了福利享受体系。津贴享受反映了工作者之间的各种得到承认的地位差异，但这与资本主义福利制度所实行的地位差异顺序往往相反。就收入维持政策而言，显然需要将这种制度转变为一个基于保险的俾斯麦式（欧洲式保守的）与工资挂钩的津贴制度，以针对不同类别的人（如儿童）的全民性津贴为支撑物，同时为各种类别的未保险的人实行一个小规模的社会救济体系。事实上，该地区的有些国家（尤其是捷克斯洛伐克和匈牙利）已经推出了此类体系，与中欧地区在两次世界大战期间所实施的体系相同。然而，从先验的角度看，我们可以同样推论出，大多数向西方大量借债的国家将会面临巨大的压力，即要求它们削减国家福利预算、采纳更加自由的或残余式社会福利做法。前共产主义国家一开始是不可能平稳地过渡到社会民主形式的福利政策的。因为这种高税收、具有高度再分配性质的政策不会受到即将诞生的新的企业性资本（entrepreneurial capital）的欢迎。还有人认为，改革过程会导致一个不同于西方的未来社会福利体制。或者会形成一种后共产主义保守做法，即权贵阶层、工厂管理者和劳动力在面对市场化压力时会试图维持现存的一系列工作场所福利（workplace welfare）社会关系（迪肯，1992）。

政治与经济改革第一个浪潮所导致的直接而明显的后果是， 92
有关社会政策的任何争论将很可能被许多新政府放在优先考虑事项中的最后位置（泽斯波尔斯基（Kziespolski），1993a；波图切克（Potucek），1993）。之所以会出现市场能够解决一切问题的神话，是因为人们毅然决然地摒弃了所有社会性东西，认为它们基本上是社会主义的和过去的东西，都应该被遗忘。1989 年，新自由经济思维在美国和英国处于顶峰之际，与后革命时代东欧的反社会主义思潮齐心协力，几乎将精心考虑的其他社会政策选择从议事日程中去掉了。总体而言，各国政府关注的是经济、法律与政治制度改革，而不是社会制度改革。涉及民族认同与财产私有化的事务优先于其他一切问题。与此同时，大多数情况下，活跃的民间社会与压力集团只是在比较低调地关注社会政策问题。社会结构将要(或者说似乎要)变成流动不定的东西。在即将出现的福祸多样化的社会里,人们的未来命运难以确定。种种新的社会利益群体尚未凝聚起来,无法为积极的、有争议的福利政治提供一个基础。这种情形到后来才出现。到 1995 年,这一地区大多数国家的前共产主义政党纷纷再次当选,恰恰是因为它们强调人们所关注的问题,而人们在 1989 到 1995 年之间看到自己现存的保障遭到全面的破坏(收入降低、失业增加、死亡率上升、凶杀案增加、就学率下降、房租与交通花费猛涨、托儿所关闭、养老金与其他津贴水平受到影响。要了解对这些变化的详细监测,可参见联合国儿童基金会,1993a;1994;1995b)。譬如,到 1995 年,养老金领取者游说集团成为一个势力强大的团体。

1989 年事件之后,国家社会政策制定出现空白,国际组织便应运而至。东欧及后来的前苏联国家开始手忙脚乱地筹划未来的经济与社会政策发展方向。在超国家与全球层次上运作的各种机构——尤其是世界银行、欧盟和国际劳工组织——都预计到,全球资本主义(不仅是东欧资本主义)的一场大争斗将在这一地区展开。理想化的资本主义与恶魔化的社会主义和共产主义之间的大较量已经结束(至少在可预测的政治未来里是这样)。冷战的一潭死水已被搅乱。联合国与其他运作者此前被冷战的政治搞得无能为力,现在则要展现出新的生机。人们本来指望,在第二次世界大战后的年代里,国际组织能够安全地管理这个世界,从而实现人类的种种抱负,现在这些抱负终于有望实现了。东欧是否会成为瑞典那样的一个对妇女友好的、具有再分配性质的、社会公正的、管理良好的资本主义,还是会成为美国(或者更糟糕的是,成为巴西)

那样残酷的、“人不为己天诛地灭”式的、没有安全保障的赌场式资本主义，或者会成为法国和德国那样具有社会管理性质、但却是不平等的资本主义，在一定程度上就得看那些即将降临到该地区的国际组织人力资源专家大军的神通到底有多大了！本章将叙述这 93
一过程是如何在该地区的三个国家——保加利亚、匈牙利和乌克兰——展开的。

使东欧成为资本的安全场所：国际组织干预的逻辑

尽管其侧重点各有不同，国际机构涉身于中欧与东欧国家社会政策的实际理由具有类似的模式。按照欧洲理事会的说法：

> 为了保护与促进基本的社会权利，必须将这些国家融入到一个有效的体系内……这样才能防止出现社会动荡，而社会动荡对于人民而言是痛苦的，对于这些国家尚属脆弱的民主制度而言也是危险的。（姆鲁斯（Mros），1993：41）

经合组织的转型期经济社会合作中心（Centre for Cooperation with the Economies in Transition）在其工作项目中与国际劳工组织寻求协作时说：

> 在转型初期，由于对所出现的主要社会和劳动市场问题缺乏一个快速与有效的政策反应，就会存在这样的风险：正在进行的改革过程可能会受阻、被推迟，或者有些措施会出现逆

转。(经合组织,1993c:271)

按照欧盟委员会的说法:

> 欧盟与中欧和东欧国家在转型期社会内容方面的合作是至关重要的,这样可以降低人们拒绝接受民主制和市场经济的风险,因为实现这两者的社会与人力成本太高了。(欧盟委员会,1993b:70)

因此,所有这些机构实施干预的动机都是为了稳定市场改革过程,并且防止其减速,同时对转型所造成的社会成本给予应有的关注。

然而,如何进行干预、社会领域将要出现什么样的社会政策,则在这些组织之间引发了争论和不同意见。譬如说,国际货币基金组织、世界银行、经合组织和欧洲复兴开发银行(European Bank for Reconstruction and Development)对苏联的经济作了一项联合性研究,得出一些临时性结论(经合组织,1991f)。与此同时,国际劳工组织的总干事也在1991年5月阐述了该组织的动机与政策(国际劳工组织,1991a),而两方面的说法形成明显的反差,从而反映了这种即将出现的紧张关系。联合报告中的"劳动市场、社会安全网、教育与培训"一章是当时任职于世界银行、现在任职于国际货币基金组织的埃迪山姆·艾哈迈德(Etisham Ahmad)撰写的,其结论是(如我们在第三章所指出的),"面对贫困与匮乏,需要避免的危险是,构建一个复杂而支出高昂的社会保障体系,结果只为相关人口中的一小部分有特权的人提供好处"(经合组织，1991f:191－2)。由于预见到世界银行和国际货币基金组织里许多人后来所提出的安全网战略，本章继续说道："假如国家能够实际上保障所有人口享受最低生活水准，就等于实现了任何社会保 94
障体系中的一个主要目标"。与此相比，国际劳工组织则说，要在布达佩斯建立一个专家前哨站(specialist outpost)，负责解决该组织所关注的九个领域。其中包括："鼓励社会对话与三方合作"，"帮助社会保障立法过程，其中涉及卫生、养老金、病假工资、家庭与失业津贴等方面的政策"(国际劳工组织，1991a)。

在早期阶段，还会出现多种紧张关系。譬如，一种人的确认为，应该在东欧和前苏联进行一种不折不扣的、重大的社会再分配努力，即实施一项新的马歇尔计划，这样就会稳定新诞生的市场经济，而另一种人则主张按照商业条款实施传统的结构性调整贷款，目的是让这些新的市场经济自己逐渐摆脱贫困境况。联合国的欧洲经济委员会委托进行了一项研究，意在借鉴美国在第二次世界大战后对欧洲援助的经验。其明确观点是，"美国的援助是以(具体的)形式(赠款而不是贷款)提供的，在这些国家实施经济与社会政策时，美国并没有进行干预，尽管这些政策往往在很大程度上不同于大西洋另一边受大众支持的那些政策"(帕尼克(Panic)，1992:32)。然而，1989年后则不会出现这种情形了。正如科夫斯(Koves，1992)在其报告中所说的，"财政援助现在完全受制于国际货币基金组织的制约性条件，问题也不再是援助，而是艰难的讨价还价了"。事情就是这样，尽管结构性调整在其他地方导致了消极的后果，尽管一些不重要的研究团体在其报告中警告说要提防严格的制约性做法。曾任法国总理的雷蒙·巴尔（Raymond Barre）当时是一个专家小组的成员，该小组受东西方研究院的委托，对援助战略进行评估并提出建议。其结论是，说到匈牙利、波兰、捷克与斯洛伐克共和国的情况，“就这些国家的规模与范围而言，国际组织对其转型期的援助所产生的效应是巨大的。那么，国际组织的援助思想就值得重视……因此，可以用更为灵活的方式对这三个国家实施制约性条件，尤其是国际货币基金组织的制约性条件（巴尔等（Barre et al.），1992：56）。该报告反映了人们所关注的问题的一个方面，即许多政治家感觉布雷顿森林机构缺乏所需的欧洲视野，因此，无法对该区域的需求做出反应”（休斯（Huges），1993：597）。为了弥补这种缺陷，在法国的倡议下成立了欧洲复兴开发银行（EBRD）。但是，除了私有部门之外，美国皆成功地限制了欧洲复兴开发银行在其他领域里的作用，譬如，欧洲复兴开发银行就没有在人力资源或社会政策方面做出系统性工作。就我们这项研究的目的而言，欧洲复兴开发银行是一个无关紧要的运作者。正在出现的争论以及那些要求实施马歇尔计划的人所主张的战略的另一个方面是，国际组织与运作者之间将进行什么样的**协作**？我们在下一部分先探讨国际组织在政策方面可用哪些手段来施加影响，然后再回头谈论这一问题。

95 实施干预的动机是清楚明了的。使东欧成为资本主义的安全场所的目标也是显而易见的。社会内容（要想继续获得人们对改革的政治支持，就需要在一定程度上防止贫困）的重要性也得到了广泛的理解。但是，如果认为西方在这一做法方面是齐心协力的——如有些人所说的那样（高恩（Gowan），1992；1993；

1996)——则是错误的。再清楚不过的是(正如下面的案例研究所表明的),各个资本与组织派别之间,以及这些组织的人力资源专家小组内部及其之间,都存在着不同意见。如高恩所指出的,西方为了赢得东欧的资本市场也许会实施干预,这一点是毫无疑问的。关键问题是:要实行何种资本主义?要采取何种社会政策手段?

国际组织为影响政策而使用的手段和制度性基础设施

国际机构在影响一国政府的社会政策时所使用的手段有好几个,并且各不相同。表4.1显示了几种主要形式。所有这些手段都是在制度性结构内运作的,而这些结构的建立就是为了使各个机构能够更为有效地应对一个地区的需求。

为此目的,欧洲理事会(COE)建立了德摩斯梯尼项目(Demosthenes programme),其正式目标是"确保在转型期国家内实施民主制"。德摩斯梯尼项目在实现这一目标时所使用的方法就是:"通过专题学术座谈会、研讨会、课程、研究性参观和奖学金等形式,将其成员国现有的技术力量利用起来"。其目的是,在建立"西方式"民主制的过程中聚焦于宪法、立法和行政管理等方面的问题,也就是,建立带有其伴随性社会问题的市场式经济体制。

因此,德摩斯梯尼项目的一小部分(但也是重要部分)的内容(占12.4%)就是"社会性事务",即东欧和中欧国家在应对西方式问题时所寻求的帮助,这些问题包括失业率的上升,以及应对工资谈判时所需的各种机制。德摩斯梯尼项目虽然由政治事务处负责管理,但在项目实施过程中也利用社会与经济事务处的技术力量。

表 4.1　超国家团体使用的社会政策手段

手段	应用
带有社会条件的贷款	在实施社会政策变革的条件下由世界银行提供贷款
带有经济条件的贷款	在实施经济政策变革(带有社会政策含义)的条件下，由国际货币基金组织提供贷款
额外款项激励	由欧盟提供针对地方资源的援助款
法律性管理	欧洲理事会的几个大国负责报告签署了欧洲理事会社会宪章的成员国社会政策方面的缺陷；同样，国际货币基金组织也有权监督那些认可其社会政策的国家
技术援助培训	国际货币基金组织、欧盟、世界银行、经合组织、联合国儿童基金会和联合国开发计划署等组织负责提供培训建议、组织培训班
政治协议	欧盟与相关国家之间达成协议
资源再分配(不属于贷款性的)	欧盟结构性基金(如果延伸到中欧和东欧的话)；欧洲理事会社会发展基金；联合国儿童基金会/联合国开发计划署的援款项目
协作性会议与相关出版物	面向各方，用此渠道来影响各个组织间的舆论环境
提供场所与支持	联合国开发计划署虽然不直接参与，但可以为国际货币基金组织等机构提供工作场所或提供资金支持

后者将自己所作的贡献概括如下：

1　提供有关标准制定以及欧洲理事会协调手段的信息

2　在起草法案时提供法律帮助

3　起草示范性条款，涉及社会保障法里面所出现的社会保护各部分的内容，这样，各国就可以参照示范性条款起草自己的立法内容。

在此项目中，欧洲理事会并不认为其职权范围允许它针对各 96
国的状况提出具体建议，而是邀请这些国家的部长们或“其他重要决策者”来参加培训会，向他们展示一系列西欧模式的福利制度，似乎是让观察者自己“进行混合与匹配”。

经合组织是为了管理1949年开始实施的马歇尔援助计划而成立的，在一定程度上而言，该组织自1989年以来对东欧和中欧事务的参与历史反映了该组织原先正式关注的问题。经合组织的转型期经济社会合作中心（CCET）是1990年由美国出资成立的，显然是为了在西欧国家纷纷影响东欧的政策发展过程中为美国赢得一个立足点。国际货币基金组织的萨尔瓦托雷·泽基尼（Salvatore Zecchini）被任命为该中心的领导，相当于经合组织秘书长的助理，由此可见该中心工作的重要性。

该中心的主要作用是设计与监督年度工作项目，其内容包括政策建议、技术帮助和培训，听上去让人感觉熟悉，也就是让从事经济改革的国家随意使用秘书处和成员国的技术力量。总体工作项目有四个关键主题，其中之一就是“与重建相关的社会问题”。有意思的是，为完成该项目的部分内容，社会事务、人力与教育处决定与国际货币基金组织进行合作。这表明，美国的影响力可能不会自上而下渗透到中心的会议上所罗列的实际性社会政策分析与建议等内容。1993年召开了国际货币基金组织和经合组织有 97
关劳动市场与社会政策问题的联合会议，由国际货币基金组织的盖伊·斯坦丁（Guy Standing）和当时任职于社会事务处的格奥尔格·菲舍尔(Georg Fischer)致开幕词。会议只是得出这样的结论:在为新近市场化的经济社会设计社会保护方案时,需要做更为详细的工作。经合组织与国际货币基金组织此次合作的时机选择正好与经合组织的另一个动作同时进行,即该组织从整体上而言(如第三章所探讨的),将不再继续对几个西欧福利国家因所谓“经济效率”原因而实施的紧缩行动持宽容的态度(经合组织,1994b)。

该中心的主要工作聚焦于那些“改革进展速度最快”的国家,即被该中心视作“转型期伙伴”(PIT)的国家。中心的一小部分工作是针对“前苏联新独立的国家”(NIS)中最大的四个国家,其任务皆类似。到目前为止所形成的工作模式是,针对转型期伙伴和前苏联新独立国家自己提出的要求而采取行动。这种组织形式意味着,该中心的影响与指导是有针对性的,即部分而言,项目的内容由各个申请国的发展方向决定。譬如,波兰政府通过其劳动部而要求对其劳工状况进行具体审查,而匈牙利则通过其福利部要求对其劳动、社会保障和社会救助进行审查。这一审查工作及其相关的报告(经合组织,1995b)有特殊意义,它是《社会政策新定位》(*New Orientations in Social Policy*)文件(经合组织,1994a)发表以来的第一个国家社会政策详细评估。我们将在后面的匈牙利案例研究中探讨这一点。

欧盟委员会在为中东欧国家的转型过程提供帮助时,其特殊作用是由 24 国集团(G24)赋予的,该集团授权欧盟从一开始就进行此类协调工作。欧共体中东欧国家援助项目(PHARE)以及后来的独立国家联合体技术援助项目(TACIS)已经成为从西方到东方最大的资金转移来源。PHARE（Pologen/Hongre：assistance à la réstructuration economicque（波兰/匈牙利经济重建援助））是由对外关系处（DGI－External Relations Directorate）管理，顾名思义，它是个技术援助项目，目的是促进邻国的经济转型。对 PHARE 而言，这指的是侧重财政重建工作以及对私有部门的鼓励，尤其是中小型企业。但是，有针对性的一个核心领域是“社会性的”，尽管官方的文献中将它界定为“所谓社会性只是从欧洲共同体的通常意义上而言，即只涉及就业问题、劳动市场机构和政策等方面，包括具体的培训和社会保障安排”。TACIS 项目是其后不久根据类似的意图创建的，是为了向前苏联国家提供援助。包括“问题的确定”等内容的国家性研究主要是由与这两个项目短期签约的人员设计的。欧盟根据这些研究对有关国家的款项申请（bids for monies）进行审计，然后再根据有关申请国以往的数据 98
以及此项目与该国现存的社会需求的相关性进行评估。

欧盟在 PHARE 和 TACIS 项目中具体的社会领域优先考虑的内容是难以确定的，因为所宣称的目标如此宽泛，所批准的项目也多种多样。TACIS 项目内社会领域的重心是，企业社会资产的剥夺所造成的社会性后果，以及用何种手段建立其他提供方式。社会事务处（DGV－Social Affairs Directorate）的人员对政策不连贯的情形进行了仔细研究，他们认为，如果将项目的部分责任赋予他们的话，他们就能够在社会政策领域实现更具指导性的和更为完整的投入。他们也曾试图在社会事务处成立一个欧洲社会保障小组，这样就可能为社会事务处赢得一些 PHARE 合同，从而指导东欧实施一系列更具连贯性的社会保障政策。但由于英国的强烈抵制，这一举措夭折了。英国一直通过提供“技能”资金而单方面进行积极活动，所推广的政策不符合欧洲社会宪章的精神。然而，1996年，根据PHARE的共识项目出台了一个新的社会保护领域援助方法。这要求对每个国家的社会部门政策进行审视，并且为入盟前的谈判而概要地提出政策性建议。1996年年末召开的一次会议对大约十个国家研究项目进行了审查，总结了一些带有普遍性的经验与教训，可供那些希望仿效欧洲社会保障最佳做法的国家参考，会议同时形成了一些国与国相互关联的社会保障方案。

这一新举措多少会使这方面的形势更具连贯性。目前，PHARE和TACIS的许多研究项目都分包给一些顾问和其他“专家”，这些项目到底能提供何种政策建议，恐怕都会有一定的“随机性”。这些顾问的观点皆不相同，因此，会出现一些不一致的地方，而且会因为各种紧张关系而加重分歧，这些紧张关系反映了整个欧盟内部欧洲自由派（Euroliberals）与欧洲法团主义派（Eurocorporatists）之间的斗争。人们将会注意到，在波兰进行的社会救济工作与捷克共和国这方面的工作之间存在着一种令人感兴趣的差别，前一个国家的工作是由欧盟承包给世界银行做的，而世界银行又将这一任务转包给英国文化委员会，而后一个国家的研究工作合同是国际货币基金组织赢得的，然后经过非常慎重的考虑之后又转包给英国的一个具有费边社思想的社会救济专家。同样，在考虑波罗的海沿岸国家的此类工作时，PHARE的布鲁塞尔国别业务负责人认为，更为合适的做法就是借鉴东欧内部的最佳做法，因此将这一社会救济任务承包给捷克的一个社会保障专家。在下面所作的案例研究中，我们将进一步审视这方面的详细情况。

但是，欧盟对东欧社会政策事务的干预限于 PHARE 和 TACIS 项目中变化不定的技术援助内容。欧盟与我们的研究项目中所涉及的所有国家签订了政治性协议，其中提到，这些国家需要按照欧盟所期望的那样对自己的社会保护方案加以修改。一份涉及 99
与东欧关系的白皮书随后催生了一份有关入盟过程的文献（欧盟委员会，1995b）。白皮书中所关注的许多问题都说明，各国的社会政策需要反映欧洲的社会性内容。欧洲议会于 1996 年 4 月 17 日召开的一次会议（欧洲议会文献（DOCPE），198：354）强调，需要在这一地区实施现代的社会保障与保健方案，该地区的任何社会福利私有化过程都要侧重非盈利部门。虽然对外关系处通过 PHARE 和 TACIS 所实施的干预也许具有一定的随机性，但欧洲议会的政治主旨则更具一致性，即鼓励该地区采纳一种欧洲模式的社会政策。如此前所报告的（迪肯，1994），这一点是欧洲议会的经济与社会委员会于 1991 年在一份长篇意见书里首次清楚表述过的，该委员会在其中也批评了东欧国家，因为这些国家认为自己能够推出一个不带“社会性”色彩的市场经济。

世界银行和国际货币基金组织要在东欧运作的话，不需要再建立任何新的制度性部门。世行当时已经有一个针对该地区国家的运作处。但是，为了人力资源运作工作的方便，欧洲和中亚地区被划分成三部分。拉尔夫·哈比森（Ralph Harbinson）领导的第一、二处负责大多数中欧与东欧国家。罗伯特·利本塔尔（Robert Liebenthal）领导的第三处负责大多数前苏联国家。詹姆斯·哈里森（James Harrison）领导的第四处负责波罗的海国家、乌克兰和前苏联西部的国家。但是，由于这种部门扩展（如第三章所谈论的），世行就需要积极地招用大量的新职员（往往是欧洲人）来从事这一地区的工作。我们在后面将会指出，这种做法促成世行社会政策思维的转变。世行在大多数国家也派驻了代表和技术小组，它在这一地区的工作规模超过了其他一切工作。

同样，联合国儿童基金会也没有为处理这一地区的工作而推出新的政策或程序，或成立新的制度性底层机构，但它努力使该地区的几个国家的政府实施了各自的国家行动步骤项目。联合国儿童基金会在该地区工作的最明显内容就是一系列监督性报告，由乔瓦尼·安德烈亚·科尼亚（Giovanni Andrea Cornia）领导下的佛罗伦萨儿童发展中心推出（联合国儿童基金会，1993a；1994；1995b），这些报告高度强调了其研究结果的全球性质，这些结果涉及该地区的转型期所导致的贫困化问题。下一章将进一步探讨这一点。

最后，与上述两个组织形成对比的是，国际劳工组织成立了一个新的制度性职能部门，目的是在当地大力宣传它在该地区的工作，因为它认为这些工作越来越能够抗衡布雷顿森林组织的非社会性结构调整政策。它在布达佩斯的中欧与东欧小组是1992年成立的，由盖伊·斯坦丁领导，他利用这一职位，不但干劲十足地
100 完成了许多项国家调查与报告，有时还呼吁在收入维持方面实行公民收入做法，而不是实行保守的俾斯麦式做法。该小组的其他同事（如迈克尔·齐雄）则是更为传统的俾斯麦式做法的捍卫者。

表4.2描绘了这些组织对我们下面将要详细谈论的该地区里三个国家的干预程度。显而易见，大多数组织都积极活跃于大多

数地方。至于它们在每一个国家如何相互作用以及如何寻求经济优势或合作机会,我们将在后文中仔细探讨。

最后,此处在审视这些主要运作者为影响该地区的社会政策而建立的制度性结构时,需要简要地提及协作与合作一事。这里涉及几个方面:首先是这些组织为在全球层次上积极协调而作出的有效努力;第二是它们为了全球/地区层次上的协作而展开的竞争;第三,几个势力较小的运作者——譬如说独立的研究机构——为将不同的运作者集合起来而利用的各种机会;第四是负责具体国家工作的部门干事的协调问题。

从一开始,1989 年的世界经济高峰会议就作出决定:24 国集团向东欧提供的援助应该通过当时的欧盟 PHARE 项目协调进行。除了布鲁塞尔的 PHARE 和 TACIS 中心,还有一个 24 国集团的援助协调办事处。这基本上相当于一个数据库。每个国家都有欧共体/欧盟 PHARE 或欧共体/欧盟 TACIS 办事处,其目的就是与所在国的外交部办公室进行合作,共同完成当地的援助协调工作。由于干预的速度各异,又存在各种利益冲突,所以,除了几种众所周知的情形,协调工作顶多只有部分进展。各国的劳动与社会事务部(实际上还有其他部,但不属于研究的内容)往往得到各种各样建议,令人应接不暇。除了这种情形,PHARE 和 TACIS 办事处所实施的政策也带有相互竞争倾向,因此,在决定由哪些主要运作者对社会保障和社会救济领域进行干预时,便出现了一种随机性。

24 国集团广泛的政策协调(不同于运作性协调)过程中值得注意的另一点是,与世界银行、经合组织和欧洲复兴开发银行不同的是，在24国集团政策会议上，国际劳工组织虽然也是一个主要的以不同方式施加影响的机构，却被排除于正式的参与性活动之外，尽管该组织“与24国集团的协调活动日益发生关联”（国际劳工组织，1995c）。国际劳工组织也试图实施自己的协调战略。这方面的一个重要事件就是1991年召开的“国际劳工组织/经合组织有关中东欧劳动市场与结构性变革的社会政策含义联合会议”。这方面的主要运作者是国际劳工组织的盖伊·斯坦丁（后来领导了东欧小组）和经合组织的格奥尔格·菲舍尔。国际劳工组织也试图通过其他方式抗衡其在24国集团层次上被边缘化的处境。
102 它自己每年为24国集团组织三次信息与交流会议。我们将会在几个案例研究中看到，国际劳工组织也在各地与联合国开发计划署、欧盟和欧洲理事会进行密切合作，但一般而言，它被世界银行和国际货币基金组织排挤到一边。自1990年以来，它在劳动与社会领域里组织了15次信息与协作会议，参加者有援助国和受援助国，以及其他有关的国际组织（国际劳工组织，1995c）。

一些半独立性机构也一直活跃于国际组织内部及其之间的政策辩论过程。其中包括国际社会保障协会（ISSA），欧洲社会福利政策与研究中心（European Centre for Social Welfare Policy and Research），芬兰国家福利与卫生局（National Agency for Welfare and Health of Finland），欧洲社会保障研究所（European Institute of Social Security），以及前面提到的东西欧研究所。国际社会保障协会与国际劳工组织共用日内瓦的办公室，每年举办研究会议，1994年的中心主题是社会保障方面已经存在的挑战，这些挑战是由全球经济变化和后共产主义时代的发展所带来的。

表 4.2 国际组织对案例研究国的干预(1989－1996 年)

	国际货币基金组织	世界银行	欧盟 PHARE 或 TACIS	欧洲理事会	经合组织	国际劳工组织	联合国儿童基金会
匈牙利	继续接受所提供的阶段性备用贷款，但有些部分被扣留，因为有关的预算条件没有被满足；1995 年出现了与保险基金赤字相关的危机	带有社会性条件的结构性调整贷款(1990)；社会部门贷款	PHARE 通过社会工作和非政府组织提供的援助(1991－1992)；联合协议	成为该组织成员(1990)；签署了社会宪章；举办了几次研讨会	详细的社会政策研究；转型期伙伴(PIT)	没有多大的作用和影响；劳动力市场报告(1994)	准备国家行动项目
保加利亚	同上；1996 年出现与企业倒闭相关的危机	带有社会性条件的结构性调整贷款(1991)；社会部门贷款；对企业解雇提供援助(1996)	PHARE 对公民社会的发展提供援助(1994)；联合协议	成为该组织成员；签署了社会宪章	转型期伙伴	欧盟与联合国开发计划署出资继续实施大规模干预	准备国家行动项目
乌克兰	同上。1995 和 1996 年出现与预算赤字和未付工资相关的危机	社会部门研究(1993)；有可能给予社会部门重建贷款	TACIS 的重建项目社会后果研究(1994)；合伙协议	成为该组织成员(1996)；与国际劳工组织联合提供社会保障方面的建议	新独立国家	联合国开发计划署出资继续实施大规模干预	准备国家行动项目

当时是为了让两方展开一场有争议的对话，一方是世界银行自由式养老金改革方案的代言人埃斯特尔·詹姆斯，他主张减少国家在工资相关性津贴方面的作用，加大国家在与生计调查相关的市场中的作用，另一方则是一帮坚定捍卫欧洲俾斯麦式传统的人。希拉·凯莫曼(Sheila Kamerman)最后作总结时对世界银行的战略加以驳斥，她说，“既然目前实施的战略是有效的，那么，如果建议(甚至考虑)将一个全民性体系或者混合性体系转变成一个完全基于生计调查的体系，或者一个基于生计调查的和志愿性的体系，则是荒谬的做法”(1995:17)。国际社会保障协会通过出版本地区发展概览，也为继续维持后共产主义国家的欧洲社会保障体系作出了巨大贡献。在本书中，国际劳工组织的齐雄和国际货币基金组织的科皮斯针对该地区的社会保障政策表达了截然不同的担心:齐雄警告说，要提防“最低安全网—最低保护”的做法，因为这种做法“将最终导致人口的社会保护水平的长期下降”(1994a:55)。科皮茨同样警告说，不要将智利式私有养老金体系移植到“不存在金融市场”的前社会主义经济里(1994:69)。双方显然都支持国家与私有的混合体系，但各自的侧重点颇为不同。

同样，欧洲社会保障研究所(EISS)也意在将欧洲传统中有益的经验输出到东欧，因此在1992年举办了一个主题为该地区社会保障改革的研讨会。值得注意的是，参加研讨会的国际组织包括欧共体(社会事务处)、欧洲理事会、国际货币基金组织和国际社会保障协会。世界银行与国际货币基金组织通常是不会花(浪费?)时间参加这些跨组织对话努力的。芬兰国家福利与卫生局早期实施了一项举措，其中包括举办了一个欧洲经济共同体竞争性社会

（社会性内容）会议（Conference on Competitive Society in CEE - Social Dimensions），邀请这两个组织参加，但它们都缺席了。参 103
加会议的有国际劳工组织（又是斯坦丁）、经合组织（杜什金(Duskin)）、欧洲复兴开发银行（加斯(Gass)）、联合国社会发展与人道事务维也纳办事处（索卡尔斯基(Sokalski)）等。会议的结论（也许有点模糊）是，“（社会政策）必须成为转型期战略的有机构成部分，而转型期战略是为了解决短期问题，同时促使对再分配公正性和社会保护的长期关注”（国家福利与卫生局，1992:24）。会议的共同发起者之一是隶属于联合国的欧洲社会福利政策与研究中心。该中心在伯恩德·马丁(Bernd Martin)的领导下一直为在该地区实施健全的社会政策而进行非常积极的游说活动。1993 年在斯洛伐克首都布拉迪斯拉发召开了联合国欧洲区域社会事务欧洲部长会议（Conference of European Ministers Responsible for Social Affairs in the UN European Region），会议最后虽然认可了对该地区所作的一个非常详细的政策分析（维也纳欧洲中心，1993），但实际上所总结的社会政策原则与一年前的芬兰会议上的相同。本次会议进一步对这一思想加以支持：“实施旨在防止大规模失业和绝对贫穷化的转型期社会政策项目”（1993:227），同时呼吁欧洲层次上的联合国机构参与这一工作。这次会议主要是为 1995 年的世界社会发展高峰会议做准备（见第三章），也是为了在泛欧洲大陆上为联合国争得一席之地，目的是与欧盟和世界银行形成对比性区别。

众多的国际组织（更不用说国家组织了）从 1989 到 1996 年对东欧和前苏联同时进行的干预活动错综复杂，因此谈不上有多大程度的协作，而是为发挥影响力和施加权威所进行的谋略与游说活动。各个组织的各个国家事务干事所能做的事情是，努力减轻这种混乱局面、努力增加在当地进行建设性合作的机会。下面所作的几个案例研究展示了这方面的几个例子(国际劳工组织与联合国开发计划署的合作；国际货币基金组织与世界银行的合作；甚至包括欧盟对外关系处和世界银行的合作)，但同时也表明，世界银行和国际货币基金组织的人力资源知识社群(epistemic communities)与国际劳工组织、欧洲理事会、欧盟社会事务处和联合国开发计划署之间所存在的主要意识形态与制度性分歧在实践中是很难弥合的。

我们所选择的三个国家的经济、政治、社会与人口特点是多种多样的。它们既包括我们首先探讨的匈牙利这样的国家，它在1989年之前就开始进行经济改革，并被许多评论者看作是能最早加入欧盟的国家；也包括乌克兰这样的国家，其新当选的总统库奇马(Kuchma)仍然在试图说服颇不情愿的议会改变经济进程。保加利亚则处于这两个极端之间。这三个国家都欠西方的债务。其预算赤字皆高于国际货币基金组织所能接受的水平。对于这三个国家而言，最糟糕的通货膨胀和生活水平下降期也许已经过去了，但保加利亚在1996年又面临新的经济危机。乌克兰的失业率将
104 会持续上升。只有匈牙利的男性预期寿命有幸没有出现下降。三国的一个共同特点是，其前共产主义时代的政党都在1990年代中期再次当选而掌权，主要就是因为其市场改革出现了短期失败；这些改革目的是为了提高生活水准，是由首批后共产主义时代的政府怀着不同程度的热情而发起的。

匈牙利：由国际货币基金组织和世界银行发号施令吗？

简言之，在匈牙利展现的情形是，国际货币基金组织和世界银行一直是主要的国际运作者，其目的在于影响匈牙利连续几届政府的收入维持与其他社会政策，但它们只有等到 1994 年，即从前的共产党再次当选时，才找到一个迫切希望与布雷顿森林机构合作的政府，或至少是这样的一个财政部，这样才能顶住公众与立宪法院的反对。国际劳工组织的作用微不足道，欧盟 PHARE 项目的作用也是如此。欧盟联合协议为福利部提供了一个衡量标准，匈牙利政府签署的欧洲理事会的社会宪章也起到这样的作用。经合组织在根据其《社会政策新定位》文件而进行新的广泛的社会政策评估时，将匈牙利置于其转型期国家名单之首。经合组织努力给匈牙利政府提建议，使其尽可能一方面要满足国际货币基金组织的成本削减和结构性调整要求，另一方面，也要关注平等问题和社会凝聚力等问题。它还建议如何以最不费力的方式维持收支平衡，但匈牙利政府并不总是听从此类忠告。

国际货币基金组织在匈牙利转型期开始之前就已涉入其事务。匈牙利于 1982 年成为国际货币基金组织和世界银行的成员，在旧政权统治下的市场改革年代就进行过几次详细计划的结构性调整试验（翁多尔（Andor），1995）。然而，“由于其协商性民主制（consociational system）依赖的是基于补偿的达成共识过程（compensation-based consensus-building），因此，尽管国际货币基金组织施加压力，要求其实施快速调整，但并没有成功”（亨德森

(Henderson),1992:251)。

具有讽刺意味的是,1989 年赢得选举的匈牙利民主论坛党(Hungarian Democratic Forum)起初的立场是竭力争取债务豁免,而这是违背国际货币基金组织的做法的。但是,1990 年的财政危机导致匈牙利与国际货币基金组织和世界银行签署了涉及经济管理战略的协议。此前,国际货币基金组织在当时即将下台的政府的请求下,于 1989 年承担了一项任务:就社会保障体系的改革提出建议。基金组织实际上已经得出结论:社会保障基金将陷入赤字状况,到时会达到 10%。因此建议匈牙利采取一揽子措施,包括"对养老金实行部分指数化、进一步严格审查与筛选伤残津贴领取资格、将病假工资的责任转移到雇主身上……对家庭津贴收税"(普朗特(Plant),1994:12)。国际货币基金组织与匈牙利达成协议,为其 1990 年的预算提供备用贷款,要求其预算中削减
105 对燃料、食品、含酒精饮料和其他物品的补贴,并提高个人所得税。尽管出租车司机和其他反对团体举行罢工,大部分预算削减还是得以实现。

匈牙利与世行就两笔结构性调整贷款达成协议。第一笔是 1990 年发放的,价值两亿美元,其中包含社会性条件,即要进一步严格审查享受社会保障人员的资格条件、减少补贴、实施失业保险等。并且进一步强调,要实施社会救助体系(最低安全网)。至于政府在多大程度上满足了这些条件,世行的几个报告皆有出入。就公共消费而言,行动评估处(Operation Evaluation Division)在总结中说:"结构性调整贷款的条件按时得到满足……现在已实施了能提供失业津贴和社会救助的社会安全网,但尚需做大量工作,

才能使社会支出总体上合理化，从而使津贴与救助计划能针对穷人”（世界银行，1993e）。可是，世行驻布达佩斯代表处的领导在一次访谈中指出，就计划实施的社会保障法案而言，世行所关注的三个问题并没有得到解决，即建立一个全国性标准、实施一个能平衡地区间需求与成本的预算机制、终止非住户性家庭生计调查做法。社会救助与实践方面的缺点后来才引起经合组织的注意。尽管如此，第二笔结构性调整贷款还是于 1992 年发放了，同样，每一部分的发放都带有社会性条件。国际货币基金组织要求提高养老金年龄，但这一点没有做到，因为其宏观经济领域所采取的行动，仍然发放了资金。要求匈牙利将病假工资的责任转移到雇主身上，这一点只在一定程度上做到了，即在病假期限不超过 10 天的情况下。在此阶段，世行在其 1992 年的研究报告中认为，需要注意的其他政策领域（世界银行，1992b）也没有取得什么“进展”。其中包括，应该根据家庭的孩子数对家庭津贴付款加以甄别。然而，争议较小的是世行所提供的基础设施资金（13 800 万美元），给予新成立的养老金和健康保险机构。此时（1994 年 5 月），世行驻布达佩斯代表不得不承认，在社会保障和收入维持领域，世行“干脆没有发挥任何影响力……这是令人难堪的”。他在当时的一次访谈中最后说道，四年后我们再回来，看世行在与当时所预测的新上台的后共产主义政府打交道过程中是否会取得更多的成效。当时正在为新上台的政府准备一份有关社会政策改革的报告（世界银行，1994c）。

等到 1994 年，由首相居拉·霍恩（Gyula Horn）领导的社会主义党（前共产主义党）和自由党当选之后，国际组织才真正咬到第二口樱桃。可以说，这两个党派的第一个动作就是把国际货币基金组织召来。但随后公众就表示不满，政府便归咎于国际货币基金组织，说它强迫政府实施苛刻的预算削减，而国际货币基金组织总裁米歇尔·康德苏(Michel Camdessus)在 1994 年 10 月访问布达佩斯时认为，经济状况要求政府必须采取行动。随后便推出紧缩性预算，尽管多方抗议，政府也作出了一些让步，预算方案于
106 1995 年 5 月得以通过，从而终止了全民性家庭津贴(除了第四个孩子和后面再生的孩子，或者有特殊需求的孩子，其余皆根据生计调查结果给予津贴)，也终止了给就业母亲提供的全民性儿童抚养津贴，还有免费高等教育、免费保健等。各种收费和生计调查手段旨在削减这些领域和其他领域的成本。雇主对病假工资的责任将延长到 10 天以上。实施这些举措的背景是，匈牙利成本很高的社会支出占 GDP 的份额已经很大了(1993 年为 25.3%，而欧盟的平均水平为 21.8%)，政府提高岁入的能力有限，因为(譬如说)用于社会保障的工薪税已经高达 49%，远高于西欧的正常水平，因此人们都在逃税(世界银行，1995b)。立宪法院裁决，这些变革大多是非法的，违背了宪法中保障收入支持的条款。然而，政府通过一些合法的和技术性手段绕过这一裁决，同时对有些条例加以修改，然后再次实施了上述大多数措施(文斯(Vince)，1996)。值得注意的是，上述的一些改革是按照世界银行的观点进行的，另一些改革则不是这样。家庭津贴方面的妥协(原本的意图是对所有儿童的所有津贴实施生计调查)是符合世界银行的思维的(世界银行，1992b)。即使只是对儿童抚养支持坚持实施生计调查，也遭到世行的反对，认为它是对劳动市场进行不必要的干预(世界银

行，1995b)。而在此之前，匈牙利一直实施的全民性制度因为其对就业母亲的支持而赢得国际上的赞誉。

然而，在国际货币基金组织和世界银行看来，匈牙利政府尚未脱离险境。1995 年 5 月的一揽子紧缩方案实施之后，国际货币基金组织同意提供一笔新的备用贷款，只不过是，签署贷款项目时所要求的一个先决条件并没有被满足。这涉及一项尚不存在的协议，即政府要求养老金与健康保险基金组织都同意削减其预算、减少对国家预算的持续依赖状况，尽管这些组织在形式上是独立的。国际货币基金组织和匈牙利财政部都反对保险基金组织(insurance funds)的不情愿态度，而后者则受到公众舆论和反对党的支持。然而，在一定程度上，这一持续性争端背后所涉及的政策问题与养老金政策方面长期未决的争议有关。所有国际组织都认为，养老金体系需要实施改革。养老金领取资格年龄需要提高，缴费与津贴之间的关系需要进一步加以澄清。提前退休不应该再遮掩失业状况。虽然已经有这样的协议：应该实施一个三级养老金体系——强制性的与收入相关的基本养老金和一个志愿性的第三级——但分歧在于，基本养老金的相对规模应该有多大，在多大程度上应该用完全出资方案中的个人账户来替代汇集风险的现收现付体系。世行此刻似乎支持实施一个自由模式的最低性统一费率国家养老金，在第二级实施一个完全出资的私营管理个人账户(世界银行，1995b)。尽管世行的人力资源专家表达了另一种观点： 107
选择美国式的自由做法还是选择更具混合性的欧洲传统应该是各政府自己的事(巴尔，1994)。为了满足国际货币基金组织提供备用贷款所要求的条件，政府于 1996 年 5 月向议会提交了几项议案:按照世界银行自由派的精神对养老金政策进行改革。议案的内容是,实施一个三级方案。30%的养老金将属于现收现付方案,但这一部分将提供一个基本养老金,其额度制定得很低,只有最低工资的60%。另外60%将属于完全出资的、由个人账户承担的方案,由私人投入资金。第三级志愿性方案针对的是富人。该方案遭到现存的养老金基金组织领导人的反对,他们认为,私营方案会使养老金面临风险。他们建议实施一个与工资挂钩由国家管理的第二级。与此同时,议会批准将男性和女性的养老金领取资格年龄逐步(从女性的55岁和男性的60岁)提高到62岁。作出这种决定的目的也是为了削减养老金基金组织的预算赤字,在一定程度上满足国际货币基金组织提出的条件。

在这种比较充满火药味的气氛下,经合组织对该国的社会政策进行了详细的审查,这是该组织的部长们于1992年采纳了**新发展方向**战略之后的第一次行动。有关方面于1994年年底在布达佩斯对《匈牙利社会与劳动市场政策》报告(经合组织,1995b)进行讨论,也是针对匈牙利当局的请求(经合组织应审查一下转型过程对劣势群体所产生的影响)而进行的。这一报告完全由专家们推出,经过了充分的思考,因此并没有充斥世界银行种种说法中的那种经济基要主义思想。报告承认现存的福利政策的确受到各种财政约束,但并没有就此而止,而是接着努力寻求最能减少社会痛苦的方式来进行政策改革。当然,在有些方面(如提高退休年龄),报告与其他人的说法相同;但涉及(譬如)家庭津贴时,也许是在贝蒂娜·卡斯(Bettina Cass)的影响下,撰写本章内容的顾问们提出了与众不同的观点。至于养老金,报告并没有鲜明地赞成实施私人出资的第二级，而是提醒道："经验表明：这些选择可能会对个人构成风险，或者会对国库造成负担"(1995b：127)。就子女津贴而言，报告中说，"津贴占领取者的家庭收入的份额太大——尤其对有好几个子女的家庭而言——那么，这些家庭需要突然取钱的话，就比较难以应对了"(1995b：155)。报告为平衡财政约束和家庭需求而提出了一揽子思想，其中包括对津贴课税、将子女抚养津贴与儿童养育补贴合并、对就业母亲实施儿童养育补贴(基于生计调查)等，但不对基本补贴实施生计调查。

值得注意的是，经合组织报告也着重指出了匈牙利社会救助体系的缺陷，这一点我们在前面已经提到过。报告在专门论述这一内容的那一章里探讨了这样的问题：目前的社会法案"并没有表明要对靠社会救助生活的核心家庭提供最低水平的支持"(1995b：71)。报告中说明，应如何建立这样的最低支持体系，如何为之付款，以及如何用合适的成本分担方式对其进行组织，即通过整体拨款方式，其中包含各种申诉程序。报告在其最后一章又 108
谈到这一问题，其中说：

> 如果要实现对失业津贴、养老金支出以及对多子女家庭补贴等方面的削减，而同时又不会对人们的生活造成令人难以接受的破坏，就必须尽快建立一个合适的安全网。安全网方面的支出是削减其他项目支出的先决性条件……要实行一个全国性标准，还需要另一个条件，即建立一系列程序，以鼓励那些接受此类救助的人参与到经济生活中去。这些政策将可让接受救助的人进入劳动力市场，因为他们在儿童养育方

> 面已经有了保障，同时为所有接受支持的人提供了积极的劳动参与机会。
>
> 无可否认，这一影响深远的改革的目标就是，保证匈牙利的**所有公民**能获得最低水平的保障，从而使他们能在国家目前经历的艰难时刻得以生存。(1995b:184)

从上述话语中可以看出，经合组织的教育、就业、劳动与社会事务处显然是在坚定地支持收入维持方面的社会性自由式安全网做法，但也可以解释为，它是在通过匈牙利的例子对后共产主义国家的公民收入政策进行认真的思考。在目前阶段，在世界银行这样更强大的运作者存在的情况下，该报告会产生什么样的影响，还尚不清楚。也许，随着职业性社会政策压力集团的形成，它会产生间接的影响力。

与国际货币基金组织、世界银行和经合组织的作用与影响力相比，其他国际组织对匈牙利收入维持领域的影响就显得微不足道了。值得注意的是，国际劳工组织没有参与这方面的工作，考虑到其中东欧小组就驻扎在布达佩斯，这种情形具有讽刺意义。不同方面对我们所作的解释表明，其原因在于匈牙利三方体系的软弱无力，或是因为国际劳工组织与匈牙利有关部门之间的人际关系之微妙，或者按普朗特的话说，这应归咎于“语言方面的原因……即国际劳工组织的规范与建议没有被系统地翻译成匈牙利语”(1994:24)。1994 年的一份报告(耐斯波罗瓦和西莫尼(Nesporova and Simonyi),1994)基本上只是对匈牙利的劳动力市场进行了描述，对政策争论作出的贡献没有像我们下面将要描述的保加利亚和乌克兰两国那样重大。

PHARE项目并没有在收入维持领域花费多少资源，只是在1992年就地方当局社会项目的改革做了一些工作，而这还是那项虽然新但却不完善的、针对社会救助的社会法案被批准之前的事情。1993年的一次研讨会倒是根据欧洲协议的精神举办的，会议由PHARE出资，由研究社会保护的贝尔纳·布容咨询公司（Bernard Brunhes consultants）承办，即转型期合作与融合会议（Co-operation and Convergence in the Period of Transition）（V/5643/93-EN）。其结论的确强调了达成社会赞同的必要性，而且有意思的是，也指出需要加强欧洲理事会的工作（第23.6段）。欧洲理事会接着在匈牙利也举办了几次研讨会。在转型期之初，联合国儿童基金会也发表了针对儿童需求的著作（科尼亚和西波什（Cornia and Sipos），1991）；其中一章谈到匈牙利，再次强调要反 109
对基于生计调查的儿童福利，主张建立一个健全的社会救助方案。有意思的是，山多尔·西波什（Sandor Sipos）不久之后就从联合国儿童基金会调到世界银行东欧运作处的人力资源小组了。他要同那些与自由派截然不同的欧洲人一起共事了，后来，在基于生计调查的儿童福利出现冲突的情况下，匈牙利的社会政策压力集团向他呼吁，让他清楚地表明，世界银行不一定会支持对福利实施完全的生计调查办法。

表4.3试图描绘收入维持领域主要的国际组织在匈牙利最近的改革争论中所提的建议中的主要观点。有些运作者所起的作用有限，如联合国儿童基金会和联合国开发计划署，本章后面也概括了它们对这些问题的总体政策倾向，以供所有国家参考。应该将

表 4.3 国际组织就收入维持政策的若干方面向匈牙利政府提出的建议(1989－1996 年)

	世界银行	国际货币基金组织	国际劳工组织	欧盟	经合组织	欧洲理事会
安全网	制定全国性津贴水平和基于生计调查的资格标准	发放有针对性的、短期津贴，以减少改革对弱势群体所产生的消极影响	建立社会救助网，作为对市场化的直接反应	PHARE 项目向地方性社会服务机构提供建议	优先考虑公民对最低支持的享受权	按照社会宪章精神，鼓励实施最低标准的社会救助
儿童津贴	保存某种形式的全民家庭津贴，但必须课税；津贴比例基于生计调查，但只是针对小型家庭	要求实施生计调查方法	–	–	对儿童津贴课税；与儿童养育津贴合并	应普遍实施家庭津贴，不言而喻是由国家出资的
失业	失业津贴应实行统一费率，要低于最低工资；津贴期限要缩短；必须有一些抑制性特征	应通过竞争性、灵活性工资以及消除僵化性做法来保障高就业；一旦出现失业，应优先实施一些公共工程项目	可通过几种方式减缓长期失业，如公共工程项目，工作补贴，工作共享，再培训项目等；津贴制定得太高会不利于就业	鼓励地方性就业创造举措；优先实施再培训项目	对长期失业者有针对性地实施积极的失业措施	根据社会宪章和社会保障法规制定津贴标准与期限

（续上表）

养老金	提高养老金领取年龄、对有关方案进行改革；实施三级养老金体系，第二级是完全筹资的，不具有再分配性质；加强伤残资格的认定	需要进行重组、严格资格认定；应中止保险基金赤字现象	建议为老龄工作者实施一些特殊项目；提前退休方案成本太高，应鼓励逐渐退休做法；没有什么详细的建议	建议制定一些缴费性方案；提高年龄	提高养老金领取年龄；通过其他方式实施分级式体系	鼓励按照社会宪章精神制定最低养老金水平；支持推行补充性保险方案
病假待遇	不应再继续按照不同职业群体加以区分；降低规模，将成本转移到雇主身上	在其他保健削减进行的同时降低规模	应基于保险；病假待遇水平与国际劳工组织协约中所规定的最低工资相关联	—	—	鼓励按照社会宪章精神制定最低标准，但支持实施辅助性保险方案

本表与我们的匈牙利案例研究的开头部分放在一起阅读，因为我们在前面已经对每个组织所起的作用的相对权重进行了审视。虽然这些组织积极参与该领域的工作，并且显然对某种政策改革产生了影响，但显而易见的是，如果对它们所提的建议与实际取得的结果加以比较的话，我们就会发现，社会政策建议方面的许多具体内容并没有被轻易地采纳。所有组织都认为有必要建立一个基础性的全民社会救助安全网，但这种东西根本就没有出现。大多数组织反对实行基于生计调查的儿童津贴，而这一做法还是被实施了，尽管其形式是世界银行所拥护的。也许可以说，匈牙利听从了要求减少失业救济金的呼吁。领取养老金资格年龄提高了，养老金改革方面的僵局终于被打破了，这方面采纳了世界银行所主张的一项政策建议。这些国际组织的大多数思想依然存在，其中有些思想具有真正的权威性影响力。在此背景下，国家政策将继续得到推行。

保加利亚：三方合作给世界银行和国际劳工组织之间创造了一个平行的发挥作用的场景吗？

与匈牙利的情况构成对比的是，保加利亚人在收入维持领域和国际组织打交道的主要特点是，他们一直在顽固地抵制国际货币基金组织的若干要求，同时抵制世界银行的愿望，即提供贷款是为了支持该领域的改革。这种抵制行为在很大程度上受到了工会运动持续拥有的力量的影响；工会运动利用三方决策与协商结构，不但反对世行政策的主要精神，而且反对一些具体做法，如反对政

府在有些方面使用那些由世行出钱雇用的顾问人员。在民主力量 112
联盟(UDF)领导下的改革性联合政府执政期间,这种抵制现象一直存在,而且在1994年年底当选的前共产党新政府执政期间很可能会继续下去。但是,到1996年,面对再次出现的经济危机,新政府起初似乎要向国际货币基金组织的愿望让步了,但后来又觉得无法实施这一步骤,结果反对派要求提前举行选举,日期定在1997年。前共产党由于未能应对改革问题,因此在这几次选举中落选。实际上,世行于1996年之前就在社会保护改革中起作用了,即在给予结构性调整贷款时规定了一些社会性条件,如此就可以在保加利亚赢得一个立足点。国际劳工组织则因为更加重视三方合作,因此在保加利亚所起的作用要大于匈牙利,并且也一直坚持不让这个国家偏离这样的路径:建立一个基于社会保障的坚固体系,同时实施基于税收的社会支持,再加上一个最低的社会救助标准。欧盟在劳资谈判领域、欧洲理事会在社会宪章领域均起到重要作用,其他国际组织也起到或大或小的作用,我们在下面将要描述这点。

与匈牙利不同的是,保加利亚与苏联的关系一直要密切得多。它认为自己能挣脱土耳其的枷锁获得独立,功在苏联。在1970和1980年代,保加利亚知识界针对日科夫(Zhikov)政权的反对力量也没有出现重大的增长(迪肯和维迪诺娃(Deacon and Vidinova),1992)。因此,1989年事件后的首次民主选举投票结果使前共产党(改名为保加利亚社会主义党(BSP))重新上台,也就不令人感到惊讶了。虽然随后(1991年)的投票使该党出局,因为民主力量联盟(UDF)赢得了微弱多数,但政局不稳定,这意味着,社会主义党是永远不会远离权力的。民主力量联盟的掌权有赖于土耳其少数民族权利与自由党(MRF),但后者于1992年不再对其加以支持,因为两者在城市区域出现了政策分歧。随后是一段专家治国时期,接着是一个看守政府执政时期,后者于1994年年底交出权力,从而为新的选举清除了障碍,结果保加利亚社会主义党又在议会获得了绝大多数。社会主义党一直倾向于逐渐向市场经济转变,而民主力量联盟主张实施休克疗法。但是,几届政府之间的真正差异不大,因为在三方合作体系内,独立工会联盟(Confederation of Independent Trade Unions)(旧工会运动的重组)和新工会运动(Podkrepa)行使了相当大的权力,能保证各届政府重视各种补偿政策,从而使工人阶级不会受到转型期社会成本的影响。

因此,为应对预期的价格上涨所造成的效应,1990年的圆桌会议讨论对社会保障体系进行修改,即针对所有工资和津贴方面的价格上涨因素而制定了一个70%的补偿水平。同时推行一个
113 非常慷慨的与工资挂钩的失业津贴体系,将津贴定为:第一个月拿以前工资的100%,到第六个月减少至50%。这种高水平的津贴与补偿政策,再加上与苏联贸易的瓦解——因为经济互助委员会(Comecon)的失灵以及南斯拉夫战争的影响——导致了不定期的大规模通货膨胀,使实际生活水平下降了大约30%。自然而然,国际货币基金组织一直不愿意与保加利亚达成信贷协议,而是敦促其几届政府加快改革步伐。保加利亚与国际货币基金组织的关系从一开始就不好,因为社会主义党在1990年停止支付所有的国外硬通货债务。1991年争取到国际货币基金组织的一笔贷款,但条件是取消食品与其他服务的价格管制。1992年1月,国际货

币基金组织对其高水平的补偿性社会协议表示关注，并且于当年暂停了进一步贷款。到 1993 年，政府与工会运动之间的问题也发展到紧急关头，因为后者举行了一次罢工，要求维持对价格猛涨所作的补偿。此时，工党的劳工部长马丁切夫（Matinchev）提议实施一个只有 28%的补偿政策，这当然是不可接受的。圆桌会议只好终止，直到保加利亚社会主义党于 1995 年重新上台后才继续举行。告别了工会的威胁正好提供了一个机会，使政府与国际货币基金组织于 1994 年 5 月达成了一项新的交易。国际货币基金组织同意提供一笔 4.21 亿美元的贷款，将分批发放，最后完全发放的条件是，保加利亚的预算赤字必须减少到其 GDP 的 6.2%，并且必须加快各项结构性改革。

虽然国际货币基金组织所要求的条件影响了预算限制，而保加利亚的社会政策只能在预算限制内运作，但世界银行的建议和有条件的结构性调整贷款更为直接地涉及具体的收入维持政策的细节方面。但是，世界银行也像国际货币基金组织一样遭遇到不情愿的现象，也感觉到工会的反对力量，即下面将要说到的。也许保加利亚社会保障领域与世界银行的关系从一开始就不好，因为世界银行于 1990 年 6 月在保加利亚执行首项任务（世界银行，1991c）时所跟随的劳动力市场与社会保障专家是路易丝·福克斯（Louise Fox），她当时是、后来也是东欧的人力资源专家中更具正统的自由市场思维倾向的人。后来这种自由派人士与尼克·巴尔（Nic Barr，1944）之类的“欧洲派”人士达成了一定的共识，但在此之前，路易丝·福克斯认为：

保加利亚的(社会保险与社会福利)体系在资金筹集与分配方面远远没有做到透明这一要求……其问责制度欠缺,滥用资金情况普遍存在。

更具体地说,在谈到保加利亚社会主义党与工会达成的补偿政策时,她说:

在目前的津贴资格问题上,政府应该坚持立场,尽可能实
114 施真正的削减。可采取的短期津贴缩减方法包括:使家庭津贴保持在目前的名义费率、将失业津贴降低到统一费率水平、使工作者自己负担病假第一天的花费。(世界银行,1991c:126-8)。

福克斯在其他著作中(福克斯,1994a,1994b)还认为,应该提高养老金领取年龄、"减少人口对公共项目的依赖"、推出私营的养老金方案等。

1991年,世界银行同意提供一笔结构性调整贷款,1992年首批发放的一亿美元基于几个条件,包括要在社会领域采取行动。其第十一款规定:

到(1992年)三月中旬,要采取下列行动:用技术援助来更新养老金和社会津贴体系;与世行协商起草社会安全网法规;减少提前退休。外国顾问还将帮助制定有关病假工资的法律,并决定建立最低贫困线的程序。(亚历山德罗娃(Alexandrova),1992)。

世行的这种关注——要求加快国家社会保障体系的改革、建立筹资性养老金和病假工资方案、优先考虑社会安全网——意味着白皮书方案开始崩溃。世行试图敦促劳动与社会事务部利用外国顾问对所有收入维持政策进行共同审查,但这一计划搁浅,因为劳动与社会事务部呈分裂状态,几个权力强大的副部长分别负责失业、养老金、社会救助等方面,同时也遭到独立工会联盟(CIUB)主席克拉斯提欧·彼特克夫(Krastyo Petkov)的坚决反对。福克斯和彼特克夫会面后达成妥协:由一个保加利亚专家小组取代原本提议的几个哈佛大学顾问,小组成员包括杜霍米尔·米内夫(Douhomir Minev),他本来任职于独立工会联盟的社会保障研究所,后来一度成为劳动与社会事务部的雇员。如后面所描述的,米内夫(1993)的报告基本上支持世行的思维,也就是反对国际劳工组织的思维,甚至赞扬智利的解决办法,但此时此刻,外国专家都被打发走了。世界银行驻保加利亚使团的加林娜·索蒂洛娃(Galina Sotilova)在 1995 年 3 月的一次访谈中承认,世行的努力受到排挤,她最后说,"我们只能做政府希望做的事情"。

世行还提出,向各部提供部门性贷款,但除了社会关怀与社会救助部的副部长玛丽安娜·马纳罗瓦(Marianna Manalova),其他部都拒绝接受这些贷款。接受贷款的条件是很明显的,即世行内部最关注的问题就是,需要给针对穷人的安全网增加资金。这一部门后来越来越重要。即使就这一笔贷款而言,也只是在山多尔·西波什这位世行人力资源部的"欧洲派"人士取代了专门负责保加利亚事务的路易丝·福克斯之后，才由保加利亚劳工部长（马丁切夫）与世行达成了协议。

115 该部用世行贷款来保证，它在继续发展社会救助领域时都要接受源于欧洲传统的建议。该部所能接受的三个最后入选的投标单位是，英国文化委员会（the British Council）、联合国维也纳中心（UN Vienna Centre）和芬兰的拉赫蒂大学（Lahti University）。最后一家赢得了合同，于 1994 和 1995 年就如何加强社会救助体系提供了有关的建议。领导该小组的是个芬兰人，他作为欧洲理事会的专家也积极参与了社会宪章的制定。

有意思的是，世界银行本来在各方面受阻，但后来却对欧洲社会救助小组和保加利亚社会保障白皮书撰写者的工作进行了监督，因为世行的伊格尔·托姆斯（Igor Tomes）担当了劳动与社会事务部的高级政策顾问。他于 1994 年 12 月和 1995 年 2 月撰写了两份进展报告，目的是继续宣传世行政策，同时对该部开始迈向“正确”方向的做法表示赞扬，尽管该部继续受到来自国际货币基金组织和世行的压力，同时还要实现保加利亚自己的顾问人员的愿望，即实施变革。因此，第二份报告中说，“保加利亚打算从一般体系中取消强制性社会保险（方案）中的那些被视为优先群体的工作类别，同时则打算提供私人出资的补充性养老金基金，基本上而言，这是个好主意”（托姆斯，1995:8）。然而，报告明确指出，作者认为芬兰社会救助小组的做法逐渐背离了世行所赞同的路径。因此，托姆斯指出，“许多转型期国家的经历已经证明，如果建议将社会救助作为一种个人权利而不是家庭权利，是一种危险的做法”（1995:10）。他还批评了另一种提议：维持全民性儿童津贴，扩展失业保险津贴的享受资格。

在世界银行努力挤进保加利亚大门的同时，国际劳工组织则受到热烈的欢迎：保加利亚政府于1993年邀请国际劳工组织对其社会保障白皮书进行审查，该白皮书是由保加利亚的专家顾问起草的。得到邀请之后，国际劳工组织派出了一个高层次的小组，既包括日内瓦社会保障部的代表，也包括国际劳工组织驻布达佩斯的中东欧小组（CEET）的代表。迈克尔·齐雄代表的是后者。国际劳工组织为本次任务争取到联合国开发计划署的资助。该小组在其报告中大量引用了它在对保加利亚进行国家审查时已取得的实质性工作。其报告《保加利亚面临的挑战：改革劳动市场与社会政策》（*The Bulgarian Challenge: Reforming Labour Market and Social Policy*）最近刚完成，已经得出的结论与世界银行的观点相反，即“社会保障是促进社会团结的手段，因为它能通过集体保障来防止个人风险，（因此）社会保障的发展应由一个三方委员会管理”（国际劳工组织，1994e：212－13）。

将国际劳工组织（1994b）对白皮书和保加利亚社会保障发展的看法与世界银行（1994a）大约在同时发表的看法加以比较与对比，是很有启发意义的。无论是两者对保加利亚政府所面临的筹资财政危机的严重性的看法，还是两者所提出的详细的政策建议，116
都存在着鲜明的分歧，当然两者也有一些共同之处。在未来的一段时间里，两份报告将分别导致两种不同的情形。对世行而言，第一种情形是：看来这个国家将会稳定下去，其收入转移政策不会发生任何变化了；退休年龄也不会有任何变化了；其更新率将继续下去，但正式就业领域将出现稳定下降；因此，其税基会削减。另一种情形是：津贴会出现大幅度削减，大多数情况下都是为了保护穷人，如将退休年龄提高到65岁；将领取儿童津贴的人口减少50%；将所有津贴更新率减少25%，但将社会救助的资金翻一番。第一种情形“将使经济走向财政灾难。将工薪税定为工资的50%左右是糟糕的做法……这种体制将陷入严重的赤字状况……（将需要）15%的GDP”（世界银行，1994a：70－1）。第二种情形将会使占GDP的份额下降到8.7%。

对国际劳工组织而言，第一种情形是，领取养老金年龄的人口会增加5%，失业率增加47%，工作年龄以下的人口减少25%，而更新率保持不变。第二种情形是，这几个方面还是一样的，但养老金、失业津贴和社会救助的更新率以及后两者的领取率都要增长50%。而它所预测的不发生任何变化的情形也与世行的预测形成截然对比，其结论是“目前的社会保障方案成本仍然是经济所能够承受的”（国际劳工组织，1994b：43）。所估计的GDP份额（不算世行估计的保健所占份额）为16%左右。国际劳工组织认为，即使实施激进性改良政策，“相对的总体津贴成本将不会超过现在欧盟的平均水平”。所估计的GDP份额为21%左右。不过国际劳工组织还是承认，要维持这种水平，就得实施高比例的工薪税，这一点是可以做到的，因为保加利亚分配到工资里的GDP份额不高。与世行看法共同的地方是，国际劳工组织认为，“必须避免出现助长劳动力市场非正式化的过分激励因素……这就需要对社会保障的出资方式进行仔细分析”。

也许我们是用不同的经济假设来看待世界银行和国际劳工组织所描绘的两种未来景象，但两者的真正差异在于意识形态方面。

表 4.4 世界银行和国际劳工组织所设想的保加利亚社会保障的未来（占 GDP 的百分比）

	世界银行		国际劳工组织	
	目前的政策（1992 年）	激进性改革（削减）（1997 年）	目前的政策（1992 年）	激进性改革（改善）（2010 年）
失业	0.7	0.5	1.30	2.94
儿童	2.1	0.8	1.12	1.12
老龄养老金领取者	8.3	5.0	8.83	13.27
其他养老金领取者	1.3	0.9		
病假与产假	1.7	0.5	0.63	0.67
社会救助	0.5	1.0	1.19	2.16
总计	14.6	8.7	13.06	20.16

资料来源：国际劳工组织，1994b；世界银行，1994a。

世行认为将 15%的 GDP 花在收入转移方面是一种财政灾难，而国际劳工组织则认为这是可以承受的。世行认为有些地方可实施削减，国际劳工组织则认为可对这些地方加以改善。表 4.4 概括了两种相比较的情况。

世行和国际劳工组织针对当时的白皮书内容倒是意见一致，都认为白皮书过于狭窄地着眼于保险津贴；对领取养老金年龄的看法也是一致的，都认为提高领取养老金年龄势在必行。但就是否应该优先支持最低养老金或所有的养老金，或者是否应该对家庭津贴实施生计调查，两者存在着明显分歧。

与世行和国际劳工组织为施加影响而作出的重大努力相比，

117 其他国际组织在这一政策领域所做的事情则是有限的。PHARE项目在这一阶段的重点是发展非政府组织的能力。该项目也将一些小笔资金花在社会救助体系的计算机化方面。欧洲理事会也提供了一些建议。1995年6月就欧洲理事会的社会宪章举行了一次研讨会,从而进一步促使劳动与社会事务部作出签署社会宪章的决定。联合国开发计划署对国际劳工组织的行动予以支持,我们在乌克兰也会看到这一点。与其在匈牙利的情形相比,经合组织在保加利亚所起的作用不大。表4.5试图描绘为数有限的主要国际运作者在政策建议方面对保加利亚的帮助。欧洲理事会的政策建议和它在匈牙利的(表4.3)相同,因此表中没有显示。

所有这些活动使保加利亚的收入维持政策发生了什么样的变化?这些组织产生了什么样的影响?养老金和病假方案并没有实施什么激进性改革。最近于1993年发表的白皮书承认,需要提高领取养老金年龄;着手创建另一个养老金基金,但按照现收现付体系出资;加强产假和病假资格的审查。同时重申,继续实施与工资挂钩的国家方案,也继续实施全民性家庭津贴付款。已经制定了一个全国性社会救助方案,将被纳入一项新的社会福利法案中。政府在首次发表的政策性文件——即1995年初的《白皮书》——中指出,保加利亚社会主义党不同于匈牙利的执政党,与其前任相比,是不会更加热情地接受国际货币基金组织或世界银行的思维的。事实上,新的保加利亚社会主义党劳工部长在回答人们针对外来运作者的作用所提的问题时,其说法就反映了未来的劳动部的政策倾向:“世界银行的人员到来时,我得告诉他们,我们要讨论
118 的不是东欧社会政策,而是过去一百年的欧洲社会政策。”

表 4.5　国际组织就收入维持政策的若干方面向保加利亚政府提出的建议（1989－1996 年）

	世界银行	国际货币基金组织	国际劳工组织
安全网	必须实施针对最贫穷者的全民性社会救助；在地方层次上可提供实物或食品券	需要实施有针对性的短期安全网，以减少改革对弱势群体所产生的负面影响	只能将第二个“安全网”作为最后关头的临时性措施；需要加强合法的资格标准
儿童津贴	建议实施基于需求的家庭补贴；减少全民性覆盖率；推行生计调查手段	－	最好用全国性税收来支付全民性家庭津贴
失业	实行统一费率津贴，加强监督，鼓励人们再就业；为参与再培训而支付补充性津贴	通过竞争性与弹性工资和消除僵化性做法而保障高就业；一旦出现失业现象，就应该实施一些公共工程项目	就长期而言，应该使津贴与以前的收入逐渐挂钩，并且应延长津贴资格期限
养老金	低养老金领取年龄与体系不相适应；建议增加私人养老金；维持国家最低养老金	需要进行重组和加强资格审查	应该提高和实施平等的领取养老金年龄；应使养老金进一步与以前的收入挂钩；国家养老金不实行最高封顶
病假	雇主应承担病假开头几天的工资；减少更新率	－	用标准的更新率来替代各种享受资格；雇主应承担病假工资；要对津贴课税

然而，到1996年，保加利亚的经济面临严重危机，当年所预测的通货膨胀为100%。在此背景下，前共产党政府向议会和国际货币基金组织提交了一项政策议案，建议关闭70家亏损的企业。因此，世界银行在1996年6月同意提供15000万美元的贷款，用来给被裁减的工人支付相当于六个月的工资。世界银行认为，之所以这么做，是因为“对安全网方面的改善感到满意”(《新欧洲人》(*New European*)，1996年5月18日)。保加利亚继续按照世行的思维(虽然是欧洲派的思维)行事，即议会于1995年11月决定批
119 准一项新的社会保障法，据此将建立一个与国家预算分离的单独基金。一开始的思维似乎是，避免实施私有化政策，而是实施一个国家式现收现付方案，由雇主和雇员缴费。鉴于这种程度的政策转变，世行和政府最后答应向劳动部的这一政策领域提供一笔贷款，于是，1996年6月同意，在20年的期间里提供2450万美元的贷款，用于社会保障改革。

根据对迈克尔·齐雄的访谈，国际劳工组织是“不会对保加利亚撒手不管的……只不过是在等候最佳时机再次进行干预”。劳工部长是在和国际劳工组织一起共事，他能否保障实施可行的欧洲社会保障体系，当然就得看世行对经济的预测是否比国际劳工组织更为准确。这里存在一种实实在在的危险，即政府如果试图维持与改善过去的社会保护体系，就会失去一个机会：即减少该体系的慷慨程度，以适应新的贫困状况。在国家权力范围之外，一个非课税的、不受管制的私人商品与劳动力市场正在保加利亚繁荣起来。世行担心政府的税基遭到破坏，这似乎是有道理的。保加利亚社会保障未来的情形可能是，不会像匈牙利那样在人们希望

实行的欧洲保守做法和较为可行的社会自由做法之间出现紧张关系，而是造成不可实行的后共产党保守做法与待机而发的反社会性自由做法之间的紧张关系。政府的垮台以及人们随后要求在 1997 年提前举行选举(结果导致前共产党的惨败)，都预示着保加利亚未来的社会政策不会一帆风顺。

乌克兰：世行在寻求一个新搭档，而国际劳工组织和联合国开发计划署要与保守派对话吗？

后共产主义国家处于两个极端，一端是那些已经走上市场自由化道路的国家，另一端则是那些保守的国家，在我们这个小范围抽样研究中，乌克兰处于另一端。因此，下面将展现的情形是，国际货币基金组织不得不多次取消给乌克兰的贷款，因为其政府所答应的预算改革屡次没有得到实施，而直到 1995 年，世界银行仍然试图在该国政府里寻求一个可靠的、愿意向世行借钱对乌克兰的社会保护体系实施变革的搭档。在此相对停滞的状况下，由于联合国开发计划署的存在，并且因为它对该国的事务表现出异乎寻常的热情关注，国际劳工组织因此备受鼓舞，对该国的改革进行了分析，并开了一些处方，从而受到该国议会和劳工部的重视。国际劳工组织和联合国开发计划署一方面与目前的劳工部、社会保护部和议会的社会政策与劳工事务委员会进行合作，另一方面则呼吁该国进行持续性改革，但总统无法说服政府做到这一点。欧 120
盟、欧洲理事会和联合国儿童基金会也在其中起到小小的作用。经合组织则基本上置身事外。

《经济学人》所做的连续性标题报道揭示了西方资本主义利益群体所感到的沮丧情绪，因为乌克兰的经济在自由市场化改革过程中只取得了很小的进步。“独立了，但尚不自由”(1992 年 6 月 13 日)，“又陷入困境了”(1993 年 10 月 2 日)，“乌克兰处于(经济灾难)边缘”(1993 年 11 月 27 日)，“即使来得迟些，也比永远不来要好”(1995 年 7 月 22 日)，“匿名的改革者”(1995 年 9 月 2 日)，最后还有，“又回到过去了吗”(1995 年 11 月 25 日)，等等。这些标题性报道至少从表面上揭示了这种情形：经济改革之举屡次陷入停顿。简而言之，在乌克兰独立后的第一任总统列昂尼德·克拉夫丘克(Leonid Krauchuk)的领导下，市场改革没有取得多大进展。当时的首相列昂尼德·库奇马曾试图实施改革措施，但在 1993 年 9 月被迫下台，因为一场大罢工浪潮席卷了东部的几个亲俄罗斯地区。随后举行了总统选举，1994 年 6 月，库奇马以微弱多数获胜。此前举行的议会选举已经让前共产党在乌克兰议会(Rada)赢得了大多数。因此，从 1994 年开始，一场斗争已经展开了：一方是以库奇马为总统的前共产党，他们拥护经济改革，同时与俄罗斯重新发展关系；另一方是由共产党、社会主义党和农民占多数的议会(或者叫前苏维埃)，这些派别继续抵制此类改革所造成的社会与劳动力市场后果。总统和议会之间的权力斗争一直持续到 1995 年，但在此过程中，库奇马逐渐赢得了对部长内阁及其项目的控制权。到 1995 年 6 月，库奇马“成功地确立了总统对中央政府的控制，因此从乌克兰中央议会的手中夺过了权力”(博赫岑(Bojcun)，1995：82)。正如博赫岑所指出的：

> 有关国家权力划分的斗争绝不仅仅是权力之争。国家不同机构之间的功能划分掩盖了……乌克兰议会中左翼阵营和议会中总统班子及其支持者之间的一种截然不同的意识形态分野。这已不再是资本主义与社会主义/共产主义的分野，因为转型期的长期目标已在实施。这实际上是乌克兰走向资本主义社会与世界市场过程中不同路径之间的分野，许多方面仍然存在着广泛的分歧，如相对的利益关系趋向于东方还是西方，应实行福利国家制还是对福利实施新自由派的紧缩，等等。(1995:83)

国际货币基金组织对乌克兰所采取的收放政策就反映了这种权利与意识形态之争。如果国际货币基金组织看到改革有可能继续进行，就会给予相应的贷款，不然的话，就会停止贷款。它在1994年同意提供七亿美元的贷款，但该年年末停止了支付。同样，1995年，“经过数月的艰难协商”(《经济学家信息研究所国家报告》(*EIU Country Reports*)1995年二季度:16)，终于同意提供20亿美元贷款。当然，其条件是，议会答应将预算赤字从1994年占GDP的8.6%削减到1995年的3.5%。这意味着对各种补贴的削减，包括租金。议会虽然同意这一预算，但仍然通过投票制定 121
了一些补偿机制，目的是保护最贫穷的人。这种斗争持续到1995年年底。国际货币基金组织同意发放四部分贷款中的前三部分，接着又暂停最后一笔付款。十月末，乌克兰全国举行大规模工人抗议活动，要求停止短期就业做法。十二月，乌克兰因为未支付俄罗斯天然气债务受到指责。到1996年1月，有报道说，“库奇马所发动的乌克兰宏大的市场改革努力已经进行一年多了，为实施真正的市场项目而进行的斗争正逐渐失利……因此，国际货币基金组织推迟了原定的对剩余的备用方案要进行的投票……希望以此迫使该国的官员在三月份回到改革的道路”（《新欧洲》，1996 年 1 月 21－27 日：10）。1996 年末，这种情形仍在继续，同时又从国际货币基金组织争取到新的贷款，用来给矿工和其他工人支付欠付工资。总的来说，经济在很大程度上还是由国家管理；大约 1/3 的劳动力或者从事短期工作，或者下岗，既没有工资也没有津贴（因为他们不是正式失业）；经济领域里国家部门强大的既得利益群体仍在阻挠市场化工作。

国际货币基金组织就必须实施的社会政策改革提出了一些具体意见，发表了《乌克兰经济审视》（*Economic Review of Ukraine*）（国际货币基金组织，1995c：30－1），其中有一部分专门探讨了贫困与社会安全网问题。它指出，“在当前环境下，老龄养老金领取者有的独自生活，有的被剥夺掉土地或住房，因此，越来越处于弱势状况。所以，养老基金要想实现财政平衡，就无法同时提供令人满意的最低水平津贴”。相比之下，失业基金则出现盈余，因此“可作为一种储备，这样，万一出现大规模的公开失业，就可以应对人们的失业补贴要求”。总体而言，“需要对社会保护体系进行改革……（因为它）许多年来……一直在试图对大部分人口提供收入支持”。报告以非常乐观的口气（它自己的原话）继续指出，“政府最近已经开始改革社会保护政策，并且已打算实施安全网”。最后，其结论当然是：

政府在削减预算支出和减少预算赤字时,就必须对现存的各项社会服务加以简化。这就需要取消补贴型住房与公共设施体系;提高公用服务方面的成本回收;对现存的津贴体系实行合理化与简化;减少分配成本,以提高该体系的有效性。政府意在保障真正把钱花在最为贫穷的人身上,尤其是儿童津贴和对低收入养老金领取者的补贴方面。政府还计划改革养老金基金。退休年龄偏低(男性60岁,女性55岁),对许多工作者群体和大量的伤残人及战争老兵的优惠待遇,再加上人口的老龄化,等等,已使目前的体系难以为继了。政府打算实施的改革包括推迟退休年龄,加强资格条件审查,取消不受年龄限制的情况,进一步统一养老金结构。

有一项指标可以表明乌克兰政府愿意实施改革,该指标也体 122
现在国际货币基金组织和(我们在后面将要看到)世界银行的贷款条件中了,那就是租金水平。国际货币基金组织坚持要求逐渐取消对住房的补贴。政府因此在1994年所发布的一个诏令说,应该减少对住房、取暖和其他服务的补贴,这样,到1996年,消费者所支付的金额应逐渐提高到实际成本的60%。然而,与此同时,政府又答应租金不应超过"家庭收入"的15%。为保护最贫穷者,将要建立一个基于生计调查的住房补贴体系。1995年,美国国际开发署(USAID)受雇建立一个新的由10 000个人员构成的集合基金(pool),以实施这一政策并提高租金。社会保护部在1995年接受采访时表示,他们对这一做法能否成功持一定的怀疑。

世界银行早在1993年就以枪炮齐鸣的方式进入了乌克兰战

场，并且在其社会部门报告（世界银行，1993a）中预言将出现极为严重的问题。世行驻扎在被废弃的共产党中央委员会办公处，根据其传统的自由政策精神向乌克兰提出激进的和能立即奏效的解决办法，但进展非常缓慢，因为它仍然在政府中寻求对库奇马的改革做法持同情态度的伙伴。在此过程中，世行还必须同国际劳工组织一道工作（虽然实际上并不在一起），因此，就不能表现得过分热情。世行的报告中说，“1992 年，社会保护（养老金、津贴、补贴和社会服务项目）的总成本预算为 GDP 的 40%以上。世界上几乎没有哪个政府承担这样的负担”（1993a：1）。其结论是，“要为将近 2/3 的人口提供津贴或工资，而只有 1/3 的人从事生产性活动，这种负担决非经济现状或政府所能承担”（1993a：1－2）。因此，同经典的做法一样，对社会部门审查的结论是，应该用三个原则指导所必须进行的改革：第一，必须充分保护贫穷的人或沦为贫穷的人；第二，只能在资源许可的情况下继续发放贫困线以上的所有津贴（1993a：2）；第三，必须提高社会支出的效率。在很大程度上，世行于 1993 年提出的立即奏效的办法（其概括性内容见表 4.6）被当成耳边风了。

1994 年，在人们的改革热情提高的情况下，世界银行倒是成功地协商达成一笔五亿美元的贷款。这笔贷款第二部分的发放条件是，乌克兰应该实行社会部门的改革。具体而言，这些条件包括表 4.7 所罗列的措施。

但是，世行所面临的问题是，要贯彻这些条件，要试图协商达成（即 1995 年所做的事情）一笔新的三亿美元贷款，需要在政府部门中寻求可靠的伙伴。此时，世行已找到此类人，即负责经济改革

表 4.6　社会公共支出方面过去、当前、所建议的和可持续的政策:世行乌克兰社会政策的观点(1993 年)

支出类别	不同途径下支出占 GDP 的百分比				所要求的政策行动
	1989－1990 年的实际情况	1992 年的预算	建议 1993 年实施的项目	1993 年后的可持续项目	
就业与劳动市场政策	－	0.8	2.4	3.7	通过加强就业服务而扩展积极性政策;所有单一费率的现金津贴应接近最低工资
养老金	8.0	13.9	11.3	7.7	1993 年实施接近最低工资的统一费率养老金;1994 年实行个人账户;从 1993 年开始逐渐提高退休年龄
家庭补贴	1.0	8.8	6.2	3.4	针对单亲家庭、有三个或更多孩子的家庭和独自生活的老年人
消费补贴	8.0	5.1	3.0	0.0	在 1993 年减少所有非针对性的补贴,1993 年后取消这些补贴
教育	5.0	7.8	7.0	6.0	通过自然减员减少不必要的职员;取消对外国留学生的补助金;改革职业培训,以支持积极劳动政策
医疗	3.0	7.7	7.0	6.0	通过门诊护理来减少住院率和职员人数;削减新入学的医学学生数量;有选择地增加一些药品的进口与生产
总计	25.0	44.1	36.9	26.8	有选择地在一些部里实行目标预算法

资料来源:世界银行,1993a。

表 4.7 世行向乌克兰发放贷款的条件(1994 年 11 月,摘录)

政策领域	1994 年 11 月 28 日以前的措施	1994 年 11 月 29 日至 1995 年年底的措施
安全网	开始实施两个战略性政策文件的内容,一个有关社会救助,另一个有关养老金和失业补偿	在 1995 年 3 月 15 日之前完成政策制定;实施综合性政策
养老基金	对养老金支出加以调整,以保持 1994 年养老基金的平衡;根据通货膨胀调整针对低收入养老金领取者的养老金补充额;其他养老金津贴相应地进行实际减少,以保证基金收支平衡	继续保护低收入养老金领取者;实施有关措施,以便长期加强养老金体系,如逐渐提高两性的正常退休年龄,减少对积极工作者发放养老金
就业基金	停止将信贷从就业基金扩展到创造就业的企业;寻求某些机制来加强针对失业者的津贴,包括用失业补偿金来替代部分解雇费	开始对失业补偿方案实施综合性改革

资料来源:世界银行。

的第一副总理平兹尼克(Pynzenyk),还有一位对世行持同情态度的社会保护部副部长,以及政府内的其他人。然而,无论是劳动部
123 还是社会保护部的部长都算不上是世行的朋友。与此同时,由于许多福利功能继续由企业承担,这意味着(根据世行驻乌克兰项目发展官员的说法),福利改革实际上涉及大约 70 个政府部门。在谈到国际劳工组织和联合国开发计划署与现存的各个部进行过对话这一事实时,世行的发展官员只是说道:“它们生活在同一世界吗?”她认为,国际劳工组织和联合国开发计划署所做的工作(后面将要更加详细地描述)只不过是为了解救议会中的共产党和社会主义党,因为其重点是转型期的社会与保健成本。

为了寻求充满活力的工作伙伴，世行在 1995 年给政府的一份备忘录中说，“如果能够达成有效的伙伴关系，就可以组成一个项目筹备单位，从而加快项目的筹备过程。该单位的领导人应该由一个有权力的主管人员担任，这个人应该由副总理授权”。由于意识到目前的部长们更加赞成国际劳工组织的做法，而不是世行的做法，备忘录中继续说道，“也许应该扩大筹备单位的范围，将广大的国际社区所提出的社会保护项目包括进来。事实上，国际劳工组织已经建议为社会保护项目成立一个广泛的项目筹备单位。只要这一举措能得到乌克兰政府的支持，世界银行会对其加以认真考虑”。我们在下面首先描述国际劳工组织的乌克兰工作背景，然后再继续谈论这一话题。

世行与国际劳工组织为施加各自的影响而展开公开竞争，只是在 1995 年似乎暂时休战，至少是进行暗中合作。这种竞争的方式多种多样，尤其是在安排研讨会和布置任务的时机选择方面。1995 年 3 月就展开过这样的竞争。世界银行本来打算在 1995 年
2 月 17 日至 3 月 2 日与政府举行一个研讨会，但因故不得不推迟 125
到 4 月 25 至 29 日。这便让国际劳工组织乘机而入，后者先行于 4 月 10 至 12 日举办了一次高层任务会，由几个部长和相关的副总理参加。也许就因为这次会议，使各部的人员有了比较充分的准备，因此，他们便对世界银行的研讨会上将要宣读的一份文件作出了批评性的反应。这份文件涉及目标制定问题，其中参考了拉丁美洲的经验(格罗什(Grosh)，1995)。

国际劳工组织和联合国开发计划署对乌克兰的干预行动相互交织，因此，我们最好对其一起描述与分析。联合国在乌克兰的所

作所为应该成为一种典范。1992年，布特罗斯·布特罗斯－加利(Boutros Boutros-Ghali)决定，应该在前苏联和一些东欧国家成立统一的联合国办事处。在基辅一个地方就有世界卫生组织、联合国开发计划署和联合国难民事务高级专员办事处，随后还有联合国儿童基金会。国际劳工组织在布达佩斯另外设立了一个前哨工作站，但也经常向基辅派遣代表。国际劳工组织中东欧小组的盖伊·斯坦丁在1992年11月向联合国开发计划署提议：国际劳工组织和联合国开发计划署应该在乌克兰进行合作。一开始采取的形式是，国际劳工组织中东欧小组对劳动力市场和社会政策作主要审查（国际劳工组织，1994a)，而由联合国开发计划署提供有关支持。按照国际劳工组织的惯常做法，这一报告是基于政府自己对社会保护改革的构想。1993年所说的改革形式就是劳动部对乌克兰人口的社会保障所持的概念，其中包括社会保障的四个分支（失业津贴、保健津贴、与就业相关的疾病津贴、养老金)，是为了防止因通货膨胀而使收入受损，给穷人和残疾人提供社会救助，向技术、环境和自然灾害的受害者提供津贴。国际劳工组织指出，“再加上社会保险和社会救助的补充性作用，所建议的社会保护体系的总体结构很像中欧和西欧所运行的体系，尤其是德意志联邦共和国的体系”(1994a:246)。我们在上面所引的话来自“社会保护的挑战”这一章，这是由迈克尔·齐雄撰写的。我们在前面（第三章）指出，齐雄是国际劳工组织中东欧小组这一派的人，他着力捍卫传统的俾斯麦式社会保险方案。他在本章中所提的建议基本上倾向于劳动部的观念，但他也指出，有几个预算问题需要加以解决。他所表达的观点在一些方面与世行所关注的问题相同，即应优先考虑建立一个社会救助方案，因为“目前的社会救助体系缺陷重重，这一事情已经刻不容缓”(1994a:271)，应该分两步对社会保险和社会支持体系的现金津贴进行调整：“其基本层(为对付贫困)是针对通货膨胀或平均工资的，对第二层的调整应符合总体的经济发展状况”(1994a:270)。他也强调了实行三方管理形式的必要性。

该报告提交给1994年9月在乌克兰召开的“改革劳动力市场与社会政策会议”，会议由劳动部、国际劳工组织和联合国开发计 126
划署三方组织。世界银行的项目开发官员认为，这次会议就是为了反对国际货币基金组织和世界银行的。会议显然为国际劳工组织奠定了一个基础，从而能保证，即使这一领域任何详细的技术援助工作是由世行发起的，国际劳工组织也能参与进去。会议上提出并批准的一项建议是，“应该在基辅召开一个养老金专家技术会议，由政府主办，由国际技术与财政机构参加，包括国际社会保障协会、国际劳工组织、世界银行和欧盟。这次会议应该阐明其他养老金体系的优点与缺点，其中包括混合式公共与私营养老金提供方式”(1994a:796)。

本次会议之后发生了另一个重要事件，意在加强对社会福利体系的保护，反对国际货币基金组织所倡导的预算削减。此前，联合国开发计划署于1992年与乌克兰科学院共同发起了一个研究项目，目的是用联合国开发计划署《人类发展报告》中的一套办法来应对乌克兰的局面。研究结果就是1995年1月发表的引人注目的《乌克兰1995年人类发展报告》(联合国开发计划署，1995b)。报告中提出一个乌克兰人类发展战略，侧重于四个方面：赋权、公平、就业和环境。它描述了转型期所造成的人类成本，包括人口减少、预期寿命下降、死亡率上升、贫困状况增加和不平等现象加大。报告建议实施政治改革，目的是向公民赋权、增加公民就业和保护环境。就平等问题而言，报告详细地探讨了社会保护体系内实施改革的必要性。具体而言（联合国开发计划署，1995b：46－7），报告呼吁：

基本收入保障 实施高于温饱水平的最低工资，实施社会救助体系，将家庭津贴与平均工资挂钩。

养老金 最低养老金应反映消费价格；养老金与工资挂钩，以反映经济的增长。需要提高领取养老金年龄。

病假与产假津贴 起初几天的病假工资由雇主承担。产假津贴要达到收入的百分之百。

失业津贴 支付期为 12 个月，逐渐减少到最低收入水平。

儿童与家庭津贴 在无需接受收入调查的情况下有权享受儿童津贴到 16 岁，对这一权利加以扩展，以覆盖所有拥有三个或更多子女的家庭。如果财政状况许可，还将继续扩大这一权利。

由于乌克兰内部经济改革派与经济保守派的政治力量处于平衡状态，更具经济自由思想倾向的世界银行与更注重社会保护的国际劳工组织和联合国开发计划署之间的政治力量也同样处于平
127 衡状态，这两类国际运作者的作用非常明显。因此，自然而然，世行与国际劳工组织需要加以合作，才能够在乌克兰建立一个实施

改革的变革性机构，双方必须同这一机构一起工作，才能培育各自的资本主义形式。

1994 年 9 月的会议之后，国际劳工组织在联合国开发计划署的财政资助下，在基辅完成了另一项任务，即对社会保护改革进行进一步审查，然后在 1995 年年初将审查结果提交给政府。审查的内容反映了此前所做的工作。世界银行此前预测，社会保障的财政负担将导致严重后果，与此相比，国际劳工组织（1995a）报告的执行概要则认为："一个社会应该在社会保护方面花多少钱，并没有严格的条例可遵循。这在很大程度上取决于社会中应优先考虑那些事情，也取决于价值判断……按照乌克兰的状况，要实施最低水平的社会保护，将至少占 GDP 的 22% - 23%。而该国已经达到了这一最低水平，甚至可以说已经从这一水平下降了。不能继续任由津贴受到侵蚀了，而应该采取紧迫的措施来改善征税方式。"报告接着提议，立即成立一个全国性管理单位，以协调这一领域的援助工作并实施有关政策。1995 年年底和 1996 年所发生的事件——即我们在乌克兰的现场工作完成之后——将会证明，世行与国际劳工组织的这种旨在迫使乌克兰加快合理的社会改革步伐的并行办法是否会战胜后共产主义保守派的力量。

与上述活动相比，其他国际组织在乌克兰所起的作用相对微弱。欧盟在几个阶段因考虑到乌克兰是一个需要常规性援助的贫困国家，因此作出了一定的反应。1994 年 4 月，欧盟委员会推出了几项计划，打算在一次农业危机之后向乌克兰提供一亿欧元的紧急食品援助。除了在 1994 年 6 月与乌克兰签署了一份伙伴协议，欧盟还将乌克兰视为首批前苏联国家中接受 TACIS 体系资金的国家之一，此类资金专门用于经济重组过程中社会内容方面的咨询工作。TACIS 项目驻基辅的现场官员认为，此类工作的部分目的是使重要的行业能够将隐性失业转变为公开失业，部分目的是使企业能够摆脱其社会福利功能。这是对联合国开发计划署工作的辅助，因为后者也在呼吁建立一个传统的失业津贴体系，以取代持续的暗中行业补贴。1994－1995 年开始了一个 400 万欧洲货币单位的项目，目的是建立几项试验性研究，以确定国有企业在私有化过程中怎样才能摆脱其社会保护责任。该项目旨在探索非政府组织、地方当局以及私人组织在诸多领域的作用，包括育儿、护理、住房、伤残和其他目前与国家就业相关联的社会福利。具体该提出何种建议，将显然取决于专门从事这项工作的私人咨询公
128 司（即荷兰的 PdS 公司）的偏好。因为难以预测会出现何种建议，国际劳工组织的齐雄说道，在前苏联实施的 TACIS 体系是个“几百万英镑的灾难”。

是否让乌克兰加入欧洲理事会，也是有争议的，但这一问题最终在 1996 年得到解决。政策建议方面的工作干脆没有展开。最后，联合国儿童基金会正在筹备一个国家行动项目，但详细内容尚不清楚。

表 4.8 概括了不同国际组织为影响乌克兰的收入维持政策而作出的种种努力。事实上，大家都一致认为，需要用失业津贴来取代隐性失业，需要提供社会救助，需要提高养老金年龄。而就儿童津贴和与工资挂钩的养老金而言，存在着一定的分歧。然而，如前面所指出的，这些政策方面皆没有取得什么进展。养老金领取者依然提前退休，也没有建立什么新的养老金和保险基金。失业仍

表 4.8 国际组织就收入维持政策的各个方面向乌克兰政府提出的建议(1991－1996 年)

	世界银行	国际货币基金组织	国际劳工组织	联合国开发计划署
安全网	世行明确关注:安全网一定要充分。	有必要增加针对性;不应再实行大规模的社会性再分配。	社会保险是最终目标,但迫切需要实施社会救助体系。	需要有基本的收入保障,社会救助要与平均工资挂钩。
儿童津贴	也许要进行重组,以针对贫穷家庭,如单亲家庭和拥有三个或更多子女的家庭。	要有针对性,接受家庭补贴的家庭太多了。	应实施全民家庭津贴,而不仅是基于生计调查的家庭津贴。	要对提供到 16 岁的非生计性调查津贴加以扩展,以包含所有拥有三个子女的家庭;在资源容许的情况下采取进一步改善措施。
失业	应优先用新技术来装备失业工人,最好是通过私营部门的、以企业为基础的培训项目;津贴应该统一费率,应加强资格审查,譬如,要排除新进入劳动力市场者;应中止为维持就业而对企业实行隐性补贴的做法。	通过建立合适的津贴体系,对变相失业者(非全日工作的或被迫休假而没有报酬的)提供帮助。	最好是基于保险,应该与工作挂钩,不带工作福利。	失业津贴发放 12 个月,逐渐减少到最低收入水平。
养老金	提高领取养老金的年龄,废除提前退休做法,减少继续工作者的津贴;停止向不急需老龄津贴的人发放此类津贴;为防止通货膨胀而实施最低养老金做法;对个人储蓄账户加以考虑。	目前的依赖比例难以为继,即有 100 个就业工作者就几乎有 60 个养老金领取者;需要对养老金年龄进行审查;也许应该限制特殊补贴,如针对退伍老兵的。	养老金水平不应受到侵蚀,需要提供一定的支持,以保持实际价值,但应提高领取养老金的年龄。	要根据价格变化保护最低养老金;与工资挂钩的养老金要反映经济的增长;提高领取养老金的年龄。

然是隐性的。许多种补贴依然存在。对国家社会主义性质的社会保护体系也没有进行明显的重组。现在与1993年(即世界银行预测将要出现灾难之时)的唯一真正区别是,通货膨胀使政府暗中降低了津贴的实际价值,使其在GDP中所占的比例减少,结果使更多的人口比以前还要穷,而最贫穷的人依然没受到任何保护。

主要国际组织在东欧所起作用的比较

我们所分析的三个案例研究揭示了一些重要的相同点与不同点。三个案例研究中都有国际货币基金组织和世界银行的身影。基金组织总是提醒政府:向资本主义的转变要求减少公共部门的借贷行为,而如果难以增加收入,就通常意味着需要减少社会保护部门的支出。至于基金组织向政府提了哪些具体建议,使政府既可以做到这一点,同时又能提供一个安全网,这通常是保密的,虽然如我们在下面所概括的,基金组织现在也开始对其思维加以解释。

世界银行的情形尽管与此大为不同,也一直固执地在各国坚持寻求一个工作伙伴,坚持把钱贷给收入维持部门,如果所在国没有出现政策转变,也仍然坚持自己对经济危机所作的预测。而通常而言,所谓转变就是不再试图维持传统的养老金和其他社会保险津贴,转而实施有针对性的政策,即推出一个社会保险体系,只保留统一费率的养老金,限制对其他津贴的享受权利,同时创建一个个人账户式、完全出资的、私人管理的第二级养老金。然而,正如下面所探讨的,世行在不同国家所实施的政策比这个要复杂,而且，何为最佳政策，对此世行内部也存在着分歧。

与国际货币基金组织和世界银行之类的运作者相比，其他国 130
际组织皆无足轻重。也许国际劳工组织属于例外。虽然该组织并非在所有地方都同上述两个组织一样活跃，但它有时与联合国开发计划署一道坚持反对布雷顿森林机构在该地区的做法。它还一直认为世行对危机的预测过于严重，并且总是认为，实施何种水平的社会保护属于一项方针决策，通过提高收入（税收）来增加支出是可行的、并且是应该做的。该组织只是在提高养老金领取年龄这一问题上与世行一直看法一致。国际劳工组织的战略（我们将在下面更加详细地论述）就是保存或建立三方管理形式，以此来向那些受到国际货币基金组织影响的政府施加压力，要求其维持社会支出。虽然国际劳工组织内部不同层次的人就何为最佳政策建议也存在着一定的分歧——这一点我们在第三章简要地探讨过，并且在第五章还要谈论到——但对我们的案例研究所涉及的国家而言，其具体建议中很少表现出这种分歧。这方面的建议总是具有主流的保守法团主义性质，拥护的是俾斯麦式保险体系，辅之以全民性社会支持（如儿童津贴）和社会救助。

与这些全球性运作者相比，欧盟本可以对该区域的收入维持政策加以引导，使其向欧洲主流的保守法团主义传统方向发展，但它似乎错失了这一机会。由于欧盟将其权力下放给 PHARE 和 TACIS 这两个相互竞争的投标项目，并且没有要求其顾问人员在同一个政策框架内工作，因此，便浪费了施加持续的政策影响的潜力。新的协商性项目（第三章）的实施应该能纠正这一问题，但来得太迟了，无法对我们案例研究中的国家的事件施加影响了。欧洲理事会倒是一直置身于这几个国家，一直在努力争取它们对其社会宪章的认可，但其影响力处于悄然的后台位置。

就社会政策领域而言，经合组织在该区域似乎不像人们所想象的那样是一个重要的运作者。它只是在匈牙利就社会政策实施了详细而系统的工作，现在尚不清楚它是否能有效地替代国际劳工组织和联合国开发计划署在该国的缺席现象，而且它也只是提醒政府在平衡预算方面采取更具社会友好性的方式。

在目前阶段，我们可以说这三个国家政府之间的区别是相当大的。如果它们愿意的话，都可以对国际货币基金组织的观点加以抵制，这样做的代价是经济效率可能会减少。它们与世界银行愿意合作的程度也不相同。如果这些国家不愿意，世行是不可能有所作为的。工会在国家层次上势力的强大对布雷顿森林机构构成了一个主要抵制力量。在保加利亚和乌克兰，国际劳工组织充当了一个有益的外来支持与建议的替代性源泉。在这两个国家，个人往往起到重要作用，他们或者鼓励政府听世行的话，或者设计一些战略，以替代源于世行自由派的那些战略。

我们之所以选择了这三个国家，是因为我们认为它们与欧洲的密切程度各有不同，它们起初的发展轨迹和改革过程也大相径
131 庭，它们与苏联的亲近程度也各不相同。看来这种选择是正确的。显然，匈牙利（在世行而不是国际劳工组织的影响下）对其社会政策的改革要快于其他两个国家，乌克兰（无论是世行还是国际劳工组织对其劝说）一直拒绝进行改革，保加利亚则采取了中间立场。世界银行（1996：14－17）对该地区经济和社会政策改革所作的比较性评估已经证实了改革起初几年政策结果方面的这种差异。它

根据经济自由化的程度、私有部门占 GDP 的份额和资产私有化的程度，将东欧和前苏联国家分为四个类别。匈牙利(速度最快)属于第一类，其中还有捷克共和国、波兰、斯洛文尼亚等国。保加利亚和爱沙尼亚、罗马尼亚、立陶宛等属于第二类。乌克兰属于第四类(速度最慢)，这一类别中还有乌兹别克斯坦、白俄罗斯、土库曼斯坦等国。

下面我们对一些组织在该地区的作用进行更为详细的探讨，资料不仅仅取材于我们的案例研究，还取材于别人对这些组织在其他地方的活动所作的研究，也包括这些组织对其工作所作的自我评估。我们此处的目的不单是为了评估它们对国家政策的影响，同时也是为了分析这些主要的国际组织在与后共产主义发达经济国家打交道的过程中，其政策与行动在多大程度上作了自我改变。

国际货币基金组织开始阐述其隐含的安全网建议

在东欧和前苏联的后共产主义国家出现之前，世界上的发展中国家正在与国际货币基金组织共同实施其早期的结构性调整项目。当时，基金组织对穷人产生了何种影响？其针对穷人的政策又如何呢？基利克和马利克(Killick and Malik)的结论是：

> (a)稳定性项目可能会对收入分配产生明显的效果，但这些项目往往过于复杂；(b)贫穷群体的确会成为受损失者，城市工人阶级尤其会面临风险；(c)政府即使采纳了基金组织的

> 项目，也仍然可以采取任何措施来保护弱势群体，但如果其措施可能要求耗费大量的公共收入，也许就需要与基金组织进行艰难的协商。(1991:16)

东欧国家为采取保护弱势群体的措施而与基金组织进行“艰难协商”的情形基本上没有任何改变，但是，到 1989 - 1990 年，基金组织已开始明确地解决这一问题：如何在即将到来的后共产主义转型期以最佳方式保护穷人？国际货币基金组织在 1990 年成立其东欧部的时候，“已经开始进一步关注如何解决伴随改革而产生的社会混乱问题。基金组织已认识到，要说服政府实施破坏性改革，就必须容许其采纳一些补偿性机制。例如，国际货币基金组
132 织现在就支持社会安全网的创建，以缓解东欧的企业清算和通货膨胀所产生的效应”(亨德森(Henderson)，1992:265)。随后，国际货币基金组织的一系列工作文件(这些文件已成为公有的)开始在一定程度上展现了基金组织关于如何以最佳方式建立此类安全网的思维。以下对这些文件加以审视，作为我们在三个案例研究中对基金组织政策与活动研究结果的补充。

此前，国际货币基金组织研究部的一位访问学者对基金组织在匈牙利、波兰、捷克斯洛伐克、保加利亚和罗马尼亚的前景及其实践进行了审视，他提醒道：“这五个国家都面临一个危机性问题：它们都需要改变其相对平等的、发展完善的社会福利网……决策者将面临强大的社会与政治压力，即人们要求继续实施现存的慷慨性社会保障服务”(布鲁诺(Bruno)，1992:767 - 8)。因此，该学者问道：是否“(应该)在税收改革完全到位之前容许过渡期存在一

定的财政赤字?”科皮茨在审视国际货币基金组织 1990 到 1993 年之间在保加利亚、捷克斯洛伐克、匈牙利、蒙古、波兰和罗马尼亚(以及老挝和阿尔及利亚)等国所做的工作时说,“一个具体挑战是,除了要为低收入家庭提供社会救助,还要为老龄、保健和失业提供具有成本效益的社会保险方案……要为改革赢得并维持广泛的支持,就必须推出一些措施,使穷人免受调整初期的不良影响”(1994:13)。

至于国际货币基金组织认为应如何在通货膨胀的背景下以合适的财政方式对穷人提供支持,艾哈迈德和施奈德(Ahmad and Schneider)就前苏联国家的情况总结道:“我们会看到,家庭补贴将继续起作用……(对养老金领取者而言)……可以定量地发放食物券”(1993:11)。国际货币基金组织财政事务部所属的支出政策分部(Expenditure Policy Division)的一个小组最近对安全网问题作了最为系统的内部审视。此处值得重复一下他们对阿尔巴尼亚、波兰、罗马尼亚、俄罗斯、哈萨克斯坦和乌兹别克斯坦等国研究的结论。他们认为,可以从对这些国家进行的审视中汲取若干教训。简单而言,它们是:

> 首先,应该以合适的方式确定有针对的群体和津贴额数,以实现这一目标:用社会安全网来减轻改革政策对穷人所产生的不良效应……而且,在设计社会安全网时,要最大程度地使用现存的方案……。
>
> 第二,应该维持有针对性地发放现金津贴的类别性质,至少在近期应该这么做。有效的生计调查方法是不容易实施

的,但从长期看,应该采取措施加强这方面的制度性能力。虽然基于正式部门收入的生计调查手段尚不理想,但仍可能在一定程度上防止将津贴发放给不应享受津贴的受益者,鉴于对非正式部门收入的评估手段仍不完善,此类方案可能存在着不公平性,因此应该谨慎行事。

第三,应赶快用有针对性的现金转移支付手段来替代普遍性补贴……剩下的补贴方式应该尽可能是针对社会中的弱势成员的。只要行政管理方面具有可行性,就可以实行临时的赠券方案,因为这种做法会具有成本效益。

133 第四,随着针对无效率企业的补贴性信贷和转移支付的减少,就需要向失业工人提供更加有效的救助。隐性失业应该成为公开失业……。

第五,应严格执行现金津贴方面的资格标准,应使平均津贴保持在可持续的财政水平上。应该保护最低津贴的实际价值,以防止通货膨胀的影响。或许可以实行适中的统一费率津贴,或者小范围的、与收入挂钩的津贴。最终,随着可用资源的增加,可推行更大范围的方案或曰二级方案。

第六,应该扩大工薪税的基础,从而尽可能降低税率,同时又不会破坏津贴项目的财政活力。工薪税率过高的话会增加劳动成本,会降低工资和劳动需求。

第七,人口、失业状况和发展等方面所存在的区域性差异充分说明,应该集中管理用于养老金、失业津贴和儿童补贴的财政资源……。

第八,或者因为设计缺陷,或者因为管理不力,主要手段

(有针对性的补贴和现金津贴)可能没有覆盖某些弱势人口,因此应该实施补充性社会安全网,譬如公共工程项目、针对失业工人的再培训项目、对小企业经营者或自谋职业者实行(管理方面、法律方面和财政方面的)救助……而且,有限的、地方性管理的社会救助项目至关重要,这样就可以尽量减少未受覆盖的弱势者的人数。然而,筛选工作不应该过分依赖基于收入的生计调查手段。(国际货币基金组织,1995b,25-7)

多变性经济社会在实施生计调查时如果遇到各种困难,可以参考上述教训,如果因此需要实施类别性补贴和现金或实物津贴的话,上述结论也具有重要意义。这些结论中也隐含了一个比较实质性的社会安全网。昌德和肖姆(Chand and Shome,1995)在为基金组织所作的研究中探索了这种可能性:是否可以将这种方式和其他扶贫方式融入到基金组织为这些国家政府所提出的稳定性战略中。换句话说,他们尝试了一种财政稳定化模式,这将不但能够像通常的情形那样实现所需要的稳定,而且能够实现扶贫目标。他们的结论是:"与传统做法(济贫问题是分开解决的)相比,兼顾贫困制约因素的融合性做法更能实现收支平衡目标,虽然暂时付出的代价是财政赤字增加和通货膨胀加重"(1995:19)。

我们在三个案例研究中提供了这样的证据:国际货币基金组织在向具体国家提供(通常情况下仍然是隐含性的)建议时,包含了以上所说的一些措施。

世界银行就何为最佳做法展开辩论

米拉诺维奇(Milanovic,1992)首次对世界银行向东欧与前苏联的收入维持领域所提的社会政策建议作了详细的内部审视。134 他审视了涉及前苏联五个国家(俄罗斯、哈萨克斯坦、吉尔吉斯斯坦、格鲁吉亚和立陶宛)的报告中所提建议,其结论是,就几个政策领域而言,世行的政策似乎达成了共识,而世行对另外一些领域所提的建议则存在分歧,这可能是因为各个国家的情况有差异;就一些关键领域而言,其所提的建议各式各样,这说明世行官员之间或官员与所雇用的顾问之间存在着或明或暗的分歧。四个领域里似乎达成了共识:**社会救助**,所关注的问题是重新界定政策路线;**失业补偿**,需要停止向新进入劳动力市场的人发放救济金;**养老金承诺**,应提高法定退休年龄,使男女退休年龄一致,防止最低养老金遭到侵蚀,不应鼓励既工作又领退休金的做法(可直接迫使有资格领取养老金的人作出选择,即或选择工资或选择退休金,或者根据补充性挣得收入而削减退休金支付);**病假/丧失工作能力假**,需要将一些成本转移到雇主身上。

然而,以下领域似乎存在着分歧:就**全民安全网**而言,到底需要不需要这样的东西?(米拉诺维奇在审视那几个国家时说,俄罗斯和立陶宛应该有一个安全网或最低贫困线,任何人的收入都不应低于后者;他没有说哈萨克斯坦和吉尔吉斯斯坦是否需要全民安全网;他认为格鲁吉亚不应该有这样的东西)。就**失业救济金**而言,救济金应该是同一费率的还是应该与工资挂钩?就**退休金水**

平而言，是否应该全民平等（即一种统一费率的最低水平），还是继续与工资挂钩（继续执行过去隐性的“保险”合同）？就**家庭补贴**而言，是基于收入调查还是全民性的？（因为几方面的原因，世行的某些人员反对生计调查手段：收入差别的幅度仍然很小；缺乏行政基础设施；多子女与家庭贫困密切相关）。最后，就**公共工程**（工作福利）而言，人们认为，在一些国家应该推行有自我针对性的（self-targeted）公共工程的概念（以替代基于生计调查的社会救助）。

表 4.9 显示了我们这项研究中对三个国家所作的对比分析结果，集中反映了上面所指出的几个潜在的分歧领域。虽然这只是对某一个时点上的政策建议所作的快照式描述，但仍然能反映上面所审视的几个问题。

就养老金政策而言，虽然不同报告所强调的内容有差异（有的反对养老金与工资挂钩，有的不反对这么做），虽然人们所强调的内容也有差异（有的明确鼓励私人养老金方案，有的不鼓励这么做），但现在有一种明显的倾向：需要实施一种受危机驱动的、短期的统一费率战略。沃多皮维奇（Vodopivec，1992：8）也指出了这一点，他继续了米拉诺维奇为世行所做的工作，即审查了最近的几个报告（亚美尼亚、爱沙尼亚、拉脱维亚、乌克兰），得出的结论是：目前所审查的几个报告也主张实施统一费率的失业与养老金救济金。这种一致性似乎是世行协同行动的结果，尽管米拉诺维奇的 135
研究报告说，有些人强烈反对统一费率的救济金。

事实上，世行内部根本就没有解决这一问题，我们在第三章提到了这一点，后面还将要提到。人们针对家庭补贴提出了不同的建议，这在一定程度上可能反映了国家政策方面的实际差异，也反

表 4.9　世界银行的社会保障和社会救助处方

建议	匈牙利	保加利亚	乌克兰
养老金	提高领取养老金的年龄；实行救济金封顶；鼓励私人层次的退休收入调查。	提高领取养老金的年龄；减小公共养老金的范围；鼓励私人养老金。	提高领取养老金的年龄；实行退休收入调查；降低平均水平；维持最低养老金和短期统一费率做法。
家庭补贴	根据子女数目进行区别对待；实行生计调查。	降低全民覆盖率；根据需求向低收入家庭实施转移支付。	参见安全网内容？
失业救济金	在第二阶段缩短统一费率期限；减少某些人的救济金。	实施统一费率；限于被辞退的工作者。	实施统一费率；取消针对新失业者的救济金。
安全网	确定全国性资格标准和生计调查手段。	用有效的安全网来保护弱势群体；提供实物或食物券，以替代地方层次上的现金救济。	暂停收入调查和根据地区的贫困水平差异而只对弱势群体发放救济金的做法；降低普遍性补贴。

映了报告撰写者和顾问人员之间的分歧。人们继续普遍反对慷慨的、与工资挂钩的、高替代率式失业救济金。就安全网政策而言，这些报告揭示，虽然人们都在口头上赞成安全网概念，但实际分析和建议则颇不相同。匈牙利报告赞成全国性生计调查战略（尽管最终只是通过了一项具有明显地方性色彩的社会救助法），保加利

亚报告则回避了这一思想，而是赞成类别性帮助（尽管最终推行了一个全国性生计调查体系）。然而，就那些“欧洲色彩较少的”前苏联国家而言，世行的官员和顾问现在似乎达成了一种共识：应该继续对公认的贫困人口群体实施部分性食物补贴和全民性享受权，而不是实施难以奏效的生计调查战略。我们在后面还要谈到这一点。

米拉诺维奇在此前的考察中提到了工作福利这一思想，它作为世界银行政策，似乎已经不再受到青睐。有趣的是，国际货币基 136
金组织现在似乎拥护这一战略，基金组织内部的一个主要倡导者也竭力为之辩护，其理由是，在部分货币化和流动性经济中，生计调查手段是行不通的，而在一个实施工作调查的体系里是不会出现歧视性做法的种种危险的（如不让受到歧视的社会工作者得到救济金）。为了维护工作福利战略，国际货币基金组织的官员也指出：在实施更长期的、存在问题的生计调查性行政手段的同时，需要紧急实施社会保护援救战略。

前面对世界银行在收入维持领域所提出的政策处方所进行的审视表明，世行的官员和顾问至少在两个领域里存在着内部异议或混淆。第三章已有说明，东欧和前苏联地区人力资源工作的扩展需要在华盛顿招募大量新的专业人员。这些人往往熟悉欧洲的俾斯麦式体系并且倾向于欧洲政策的社会方面。这就会加大在此类问题上所存在的内部分歧。这种争议所导致的一个结果就是，就养老金而言，世行出现了一种不寻常的情况：其职员和顾问同时发表了两份带有不同倾向的文本。其中一个是世行（1994b）有关养老金的政策研究报告，是由埃斯特尔·詹姆斯（Estelle James）

所领导的一个小组撰写的，基于其对转型期经济的看法，而其中的一些看法发表在路易丝·福克斯（Louise Fox，1994a）所写的一篇题为“转型经济中的老龄保障”的文章中。路易丝·福克斯曾是“保加利亚社会保障”一章（世界银行，1991c）的撰写者，她在其中鼓励推出一种私人养老金方案，同时避免对全国性社会救助方案表示赞同。她的建议主旨是，大力削减公共养老金提供，使其成为一种温饱水平的缴费式统一费率体系，或者成为一种生计调查式统一费率体系，由工薪税或一般收入出资。此外，她还提出一种强制性出资支柱，与职业体系脱钩。

另一方面，尼古拉斯·巴尔（Nicolas Barr，1994）在世行另一本书的“社会保险”一章里提出了一些政策选择，更加符合主流的欧洲体系里的现行做法。其共同点是，需要提高领取养老金年龄和保护最低救济金。其不同点在于实施国家式与工资相关的养老金的范围，以及这方面的私人性选择问题。巴尔认为，应该由工作者和雇主共同承担社会保险缴费，应强化救济金与缴费之间的关系。在没有实施必要的管理结构之前，不应该推行私人养老金。他认为，除此之外，“决策者可以选择公共/私人养老金混合形式”。主流的西欧体系将包含三个层次，非常类似于公共与私营部门的一种合作关系。基础性现收现付的社会保险养老金的作用将会大
137 于仅能维持温饱生活的养老金，并且只需规定合适水平的最高缴费额与救济金。此外，还可以实施强制性管理的私人养老金和额外的志愿性方案（1994:222）。

在相关的国家部门的人力资源领域里，这一问题变得白热化了。在（1993 年 12 月）召开的一次内部会议上，“欧洲派人士”认

为会议的结论对他们有利，而支持统一费率公共支柱的人则认为会议为后续工作制定了一个框架，从而表明他们所提出的方案的战略意义重大。会议的结论是，“也许可以实施这样的战略：选择两三个有代表性的国家，然后集中该地区的力量和资源，在这几个国家进行养老金改革”。随后又召开了一次内部会议，专门研究该领域（和社会救助领域）的政策建议。会议的召集者强烈认为，如果我们使东欧陷入西欧社会保障承诺的那些“代价高昂的错误”的话，将是很不明智的，结果却看到了一个“制度性跳跃”机会，借此，东欧也许会形成自己的更适合于后福特时代灵活生产的方案。他头脑中所想到的只是最低水平的基于生计和资产调查的国家式养老金提供。如前所述，政策争论是通过对实例的研究而展开的，而在这些实例中，世行人员和顾问所作的选择具有重要性。

自由的加利福尼亚女孩（liberal Californian Girls）（后来对这些人的称呼）和欧洲布赖顿男孩（European Brighton Boys）（尼克·巴尔的书是在布赖顿编撰的）之间的斗争并没有就此而停止。两个阵营的代表都希望承担 1996 年内容详尽的《世界发展报告》（世界银行，1996）“社会政策”一章的撰写工作，其中心内容就是转型期问题。最终，这一众人渴望的任务落在尼克·巴尔的头上。报告第 4 章的标题为“人口与转型”，其中的分析与结论显然受到欧洲传统的影响。文中也显然与自由派阵营达成某种妥协，所使用的语言意在淡化此前的种种分歧，以使大西洋两岸达成共识。尤其值得注意的是，巴尔此前（1994）在谈论养老金政策时所使用的句子再次出现在报告里。然而，其中有些细微的变化，对下面的两段摘要作一比较就可以看出这一点：

> 主流的**西欧**体系将包含三个等级，颇像公共与私人部门之间的一种伙伴关系。该体系的基础将仍然是一种现收现付社会保险养老金，其作用更为广泛，**不仅仅为了满足温饱水平**，尽管缴费与救济金都实施一定的封顶。将用一个强制性妥善管理的私人养老金体系来辅助国家体系……该方案能在很大程度上实现社会团结，并且能比较广泛地分摊风险……对做法的选择取决于(a)目标，(b)政治约定，(c)经济环境和(d)社会背景。（巴尔，1994:222－3）。

> **欧洲与北美**典型的养老金体系包含一种国家式现收现付养老金，其覆盖程度要大于温饱水平，并且有多种多样的管制型私人管理出资养老金的辅助……这种做法能在很大程度上
> 138 实现社会团结，并且能广泛地分摊风险……准确地选择（这种体系还是智利式个人出资体系）要取决于一个国家的目标与制约因素。（世界银行，1996:83）

说到安全网与社会救助问题时，报告（如国际货币基金组织所做的那样）又提到在流动性和平等性经济社会中实施生计调查方案时所遇到的各种困难，其结论是，往往可通过贫困迹象——而不是收入——对穷人进行有针对性的救助。报告以赞许的口气指出，“在欧洲的转型经济社会里，家庭补贴的针对性可能很强。要对所有多子女家庭进行收入调查的话，行政管理成本太高；而且，非正式部门的规模越大，其准确性就越小。在所有的西欧国家，家庭补贴——每月给每个小孩的固定金额——都是在没有收入调查的情况下支付的”(1996:81)。如果认为1996年《世界发展报告》

反映了世行的社会政策的话，那么，我们就可以得出这样的结论：在与共产主义的各种保障方式发生接触之后，世行的社会政策在一定程度上摆脱了私人市场养老金做法以及基要主义自由派的那些残余式梦想，转而在更大程度上承诺实现集体性的、具有社会团结性质的政策与提供形式。然而，正如匈牙利的情形所表明的那样，当地的世行人员也许仍然是基要主义自由派人士，因此可能不会赞同巴尔的谨慎性结论。同样，各国政府在国际货币基金组织的压力下会违背世行较为温和的建议，而干脆毁掉其发展完善的国家式与工资挂钩的方案以及基于生计调查的儿童救济金。同理，该报告的社会政策结论(适用于世界 1/3 的人口)也与世行教育与社会政策分支机构的社会政策思维有不匹配的地方，因为这一分支机构(如第三章所描述的)负责世行的贫困战略，更加关注的事情是，在南部国家和其他地方的赤贫群体之间建立一个联盟，以抗衡服务于特权工作者的制度性支持体系。

尽管如此，1996 年的《世界发展报告》专门论述了从计划经济向市场经济的转变，从而充分地表明世行的经济和社会政策思维在与共产主义打交道之后受到了多大的影响。报告的第 4 章着意在带有人情味的自由主义——或曰**社会自由主义**——和欧洲**保守法团主义**之间取得一种平衡。文中说道：

> 决策者必须认识到：大量的穷人真正在多大程度上遭受贫困或无保障(或者两种情形)的折磨。决策者必须在财政压力与政治和社会紧迫问题之间找到一个契合点。即使在增长出现反弹、劳动力市场灵活性增加之后，陷入贫困状况的人也

应该能继续依赖政府的支持，包括有明确针对性的社会救济金。在转型经济中，老龄人口恢复其以往收入状况的可能性更小，因此，尤其需要特别对待这一代人。但是，转型国家的养老金支出已如脱缰之马，这种状况不能继续下去了。政府现在能够解决这一问题，譬如，可提高下一代人的退休年龄。而且，从长期而言，可以建立一个能够以可持续方式支持未来许多代人的养老金体系。(1996:84)。

139 国际劳工组织作为反对布雷顿森林体系的屏障

在东欧转型期伊始，国际劳工组织的政策目标就非常明确。其总干事在1991年5月(国际劳工组织，1991a)的一次发言中阐述了九个该组织关注的领域和其政策导向：

1 鼓励社会性对话和三方合作

2 制定劳动法和罢工权

3 促进自由工会的运作

4 鼓励三方共同形成社会经济政策

5 考虑适合于东－西移民问题的政策

6 建立能促进积极劳动力市场的制度

7 帮助形成社会保障法案，包括医疗、养老金、病假工资、家庭和失业救济金等方面的政策

8 促进生产力

9 鼓励统计资料收集与分析工作

因此，迈克尔·齐雄(1994b)对该地区的发展所作的审视使国际劳工组织在一定程度上感到满意。他指出：

> 虽然国与国之间改革的速度不同，有时甚至一国内部不同的社会保障子系统改革的速度也不同，但改革过程的目标特别相似。中欧和东欧的社会保护体系正如现在所探讨的那样，或者说正如改革过程所显示的那样，似乎基本上遵循的是一些国家在40年代末之前就已经存在的中欧模式，这些模式结合了社会保险与全民性和社会性救助成分……比如说，从保加利亚、立陶宛和乌克兰等国就可看到一种典型的改革模式。(1994b:52)

与此类似，齐雄在一年后也在四个维舍格勒国家(Visegrad countries：中欧的四个结盟国家，包括捷克、匈牙利、波兰和斯洛伐克——译者)中注意到：

> 四个维舍格勒国家的社会保护体系正处于转变过程中，大致而言，其情形介于从此前的体制继承下来的旧社会保障体系与新的多元化体系之间，即大部分救济金由基于缴费的——或者在很大程度上而言——自我管理的社会保险方案提供，由国家提供补贴性社会救助和全民性救济金，如家庭补贴……其成功的关键将取决于能否使短期的财政与政治目标

不受国家建立共识过程的影响。(1995:10)

对发展情形所作的这种解读表明,国际劳工组织的日内瓦社会保障部和布达佩斯中东欧小组的这种占主导地位的思维正得到实现,即应该在这一地区实行欧洲式与工资挂钩的社会保障体系,并且能够做到这一点。然而,这种看法是对两个方面过分简单化的处理:一是国际劳工组织在建议有关做法时能在多大程度上达成一致,二是这些国家能在多大程度上采纳国际劳工组织的观点。就国家政策而言,匈牙利在最近所取得的进展似乎与这种乐观思想相抵触。我们将会看到,斯坦丁对区域发展的态度远没有这么
140 乐观。就针对不同国家的建议而言,我们的三个案例研究反映出,三个国家的做法似乎没有多大差别,但效果却差别很大。国际劳工组织在乌克兰和保加利亚投入的人力要大得多,但正如我们在第三章中所说的,就若干问题而言,国际劳工组织内部一直存在着争议。下面我们将进一步探讨这些问题。

该地区曾实施工作保障,因而也实施了收入保障,这种特殊的历史促使盖伊·斯坦丁(国际劳工组织中东欧小组的首任组长)利用自己的地位呼吁在该地区实施公民收入战略。如果想鼓励前苏联和东欧推行繁荣的资本主义,就会面临一种性质独特的经济问题:这一地区有保障就业的传统。事实上,就业保障就是一种社会保障提供形式。人们因为工作(人人都得做的事情)而有资格获得一份收入。就业保障和相关的食品与住房补贴构成了“共产主义”社会保障的基石。因为人人都工作,官僚国家式集体主义福利体系事实上就将收入作为一种公民权利了。具有讽刺意味的是,国

际货币基金组织过时的个人主义社会政策处方竟然与首批后共产主义国家财政部长们的极端放任式经济理论结合到一起，密谋推翻这种基于公民身份的收入享受权利，而当此之际，西欧的进步性社会政策思维正开始认识到，因为未来的劳动力市场将导致许多人无法从事常规性就业，所以西方可能需要从基于工作的享受权向基于公民身份的享受权转变，再向基本收入转变（范帕里斯(van Parijs)，1995）。乔丹(Jordan，1985)在阐述其他基于公民身份的收入形式时认为，他只能得出这样的结论：此类政策最有可能在东欧国家得到实施。

因此，斯坦丁(1991)、斯坦丁和西拉斯基(Sziraczki)(1991)认为，正是为了鼓励独联体国家（意思上也包含东欧）推出灵活而流动的市场经济，就应该将通过就业需求而实施社会保障的观念转变为通过公民权而实施社会保障。劳动者一旦能确保得到基本收入，就会寻求新的机会来增加这种公民收入。这样就可以打破过时行业中的就业僵局和雇工公寓式的住房格局，而工会主要就是因为这种情形而对经济与生产改革加以抵制。其他人也认为，应认真考虑将非生计调查性基本收入作为一种权利向人们提供，或者至少应该继续向失业工作者无限期地提供非生计调查性基本收入。朱莉娅·沙里亚和伊娃·奥罗斯(Julia Szalia and Eva Orosz，1992)认为，匈牙利的第二经济是在正式经济的缝隙中长期孕育而成的。人们只是利用了正式工作场所的时间与资源来从事小资产阶级和企业性活动，从而形成了第二个收入支柱，同时仍然在一定程度上依赖自己的正式工资。由于这种双重的生存手段由来已久，因此，现在看来，匈牙利的经济最有可能在资本主义的 141

欧洲生存下去。我之所以支持斯坦丁的观点，是因为可以用一句笑话来概括官僚式国家集体主义统治下的旧文化："我们假装干活，你们假装给我们付工资"，而新文化也可以用一句笑话来概括："我们假装失业，你们假装给我们救济"。以前的隐性失业能得到低工资保障，应该取而代之的是，给公开失业提供低救济保障。在这种保障的基础上，生产性第二经济就会缓慢增长。如果能够查实什么人既在兼职又在领取救济，就可以完全避免这种新的、费钱的基于生计调查的长期救助做法，而这是不可能的。与此同时，兼职活动没有理由继续非法下去。这样，经济的税基就会增长。基本收入就具有经济与社会政策意义。

然而，斯坦丁争取公民收入的立场并没有得到日内瓦社会保障专业小组内部的支持。罗杰·贝蒂（Roger Beattie）在接受采访时坚持认为："国际劳工组织的官方观点是：无条件的公民收入是不现实的，**也许**只能作为社会救助的一种替代物，但仅此而已。"齐雄也以同样坚定的口气表达了这样的观点："中东欧的发展方向是区别性的增加，而不是减少，因此，全民覆盖是干脆行不通的。公众是不会支持那种进一步拉平救济的体系的。"因为斯坦丁是以个人的身份著述，所以他也的确承认，要想使公民收入思想变成政策，恐怕还需要漫长的旅程。他在审视该区域的政策变革和持续的危机时说（他远没有齐雄那么乐观）：

> 还有第三种更为激进、更加离经叛道的思潮，但到目前为止只是在悄声地议论着。那就是，扭转主流趋势，选择一种基于最小程度全民收入保护的体系，将其作为一种公民权……

> 虽然这一区域呈现出黑帮化趋势，但仍然存在着足够的社会团结性，因此可认真考虑这种第三种选择。但遗憾的是，看来其他路径会捷足先登。(1996:252)

国际劳工组织中东欧小组最近出版了一部名为《让社会保护起作用》(*Making Social Protection Work*)(齐雄和塞缪尔，1995)的书，其中清楚地阐明了国际劳工组织内部意在实现欧洲式社会保障体系的主导性立场。他们认为："要赋予人民权力，就应该让公众参与管理社会保护体系，也就是说，不应再由各国的财政部和国际机构在各自的密室里决定养老金和其他救济的水平，而应该让社会保护领域的有利害关系者组成的委员会来决定"(1995:4)。通过三方协作与公众压力，就可以遏制国际货币基金组织的参与所带来的后果，即所谓残余性(虽然是安全网残余做法)倾向。但是，在同一本书中，斯坦丁毫不气馁地炮轰传统的与工资挂钩的救济方式和传统的以工会占主导地位的三方做法，他认为："高失业
与工作不稳定的历史事实……意味着，应该减少就业与转移支付 142
之间的联系……社会保护体系的管理必须更加依赖能代表'灵活工作者'的地方社区组织。"(1995:40)。

然而，我们最后要说的是，尽管存在着内部争议，尽管该区域的政策发展仍然会快速走向自由主义、残余式做法和私有化等方向，国际劳工组织在该地区所起的作用很重要，能够抵御布雷顿森林机构及其对财政危机的持续警告所带来的反赋权效应(disempowering impact)。在国际劳工组织看来，如果各国政府不愿意通过提高岁入而为合理的社会保护方案提供充足的资金的话，就

会出现财政危机。而国际劳工组织在其报告说，它在一定程度上对这一地区所取得的进步表示满意。根据在华沙举行的第五次欧洲地区会议的说法，保加利亚已正式批准了 80 项公约，匈牙利批准了 63 项，乌克兰批准了 51 项，而“自 1988 年以来，新成员国已总共批准了 461 项公约”(国际劳工组织，1995c：116－18)。

欧洲的运作者尽管有地理优势，也只能起很小的作用吗？

虽然国际货币基金组织、世界银行和国际劳工组织已对其在东欧和前苏联所做的社会政策工作进行了公开的审视与评估，但欧盟、欧洲理事会或本部在欧洲的经合组织似乎并没有这么做。因此，对这些机构所实施的干预的评估肯定要简短得多，因为从我们所作的案例研究中观察到，这些运作者在收入维持领域所起的作用要相对小些。

PHARE 项目办事处最近倒是委托伊格尔·托姆斯(Igor Tomes)对由其出资的、在收入维持领域所做的工作进行了评估，但我们无法获得这一资料。此前，平德(Pinder，1991)曾对欧共体和东欧作了研究，他在谈到是否有可能将 PHARE 资金用于社会部门时只用了三行字。一些叙述中只是说到 PHARE 项目将百分之多少的资金用于不同部门，除此之外，没有人作过系统的项目分析或效应分析。就我们对两个有资格接受 PHARE 项目援助的国家的案例研究而言，PHARE 项目在收入维持方面并没有做什么实质性工作。但在 1996 年，即我们的现场工作完成之后，在共识项目的赞助下，PHARE 似乎要对东欧的社会保护体系作系统的研究。当时对各国进行了研究，并根据其将要加入欧盟的前景提出了一些建议。1996 年末召开了一次审查会议。

就乌克兰而言，TACIS 在 1994－1995 年启动了一个研究企业重组社会后果的项目，但结果尚不清楚。因此，我们只能重复前面的说法：与国际货币基金组织、世界银行和国际劳工组织不同的是，欧盟的 PHARE 和 TACIS 在该领域所做的工作没有系统性，取决于所雇用的个别顾问的兴趣，并不受欧洲政策约束的影响。 143
当然，所给予的援助是有条件的，即乌克兰必须向多元市场经济发展。所签订的联合协议也是为了保证这种大方向。然而，欧盟似乎错失了一个机会，没有利用 PHARE 和 TACIS 来提出任何具体涉及社会保护政策的东西。PHARE 最近的共识项目也许会纠正这一问题。对顾问公司的依赖导致了一种奇特现象，即全球性社会政策实质上的非政治化现象。

欧洲理事会倒是有计划地与各国福利部门合作，就《社会宪章》向它们提出建议，并鼓励其签署该宪章。在匈牙利、保加利亚和乌克兰已经做了这一工作，或者将要做。现在尚不清楚这些国家将会认可宪章中的哪些条款。宪章的最低要求是，新入盟的国家至少要建立一个社会保障或社会救助体系。至于这些国家会拥护哪些部分的内容，现有的成员国都可以正式或非正式地通过各种委员会施加影响。因为认可程序要花两年的时间，监督实施还得花四年时间，因此，有关报告还需要一段时间才能完成，到时才能知道这些新的中东欧国家在多大程度上满足了其所选择的社会宪章里的要求。

虽然人们关注这些新的中东欧国家的社会政策发展,因为这将有利于它们向市场经济转变,但就其加入欧洲理事会而言,这似乎并不是根本性的东西,或者说是持续关注的内容。就我们所研究的已经加入欧洲理事会的国家(匈牙利和保加利亚)而言,只有匈牙利愿意签署社会宪章,愿意“相应地改变社会保障和福利立法”,因此在申请入会时受到称赞。在有关保加利亚要求入会的报告中就没有提到社会立法。实现政治多元化、实行法治以及尊重《人权公约》等都属于入会的强制性要求,因此显然是至关重要的东西。虽然大家都普遍认为,这些国家当时在重组养老金体系或其他社会项目方面都没有取得实质性进展,但这并没有妨碍它们加入欧洲理事会。因此,这些新的中东欧国家随后在签署《社会保障法规》(Code of Social Security)或其议定书(对会员国都是非强制性的)时,因为成本问题而表现出不情愿,也是自然而然的事情了。为了给这种不情愿寻找理由,申请入会的国家的外长们指出,现有的成员国都不尊重《社会保障法》:目前只有四个成员国认可了修改后的法规,因此,为什么要对它们另眼相看呢?对该法规的这种不尊重态度使人很难相信它能实现自身目标:“强制实施最低标准,但最终目的是将所有成员国的社会保障提高到同样高的水平。”

然而,虽然《欧洲社会宪章》不像《欧洲人权公约》那样具有强
144 制效力,但对于后共产主义国家而言,已越来越成为一个有用的参照物。关注社会内容的改革者经常说到,作为欧洲理事会成员就要承担该承担的责任,以此来反对国际货币基金组织所鼓吹的财政政策。

经合组织下属的转型期经济国家合作中心(Center for Cooperation with Economies in Transition)已经对其在该区域的工作进行整体评估。目前还无法公开获得这一内容。但其结论是明确的:该中心正在实现自己的目标。捷克共和国已加入经合组织,本项研究所涉及的其他国家(包括匈牙利)将在本世纪内加入。现在还没有人对该中心在这一区域所做的社会政策工作的影响加以审视。除了劳动力市场分析之外,有人只是对匈牙利的社会政策作了详细研究,这一点我们在前面已探讨过。这是一个有很高专业水平的分析模式,旨在调和为投资和社会团结而增加社会福利支出与严格的预算限制之间的矛盾。我们非常希望有人对整个地区作类似的研究,尤其是国际劳工组织(联合国开发计划署)尚未进行研究的领域。

其他联合国机构可以作为社会良心吗?

我们在第三章对主要国际组织含蓄的与明确的社会政策进行了比较,得出的结论是,联合国的一帮机构——联合国儿童基金会、联合国开发计划署以及联合国社会发展研究所(UNRISD)——都可以被看做是全球社会改革者,都着力于增加全球再分配力度,提高全球社会管理,或者以其他方式满足全世界所有国家公民的需求,或者使各国公民有能力满足其自身福利需求。除了联合国开发计划署在乌克兰起到重要作用外,上述机构都没有出现在我们所研究的国家中。人们也基本上没有提及联合国儿童基金会所做的工作。因此,我们也许需要对这些机构在两方面所起的作用加以区分：一方面，是这些机构在**全球范围内**对未来的社会政策和全球性社会改革所表达的话语；另一方面，是它们对转型期经济社会中的**地方性**社会政策政治的介入。联合国开发计划署、联合国儿童基金会和（自然而然地）联合国社会发展研究所似乎在国际层面上更为活跃，而似乎在具体国家（尤其是我们的案例研究国家）没产生多大影响。但是，我们在下一章谈论后南斯拉夫国家时，情形几乎正好相反。这些国家与政府在应对紧迫的复杂政治局势的做法一直受到质疑。我们将会发现，联合国儿童基金会在这些地方起到重要作用，这一做法与其全球性改革视野不完全一致。而世界银行则闲坐在一边，等着哪个政府局势稳定后再与其打交道。

本书第三章还详细探讨了另一个联合国运作者，而它也没有出现在我们所研究的国家，这就是联合国欧洲经济委员会（UN-ECE）。在涉及联合国改革的早期冲突中，该机构和其他联合国的区域经济委员会被作为裁减对象。尽管如此，该委员会还是经常
145 推出有关大欧洲区经济形势的报告，虽然往往没有明确地涉及社会政策，但对我们所关注的一些问题加以评论（联合国欧洲经济委员会，1990a；1991a；1992a；1993a；1994a；1995a）。譬如，该委员会在 1993－1994 年欧洲经济调查报告中说，有些国家所实施的低失业救济水平“不能有效地提高社会保护，也不足以鼓励人们为领取救济而前来登记”（联合国欧洲经济委员会，1994a）。联合国下属的欧洲社会福利政策与研究中心（European Centre for Social Welfare Policy and Research）所做的工作也值得一提。其报告《公民社会中的福利》（*Welfare in a Civil Society*）（维也纳欧洲中

心,1993)是为欧洲社会事务部长会议准备的,其中对1990年代许多社会政策问题的跨国性质作了综合分析,可作为这方面的一个典范。该报告的主旨是,中东欧国家需要解决社会价值与社会权利问题,“这样才能与经济发展求得平衡”。该报告说,福利是“少数人的问题,或者是一种济贫行为,(但)也是一种综合的和全民性政策”。

从总体情况而言,而不是从个别国家案例研究的结果而言,我们可以看出这些组织对收入维持政策的各个方面所持的观点,这些观点都表述在它们的出版物中。说到联合国开发计划署,需要将其人类发展报告办事处(Human Development Office)与其行动部(Operations Division)加以区分,两者都位于纽约,前者每年发表具有全球社会改革倾向的《人类发展报告》,即我们在第三章中所探讨的内容。同样,还需要将该行动部与联合国开发计划署在这一地区的具体行动加以区分。在我们所研究的两个国家中,联合国开发计划署积极活动,其工作的确反映了人类发展办事处的倾向。当地的《人类发展报告》支持国际劳工组织所捍卫的社会保护形式,因此,是对地方辩论与决策过程的有效介入。值得一提的是,报告办事处的一位职员曾伴随联合国开发计划署的使团去乌克兰工作。但是,联合国开发计划署驻纽约的行动部在接受采访时,似乎并没有表示要在其预算计划中强调对国家社会保护措施的捍卫。譬如,联合国开发计划署的年度《人类工作发展》(*Human Development at Work*)报告(联合国开发计划署,1992a)就明确强调在社会提供方面“鼓励私营部门的活力”。行动部办事处在有关该区域的报告(联合国开发计划署,1993b)中说道,“需要提供支持，以改变人们的心态与信念；（需要培养）人们在就业、食物、住房与社会保障等方面积极承担越来越多的个人与社会责任”。联合国开发计划署行动部的社会政策专家说，她所要做的事情并不是将发展工作导向任何事先构想好的联合国开发计划署政策办法。联合国经济与社会理事会各办事处的其他人担心，在行动方面，联合国开发计划署“采纳了华盛顿（布雷顿森林体系）的议项”。然而，在我们所研究的三个国家中，联合国开发计划署行动部除了推出地方性《人类发展报告》之外，似乎并没有做多少工作。

在这一些机构中，必须专门关注一下联合国儿童基金会。该
146 机构通过其关键的个人所展现的活力，不但在我们第三章所审视的全球社会政策论坛上起到重要作用，而且在1989年以来的东欧与前苏联转型期的社会成本相关问题方面充当了社会良心。该机构佛罗伦萨儿童发展中心的办事处在科尼亚（Cornia）的指导下推出了三个地区监督报告（联合国儿童基金会，1993a；1994；1995b），强调了对几个方面的关注：人口贫困程度的增加，生活水准的下降，死亡率和发病率的提高，动乱与犯罪率的增加等，因而产生了重大的影响。这几份报告不但将社会发展（或曰社会恶化）指标作为优先考虑的事情（而国际货币基金组织则希望优先考虑公共部门的借贷要求，世界银行则优先考虑经济“增长”率），而且对人们起初给这一地区的国家所提出的一些建议的大方向提出挑战。其最新的一份报告中说：“一些不合时宜的、天真的、片面的、没有连续性的、有时是完全错误的政策——有的是在西方专家的建议下实施的——往往是福利恶化的重要根源”（1995b：vi）。联合国儿童基金会佛罗伦萨办事处起初受命而做的一项工作是：“为

重新考虑儿童生存、发展和保护而提供技术支持”，根据这一精神，该中心现在认为，需要实施一项“具有人情味的转型期”政策，“以使东欧的经济迈向现代的、民主的、有效率的和平等的社会”，而这一政策必须由七个原则来指导。这些原则是(1995b：vi)：

1. 实现与维持稳定的宏观经济平衡，同时避免实施只是为了削减公共开支的通货紧缩休克疗法和财政调整措施。
2. 通过私有化而“建立市场”，这种私有化应能够促进广泛的股份持有，消除“加入障碍”，并且依赖一个明确的管制框架(但不对医疗与教育实行私有化)。
3. 设计一个减贫战略，更加侧重于促进就业与自我就业，促进积极的劳动力市场政策(针对再培训、工资补贴和公共工程方案)和收入政策(根据平均工资而提高最低工资与社会部门工资)，改善转移支付体制。后者应该纠正目前的代际之间不利于儿童和贫穷就业者的偏向，譬如，可以将用于家庭补贴的公共支出占 GDP 的比例提高 1－2 个百分点。
4. 通过“一揽子关键的、优先考虑的项目”保持过去在医疗、教育和儿童保育方面所取得的成就，目的是维持育儿与儿童保健服务、对“父母死亡率”的急剧上升加以控制、维持过去的小学教育水准和覆盖率、恢复转型期之前的幼儿园入园水平。这些事项所需的资源可通过对这些项目实行资金再配置以及实施税收改革而获得。只有在一些具体的情况下才收取使用费。
5. 建立一个现代的法律制度，以保护处境危险的儿童和青少 147

年并废除针对儿童与青少年的精神病院，创建一个服务于年轻人的机构网。

6. 推出一项儿童与家庭政策，通过提供收入转移与支持服务来促进家庭稳定，帮助越来越多的双亲不全的家庭。

7. 持续而仔细地监督儿童与家庭状况的变化过程。

佛罗伦萨办事处希望，联合国儿童基金会正与匈牙利、保加利亚、乌克兰以及该地区的其他国家政府所讨论的国家行动计划(National Programme of Action)将有助于实施这种政策转变。

然而，我们在第三章看到，联合国儿童基金会认为，从旁呼吁是不会有多大作用的。在过去，该组织努力鼓励世界银行重新考虑其结构性调整政策、聚焦于贫困问题；现在，它认为在中东欧工作中应该与世行一道工作，如此才能向后者施加影响。1993年，联合国儿童基金会的中东欧和新独立国家工作小组决定与世行协商，希望双方能在该地区进行更为正式的合作并采取联合行动。根据那次会议的备忘录，联合国儿童基金会认为这种合作会“提高联合国儿童基金会在这些国家中的影响”，即“联合国儿童基金会能对世行在该地区的政策施加更大影响”，将能“进一步了解到世行的信息”。当时也预计到，这样做也可能会有不利之处，即会“减少联合国儿童基金会的独立性，使其不好对世行的活动进行批评”，而且“所在国政府会以消极的态度看待联合国儿童基金会，就像他们时常消极地看待世行那样”。1993年9月13日，世界银行的中南欧洲部(Central/Southern European Department)与联合国儿童基金会的中东欧和新独立国家部达成这样的协议：“联合国儿童基金会将参与世行的工作，一开始先在几个有选择的国家进行尝试。希望联合国儿童基金会至少有两个人参与每一项任务。”这是个重要的开端，也许可以预示其他联合国机构与布雷顿森林机构未来的关系。我们将在第六章进一步探讨这一点。但这一开端来得太迟了，没有对我们所研究的任何国家产生明显的实质性影响。

几个结论

本章详细分析了世界银行、欧盟、国际劳工组织、国际货币基金组织、经合组织、欧洲理事会、联合国儿童基金会、联合国开发计划署和其他国际组织在三个东欧后共产主义国家的收入维持社会政策方面所做的工作。我们根据这一研究得出三种结论：首先，就这些机构所提的建议的性质得出结论，即看它们在多大程度上反映了第二章所探讨的各种不同的政治性福利战略；第二，更具体地 148
说，就各种跨国势力对社会政策影响所产生的效应得出了结论；最后，看是否可以从这些研究结果中归纳出一些可应用于相关的社会科学的分析方法。

首先，我们的结论是，各个机构并没有系统地提出各自具体的社会政策处方，这些机构所开的处方也并不是只针对第二章所审视的某一个福利体制的政策做法的。事实上，目前的情形是，国际方面就有关国家政府应采纳何种社会政策而展开的话语（第三章已探讨过）是在这一地区内进行的，但这些对话正发生变化，即有些话本来是一个机构说的，现在却由另一个机构说出。**换句话说，**

就我们所审视的大多数机构而言，我们发现在政策处方上存在着内部分歧，政策处方有变化，随着时间的推移，政策思维也在发生变化。在东欧与前苏联应实施何种社会政策，全球方面为此而展开的意识形态斗争正在持续而快速地进行着，但不同的立场并不总是与不同的机构能完全划等号，也不总是以同样的方式表述出来，或者说对不同的国家产生相同的效应。

从欧盟流向东方的建议并不是都具有欧洲保守的法团主义性质。欧洲自由派与欧洲法团主义派的斗争反映在这一方面：欧盟社会事务部（DGV）无法控制来自于对外关系部（DGI）的建议，而后者是 PHARE 项目的主持者。由于 PHARE 内部的各种竞争性建议，再加上接受建议的各国政府都会影响到建议的结果，从而造成这种情形：PHARE 在社会政策领域的活动——这些活动在我们所研究的国家里少得可怜——往往由那些没有政策倾向的顾问人员承担。我们在第三章已经指出，经合组织的社会政策思维似乎正在经历一种范式转变：从美国式自由主义转向某种承诺形式，再转向社会管理式资本主义，但只有在匈牙利才比较详细地表现出这一点。在欧洲理事会内部，其社会事务处似乎愿意重新考虑社会政策领域里的社会宪章或法定权利内容，愿意从事这样的对话：如何将工作收入与救济金收入区别开来。但该组织在这一地区所做的主要工作一直是鼓励各国签署现行的社会宪章。世界银行内部显然正在展开一场激烈的、不可开交的思想与政策处方之争。我们可以从中看出两个“阵营”：一个与欧洲式与工资挂钩的国家出资社会保障体系相关联，另一个与统一费率的（也许是基于生计和资产调查的）残余式养老金政策相关联。世行的身影无

处不在，其顽固的做法也引人注目。但是，我们认为，总体而言，一
方面世行在该地区的政策受到现行的共产主义社会保障的影响；
另一方面，世行也在成功地逐渐削弱这些东西。国际劳工组织内
部似乎也存在着意见冲突，一方是中东欧工作组成员，他们拥护传
统的欧洲保守做法，即同时实施带有全民支持性质的国家保障和
由三方管理形式支撑的安全网式、基于生计调查的社会救助，另一 149
方则倡导一种更加类似于公民收入的做法，以此来替代旧体制下
有保障的工作收入，但在针对个别国家的具体建议中尚没有出现
这一观点。显然，国际劳工组织成绩最佳，并且在已确立三方合作
方式的地方能发挥最大影响力。然而，国际劳工组织有时候似乎
是在做冒险的事情，即与保守势力而不是与新势力打交道，因此，
可能被指控为阻挠经济改革。国际货币基金组织在该地区永远处
于后台，通常处于隐身状态，一直迫使该地区向一种社会安全网式
政策转变。同世行一样，它的影响取决于有关国家的政府是否愿
意合作，也取决于该国的政治与社会关系。亨德森(1992)指出，基
金组织对该地区的影响取决于国家结构、政治进程和国家与社会
的关系。我们的这项研究也证明了这种分析。联合国儿童基金会
虽然在每个国家的表现不很活跃，但它却强烈谴责货币主义思想
驱动下的结构性调整所造成的各种极为严重的后果。联合国开发
计划署在若干个国家支持国际劳工组织对国际货币基金组织和世
行政策的所作的抵制。

我们已经说明，在这一地区展开的纵横交错的全球性对话中，存在着各种经典的西方福利资本主义思潮——自由主义、保守主义和社会民主。但我们也要表明，面对工作与保障的解体，在遭遇

到共产主义的各种社会保障之后，现存的福利政策与战略范式正在崩溃。在世界银行内部，一些人显然试图（也许不会成功）跨越被认为是注定行不通的、现在也无法持续的欧洲式社会保障结构，而在东欧和前苏联的一些地方实施残余式基于生计调查的安全网。我们倾向于将这一战略称为社会性自由主义（带有人情味的自由主义），但它尚没有得到明确的表述。全民安全网的准确含义没有被界定，也没有人清楚而仔细地考虑生计调查手段和私人管理的、完全筹资的养老金方案所存在的各种问题。世行的这一类人也不完全认同国际货币基金组织的这种倾向：实施一种基于工作调查的、以工代赈的安全网。也许可以把国际货币基金组织的思维看做是社会性自由主义的一种工作福利形式。同样，与后共产主义的遭遇加强了一类人的势力，他们敦促世行采纳“欧洲式”福利承诺方式。这与国际劳工组织内部一些人思维中的那种跳跃式思维形成对比。对此，有人建议到，适合于前苏联后工业状况的社会保障政策应包含面向全民的、无需生计调查的公民收入，这样就可以促进所需要的灵活性经济参与行为。但国际劳工组织的主要人员并不赞同这种思维，他们仍然持鲜明的保守性法团主义观点。

换句话说，我们相信，东欧与前苏联地区的社会政策决定过程
150 只是各种西方社会政策战略的一个试验场所，但这种思想与战略的竞争现在采纳了一种激进的公民资格收入和一种社会自由版本的社会政策形式，后者有时反映在这些机构的思维中。我们在表 4.10 中以试探性的态度对流向东方的社会政策加以分类，并且将具体的机构与各种不同类别的建议加以关联。最后一章将回头探讨正在出现的全球性话语及其对全球性管理改革方案所带来的含义。

表 4.10　在东欧和前苏联所表述出的有关社会政策未来的全球性话语

福利意识形态	社会政策处方类型	有时推广该处方的机构
视福利为负担	自由主义(传统上美国的)	国际货币基金组织(传统上的)、经合组织(传统上的)
视福利为社会凝聚力	保守性法团主义(传统上德国的)	欧盟、世界银行、国际劳工组织、经合组织、联合国儿童基金会
视福利为再分配承诺方式	社会民主的(传统上瑞典的)	联合国儿童基金会?
视福利为投资	投资基础设施(东南亚)	经合组织、世界银行
视福利为安全网	(a)全民性生计调查式安全网	欧盟、世界银行
视福利为工作福利	(b)全民性工作福利安全网	国际货币基金组织
视福利为权利	公民资格收入	与国际劳工组织相关的个人、欧洲理事会

其次，从本章所陈述的研究中可以得出更为具体的涉及机构影响力的结论。这些结论陈列如下。我们在下一章审视南斯拉夫的几个颇为不同的案例，然后将在最后一章回头探讨其中的一些论点。

1. 主要的国际组织都参与塑造后共产主义时代的社会政策，其影响程度各不相同。

2. 不同机构的建议往往会走到相反的方向(如世界银行和国

际劳动组织)。

3. 机构间的冲突(如国际货币基金组织与国际劳工组织和/或联合国儿童基金会)反映在各个国家的内部冲突中(财政部与劳工部之间)。

4. 与共产主义社会保障的遭遇强化了几个国际组织内部及其之间的争议与不合。

5. 各组织内部和组织之间的思想竞争在一定程度上反映了全球资本主义派别之间的竞争(如美国与欧盟)。不能将来自西方的建议看做是一致的西方经济帝国主义思想。

151 6. 与后共产主义转型期遭遇之后,世界银行和国际货币基金组织(卡勒(Kahler),1992)内部及其周围的知识社群(epistemic community)发生了变化。

7. 政府、社会和工会运动可以(并且也的确能够)产生影响力,可以欢迎或阻拦来自不同组织的建议。

8. 致力以实现一套价值观念的"有企业精神的"个人对全球性社会政策对话产生了巨大影响,有时也影响到针对个别国家的建议。

9. 某个国际组织(如联合国儿童基金会)也许能有效参与全球性社会政策对话,但却不能同样有效地介入具体国家的事务。

10. 机构性建议具有一定的随意性和无控制性,而这种情形在有些组织中(如欧盟)要比其他组织严重(如国际货币基金组织)。对顾问人员的随意性和无控制性使用(只要有这种情况发生),会导致超国家社会政策决定过程的去政治化情形。

11. 不同国际组织影响社会政策的能力不同，对不同国家产生不同的效应。布雷顿森林机构虽然有强大的财政能力，但并不一定会产生影响。国家工会及其联盟的力量与决心能促成国际劳工组织的干预行动。

12. 由于西方的介入，该地区社会政策改革的轨迹一直在两种势力之间处于一种均衡状态：一边是国际货币基金组织和世界银行所鼓励的社会性自由主义（如匈牙利）（即带有安全网的自由主义），另一边是国际劳工组织和联合国儿童基金会所鼓励的欧洲福利保守主义（如保加利亚）。后共产主义的保守做法对两种改革方案都加以抵制，但这样做只会牺牲经济效率（如乌克兰）。

最后，本项研究所得出的一些涉及社会科学原理的见解与结论将有助于全球化与社会政策研究。从经济学的角度来看，本研究进一步支持这些人的观点：他们认为研究主题不应该关注数学模型，而应该关注真正的经济学，其中包括涉及国家、超国家运作者的管理与再分配的政治决定（由经济和其他问题所促成的）。同样，从经济学的角度来看，本研究也揭示出，世界银行和国际货币基金组织向政府提出的“经济性”建议背后所涉及的各种决定带有非常明显的、有争议的政治性质。从政治学的角度来看，情形正好相反。本研究揭示出，政治与决策的场所正从公开的国家政治论坛转向全球性经济组织内部人力资源与其他专业人士之间的电子邮件交流方面。正规的政治学需要迎头赶上，需要设计一种负责 152

的、跨国的宪法性框架，从而能在其中起作用。就国际组织与国家关系研究而言，本研究也加强了这种人的观点：他们坚持认为，国际组织在影响政府间的跨国决策事务方面应具有相对的自主性。这并不是说本研究认为国家已经失去其主权，而是说，本研究显示，在各国政府与超国家机构的相互作用过程中，所作出的决定能使有关国家（或多或少）感到高兴，因此，它们赞同这些决定，并愿意赋予这些决定一定程度的权威性。这就得出了与赫斯特和汤普森（Hirst and Thompson，1996：90）相同的结论："主权是可转让、可分割的，但国家在出让权力的同时获得了新的角色；尤其是，国家通过主权的让与而创建了一些权威机构，它们现在能使这些权威机构合法化并对其加以支持。"最后，得到清楚确认的是，社会发展研究需要从自己的封闭区域中走出来，与发达世界和后社会主义世界的社会政策比较研究进行对话。显然，应该将南方的福利战略和东方的福利战略放在一起进行评估。这种对话正在全球贫困游说集团、全球非政府组织、全球劳工标准专家和全球人力资源专家之间进行。我们将在最后一章再探讨这一话题。

第五章　冲突环境下的非政府组织与全球社会政策

本章所要探讨的一系列问题与主题已在前面提到过，但在本书中尚没有给予足够的重视。本章尤其要强调的是各种非政府组织的社会政策和社会发展作用，因为这些组织在全球社会政策领域正成为日益重要的运作者。在全球背景下，这些组织在冲突环境中的作用越来越被视为“正常的东西”，而我们正是要探讨它们所起的这种作用。我们主要通过对后南斯拉夫国家所作的案例研究来展开这种探讨，因为在这些国家中，各种超国家和地区组织、国家与超国家非政府组织的种种说法经受了严峻的考验，这些说法包括：要积极参与保健、收入维持、社会保护和济贫等一般性社会福利活动，还要积极参与安全、预防性外交、和平建设、公平与人权等领域的工作。

本案例研究所提出的一些问题涉及两个尚未充分展开的主题。第一个是全球社会政策背景下的移民问题。南斯拉夫分裂战争所造成的大规模被迫性移民现象，使联合国高级难民委员会(UNHCR)指导下形成的世界难民工作体系经受了痛苦的考验。当然，西欧国家尤其受到严重的压力：要接受大批逃离战争的难民，而当时西欧正在推出一个名为“欧洲堡垒”(Fortress Europe)

新移民体制，目的是废除欧盟国家之间的边境控制，但也是为了防止（尤其是）东欧与前苏联地区向这些国家大规模移民。当然，移民与全球融合之间的关系是一个非常复杂的问题，应该引起注意，而且也已经有大量的著作专门对此进行了研究（卡斯尔斯和米勒（Castles and Miller），1993；哈里斯（Harris），1996；里士满（Richmond），1996）。我们在此无法重复他们的观点，而只是强调，移民本身是一个跨边境问题，人们的流动同资本和商品的流动一样，会对社会福利结构产生影响。

第二个问题涉及“族群化民族主义”（ethnicized nationalisms）的发展。中东欧和前苏联后共产主义国家中族群认同（ethnic identities）的发展，在很大程度上影响到公民身份观念，及其
154 对政治权利、民权和社会权利所带来的各种问题。在建立国家主权过程中，将族群性重新定义为一种强有力的（即使是想象的）主题，会对基于人权原则的全球性管制与管理造成重大的挑战。族群性与族群关系的构建、解构和重建都会对全球社会政策的分析提出一些根本性问题。我们此前用一系列具有连续体性质的术语来表达族群性与社会福利体制之间的关系，如“族群性民族主义”、“同化思想”（assimilationism）、“多元文化论”（multiculturalism）和“反种族主义”（antiracism）（第二章）。在此，我们通过一个具体的案例研究来探讨这种关系，从而说明，全球与超国家机构以及各种不同的非政府组织在涉及这些不同选择时，事实上运用的是相互冲突的战略，采纳的是相互竞争的视野。

非政府组织与社会福利

“非政府组织”或 NGO 这一术语现已广泛使用，因为非政府组织在社会福利领域的作用已举足轻重。但是，这一术语很少得到界定，的确，人们往往将它等同于社会学概念下的“公民社会”(civil society)(斯塔布斯(Stubbs)，1996b)。事实上，在美国的文献中，该术语的使用频率远小于“非营利组织”。在英国，使用更多的术语是“志愿性部门”；当然，这一术语除了指那些完全基于更为传统的志愿性思想的组织外，也日渐包括那些雇用职员的组织。这一术语也常常被等同于“公民协会”概念，而后者是围绕共享的利益和利害关系组成的，当然，这些利益与利害关系可能带有社会福利色彩。人们现在就所谓“福利混合模式”展开越来越多的争论，这指的是在公共部门、营利的私人部门和非营利部门或者“第三部门”之间的一种平衡性提供。同样，这往往是在国家、市场和公民社会的语境下进行论述的(科拉里奇等(Kolarič et al.)，未署日期)。

威利茨(Willets，1996：8)做了一项有益的工作：对国际组织以及非政府组织对国际组织不同参与程度进行了分类。第一类是北约之类的政府间组织，非政府组织在这方面的参与最少；还有联合国这样的政府间组织，非政府组织对它们的参与属于常规性的，通过顾问委员会而进行。第二类是混合性国际组织，其结构中涉及非政府组织，但有时候是国家政府占主导地位(如国际劳工组织)，有时候则是非政府组织与国家政府共享权力(如国际红十字委员会）。第三类是国际非政府性组织，在此类组织中，非政府组织与国家政府具有各种不同的关系。它们包括由政府雇员构成的组织（如国际警察联合会联盟（International Union of Police Federations）），通常欢迎政府出资的组织（如国际计划生育协会（International Planned Parenthood Association）），最后是通常不欢迎政府出资的组织（如大赦国际组织（Amnesty International））。

155 尽管术语和定义的不一致导致了众多问题，但在探讨非政府组织与全球社会政策的关系时存在一个根本性问题。将非政府组织定义为“非政府的”，就等于暗中强调民族国家是政府方面最为重要的运作者。然而，我们将会指出，一些大型的非政府组织的年度预算往往等于或超过一些南方或东方国家的国内生产总值，它们因此成为全球社会政策与社会福利论争的主要参与者。而且，更为重要的是，就我们此处所要谈论的话题而言，它们也是全世界社会福利的主要提供者。它们皆参与国家和全球层次的管理。就欠发达地区——尤其是非洲与拉丁美洲地区——而言，非政府组织一直是发展研究文献中的一个主要话题，也是政策实施过程中的主要运作者。克利里（Cleary，1996）曾记录到，世界银行在非洲广泛而日益频繁地利用了非政府组织。这一做法将会进一步增加。如第三章所言，世界银行打算将穷人纳入其低收入国家社会发展战略中（也是为了抗衡企业和工会利益），因此，需要进一步利用非政府组织来触及各国政府所无法触及或不愿触及的地方。在我们此前的案例研究国家中，世行所做的工作不具备这种特点，这说明，在该地区所实施的世行战略中，非政府组织的参与程度低（克利里，1996）。人们主要从多元政治学的视角来研究非政府组织在后共产主义的中东欧地区所做的工作，将其作为福利混合模式中众多提供者中的一个提供者来对待（科布尔（Coble），1995；西格尔和扬西（Siegel and Yancey），1992）。因此，很少有人就社会政策对不同的非政府组织作过系统分析，即在所谓第一世界、（从前的）第二世界和第三世界范围内对它们进行比较。

这方面少见的一个例外就是马克·达菲尔德（Mark Duffield）所做的工作。他是英国的一位发展研究学者，主要研究撒哈拉以南的非洲，但也对安哥拉和波斯尼亚"复杂的紧迫问题"进行过比较。近年来，他从"公共政策的全球化"角度来研究非政府组织（达菲尔德，1996b）。他的研究工作对人道援助和社会发展领域的许多正统思想提出了挑战。他认为，1970 年代人们对通过政府渠道而实施的"结构性"援助项目感到幻灭之后，西方与超国家援助机构便开始通过非政府组织来提供资源，这便导致了这一地区国家福利的残余化过程。其他评论家也注意到这种用非政府组织来替代有效的公共政策的危险做法。格林（Green）指出，"在极端的情况下（大型的非政府组织与软弱的政府和公民社会相结合），就会导致分裂、无能为力状态和雇佣组织的诞生，从而会使人们大为不满，尤其是那些遭到忽视的国内社会部门运作者"（1995：75）。还有人认为，这一过程在让穷人受益的同时也让全球的中产阶级专业援助人士大获好处（非洲权利，1994；斯塔布斯，1996a）。 156
在后共产主义环境下，这种战略可能会助长人们对社会性国家的不信任，从而会加强新的"残余性"社会福利战略（即我们所说的社会性自由主义），导致东方与南方之间出现一种新的"融合"，这在一定程度上是以"社会发展"、"参与"、"赋权"和"公民社会"的面目出现的。波斯尼亚—黑塞哥维那和其他后南斯拉夫国家，以及前苏联出现复杂的政治危机的国家，都可能成为世界银行的第三世界贫困战略与其中东欧贫困战略相互发生冲突的地方。在此情况下，世行思维中的自由派可能会赢得支持，以抗衡欧洲保守的法团主义派。

然而，如果认为非政府组织是社会政策残余化的积极参与者，则是片面的看法，这就忽视了一些国际非政府组织所起的作用，即它们可以向超国家机构施压，要求后者将社会公正、社会融合与平等等问题放在全球性议事日程上。譬如，如果没有牛津饥荒救济委员会(Oxfam)等机构实施的干预行为，我们就很难相信，人们对结构性调整政策和经济发展所带来的环境与文化效应的批判能达到目前这种程度。而且，许多国际非政府组织还能够为来自南方的地方性和区域性非政府组织开拓出一片空间，使它们在全球性论坛上发出自己的声音(梅奥和克雷格(Mayo and Craig)，1995)。威利茨(1996)也说过，这些非政府组织就是世界的良心。后南斯拉夫国家可以提供一个重要的案例研究，使我们能对这些争论和复杂问题进行探讨。

我们显然需要讨论非政府组织与公民社会两者的关系(斯塔布斯，1996a)，需要从历史角度，从具体的全球性、地区性、国家性和地方性社会关系等方面对两者加以探讨。如果只是对民主社会和正在形成的民主社会里的非政府组织的作用进行粗略的功能性分类，是没有多大益处的；同样，如果只是根据某个国家所注册登记的各种协会的数量来衡量“公民社会”的话，也没有多大用处。但是，各种非政府组织、国家与地方政府结构和全球性机构之间的关系是一个很有价值的研究领域。关键是，需要对超国家的、国际的、国家的和地方的非政府组织加以区分。

超国家非政府组织是援助与发展方面的“主要运作者”，它们在各式各样的国家内活动，往往是跨边界性的，所应对的问题的范围越来越广，而且表面上看是互不关联的，如水与电力供应设施建设、紧急食品援助、幼儿园的建造、紧急医疗项目、社区发展项目，等等。达菲尔德(1996a)将这些机构说成是“多方授权的”。大多数非政府组织都在充满竞争性的市场上从超国家和地区性机构——尤其是联合国难民事务高级专员办事处、其他联合国机构和欧盟——那里争取大宗合同，也从美国(如美国国际开发署(USAID))和西欧国家(如英国的海外发展署(ODA))等援助组织那里争取。

以实际价值计算，从 1975 到 1985 年的十年间，非政府组织的收入翻了一番(克拉克(Clark)，1991)，而且，种种迹象表明，这一趋势近年来一直在加快，大型非政府组织所争取来的援助份额也在增加，因此可以说，天主教救济会(Catholic Relief Services)和 157
牛津饥荒救济委员会(Oxfam)等非政府组织的年度预算与西欧一些国家政府的援助预算不相上下。譬如，牛津饥荒救济委员会的宗旨包括：“解除世界上任何地方因战争或其他原因所导致的苦难”(惠特克(Wittaker)，1983)，它目前已在非洲、亚洲、中东、拉丁美洲和加勒比海地区、东欧和前苏联大约 65 个国家中运作(牛津支持者服务处(Oxford Supporter Services)，1995)。

国际性非政府组织在有限的国家范围内运作，往往围绕某个主题或问题而形成专家技术力量。然而，最为重要的是，这些组织的大本营是在一个国家(往往是美国或某个西欧国家)，它们在其他国家所做的工作有可能是与国家性非政府组织合作进行的，或者其目的是促进此类组织在其所运作的国家内的发展。1989 年后，若干个小型的西欧非政府组织立即蜂拥至中东欧（拯救儿童会（Save the Children），1994）。其中一些组织现在的规模颇大，已开始挑战这一市场主要运作者的主导力量（最值得一提的例子就是苏格兰欧洲援助组织（Scottish European Aid），它已在波斯尼亚－黑塞哥维那争取到联合国难民事务高级专员办事处的几个大宗合同）。而且，一些比它们历史悠久的非政府组织已与它们加盟，还有一类脱颖而出的“基金会”也加入了它们，其中最重要的就是亿万富翁乔治·索罗斯（George Soros）麾下的开放社会基金会。但社会学家和社会政策学者并没有对这些组织给予多少关注。

1989 年之前，在几乎所有的中东欧国家，国家性非政府组织都受到官方的遏制，但有些与国际明爱会（Caritas）或红十字会有联系的组织已在起作用，而在 1980 年代更为宽松的氛围下，其他组织也开始在一些国家活动。1989 年以来，这些组织增长惊人，但正如下面的案例研究所表明的，它们的发展快慢不一、各有千秋。大多数组织顶多只是受到政府的容忍，而很少成为政府的合作者；譬如，斯洛伐克与克罗地亚都在试图通过一些法律对非政府组织部门采取严厉限制。许多组织在社会福利和社会政策领域活动，也作为压力团体在人权领域活动，或者起到其他作用。大多数从各种西方来源获得时多时少的资金。

地方性非政府组织属于更为基层的或者以社区为基础的组织，侧重于某一社区、地区、族群或社区某一方面的问题，而不是在全国范围内活动。许多此类组织发源于独立的妇女倡议活动，在这些人的帮助、庇护下形成，它们于1980年代在一些国家得到发展；其他则关注吉卜赛人群体、难民等。大多数靠志愿者的工作和小额捐助而生存，在有些国家，地方与中央政府也提供一些资金。这些小型的非政府组织往往无法从世界银行或其他捐助者那里获得资金，恰恰因为他们规模太小！

无论是研究全球化还是社会政策，对非政府组织的研究都具有至关重要意义。越来越多的超国家和国际项目——包括联合国 158
难民事务高级专员办事处和欧盟的PHARE项目等——都在提倡与非政府组织合作，将其作为社会福利服务的提供者。这一趋势与国家主权问题产生了复杂的关系，有些人认为，政府对非政府组织部门加以管制的必要性没有得到足够的强调（埃丁－亚安沙(Adiin-Yaanshah)，1995；埃丁－亚安沙和哈勒尔－邦德(Harrel-Bond)，1995）。一份涉及联合国卢旺达干预行动的报告（米尔伍德(Milwood)，1996）说道，许多非政府组织没有效用，明明没有竞争能力却声称自己有这种能力，因此，可能导致许多人的死亡。报告发表后，可能要对向非政府组织"分包"人道救援和社会发展活动的做法加以认真审查。显然，这些批评性观点与第四章中所提到的那些批评性观点不谋而合，后者说的是非政府组织滥用咨询公司，让这些机构向PHARE和TACIS项目地区提供社会政策建议。

全球化与复杂的政治性紧迫问题

超国家与国际性非政府组织在全球环境下运作，而这一环境当然时刻在发生变化。但是，不应该忘记的是，我们就世界如何变化而展开争论时，非政府组织是关键的发言者。这一点最为清楚地体现在“复杂的政治性问题”这一观念中，即有人认为，这些非政府组织有独特的能力应对此类问题。马克·达菲尔德(1994)对这一概念进行了定义，使其与全球化和社会政策的核心主题发生直接关联，他认为这些问题包含三个关键因素：

1. 这些问题出现在全球经济无论从战略角度而言还是从经济角度而言，都日益边缘化的领域。
2. 这些危机因为掠夺性政治形式的出现而被延长，这些政治形式只能靠危机而生存。
3. 北美洲和西欧对此类危机的干预存在着问题，干预活动越来越聚焦于人道援助的提供。

虽然这几点至关重要，但我们还是认为，各种机构(包括联合国机构、地区性组织和非政府组织本身)的相互冲突的宗旨和视野造成了这些危机。此外，对于这些机构而言，如何界定“边缘化”领域——无论从战略角度还是从经济角度说——本身就是一个充满争议的问题。

战争与冲突

我们在第一章中谈到，需要超越传统的国际关系框架，因为这些框架几乎完全聚焦于军事与安全问题，同时也针对社会与环境问题的全球化；但我们仍然有必要审视 1993 年 42 个国家中的地
159 方性冲突所出现的新发展。这些国家具有许多共同的特点，如多

重性紧张关系；平民的介入；残酷的暴力；轻型武器的广泛使用；媒体报道重要性的增加；冲突的长期存在(1993 年的冲突有一半已经存在了十年多)；大规模的人口流动；明确的解决方案的缺乏等。达菲尔德说，联合国认为这些情形中有 26 个属于"复杂的政治性紧迫问题"(1994:7)，要求实施联合国指导下的人道性干预，涉及 5900 万受益者，预计的救援费用将超过 45 亿美元。全球性机构和非政府组织在这些情形下所起的作用越来越大，从而使人们对人道援助方式提出严肃的质疑，即认为它们不会起到有效的社会与经济作用，而是有可能在无意的情况下支持了战争(联合国社会发展研究所，1995b:123)。

几种令人信服的观点认为，这些冲突意味着"新的不安全区域"的出现(达菲尔德，1994)，意味着"安全区域"与增大的"动乱区域"之间出现了新的分裂(辛格和怀尔德维斯基(Singer and Wildavsky)，1993)。但在我们看来，全球化所产生的效应使这种区分变得问题重重。正如约翰・基恩(John Keane，1996:4－9)最近所说的，这两个区域之间的种种联系，包括全球性武器生产和大规模移民，还有媒体报道，都意味着某些地方的战争所产生的效应会带来更为广泛的社会后果。而且，这些效应会对超国家管理制度所起的作用提出挑战，其中包括那些旨在将某些种类的国家(和地区)暴力列为犯罪行为的政治与司法做法。最为明显的例子便是到目前为止仍然没有效用的海牙战争罪法庭(War Tribunal in The Hague)。有人建议，应该使这一法庭发展成为一个涵盖面广泛的国际法庭(格兰特(Grant)，1994)。应该将这些战争状况所具备的"种族清洗"这一共同特征视为一种"隐含的社会政策"形式，即它会导致某种（可憎的）社会组织方式（海外发展组织（ODA），1995b）。显然，它使超国家管理机构与机制的发展面临极为严峻的考验。

各种情形下的被迫性移民

复杂的紧迫问题的第二个关键因素，就是广泛的被迫性移民危机。自联合国难民事务高级专员办事处创建以来，世界难民数量不断增加。1970 年全世界估计有 250 万难民；到 1983 年，这一数字接近 1100 万；到 1992 年，有大约 1820 万难民，其中几乎 1/4 是在欧洲和前苏联地区；主要因为南斯拉夫危机，这一地区在过去十年里的难民率增加最大。因此，联合国难民事务高级专员办事处作为主要负责世界难民的组织，其作用越来越重要。该组织不但试图影响涉及难民的政策与做法，而且还进行直接干预，主要涉
160 及难民保护方面。在越来越多的情况下，难民危机的其他关键因素（提供住所、人道援助和社区社会服务等）是在与非政府组织的合作下展开的。

何为难民，这一定义是第二次世界大战后不久在颇为不同的情形下衍生而来的。1967 年的一项条约对《1951 年公约》加以延续，其对难民的定义是："因正当理由畏惧因种族、宗教、国籍、属于某一社会团体或具有某种政治见解的原因遭受迫害而居留在其本国之外，并由于此项畏惧而不能或不愿受该国保护的人；或由于担心遭到迫害而不愿返回该国的人"（联合国难民事务高级专员办事处，1993：11）。这项公约因存在各种解释而问题丛生，而且，关键的一个问题是，它并不包括一般性暴力的受害者（乔利（Joly），

1992)。因此,许多逃离南斯拉夫分裂战火的人只得到暂时的难民身份,一旦战火停息,他们就必须回去(停留于德国的克罗地亚和波斯尼亚难民已经开始返回)。

第二个问题是,虽然可以对联合国难民事务高级专员办事处的宗旨加以延伸,以包括普通人口中的那些"在国内被剥夺家园的"人和"处于风险的群体",但在越来越多的情况下,难民的种种需求是由某些机构来满足的,这些机构所从事的工作不同于那些负责社区非难民事务的机构。就社会政策而言,这本身会造成紧张关系,导致各种问题,因为需要以不同的方式考虑同样贫穷的人的需求。我们在下面将要探讨这一点。在冷战后的1990到1995年间,在其国家境内被剥夺家园的人数增加到2500万以上,超过了难民数量(美国难民委员会(US Committee for Refugees),1996:20)。

族群化民族主义的兴起

近年来,最为复杂的一种现象就是日益全球化的社会关系与狭隘的、地方性的和族群化的社会关系之间的联合,这种现象是因为各种具体的"认同政治"的张扬(尤其是因为族群化民族主义的兴起)而形成的。这一现象在后共产主义的东欧与前苏联国家最为明显,因为,随着自由化与(部分)民主化过程,这些地方的民族与族群对抗出现重新组合,同时,日益明显的趋势是,大型的多族群国家分裂为小型的单一族群(或者单一族群占主导地位的)国家。这种现象往往被视为共产主义垮台所导致的一种后果,就好像是因为极权主义体制当年对民族与少数民族问题采取了一味的

“压制”。其实，许多学者都提醒我们，民族问题一直是这些体制的中心问题。

卡尔多和库马尔(Kaldor and Kumar)给我们提供了一个最为有用的族群化民族主义定义，即认为它是一个对各种“假想的”
161 概念加以重新组合的过程。他们认为，所谓族群性就是各种集体认同感通过习俗、宗教、语言等因素而形成的过程和再形成过程；因此，族群化民族主义涉及一些运动，其目的是张扬族群认同感，使其作为构建民族国家的主要基础(卡尔多和库马尔，1993：12－13)。中东欧的族群性和少数民族问题极为复杂，这一点是显而易见的。在一定意义上，1989 年不但标志着共产主义在这一地区的垮台，而且标志着帝国统治终结的开始，而后者可以追溯到奥匈帝国、奥斯曼帝国和苏联帝国时期。少数民族状况的范围也很复杂，至少包括五种情形(富歇(Foucher，1994：17)探讨了前四种)：

1. 不与一个明确的民族国家或空间实体相关联的一些社区，最明显的例子就是该地区普遍存在的吉卜赛社区。
2. 从根源上说，某些社区与一个明确的民族国家在文化和语言方面有联系，但在地理上远离这一民族国家，如前苏联的德国人少数群体。
3. 生活在一个共民族国家(co-national state)附近的一些社区，但不在其疆域内，如罗马尼亚的匈牙利人。
4. 生活在其本源或认同国家附近的一些社区，如科索沃的阿尔巴尼亚人或斯洛伐克的匈牙利人。
5. 某些社区，自从一个新的民族国家形成后，不再是一个大国

> 的多数民族的一部分，而成为一个小国的新的少数民族，如波罗的海国家的俄罗斯族人，还有克罗地亚的塞尔维亚人。

少数民族权利问题以及反对族群化民族主义的问题给超国家机构带来巨大的挑战，尤其对于欧盟、欧洲理事会和欧洲安全与合作组织（Organization for Security and Co-operation in Europe－OSCE）而言。这些问题与其他两大问题同时出现、互为关联：一是前南斯拉夫战争，二是种族歧视、法西斯主义和惧外情绪在西欧国家（尤其在最近重新统一后的德国）的出现，后者针对的是来自南方与东方的少数民族、吉卜赛人和寻求避难者。在少数民族权利方面，机构间与机构内部存在着各种复杂情况，以及相互冲突的做法，这与我们前面已经探讨过的社会福利方面的情形相似。尤其是，所谓的“大棒与胡萝卜”政策导致了紧张关系。即对积极的做法加以奖赏，对不良做法大为盛行的国家进行批评（最终将其驱之门外或拒绝其加入有关组织）。而这种紧张关系已造成重重困难。有人认为，可以用法律性或技术性方法来解决种族歧视问题，但这一观点已受到西欧研究种族与族群关系的学者的质疑。而且，似乎存在着这种偏向：有些国家（如捷克共和国）因为其“西方化”经济导向而得到奖赏，但人们却对这些国家所实施的排斥性公民法“佯装不见”（贝克（Beck），1995）。同样，有人认为，西方机构 162
对有些国家的种族事务的干预使问题进一步恶化，因为这种做法一方面鼓励少数民族为争取自己的权利而要求资源，但同时又拒绝给这些国家转移资源，因为它们不按照西方的道德价值观管理国家（钱德勒（Chandler），1996）。这与第一章所探讨的人们对西方的伦理说法所提出的挑战有异曲同工之处。因此可以说，这种新的少数民族权利平等道德观只不过是一种新的幌子，是对西方的管理性干预的一种掩饰。

总之，复杂的政治性紧迫问题因为战争、被迫性移民和族群化民族主义的兴起而加剧，从而使国际机构的参与处于一种颇为棘手的状况，而在匈牙利、保加利亚和乌克兰这些相对稳定、争议较少的国家，问题则没有这么严重。我们在下面将会看到，这种情形将要求多方授命的非政府组织起更大的作用，将使欧洲安全与合作组织和欧洲理事会等组织更加准确地聚焦于有关问题，将使世界银行和国际货币基金组织的那些所谓“正常”干预变得更加问题重重。也将使所谓“正常的”社会政策问题变得更加错综复杂。领土与主权争端加剧了历史遗留的社会保障要求，人口流动影响到住房与社会救助权利，对公民身份的重新定义也影响到这些领域的种种权利要求。

从前南斯拉夫到后南斯拉夫国家

后南斯拉夫国家研究

构成本章核心部分的案例研究来自于我们在1993年后对后南斯拉夫国家所做的研究工作，其中主要涉及克罗地亚和斯洛文尼亚，但最近的研究也涉及波斯尼亚－黑塞哥维那。研究工作也得益于我们在马其顿为联合国所做的咨询工作（迪肯等(Deacon et al.)，1996)。此处的内容与第三章详细论述过的研究有许多共同之处，尤其都涉及全球性与超国家机构的角色问题，但也有许多不同点。关键的区别是，此处主要聚焦于战争、复杂的政治性紧迫问题、大规模被迫性移民和族群化民族主义等相互交织背景下的社会发展和社会重建。其中包括传统的社会政策关注点与难民和无家可归者的生活提供问题、和平建设项目以及更为广泛的参与性社会发展举措等方面之间的关系。因此，正如我们在前面所指出的，社会政策与社会发展本来就有关联性，现在也与难民研究、和平研究、种族与族群关系等产生了关联。

这项研究的主要对象是，不同类型的非政府组织的作用，它们与国家和地方政府的关系形式，以及在社会重建和社会发展方面
它们与全球性和超国家政府间机构的关系形式。本项工作涉及在 163
克罗地亚的一个难民营所作的准备性研究，与一系列非政府组织和萨格勒布大学的学者的合作，还包括向海外发展署（ODA）所提交的有关克罗地亚和斯洛文尼亚的研究建议与指导思想（斯塔布斯（Stubbs），1996b）。

不均衡发展与南斯拉夫危机

已有几百万字的著述描述了南斯拉夫的“毁灭”（马加斯（Magas），1993）、“分裂”（于格法克斯（Yugofax），1992）、“悲剧性死亡”（丹尼奇（Denitch），1994）、“解体”（科恩（Cohen），1993）、“沦亡”（格伦尼（Glenny），1992）、“终结”（汤普森（M. Thompson），1992）或“消失”（惠勒（Wheeler），1993），因此，本研究的主要目的并不打算在这些方面再说些什么。但是，就中、东欧共产主义和后共产主义的历史而言，“南斯拉夫例外”（Yugoslav exception）问题

还是值得一说的。毫无疑问，生活在西欧的非专业人士中没有几个人对南斯拉夫复杂的构成很了解，即它如何首先诞生于1918年，然后演变成第二次世界大战后的国家，在1950年代与意大利解决了对外边界冲突，最后包括六个共和国：波斯尼亚－黑塞哥维那、克罗地亚、马其顿、黑山、塞尔维亚和斯洛文尼亚。后来，塞尔维亚分裂为塞尔维亚本身和两个自治省份，南边是科索沃，北边是伏伊伏丁那，而在其自治地位于1990年结束之前，这两个省份实际上具有共和国的许多特征。

南斯拉夫的其他几个主要特点包括，它曾是个多民族、多种族实体，其中的每一个族群都属于少数民族。随着时间的推移，有关不同群体的定义也在发生变化；如许多评论者所说的，1980年代之前相互通婚的传统以及越来越多的人自称为“南斯拉夫人”的做法也属于重要因素。尽管如此，到1974年新的联邦结构形成时，居住在不同共和国与自治省的各种群体之间有比较明显的分野。表5.1显示了南斯拉夫在1981年的民族构成和各共和国的情形。

一方面，我们要对那种种族歧视性神话加以质疑，即认为是所谓的“巴尔干思维”(Balkan mentality)造成南斯拉夫的解体；另一方面，我们也需要承认，成立于1918年的南斯拉夫曾有一条奥匈帝国和奥斯曼帝国“断层线”穿过其中，将天主教、东正教和伊斯兰教信徒限制在各自的空间。而且，南斯拉夫在第二次世界大战期间四分五裂，最后是铁托的党派赢得了解放战争，并且在与克罗地亚和塞尔维亚民族主义者(克罗地亚革命运动和塞尔维亚的游击运动)所进行的内战中获胜。但是，胜利导致巨大的内部代价，估计有170万人死亡，大约30万人遭到驱逐或移居别处(马德扎尔

表 5.1　南斯拉夫 1981 年的族群结构与成员共和国

	人口（百万）	族群(5)							
		黑山人	克罗地亚人	马其顿人	穆斯林	斯洛文尼亚人	塞尔维亚人	阿尔巴尼亚人	南斯拉夫人	其他
南斯拉夫	22.4	2.58	19.75	5.97	8.92	7.82	36.30	7.72	5.44	5.51
波斯尼亚－黑塞哥维那	4.1	0.34	18.38	0.05	39.52	0.07	32.02	0.11	7.91	1.60
黑山共和国	0.6	68.54	1.18	0.15	13.36	90.52	3.32	6.46	5.35	1.54
克罗地亚	4.6	0.21	75.08	0.12	0.52	0.55	11.55	0.13	8.24	3.61
马其顿	1.9	0.21	0.17	67.01	2.07	0.03	2.33	19.76	0.75	7.67
斯洛文尼亚	1.9	0.17	2.94	0.17	0.71	90.52	2.23	0.10	1.39	1.77
塞尔维亚(总共)	9.3	1.58	1.60	0.53	2.31	0.13	66.38	13.99	4.75	8.74
塞尔维亚(本身)	5.7	1.35	0.55	0.51	2.66	0.14	85.44	1.27	4.78	3.29
科索沃	1.6	1.71	0.55	0.07	3.70	0.02	13.22	77.42	0.17	3.14
伏伊伏丁那	2.0	2.13	5.37	0.93	0.24	0.17	54.42	0.19	8.22	28.33[1]

[1] 主要为匈牙利人。

资料来源：沃因尼奇(Vojnič)，1995：88－91。

(Madzar),1992;麦西奇(Mesič),1992)。

165 第二次世界大战后南斯拉夫社会的性质是什么,尤其是,1948年与斯大林断交之后其"自治"过程的性质是什么,人们对此各抒己见(奥尔考克(Allcock)等,1992;拉梅特(Ramet),1985;西米和戴克勒瓦(Simmie and Dekleva),1991)。奥尔考克等认为,"自治"既是一种真正的努力,目的是为了使权力分散,同时在一定程度上对社会和经济关系加以民主化,也是一种合法的象征,旨在维持执政党对制度的各种基本方面的垄断地位。这种说法似乎最有道理。"自治"的历史发展也与南斯拉夫复杂的民族问题相关联。同时,市场社会主义的存在是"自治"的一个内容,它导致南斯拉夫较早地实施了更倾向于欧洲模式的失业补偿方案。

应该指出的是,南斯拉夫处于"东西方之间"独特的战略位置,因此,在整个1970年代都能够维持世界银行(1975)所描述的"高度发达的"社会保障制度,所提供的社会福利要高于中、东欧和前苏联。1970年代的这一繁荣期得到经济贷款和信贷的支撑以及持续的城市化的支撑,从而造成很高的期望值,而到了1980年代的危机时期,这种期望值便难以被满足了。

很少有人研究过"自治"与社会政策之间的关系,鉴于南斯拉夫体制的性质,这令人感到奇怪。该体制既不是直截了当的资本主义,也不是国家官僚式东西,而是"发展与权力分散化"的结合体(世界银行,1975)。"南斯拉夫试验"独具特色,即公共服务项目看上去是由自愿的自治性生产企业和地方社区共同提供,这似乎意味着,至少在1970年代,南斯拉夫应该能够最有效地应对冷战的终结,然后平稳地过渡到欧洲式具有相关的社会保障体制的社会市场经济。权力分散这种激进式做法似乎特别重要，这样，联邦法律只需制定某些最低标准，而地方协会则负责制定福利标准和筹集资金。但是，在每个共和国内部(更为重要的是，在整个联邦内部)，“平等”与“效率”平衡这一中心问题一直难以解决。

此外，南斯拉夫对西方开放的方式不同于苏联势力范围内的任何国家。这是一种双向的过程：一方面，大批的游客来到南斯拉夫，主要参观克罗地亚和斯洛文尼亚沿海地区，另一方面，南斯拉夫人在相对不受限制的情况下可去西欧国家旅游和寻找工作机会。到 1971 年，有一百多万的南斯拉夫人在西欧工作(麦西奇，1992：180)，寄回来的汇款成为非正式社会福利体制发展的一个重要部分。

然而，“民族问题”依然悬而未决，尽管在不同时期进行了各种颇为不同的尝试，其目的或者是创造一个高度融合的“南斯拉夫制”，或者是一个权力更加下放的联邦机构，具有相当程度的区域和种族自治。民族、共和国与宗教之间的共存关系过去很复杂，现 166
在依然很复杂，铁托所建立的行政管理体制并没有打破这种共存关系，其做法是，轮流从每个共和国提拔一个人当总统，后来这种做法便销声匿迹了。到了 1980 年代的经济危机期间，斯洛文尼亚出现了“公民社会”民主化运动，科索沃则对占人口多数的阿尔巴尼亚人进行镇压，结果出现了一个由新总统斯洛博丹·米洛舍维奇所领导的武断的、专制性的民粹主义式塞尔维亚民族体制，这当然足以破坏上述的共存关系。而且，军队和安全机器高度集中，在一定程度上由塞尔维亚社会一个阶层所主宰，从性质上而言几乎成为一个自治的共和国。

表 5.2 1959－1989 年南斯拉夫及其成员共和国国内生产总值指数（南斯拉夫＝100）

	1959	1969	1979	1989
南斯拉夫	100	100	100	100
波斯尼亚－黑塞哥维那	75	69	65	68
克罗地亚	116	123	127	126
马其顿	64	69	68	65
斯洛文尼亚	170	187	204	197
塞尔维亚（本身）	101	97	99	104
科索沃	39	34	28	26
伏伊伏丁那	113	111	115	119
黑山共和国	62	75	65	73

资料来源：沃因尼奇（Vojnič），1995：80－1。

表 5.3 1971－1979 年南斯拉夫其他的地区性差别

	工业生产率 1976（南斯拉夫＝100）	文盲率 1971（％）	中等教育 1976（％）	农业所占比重 1977（％）	失业 1979（％）
南斯拉夫	100.0	15.1	15	39.4	14
波斯尼亚－黑塞哥维那	87.3	23.2	11	42.5	17
克罗地亚	105.4	9.0	19	33.3	6
马其顿	80.4	18.1	11	42.1	28
斯洛文尼亚	115.6	1.2	23	19.5	1
塞尔维亚（本身）	100.3	17.6	15	45.8	20
科索沃	78.0	31.5	7	50.1	38
伏伊伏丁那	99.7	9.0	17	39.7	13
黑山共和国	80.2	16.7	14	37.9	19

资料来源：辛格尔顿（Singleton），1979：13；伍德沃德（Woodward），1995：53。

南斯拉夫的“不均衡发展”程度表现在，人均收入和其他社会福利指标方面存在着巨大差异，而这一问题又增加了另外一层因素：这些差异往往与种族边界相吻合（马德扎尔，1992：71）。如表5.2和表5.3所示，最贫穷和最富有地区之间的差异没有缩减的迹象，共和国的精英们对地区性政策加以阻挠，而且，西方的投资 167
倾向也当然会使这些分歧进一步两极化。

因此，南斯拉夫的社会福利环境是复杂的。米拉诺维奇（Milanovic）为其博士学位所作的研究以及后来在世界银行（1975）工作时所作的研究都表明，南斯拉夫的平等程度特别高，虽然在有些较为贫穷的地方出现一些最不平等的现象。在一个正经历经济高速增长、同时由外来收入和信贷支撑的国家，这都不会造成特别紧张的关系。但是，到了1980年代，随着增长速度的减缓，就出现了严重的问题。失业率的变化就可以说明1980年代的萧条：失业从1980年的不到4%增加到1988年的17%（伍德沃德，1995：52）；通货膨胀率也从1980年代初很低的数字增加到1989年的1 300%（1995：54），1990－1991年，GDP的年度下降速度为15%（1995：55）。

这样的数字会对一个稳定的民主社会的社会福利基础造成破坏。铁托的死亡，南斯拉夫联邦体制的复杂性（其情形如布兰卡·马加斯（Branka Magas）1988年访问南斯拉夫之后所说的，“南斯拉夫只在联邦官僚制和军队的意义上存在。实际上，这个国家已经四分五裂，每个地区有自己的生活方式，也都问题重重”（1993：136）），再加上苏联的崩溃（这样，南斯拉夫处于东西方之间的独特地位便丧失了），所产生的效应是巨大的。在1980年代，实际的个人收入持续减少,1986 年的价值少于 1970 年;在 1988 年的一项调查中,有将近一半的家庭说它们有时候没有足够的钱购买食品和其他生活必需品(西米和韦尔利奇－德克勒瓦(Simmie and Verlič-Dekleva),1991:107－8)。

伴随米洛舍维奇的上台而出现的塞尔维亚民族主义复兴,使面临压力的联邦体制雪上加霜。各种相互竞争的民族主义之间出现紧张关系,尤其是,与“大塞尔维亚”意识形态相关联的“统一性民族主义”和“自治性民族主义”之间的关系紧张,后者主要指的是,斯洛文尼亚和克罗地亚要求更多的自治,要求对收入有更大的控制权。随着米洛舍维奇的上台,两者的关系达到白热化程度,因为米洛舍维奇兼并了科索沃和伏伊伏丁那两个自治共和国,并且通过塞尔维亚民族主义的发展加强了塞尔维亚在联邦内的权力。“大塞尔维亚”意识形态可以被看做是共和国之间和共和国内部的一种霸权性战略,旧的精英们受到米洛舍维奇的激励,希望通过这种方式保持权力。那么,如果这种意识形态不再有用的话,就可以被抛弃掉,再实施其他形式的东西,如重新张扬所谓的社会主义集中制,甚至可以实施自由市场式的自由主义。然而,如脱缰之马的各种冲突受各自的动力驱动。南斯拉夫本来完全可以从一个东欧国家平稳地转变成为一个资本主义福利体制,但却变成一个由多
168 个国家构成的脆弱拼凑物,其中有些国家开始接受全球性人道主义援助,而不接受技术性社会政策建议。

后南斯拉夫国家:按年代顺序的变化

我们在此处无法详细探讨这些冲突。表 5.4 中的编年事件展

示了 1991 年 6 月的斯洛文尼亚战争、1991 年 7 月开始的克罗地亚战争和 1992 年的波斯尼亚－黑塞哥维那战争中的基本事件。由塞尔维亚(包括科索沃和伏伊伏丁那)构成的“残余的南斯拉夫”自称为南斯拉夫联邦共和国。其他得到承认的主权国家包括斯洛文尼亚、克罗地亚、波斯尼亚－黑塞哥维那和马其顿。因此,这一地区现在实际上有五个国家,而我们此处之所以用“后南斯拉夫国家”这一说法,而不用“前南斯拉夫”这一更为常见的术语,是因为后者不具有多少分析性含义,而且因为它会使人联想到从前存在的南斯拉夫,从而无法正确地说明目前的情形。

当然,只有斯洛文尼亚的主权得到保障。克罗地亚打算在一两年内以和平方式重新控制东斯洛文尼亚这块由联合国保护的地区,它曾在 1995 年 5 月和 8 月动用武力夺回了这一地区的其他地方,导致大批塞尔维亚人外逃。据估计,塞尔维亚人现在只占克罗地亚人口的 3%,而在 1991 年大约是 12%。按照 1995 年 12 月的代顿(Dayton)和巴黎和平条约,波斯尼亚－黑塞哥维那已被分为两个实体,将由一个脆弱而不得力的集中性权威机构领导,但没有多少人认为这会奏效。这两个实体(越来越显得不稳定的克罗地亚－穆斯林联邦和塞尔维亚共和国)处于一系列停火线的交界位置,看来是不会长期和平共处的。马其顿已得到承认,但使用的是“前南斯拉夫马其顿共和国”这一名称,主要因为其欧盟伙伴和希腊都反对使用“马其顿”这个名称,它们认为,这一名称隐含着想占有希腊北部领土的企图。南斯拉夫联邦共和国(塞尔维亚和黑山)继续受到国际社会的孤立,但米洛舍维奇自封为、也被别人封为“和平缔造者”的做法已经成功地使有关方面取消了制裁,也许它很快就会得到承认。

169 **表 5.4 后南斯拉夫事件年表**

1986	
9 月	由若干反对派知识分子签署的塞尔维亚民族主义请愿书在贝尔格莱德出版。
1987	
9 月	斯洛博丹·米洛舍维奇成为塞尔维亚总统。
1990	
4 月	在克罗地亚的选举中新成立的克罗地亚民主联盟党(HDZ)获胜,由弗拉尼奥·图吉曼(Franjo Tudjman)任领导。
9 月	塞尔维亚废除科索沃和伏伊伏丁那的自治地位。
9 月	斯洛文尼亚议会修改宪法,这样就可能退出南斯拉夫联邦。
1991	
3 月 16 日	克罗地亚境内的克拉伊纳(Krajina)塞尔维亚民族地区宣布自治。
6 月 25 日	克罗地亚和斯洛文尼亚宣布独立。
6 月 26 日	南斯拉夫人民军开始在斯洛文尼亚境内采取干预行动,但没有成功。
10 月 8 日	克罗地亚和斯洛文尼亚正式退出南斯拉夫。
1992	
1 月	斯洛文尼亚在联合国协商下达成停火,建立联合国保护区,联合国军队以联合国保护力量(UNPROFOR)的名义驻扎。
1 月 15 日	欧共体和其他一些国家承认克罗地亚和斯洛文尼亚独立。

（续上表）

4月6日	欧共体承认波斯尼亚的独立。
	卡拉季奇(Karadzic)宣布波斯尼亚－黑塞哥维那塞尔维亚民族共和国的成立。
5月	对萨拉热窝的围攻加紧。
5月和6月	成千上万的难民从波斯尼亚“被清洗”区域来到克罗地亚。
7月	西方媒体首次报道波斯尼亚境内的塞尔维亚族集中营。
9月	塞尔维亚人有效地控制了波斯尼亚2/3的领土；没有被军队占领的只剩下东面的斯雷布雷尼察(Srebrenica)、泽帕(Zepa)和戈拉日代(Gorazde)三个飞地，以及萨拉热窝的一些部分。
10月25日	波斯尼亚军和波斯尼亚克罗地亚民族军(HVO)在普罗佐尔(Prozor)周围开战。
1993	
4月16日	斯雷布雷尼察宣布为一个“安全地区”——这一术语后来扩展到其他五个地区。
4月	波斯尼亚境内的穆斯林和克罗地亚人展开全面冲突。
6月	波斯尼亚克罗地亚民族军(HVO)把塞尔维亚人从莫斯塔尔(Mostar)赶出，有传闻称波斯尼亚克罗地亚人建立了集中营。
7月	波斯尼亚塞尔维亚人的武装力量完全占领斯雷布雷尼察，40 000穆斯林逃离该地区。
10月23日	波斯尼亚克罗地亚人在斯图皮尼多(Stupni Do)屠杀穆斯林村民。
1994	
2月5日	迫击炮攻击萨拉热窝的中心市场，69人死亡，不算这些，自战争开始，仅在萨拉热窝就有将近10 000人被打死。

（续上表）

2月10日	北约向波斯尼亚塞尔维亚军发出最后通牒，要求从萨拉热窝周围撤出重型武器。
3月2日	波斯尼亚－克罗地亚联邦正式成立协议在华盛顿签署。
1995	
5月	克罗地亚采取行动夺回塞尔维亚人占领的斯拉沃尼亚(Slavonia)，引发了新的难民外流。
7月11日	斯雷布雷尼察被波斯尼亚塞尔维亚人占领：大约10 000名男子下落不明，大多数被认为遭到屠杀。
7月28日	克罗地亚力量侵占波斯尼亚塞尔维亚人的格拉霍沃(Grahovo)和格拉莫奇(Glamoč)镇。
8月4日	克罗地亚军开始攻击克拉伊纳：整个地区在一星期之内被克罗地亚人控制，将近20 000名塞尔维亚人离开此地。
9月	理查德·霍尔布鲁克(Richard Holbrooke)的穿梭外交导致和平方案的签署，将波斯尼亚分为克罗地亚穆斯林联邦(51%)和塞尔维亚人"独立存在体"(49%)。
12月	伊泽特比格维奇(Izetbegovic)、米洛舍维奇和图吉曼先后在代顿和巴黎签署协议。
1996	
5月	莫斯达尔的克罗地亚人拒绝接受莫斯达尔的选举结果，穆斯林党派获得大多数：使计划中的9月份全国大选和整个戴顿协议陷入危险。
9月	民族主义的塞尔维亚、克罗地亚和穆斯林党派在选举中赢得胜利，说明由不同种族混居的波斯尼亚前景暗淡。

那么，"后南斯拉夫国家"的故事也就是后共产主义、战争和经济危机交织在一起的故事。可以认为，1980年代持续增长的"不

均衡发展”是由几次战争造成的，并因其而被扩大。此外，我们缺乏有关各个国家社会福利环境的信息。譬如，大多数重要的社会政策与发展指南几乎都没有提到后南斯拉夫国家，除了斯洛文尼亚（国际社会保障协会（ISSA），1994a）。南斯拉夫曾出现在联合国开发计划署1991和1992年的《人类发展报告》中，但后来就消失了，也没有被任何一个后南斯拉夫国家所替代（联合国开发计划署，1991；1992；1993a；1994；1995a；1996）。即使联合国儿童基金会受到重视的监督报告（1993a；1994；1995b）也只报告斯洛文尼亚的数据。许多统计数据都没有被收集，部分原因是战争的干扰， 170
同时也因为人们未能意识到战争与主权争议背景下“正常的”福利和发展指数的重要性。但是，世界银行（1996）报告了前南斯拉夫国家中三个国家的概括性指标。表5.5是对这些指标的复制，同时提供了相邻国家的类似数据。显然，就马其顿、克罗地亚和斯洛文尼亚而言，前南斯拉夫早已存在的种种不平等现象出现了大规模的增加。波斯尼亚的数据会证明这一点。毫无疑问，塞尔维亚的几项指标也大幅度下降。

机构干预的环境与范围

国际组织，包括世界银行和欧盟这样的政府间组织，尤其包括非政府类组织，都一直在差异很大的几个后南斯拉夫国家从事形形色色的干预工作，这些国家实施的是大相径庭的政策，其环境也颇为不同。南斯拉夫在第二次世界大战后的历史上一直存在着“不均衡发展”这一关键性问题，在战争环境下这一问题变得更为重要，从而导致了被迫性移民和领土重新规划问题。如表5.5所示，经济与社会发展环境不均衡。表 5.6 则描述了所有后南斯拉夫国家之间的差异，包括持续的政治问题的紧迫程度、经济形势、领土完整程度、被迫性移民的程度和管理形式的特点等。我们在表中提出，斯洛文尼亚和马其顿所实施的经济与社会政策也许是介于自由式和保守法团式(conservative corporatist)之间，塞尔维亚陷入了后共产主义的保守主义，同时带有族群化的民族主义色彩，而克罗地亚受到日益专权的、日益种族化的民族主义政府形式的统治。波斯尼亚－黑塞哥维那仍然处于战争状态，不同的种族化团体似乎很有可能在一个松散的、不稳定的国家形式下共存。

表 5.7 描述了国际组织在这些环境下所进行的不同方式的干预，同时说明非政府组织所从事的国家性活动的程度。下面的案例研究对目前的形势进行更为详细的分析，并提供有关证据，但总体而言，这些国家之间关键的相同点和不同点都已经很明显了。
173 斯洛文尼亚已不存在主权争议，因此，可能会像东欧国家那样，和主要的国际组织处于“正常”关系，但事实上，其外来的干预相对有限。经济与社会政策方面到底是实施社会性自由式做法，还是保守性社团式做法，争议主要是在强大的公民社会与政府之间展开。该国正快速步入加入欧盟的轨道，已经从欧盟的 PHARE 项目资金中获益。同样，马其顿的形势也接近“正常”，但世界银行的贷款主要用于社会援助领域和企业倒闭方面。然而，此地的外来干预的主要目的一直是防止种族紧张关系的发展。联合国预防性部署部队(UNPREDEP)决定，其干预的焦点不应该是军事性的或政治性的，而应该是社会性的，从而进一步为我们的全球政治的社会

表 5.5　本地区当前的经济与社会指标

	1995 年 GDP 增长率(%)	1994 年人均 GNP (美元)	1994 年婴儿死亡率 (每 1000 例活产)	1994 年预期寿命(岁)	1993 年中学入学率(%)
马其顿	-4.0	820	23.8	72.7	54
克罗地亚	2.0	2 560	10.9	73.5	83
斯洛文尼亚	5.0	7 040	6.5	73.6	89
阿尔巴尼亚	6.0	380	31.0	72.8	78(1990)
保加利亚	3.0	1 250	15.3	71.2	68
希腊	-	7 700	8.0	78.0	85
土耳其	-	2 500	62.0	67.0	61

资料来源:世界银行,1996。

表 5.6　后南斯拉夫国家比较

	政治紧迫性	经济情况	领土完整	被迫性移民	政治\经济框架
克罗地亚	一定程度的	还可以	部分性的	高	种族化的专权式资本主义
斯洛文尼亚	没有	好	是	低	保守法团式资本主义或自由式资本主义
波斯尼亚	有	非常差	不是	普遍	战争、有争议的
马其顿	潜在的	差	是	低	正在形成的保守法团式或自由式资本主义
塞尔维亚	一定程度的	差	是	高	种族化的专权式后共产主义保守做法

表 5.7　后南斯拉夫国家中的非政府组织和全球性机构

	国家非政府组织	国际非政府组织	主要关注点	超国家机构	主要关注点
斯洛文尼亚	高	低	社会发展	欧盟 PHARE	经济与社会发展
克罗地亚	中	中	心理－社会帮助	世界银行	经济与社会发展
波斯尼亚－黑塞哥维那	低	高	人道援助	UNTRANS	和平建设
				欧盟	援助，心理－社会帮助
				多国维和部队（IFOR）	维持和平
				联合国难民事务高级专员办事处（UNHCR）	难民
				欧安组织（OSCE）	人权
				欧盟，世界银行	选举，重建
塞尔维亚	低	低	难民	联合国难民高级专员办事处	难民
马其顿	低	低	预防冲突	联合国预防性部署部队（UNPREDEP）	预防冲突
				世界银行	经济与社会发展
				欧安组织	人权

化主题提供了一个例子。我们下面的案例研究就要描述其所做的工作及其结果(迪肯等,1996)。塞尔维亚仍然是个被遗弃的地方,除了联合国难民高级专员办事处在该国帮助处理难民之外,国际组织的介入程度很小。克罗地亚则处于混合状况,由于其现在的领土更为完整,所以同世界银行保持了一些"正常"关系。欧盟对该国的支持是通过其援助机构(欧共体人道援助办事处(ECHO))进行的,而不是通过 PHARE,而且集中于战争创伤之后的心理-社会工作。非政府组织在很大程度上参与了和平建设工作、人道救援和难民帮助,但这种情形扭曲了正常的社会提供。波斯尼亚-黑塞哥维那仍然是一个复杂的政治紧迫问题纠结的地方,世界银行和欧盟正在外围认真等待着,希望能实现其为重建提供资金的承诺。这两个组织都意识到,需要从紧急干预转向长期的社会政策制定过程,但到目前为止都无法做到这一点。与此同时,各种各样的国际非政府组织正在这一领域活动,提供一种不稳定的残余式福利支持,因为该国脆弱的政府无法实施有效的公共政策。欧安组织(OSCE)负责监督人权状况。值得注意的是,国际劳工组织在该区域的参与程度低,这说明,因为战争和不稳定因素,其正常干预活动被打断,同时也不稳定。

此处的案例研究显示,上述许多干预活动和我们研究的焦点要更为宽泛,而不像第四章中我们所作的其他案例研究所反映的那样,只是狭隘地聚焦于收入维持方面。此处所关注的是,实施更广泛意义上的社会政策,也就是能体现出一种社会发展观的社会政策(海外发展署(ODA),1995b)。同时,因为存在各种有争议的情况,所以,即使是对更为狭义的收入维持领域的干预活动也在不同程度上变得更加复杂。前面已提到过其中的一些干预活动。如果要全面地罗列一下各种复杂因素，那就是：

1. 在前南斯拉夫体制下养老金和其他权利得到增加，但塞尔维亚没有自动承认那些“分裂出去的”国家有这些权利。不同基金组织之间的协商仍在继续进行。
2. “分裂出去的”国家的居民在前南斯拉夫的银行账户被冻结，立即使一些人陷入贫困状况。
3. 174 克罗地亚已经向波斯尼亚境内的克罗地亚人提供了一些公民权利(如养老金)，但同时则拒绝给克罗地亚的一些塞尔维亚人和穆斯林提供公民权利(如养老金)。该地区其他地方也存在着类似的将公民身份作为一种排斥体系的做法。
4. 人口流动影响到正常的房屋使用权和所有权，其中涉及对南斯拉夫军队以前拥有的财产的再分配问题。
5. 战争环境下工作场所的关闭很快地打乱了工作福利权利，并且破坏了工会在社会保障方面施加正常压力的能力。
6. 地方的贫穷人口以及大量涌入的难民纷纷要求地方社会援助办事处提供援助。
7. 非政府组织使用的发放体系绕过正常的地方机构，使其不再具有合法效力。
8. 受伤者、无家可归者以及复员军人对资源带来的压力越来越大，正常的政府体系难以满足其需求。
9. 欧盟边界对工人关闭，使得国外汇款突然中止，结果改变了非正式的福利体系，而这些体系以前是能够填补安全网方面的罅隙的。

10. 有些援助是专门针对某些宗教信仰的人，或某些族群的人，从而可能会加剧地方上已经艰难的社会关系。

11. 向返回的难民发放的再安置补贴（比如，由斯洛文尼亚发放给返回波斯尼亚的穆斯林，或者由德国人发放给返回马其顿的吉卜赛人）扰乱了正常的收入维持体系和地方收入分配模式。

下面将更为详细地描述国际组织在前南斯拉夫国家的各种状况下所进行的干预活动。

斯洛文尼亚：公民社会、社会运动和社会发展

从以上论述可以清楚看出，斯洛文尼亚属于后南斯拉夫环境下非常独特的情形，因为我们在此所探讨的是前南斯拉夫共和国中最发达的国家。在1980年代，该国人就大谈特谈社会运动和公民社会，而自1980年代末以来，国家与地方政府就一直为非政府组织提供资金。而且，在一定程度上因为斯洛文尼亚是个单一种族国家（西尔伯和利特尔（Silber and Little），1995），所以能够在经历1991年6月的短暂战争后从南斯拉夫分离出来，其物质与社会基础设施没有在很大程度上受到影响。它是第一个成为欧洲理事会的后南斯拉夫国家，也是在马其顿于1996年加入之前长期唯一欧洲理事会国家，并且似乎要“快速地”成为北约和欧盟成员。175
其经济表现持续看好，这种情况甚至使匈牙利和捷克共和国相形

见绌。

斯洛文尼亚在首先应对克罗地亚、然后应对波斯尼亚－黑塞哥维那紧迫的难民问题时的表现顶多可以说是半心半意的，虽然我们应该承认，许多波斯尼亚难民已经融入了斯洛文尼亚社会，而波斯尼亚人在过去都是来自前南斯拉夫共和国的流动劳动力。的确，有人认为，斯洛文尼亚的难民人数已经够多的了，足以促使它实施渐进式社会福利做法，但同时又不够多，不会在该体制内诱发危机。这种观点是有道理的，因为在难民高峰时，总人数达到大约75 000人，或者说占其人口的4%多一点（雷蒙（Ramon），1995），不过，应该认识到，所谓渐进式做法也是在政府推行的有意识对公民身份加以排斥的标准内形成的。

斯洛文尼亚的两个派别之间展开了“公民社会之战”，一方为“进步潮流”，在1980年代表现于妇女运动、独立工会、非药物治疗心理健康、儿童权利运动、和平与生态等各种势力，另一方则被称为“保守潮流”，主要包括教会和国家指导的运动（库兹玛尼奇（Kužmanič），1995），这一争斗正在社会政策和非政府组织方面展开。还有一种紧张关系成为一个关键的争斗点，一方要求实施反压迫性紧急行动（anti-oppressive imperative），其观点基于复杂的边缘性理论，另一方要求实施一种新的保守法团式框架，其基于奥地利的发展情形。不存在争议的是，大家都认为国家性非政府组织应该在其中扮演领导角色，而在斯洛文尼亚活动的全球性机构和国际非政府组织似乎都承认这一事实。

卢布尔雅那大学（University of Ljubljana）的津卡（Zinka）、科拉里奇（Kolarič）、伊万·斯韦特里克（Ivan Svetlik）及其同事们

认为,就与国家的关系而言,应该实施不受非政府部门影响的基于“融合性独立”的“福利混合体”,其受控制的程度要低,国家出资的程度为中等,交流与联络的程度要高。这些思想很重要。他们还进一步认为:

> 非营利部门作为服务提供者,应该在斯洛文尼亚的福利体系结构中居第二地位(科拉里奇和斯韦特里克(Kolarič and Svetlik),1987),即居于公共部门之后和私人的营利部门之前。这样就可以形成一种新的福利体系类型,它将不完全等同于社会民主的、自由的或保守的法团模式(埃斯平-安德森,1990),但将包括这三种模式的成分(科拉里奇等,未标明日期)。

持续的经济增长表明,斯洛文尼亚开始融入发达世界的经济市场,开始形成广泛基础上的政治稳定,开始出现总体上是积极的人权状况,并且开始形成强有力的国家性非政府组织部门。因此,似乎应该将斯洛文尼亚的模式看做这样的一种模式:它能促进“社会发展”,同时又不会在很大程度上需要由超国家或全球性机构充当管理者、分配者或提供者。虽然有人认为,斯洛文尼亚因为其独 176
特与复杂的位置,实际上在援助和发展资源方面的效果要比同类国家差,但其本土日益兴盛的非政府部门所具有的更加积极的成分对此有所补偿。

特别要指出的是,非政府部门所承担的工作范围要比其他后南斯拉夫国家的范围广,而且,正如达利亚·扎维尔塞克(Darja

Zavirsek,1995)所说,它们主要聚焦于“心理健康、与妇女合作和儿童保育等领域的社会性创新活动”。大多数创举的规模相对较小,其增长更具“发展性”,而不是“针对危机的”,而且,此类组织已经开始对法律部门产生影响。有趋势表明,供给方面开始采取“技术专家性”做法,就首都卢布尔雅那的情形而言,社会福利组织目前的运作程度还很低,但这一部门的整体状况预示着未来会有良好的发展。

参与斯洛文尼亚工作的国际组织——其中包括救助儿童会(Save the Children,英国)——都已认识到非政府部门的力量,都在努力培养它们作为服务提供者的能力,而不是与其竞争,或者只支持某一个非政府组织的利益。而且,斯洛文尼亚有可能在中、东欧的创举性活动发展中起到一定的作用。这一部门的成熟意味着,超国家和国际组织在实施其方案时会遇到实际问题。有鉴于此,斯洛文尼亚对全球性社会发展提供了一个特例,它也许表明,可持续性社会发展的一个先决条件就是,形成一个真正的、渐进的、新生的公民社会。因此可以说,斯韦特里克(1992b)的文集之所以忽视了全球性机构在社会政策中的作用,似乎是因为他认识到斯洛文尼亚这个特例的性质,而不是因为思想和实践方面的疏忽。

克罗地亚:非政府组织和被迫性移民

克罗地亚的形势要复杂得多,争议和矛盾也更多。不应该忘记的事实是,后南斯拉夫国家的战争与毁灭,首先主要是在克罗地亚开始的。现在没有多少人还记得，在冲突的早期，联合国将其大本营设在萨拉热窝，而不敢将克罗地亚的首都萨格勒布作为其活动基地（里夫（Rieff），1995）。斯洛文尼亚是南斯拉夫最为发达的共和国，其次便是克罗地亚，国际与全球化机构是如何界定克罗地亚的，而克罗地亚社会的不同群体又是如何应对这些机构的存在，这些问题可以作为一个重要的案例研究。

克罗地亚的战争始于1991年夏天，后来实现停火，1992年年初由联合国协商达成的一项协议有效地终止了战争。协议承认克罗地亚对其整个领土所拥有的主权，但允许塞尔维亚对四个联合国保护区实施有效的地方控制，即东部，奥西耶克（Osijek）以外的 177
地方，包括武科瓦尔（Vukovar），这是一个石油与农业地区，与塞尔维亚本土更为融合；北部与南部，即所谓“克拉伊纳”（Krajana），或者说是与波斯尼亚接壤的军事区域，包括克宁镇（Knin）；西部，位于斯拉沃尼亚（Slavonia）西边，以帕克拉茨（Pakrac）这个被分开的小镇为中心。1995年3月，经过重新协商达成联合国维和部队的托管地后，维和部队被重新命名为联合国信心恢复行动（UNCRO），而不再是联合国保护部队（UNPROFOR）。1995年5月，为恢复斯拉沃尼亚西部的土地，克罗地亚军队发动了连续的攻势，1995年8月又发动连续攻势，以恢复克拉伊纳地区。西部仍然属于联合国管理，在UNTRANS监督下，一两年内将控制权过渡给克罗地亚。

战争对克罗地亚的经济造成许多灾难性后果：克罗地亚丧失了对其1/3领土的控制权；主要公路和铁路网中断；旅游收入几乎降至零（拉梅特（Ramet），1996）。此外，从塞尔维亚控制区逃离的人口所造成的危机，再加上1992年4月来自波斯尼亚－黑塞哥维那战火之地的大量难民的涌入，构成了一个重大的问题。在1992年年末被迫性移民高峰期，克罗地亚必须为700 000登记为难民和无家可归者的被迫性移民提供生活条件：如果加上未登记的难民人数，这一数字恐怕要高得多（伊萨科维奇（Isakovič），1993；麦西奇（Mesič），1993；梅泽纳里奇和温特（Meznarič and Winter），1993；普里兹（Puljiz），1992）。根据1995年5月行动之前的最后一次统计，克罗地亚共接纳了380 000人，几乎占其总人口的10%。人口状况和居住条件的分配如表5.8所示。

表5.8　克罗地亚的无家可归者和难民（1994年10月）

	无家可归者	难民	总数
总数	196 870(52%)	183 038(48%)	379 908
年龄：			
0－14岁	37 471(19%)	47 104(26%)	84 575(22%)
14－25岁	28 723(15%)	32 291(18%)	62 014(16%)
25－59岁	85 403(43%)	67 048(37%)	152 451(41%)
大于59岁	44 273(23%)	36 595(20%)	80 868(21%)
性别：			
男	93 087(47%)	72 450(40%)	165 537(44%)
女	103 783(53%)	110 588(60%)	214 371(56%)
居住条件：			
组织提供	53 102(27%)	30 466(17%)	83 568(22%)
私人提供的	143 768(73%)	152 572(83%)	293 340(78%)

资料来源：联合国难民事务高级专员办事处（UNHCR），1994。

在克罗地亚，外国机构和超国家机构（包括非政府组织）的活动范围要大于中、东欧的其他后共产主义国家。许多组织协同进行或者参与人道救援，以及应对战后创伤后果的心理－社会项目。178 克罗地亚提供了一个对欧洲背景下的援助问题加以研究的案例，而援助问题是发展研究文献中常见的内容。从克罗地亚可以观察到一些类似的由援助带来的经济和政治后果，包括贸易不平衡问题、国家独立面临的挑战、对政治目标的影响等。此外，人道援助会加强种族化过程。譬如，联合国难民事务高级专员办事处等超国家机构主要根据难民的需求来界定其工作，将那些内部流离失所的人交给政府去处理，而政府又必须向外国机构求援。无论在什么情况下，援助机构会坚持让人们清楚表明其宗教或种族，然后才有权得到援助。虽然在克罗地亚和波斯尼亚－黑塞哥维那活动的主要穆斯林和天主教机构都作出了有关非歧视性的政策声明，但他们认识到，在实际操作中，这些政策“在现场”很难得到实施。

牛津大学难民研究中心（University of Oxford Refugee Studies Centre）的芭芭拉·哈勒尔－邦德（Barbara Harrel-Bond）及其同事对克罗地亚的难民政策与做法作了最为清晰的评论（埃利奥特（Elliott），1993；哈勒尔－邦德，1993）。这部著作中的一些观点似乎认为，有些问题产生的原因是，人们轻率地将某一具体的救援工作模式用于某种情形，结果使得难民被边缘化、陷入无助的境地。在这种情形下，外国机构和超国家机构以为所在国政府无法管理难民援助项目，或者只能勉强管理；人道援助被说成是非政治性的，实际上则不是这样（参见哈勒尔－邦德，1986）。与我们关注的问题最为密切的一个观点是，救援模式加剧了难民、内部流离失所者和地方社会之间的紧张关系。因为这些群体从不同机构获得不同的帮助，而这些不同机构的做法又是基于不同的假设和原则，因此，毫不奇怪，裂痕会进一步加深。不难想象，有人会指控说某个群体受到偏袒或优待，而其他群体则受到损害，而这些指控都与族群化的民族主义工作方案有关联。还没有人对贫穷的地方社区、克罗地亚流离失所的人口和难民之间的局部竞争所带来的社会政策影响作过系统的研究。然而，这方面显然存在着一种混乱情形：哪个机构到底应该负责哪一部分人？因为无论是现金还是实物资源，都是由不同的政府机构和地方政府机构（流离人口与难民办事处、社会工作中心）、超国家机构（尤其是联合国难民事务高级专员办事处）、红十字以及国家和国际非政府组织进行分配的。

然而，在克罗地亚卷入波斯尼亚－黑塞哥维那问题之后，这一问题进一步复杂化。波黑几乎有20%的人口属于克罗地亚族，这些人集中在波黑的南部，即黑塞哥维那，这一状况对克罗地亚的政治产生了重大影响。下面的案例研究进一步探讨克罗地亚在政治和军事方面对波黑的介入。此处要探讨两个关键问题。第一，波斯尼亚的克罗地亚人能够申请和获得克罗地亚公民身份，结果导
179 致了这样的情形：他们是否有权获得各种社会福利津贴和住房取决于民族性，而不是居住地点。第二，波斯尼亚的穆斯林和克罗地亚人之间的战争发生时，即使克罗地亚于1993年取消了边境开放政策，它仍然接纳了大批的穆斯林人。目前，克罗地亚有大约25%的登记难民为穆斯林，绝大多数的难民则是克罗地亚族人（美国难民委员会（US Committee for Refugees），1996）。

南部日益出现的趋势是，全球性、区域性和国家援助机构往往绕过中央和地方政策，而通过非政府组织发挥作用。人们现在已经提出了若干问题，这些问题都是针对外国非政府组织有可能带来的消极影响，因为许多这样的组织此前都没有在欧洲工作的经验。大家主要关注的一个问题是，外国非政府组织活动的模式是否与需求相关？之所以提出这个问题也许是因为，许多外国非政府组织活动的地方出现了大量的重复服务（duplication of services）现象，而且各种服务往往集中于具体的、短期的、有声望的项目，而不是帮助建立基于需求的基础服务设施。实施项目的前提，包括项目与更为普遍的社会福利提供的关系，有时都没有得到清楚的说明。此外，提供服务的形式也可能不合适，因为这些干预模式都是针对具体文化的，不能不加鉴别地应用于克罗地亚的情形（迪肯等，1994）。

与斯洛文尼亚相比，克罗地亚的志愿部门在1980年代不够发达，除了博爱慈善会（Caritas），即天主教的救济机构，只有若干独立的妇女自发组织。若干个克罗地亚非政府组织得到创建，这是战争与被迫性移民所造成的危机直接导致的结果。就优先考虑的事情以及资金提供而言，这些组织的发展不均衡，因为它们强调“紧急”状况，其工作首先是针对难民的，而不是针对普通人口中许多有需求的群体。从1993年开始，联合国难民事务高级专员办事处给少数克罗地亚的高层非政府组织出资，使这些组织对这种资金来源产生了依赖，结果在随后的年月里，随着该办事处活动的减少，便出现了一些实际问题（斯塔布斯和泽蒂克（Stubbs and Sertic，1996））。尤其值得指出的是，以危机为导向的出资方式促使了一些行政管理和官僚机构的诞生，而这些机构主要关注的事情便是自己的生存。因此，非政府组织社会福利活动的成本效益实际上往往比人们想象的要小。

范围扩大后的非政府组织对难民工作的强调，往往会导致一个并行的社会福利体系，从优先考虑需求的角度而言，就会影响到各组织内部的工资结构（为联合国难民事务高级专员办事处工作的外国人和当地的克罗地亚人所挣的工资就要高于那些为克罗地亚社会服务机构工作的人），等等，而且还会造成被迫性移民和当地穷人之间对稀缺资源的竞争。此外，一种竞争性市场已经形成，地方非政府组织为了生存下去，就被迫在服务类别、原则和做法等
180 方面模仿外国资金提供者。这里的问题不仅仅是，非政府组织要按照出资者的期望去做，而是在协商与联盟过程中双方会共同强调一些内容，同时会认为其他某些事情是无法做到的。“全球化的新的职业中产阶级”诞生后（无论他们是哪国人），往往会操一种共同的语言，持相同的观点，这似乎是“援助行业”的一个重要产物，克罗地亚的情形就说明了这一点（斯塔布斯，1996a）。

而且，部分原因由于政府结构被边缘化，部分原因是因为波格丹·德尼奇（Bogdan Denitch，1995）所说的“基层民族主义”（grassroots nationalism）的重要性，出现的若干非政府组织与克罗地亚的执政党有密切的财政、个人和意识形态关联。这就违背了非政府组织的前提原则，即无论在什么情况下，它们都应该促进一个非民族主义的公民社会的诞生。不同机构与种族化做法之间的关系也很复杂。有些组织或明或暗地有意识采取种族排斥做法，即只给某一种族群体的成员提供服务。许多组织主张社会同

化(assimilationist),说它们的服务是“面向所有人的”,但未能推出相应的人事与服务监督和审核办法,以保证在实践中顾及到文化差异,从而真正做到这一点。另一方面,从活动于克罗地亚的一些超国家和国际机构的价值观念和做法中也可以看出,它们对文化和种族的强调有不合适之处,无论是颂扬文化差异(多元文化主义),还是强调权力关系(反种族歧视做法)。最近的一个例子就是,克罗地亚军队1995年5月采取行动,以夺回塞尔维亚叛军控制的领土,在随后的几周里,绝大多数的塞尔维亚人从斯拉沃尼亚西部外逃。联合国难民事务高级专员办事处的看法是,塞尔维亚人面临巨大危险,所以他们帮助组织一些护送队,把愿意离开的人护送到波斯尼亚和斯拉沃尼亚东部的一些地方,而实际情形是,到这些地方后,男人们立即被征入伍。同样,国际机构一度在开会时,强调的是帕克拉茨及其周围地区塞尔维亚社区的苦难。问题是,它们开会时并没有邀请地方社会福利机构,尤其是红十字会和社会关怀中心。事实上,许多国际机构所认为的对塞尔维亚人的歧视只不过归因于克罗地亚福利官僚机构常规性的做事缓慢而已。这并不是要替克罗地亚当局粉饰。的确,克罗地亚军队于1995年8月在克拉伊纳地区采取行动之后,因为在这里活动的国际非政府组织很少,所以出现了普遍的、有体系的践踏人权现象。

克罗地亚被迫性移民危机背景下的另一个政策问题是,没有足够强调社会与社区做法,而是强调所谓的“心理－社会做法”,其主要假设是,大批难民和流离失所者都在遭受“战争创伤”或创伤后压力疾患(PTSD)。对心理－社会做法的强调似乎至少源于三个不同方面。第一,有人一直批评道,在其他难民状况中,只考虑 181

到难民紧迫的生存需求（住所和食物），而其他需求，尤其是心理方面的需求，往往被否认。因此“欧洲战争”环境可以使人们纠正这种不平衡的做法。第二，在早期阶段，对难民和流离失所社区的界定显然主要是根据有多少妇女和儿童遭到经常性强奸的说法而作出的。而女权运动组织和女权思想对这种反应起到重要影响。第三，克罗地亚和波斯尼亚的专业人士——尤其是心理学家——也按照自己的框架和方法作出反应。毫无疑问，克罗地亚的情形是，心理做法要比社会工作和社区发展做法更具影响力，更能赢得声望。因此，从一套相对进步的必要性做法便衍生出一种新的正统做法，结果便造成了非政府组织对稀缺资源进行竞争的局面。到了 1996 年，也就是危机开始五年之后，联合国开发计划署才设立了一个办事处，以应对克罗地亚整个地区的问题，如此，经济与社会发展问题才在一定程度上得到优先考虑。

最近，克罗地亚内部的人权组织其他机构也得到了更加齐心协力的支持。可以说，这些组织以及一系列妇女组织与和平群体已形成某种替代性“公民社会”，目的是促进民主价值观。克罗地亚就要加入欧盟，尽管因为几个问题而在最后阶段出现了前所未有的推迟现象，其中包括，克拉伊纳事件造成的后果；反对派在最近的选举中获胜后希望任命一个人担任萨格勒布市长，结果引发一场宪法危机；媒体缺乏自由；克罗地亚继续拒绝承认波斯尼亚的克罗地亚人，因为他们没有承认莫斯塔尔地区（Mostar）的选举结果。克罗地亚加入欧盟后，就可以参与 PHARE 和其他欧洲项目。许多年来，世界银行一直在克罗地亚的幕后悄悄活动，政策的变化反映了其参与的程度，但这些变化引发了争议。有证据表明，克罗地亚所得到的建议有相互矛盾的地方，前一章所指出的欧洲派观点和自由派观点之间所存在的争议也在克罗地亚展开了。尽管人力资源运作部（Human Resources Operations Sections）内部的“欧洲派”人士西波斯（Sipos）参与到克罗地亚的工作，但人们已经在探讨，是否会在克罗地亚实施基于智利模式的养老金方案（世界银行，1995f）。过去几年大批的人提前退休，人们因此预料到克罗地亚会出现一场养老金体系危机。因此，随着战火的消减，与克罗地亚境内的国际组织的关系会趋于更为“正常的”状态，但是，该国因为战争而显得突出的不均衡发展有可能会导致一种暂时的共存状况，即一方面关系更为正常，另一方面，国际非政府组织的继续参与会造成扭曲性影响。 182

波斯尼亚－黑塞哥维那：种族灭绝与人道主义政治

在波斯尼亚－黑塞哥维那，人们对“新世界秩序”所抱的许多希望都完全幻灭了。这里所造成的毁灭和人口失去家园的规模是欧洲在第二次世界大战后所未有的。人们对波斯尼亚－黑塞哥维那战争中死亡人数的估计相互有出入，但保守的数字应在200 000至300 000之间（拉梅特，1996：317）。此外，有大约130万波斯尼亚人成为其他国家的难民，波斯尼亚境内的大批人口失去家园，只有少数人仍然生活在战前居住的地方。波斯尼亚－黑塞哥维那是南斯拉夫共和国中族群最为众多的国家，从上述数字明显看出，要想把该国的不同种族划分出来，其成本将大得惊人！

代顿和巴黎和平协议得以在波斯尼亚－黑塞哥维那维持一个

松散的中央政府，根据一个复杂的规定，政府中的一些职位实行轮流制，这令人奇怪地想到铁托时代的情形。这一做法已有效地将波斯尼亚－黑塞哥维那分为两个实体：一是克罗地亚－穆斯林（或克罗地亚－波斯尼亚克（Croat-Bosniak））联邦，它将控制51%的领土；二是波斯尼亚塞尔维亚共和国，将控制剩余的领土。和平协议由以北约为基础的多国维和部队实施，其中包括相当数量的美国军人，他们将在波斯尼亚－黑塞哥维那驻扎一年。同时建立了一个民事机构，任命欧盟前任的首席谈判者卡尔·比尔特（Carl Bildt）为驻萨拉热窝的波斯尼亚－黑塞哥维那高级专员。

和平协议的条款也涉及人权，难民返回家园，全国性、地区性和地方市政选举，与国际方面合作调查、起诉战争罪等。各方面的评论者都认为这些协议不现实，没有多大真正权力的支撑，因此难以实施合作。虽然已举行了全国与地区性选举，但地方性选举被推迟到1997年9月。人们在很大程度上寄希望于世界银行和欧盟领衔实施的重建方案，该计划意在让各方能看到和平与重建所产生的经济价值。而据估计，该国1993年的工业生产只是其1992年水平的5%（拉梅特，1996），而且，军人的复员也加重了存在已久的失业问题。因此，这一方案使波斯尼亚出现了一种新的超国家机构劳动分工：北约主要负责维持和平；美国主要负责解决政治问题；联合国难民事务高级专员办事处主要负责难民和重新安置问题；世界银行和欧盟主要负责重建与发展工作；欧洲安全与合作组织（OSCE）主要负责人权与选举。此外，现在也鼓励非政府组织将其工作重点从紧急事务转向重建与发展问题。

我们在这一部分无法充分探讨新的和平协议所带来的社会政

策问题。事情的变化速度太快，我们只能作出一些概括性评论。183 但是，我们可以回头审视一下驻波斯尼亚－黑塞哥维那的国际机构所起的作用，探讨一下从明显的失败方面所得的教训，即为什么国际机构未能阻止种族灭绝、种族清洗、领土分裂和大规模强迫性移民？

显然，波斯尼亚－黑塞哥维那和卢旺达之间存在着一种并行状况，针对后者，由丹麦政府所赞助的最近的一项报告指出：

> 国际社区未能对卢旺达的种族灭绝作出反应，其根本原因是政治性的（现在仍是如此）。如果早就作出合适的政治决定，也就显然不需要随后的大量人道救援活动了。事实是，人道行动代替了政治行动。（米尔伍德，1996：11）

不同的作者都得出类似的结论，包括新闻记者戴维·里夫（David Rieff）的著作《屠宰场：波斯尼亚与西方的失败》（1995），还有拉里·米涅尔（Larry Minnear）领导的小组撰写的学术著作《前南斯拉夫的人道行动：联合国在1991－1993年的作用》（1994）。尽管这些著作风格迥异，它们都指出，联合国机构缺乏明确的行动目标；联合国不同部门之间存在着混乱；而且，因为联合国将其作用界定为“中立的”，结果变成了冲突的另一方，因而只能散布一些假情报、维持一些难以维持的地位。

这种困境最明显地表现在负责难民保护的联合国难民事务高级专员办事处在面对“种族清洗”所作出的反应。根据海外发展署（ODA）最近的一份报告中的说法，这种反应本身就是一种“隐含的社会政策”形式。难民高级事务专员绪方贞子(Sadako Ogata)在1992年11月简要地表达了这种两难处境：

> 冲突的目的是故意要使人们流离失所，在这种情况下，我们就面临一个巨大的困境：我们应该在多大程度上说服人们留在他们生活的地方，而这样会使他们的生命与自由受到威胁？从另一方面说，如果我们帮助他们搬走，那我们是不是就成为“种族清洗”的帮凶了？(见米涅尔，1994:64)

米涅尔指出，在这一中心问题上，联合国难民事务高级专员办事处内部出现过政策转变和政策混乱情形，当然，这一问题又一次说明，如果不能在政治或军事上阻止此类行动的话，就无法进行人道援助。米涅尔说，联合国难民事务高级专员办事处发现自己很难起到领衔机构的作用，难以动员到足够的资源来建立社区社会服务网络。此外，成千上万的外籍人员来了又走了，往往只呆很短的时间。

马克·达菲尔德(Mark Duffield，1994)分析了联合国儿童基金组织在波斯尼亚和安哥拉所做的工作，其中指出重要的一点：波斯尼亚-黑塞哥维那过去和现在的情形都是，“一个强大的国家”演变为一个突发事件。战争、种族灭绝与“种族清洗”破坏了人口
184 与发展良好的民事、专业和社会基础结构之间的各种联系。他认为，介入到波斯尼亚-黑塞哥维那的外国非政府组织做得再好也无法恢复这些联系，而做得很差的话，会使这些联系进一步恶化，这一看法很有见地。美国的非政府组织国际救援委员会(IRC)所

做的事情可用来说明“多方授权的”非政府组织在波斯尼亚－黑塞哥维那的兴盛(在一定程度上克罗地亚也是如此)。该委员会的绝大部分资金来自美国国际开发署(USAID),该机构给予那些应对战争创伤和重新统一工作的非政府组织“综合性拨款”、发放人道援助、主持一个种子项目、实施自己的社会福利与心理健康服务。1993年,美国国际开发署为波斯尼亚活动所作的预算大约为5 000万美元,比联合国儿童基金会为整个地区所作的预算还要多。同许多外国非政府组织一样,美国国际开发署做的事情也就是达菲尔德所说的“自我品牌项目”,这些项目“虽然对直接受益人有好处,但与现存的专业和民事结构没有多大联系”(1994:65),因此,未能推行有效的、更为长期的社会政策。世界银行驻该国的社会部门专家已注意到这一点,他们在1997年5月总结说:“尚没有作出认真的努力,帮助该国政府推出一个紧急阶段后的战略,以实施合理化的、支付得起的社会福利项目”(世界银行,1997:1)。至于医疗政策方面,驻萨拉热窝的欧洲委员会人道援助办事处(ECHO)也表达了类似的感受,他们指出,“达成代顿协议五个月后实施了两个实体、三种货币和三种医疗体系……但目前针对健康部门,欧盟尚未制定出明确的政策”。(索尔(Sole),1997)

非政府组织未能与民事和专业机构协作,这在一定程度上与联合国儿童基金会和世界卫生组织等机构所做的工作形成对比。世界卫生组织的使命是“保护前南斯拉夫冲突中人口的心理健康,为战后的心理健康服务发展做准备”(布斯·延森(Buus Jensen),1994:72)。因为冲突期间的紧急提供与战后重建工作相互分裂,这一任务步履艰难,但它的确在应对心理健康的基础结构问题,也的确需要与现存的基础结构达成谅解，并能够与之合作。联合国儿童基金会也按照类似模式运作，即其使命是保护脆弱的妇女和儿童，尤其在教育领域。

然而，总体而言，波斯尼亚－黑塞哥维那所进行的紧急人道援助工作不但替代了政治行动，而且也替代了社会部门干预。因为不能与现存的社会福利基础结构合作，同时，这种“将援助作为临时替代性社会政策”的做法没有任何计划性，所以，肯定会给社会部门的战后重建工作增加困难。从“社会服务”干预堕入一种新的常规性“心理社会”干预，这种做法也鼓励了一种向“自我品牌”提
185 供发展的“趋势”，即不是根据需求而确定“目标群体”，而是根据某些趋势和流行做法来决定与哪些群体合作、在那些地区开展工作（萨默菲尔德（Summerfield），1996）。

将波斯尼亚－黑塞哥维那分成两个“实体”，一个是克罗地亚－穆斯林联邦，通过一个邦联性方案与克罗地亚联系在一起，另一个是塞尔维亚实体，最终——即使不是立即——会与塞尔维亚本土联结到一起，这种情形也会对超国家机构带来一些关键性问题。当然，这种做法还会唤醒“大克罗地亚”和“大塞尔维亚”幽灵，会越来越对独立的和拥有主权的波斯尼亚－黑塞哥维那概念提出挑战，无论这一概念多么不牢靠。波斯尼亚－黑塞哥维那的克罗地亚－穆斯林联邦部分地区继续以“克罗地亚黑波共和国（Croatian Republic of Herceg-Bosinia）”的名称在运作，而这一共和国在几方面与克罗地亚有密切的联系，包括基础设施（电话和汽车登记）、政治（其执政党为克罗地亚民主联盟（HDZ））、财政（广泛使用克罗地亚的货币库纳（kuna））和经济学领域（专业人士所拿的工资

与克罗地亚的相等)。这些联系在几方面对社会政策产生影响。波斯尼亚－黑塞哥维那的社会保险基金被有效地分为两块:波斯尼亚人基金和克罗地亚人基金,前者在波斯尼亚人占多数的区域运作,后者在波斯尼亚－黑塞哥维那的克罗地亚共和国运作。要接受医院的专家治疗,生活在斯普斯卡(Srpska)共和国的人可以去塞尔维亚或黑山,生活在不合法的波斯尼亚－黑塞哥维那的克罗地亚共和国的人可去克罗地亚,而波斯尼亚－黑塞哥维那穆斯林占大多数的地方则没有这种设施(索尔,1997)。能否获得克罗地亚公民身份并在克罗地亚定居,仍然是该区域权力平衡的一个关键因素。莫斯塔尔(Mostar)等几个主要中心被划分开,就是对这一问题的充分说明。这些地方由欧盟管理,克罗地亚的政治家几次试图进行重新统一,但都遭到抵制,有时还引发暴力冲突。上瓦库夫(Gornji Vakuf)的情形也说明了这一点,这里存在着一个看不见的前线,将该镇一分为二。"加强联邦的力量"是美国国际开发署的一个主要目标,目的是为了支持美国领导的和平计划,而强硬的联邦在其中起关键作用。然而,在试图用丰厚的援助与重建项目来奖励那些分享权力的领导机构时,却出现了困难。西方的项目是在达成代顿和平方案之后恢复一个多种族社会,但1996年9月的选举表明,因为族群性民族主义的持续,这种努力可能会困难重重。一个更大的、更为复杂的问题是,如何对待波斯尼亚－黑塞哥维那的塞尔维亚人实体,在此地,受到指控的战争罪犯继续身居高位,而这是违背代顿协议精神的。由于这一原因,在一定程度上还由于这里的不稳定性,没有几个国际组织在这一地区活动,捐资者也不愿意在这里投资。难民和流离失所的人似乎也不可能回到被另一个"种族群体"占据的地方,因此,波斯尼亚-黑塞哥维那的前景仍然暗淡。面对多方授权的援助政治格局以及重建工作规模之巨大,发展基层组织、构建公民社会、推广其他政治概念等努力可能会无果而终。

186 超国家机构日益将"构建公民社会"作为其中心目标。然而,这样就会支持那些已经存在的多方授权的非政府组织,也的确会支持那些按照它们的模式创建的所谓地方非政府组织。与联合国难民事务高级专员办事处这样的组织相比,小型的基层机构很难赢得信誉,因为前者预算额大,已经习惯于应对非政府组织。此外,推广全国性非政府组织网的努力也受到一些重大问题的妨碍,如不同地区之间的通讯问题和互不信任问题,波斯尼亚-黑塞哥维那内部的中产阶级基础遭到破坏的问题。还有,缺乏1980年代的那些公民社会活动,至少在社会福利领域是这样。因此,就目前而言,要想在波斯尼亚-黑塞哥维那开展正常意义下的社会政策讨论,恐怕还遥遥无期,尽管世界银行在这个国家的两个实体内所进行的养老金改革探讨已取得一些进步。

的确,正如苏珊·伍德沃德(1996)最近指出的,代顿协议达成之后,军事和民事机构之间缺乏协作,而且也没有任何连贯的可持续和平战略。事实上,这一过程导致各个种族性阵营(ethnicized blocs)用其他方式来追求其战时目标:9月14日的选举所使用的登记方式会加强种族清洗之举,即证明了这一点。用于经济与社会发展的重建资金迟迟不能到位,就是因为主要机构所要求的"正常化"这一贷款条件在波斯尼亚-黑塞哥维那不存在,这意味着,重建工作已成为和平进程的致命弱点,造成了两个实体之间和克罗地亚－穆斯林内部的经济对立局面。

塞尔维亚和黑山共和国:后共产主义危机,持续与变革

人们对残存的塞尔维亚和黑山南斯拉夫共和国的社会福利与发展问题缺乏关注,这说明,相对而言,这里缺少超国家机构,尤其是国际非政府组织。很明显,对塞尔维亚政权先是孤立,最后是制裁,导致其人口中最为脆弱的群体(包括难民)的处境十分艰难,同时也不能为塞尔维亚的替代性"公民社会"的建立提供足够的支持。更多机构关注的是科索沃,而一段时间以来,人们一直认为这个地方最有可能出现长期的冲突。当然,在将近十年的时间里,这个地方一直处于紧急状态中,由塞尔维亚直接统治,对占大多数的阿尔巴尼亚人的人权进行系统的侵犯。

相对而言,人们对塞尔维亚和黑山的难民危机问题也没有作过充分的探讨。1994 年的数据表明,塞尔维亚和黑山有 450 000 难民,大约占总人口的 5%。1995 年克罗地亚的人口外流表明,实际难民数现在恐怕接近 700 000。塞尔维亚政权对这些难民的态 187
度充满矛盾,有时候欢迎这些遭受周围政权"种族屠杀"迫害的"塞尔维亚同胞";有时候将这些人(不情愿地)充当其人口政策工具,让更多的塞尔维亚人在科索沃定居;有时候难民到达塞尔维亚后就立即动员男子参军;最近的做法则是,试图阻止他们进来,强迫他们在波斯尼亚重新定居。根据 1994 年末的情形,只有一小部分难民(大约 6%)生活在有组织的住处,与克罗地亚的大型难民点相比,大多数住处都很小,平均不超过 200 人。

联合国难民事务高级专员办事处在塞尔维亚没有几个与其合作的非政府组织，因此，一般与政府进行更为密切的合作，直接提供服务。出乎意料的是，这种做法鼓励了更为融合的服务，加强了对难民的提供与对当地穷人提供之间的联系，虽然在制裁的背景下，这种做法也问题重重。就国际方面而言，有更多的组织对塞尔维亚的地位持更为同情态度，它们在这里提供服务，尤其是东正教的慈善组织，但与克罗地亚和波斯尼亚－黑塞哥维那的那些天主教和穆斯林援助机构相比，此类机构的作用不很突出。这里出现了一些难民自助项目，但造成的结果往往是，政府不用承担任何责任。大多数援助活动是通过家庭、朋友和其他“私人”安排作出的，结果导致重新出现广泛的贫困情形。

因为塞尔维亚的政权属于后共产主义保守性政府，在竭力维持其权力，所以对非政府组织不信任，政府尤其拿开放社会基金会(Open Society Foundation)开刀，试图以不合法的名义将其封闭。其他的民间团体在人权、法律、和平教育等领域活动，也都面临当局的持续干涉。它们最好的处境是，当局对其置之不理；而最糟糕的处境则是，当局对其活动采取敌视的态度。有些与政府关系密切的组织——如此前存在过的残疾人组织——受到的待遇则不同。此外，国家与所谓“专家”都试图对所有非政府组织进行管制，即要求对它们的项目进行详细的审查。(帕伦－克林(Parun-Kolin),1996)

塞尔维亚和黑山在1990年代初所面临的巨大经济危机与国际社会的制裁有关，但实际上此经济危机前就已经存在了。从1990到1993年，塞尔维亚的国内总产值减少了一半(帕伦－克林,1996),到 1993 年年末,通货膨胀率高达 178 882%,后来才采取了一些稳定性措施,使现在的年度通货膨胀率接近 100%。如帕伦 - 克林所指出的,关键问题是,“国家似乎成为经济犯罪化的中心”,“灰色经济”和发战争财造就了一个“新精英群体”,占人口不到 10%,他们与“广大的穷人”的差距越拉越大,而后者包括职业化中产阶级。鉴于已有大约 300 000 - 400 000 年轻人离开了塞尔维亚,包括受教育程度最高的人,塞尔维亚社会发展的前景依然问题重重。

塞尔维亚缺乏一个有效的“第三部门”,但却有一个营利性部 188
门,使一帮新的、类似罪犯的精英从中获益,并且在医疗之类的领域推行一种糟糕透顶的私营提供,这些都对社会政策的出台构成巨大威胁。塞尔维亚需要继续实施大众福利项目,而同时要面对巨大的经济问题,因此导致的情形是,所作出的承诺无法实现,贫困问题一次又一次出现,“因为优先考虑的事情变来变去,资金不恒定”(帕伦 - 克林,1996)。

塞尔维亚现在是后南斯拉夫国家中族群最多的,塞尔维亚族人占总人口不到 65%,阿尔巴尼亚人在科索沃占大多数,匈牙利人在伏伊伏丁那虽然占少数,但数目不小。塞尔维亚本土、科索沃和伏伊伏丁那(程度小些)之间在经济、社会与人口发展方面存在着巨大差异,这都会对贝尔格莱德政权的能力提出严重的质疑,即它是否有能力应对持续与转变两者之间的紧张关系?塞尔维亚不愿意让超国家组织和国际非政府组织对科索沃的人权状况进行监督,这一事例说明,随着塞尔维亚再次融入全球性新秩序,很可能会出现紧张局面。帕伦 - 克林说,在经济开放度、投资额、国际关系的确立、技术合作、经济放权和私有化程度等方面，塞尔维亚现在已落后于该地区的其他国家，并且“被抛回到30或40年前”，如果再加上政治发展、人权和社会政策方面的问题，他的这一观点就更有道理。全球政策机构——包括世界银行和国际货币基金组织——到底能在多大程度上对此加以抗衡，依然是一个未决的、颇为复杂的问题。

马其顿：会稳定还是会扩大战争？

把马其顿描述成“稳定情形下的不稳定”(米基(Mickey)，1995)似乎非常贴切，因为这个小国避免了大规模冲突，但其社会、经济和政治领域面临持续的紧张关系。四个因素合起来造成一定程度的不稳定。第一，从南斯拉夫的一个共和国转变成一个独立的国家就意味着失去了南斯拉夫的市场，南斯拉夫银行账户被冻结，更为重要的是，许多大型的没有收益的企业被强迫关闭，这些企业当时被建在马其顿是为了应对其在南斯拉夫内部的欠发达地位。第二，对塞尔维亚的制裁也在很大程度上影响到马其顿。第三，希腊为抗议对“马其顿”名称的使用而实施的封锁有效地剥夺了该共和国南部的贸易活动。第四，该国西部聚居的阿尔巴尼亚少数群体对旧体制怀有的强烈怨恨一直持续到目前，并且对科索
189 沃的事件表示关注，也导致不稳定状况。自1989年以来，该国的国民生产总值减少了50%，官方公布的失业率为30%，因此，显然面对着重大的考验，但拉梅特(1996)说，马其顿现在像一个第三世界经济社会，这种说法似乎是夸大其词。

尽管马其顿现在比较贫穷，但它与所有前南斯拉夫国家主要的国家金融组织的关系最为“正常”。国际货币基金组织、世界银行、欧洲重建和发展银行、欧盟（通过 PHARE 项目）、欧共体人道组织（ECHO）、欧洲理事会、欧洲安全与合作组织、联合国儿童基金会、国际劳工组织（也许作用不太突出）等，都在马其顿发挥着一定作用。联合国开发计划署不在马其顿活动，但它与马其顿科学与艺术院和发展部合作，一起为一个发展计划/项目提供资金，目的是为该国构建宏观经济战略。此外，该国还能得到相当多的双边财政援助。

世界银行已经同意提供一笔价值1 400万美元的国际开发协会（IDA）贷款，用于社会改革和技术援助方面。这笔贷款四个构成部分要达到的目的是：

1. 减少工作变动对个人和社区所造成的影响，促进社会拥有的企业的重组；

2. 改善社会福利的提供，增加工资中社会福利的缴费额；

3. 提高公众对改革政策的合理性认识；

4. 支持企业重组经济的继续实施。

就工作福利而言，世界银行让政府对其社会援助体系加以修改，这样就可以根据修订后的贫困线来减少应付的款额，对不同区域采取不同做法，加强福利享受资格的审查。这一做法还没有得到实施，目前正在为精算式养老金计算做准备工作。但是，现在尚没有明显的向养老金私营化发展的重大行动。当然，世界银行驻马其顿的代表认为，如果能够使既定的国家社会保障体系具有财政有效性，就没有必要无缘无故地毁掉它。

欧洲安全与合作组织(OSCE)于1992年9月在马其顿开始了一项监督工作。其原来的任务是应对北方边境人口外流问题，最近也开始扩大其工作范围，对威胁稳定的内部问题加以关注。该组织的国家少数民族高级专员(High Commissioner on National Minorities)的工作重点是，解决教育问题以及提高阿尔巴尼亚族群对马其顿社会的参与度。他还保证，“族群间合作委员会(Council for Inter-Ethnic Co-operation)的年度进展报告将考虑人们的呼吁，即逐渐充实军方和警方各层次的人员，要充分反映已得到承认的民族的人员比例”(克罗奇(Kroč)，1996:318)。

190 1993年，联合国在马其顿和塞尔维亚边境部署了联合国预防性部署部队，从事联合国传统的维和工作并阻止塞尔维亚的侵犯。具有重要意义的是，这一部队包括联合国地面部队，从而加强了联合国在一定程度上对马其顿的支持。该部队被正式命名为“联合国预防性部署部队”，它被赋予一定的自主权力，不受本地区联合国其他使团的左右，并任命亨里克·索卡尔斯基(Henryk Sokalski)为联合国秘书长的特别代表。联合国预防性部署部队的使命被延长了六个月，到1996年11月结束；它除了承担传统的军事与政治维和职责，索卡尔斯基还试图使联合国预防性部署部队从事社会方面的工作，其中包括一项社会发展使命，即就社会政策、社会发展和国际合作提出建议(迪肯等，1996)。

这项使命是在克罗奇所作的分析之后开始的。它的分析认为，在处于转型期的新独立共和国的社会政治生活中，有几个因素使阿尔巴尼亚人和马其顿人之间的分裂进一步明显：

> 尽管阿尔巴尼亚族的政治党派参与了联合政府，它们却采取了一些单方面的和冲突性的行动，包括拒绝参加事关独立的全民公决和宪法投票，从而使马其顿人对阿尔巴尼亚人的忠诚加以质疑，并且加剧了马其顿人的不安全感。另一方面，马其顿激进的民族主义者试图对国家和政治事务加以控制，这种情形特别让阿尔巴尼亚人进一步感到自己是“二等公民”、感到不公正。(1996:298)

上述使命所要解决的问题是：社会政策应该在这种对种族间冲突进行建设性管理中起什么作用？如何通过改革来实施预防性外交，从而使社会政策和服务得以运作？从其他的种族紧张局面的冲突解决方式所得的经验与这里的情形有共同之处(斯塔布斯，1996a)，从而说明，马其顿的国际组织所做的工作值得称道：它们鼓励基层项目并为其出资，而这些项目也能促进族群间的相互联系。

> 这些项目背后的基本理念是，应支持地方性非政府组织的建立，如妇女团体、家长－教师协会和其他协会。这些项目能提高全社会抵御族群间紧张关系的能力，它们尤其能使当地人掌握一些技能，以解决那些已经“族群化”的问题，也就是对所要解决的问题进行重构，使其不带政治性质。此处所要指出的是，许多学校向阿尔巴尼亚人、马其顿人和诸如此类的

> 群体提供教育，那么，这些学校就可以充当一个理想的机制，鼓励不同族群在完成实际的社会发展任务时进行合作。只有对这种多种族的、族群间进行合作的公民社会赋予权力，才能使各种问题摆脱政治色彩。（迪肯等，1996:48）

使命的执行者认为，马其顿要想摆脱困境，成为一个能对多元
191 文化的不同之处加以尊重的国家，并且消除族群之间的冷漠和不信任，那么，至关重要的事情就是，寻求就业机会以及类似的活动，使全社会能够受益，并且采取进一步的措施来减少贫困与匮乏。促进社会融合的各种努力应该相互关联，其做法和原则必须有利于实现多元文化目标。“多元文化和多文化支配地位的实现方式是，不同族群之间进行对话和讨论，用公共政策来提高不同群体之间的机会平等，用族群合作下的行政管理方法来管理其自身事务”（迪肯等，1996:49）。马其顿的国际、国家和地方非政府组织的作用似乎不像其他后南斯拉夫国家那样存在着争议，唯一的例外是，许多人在涉及族群紧张关系时所关注的内容不一定总是会被政府看做是积极的东西。如果马其顿政坛的那些拥护多种族共存的人能够占上风，那么，后南斯拉夫这一小角落未来的稳定与繁荣前景将会美好。

几点结论

本章通过对后南斯拉夫国家所作的案例研究，探讨了冲突、强迫性移民和族群化民族主义背景下的全球化与社会政策。在此过

程中，与第四章相比，我们对有关的争议和机构作了更为广泛的审视，其中重点讨论了非政府组织的作用，无论它们是超国家、国际、国家还是地方组织。从这些案例研究中可以得出若干结论，从而使本书到目前为止所作的分析更为复杂化。

1. 研究表明，需要扩大社会政策的定义，以应对人道援助机构干预的复杂局面和国际安全事务进程，以及涉及移民和难民管理体制的问题。在冲突状况下，超国家机构要想在管理、分配和提供方面起作用，就需要加强社会政策、发展研究和难民研究之间的联系。
2. 研究指出了该地区的战争、政治紧迫性、大规模(强迫性)移民和后共产主义转型等问题共存状况的重要性。要应对这些复杂的紧迫问题的社会政策背景，其重要性是不可低估的。机构的种类、干预的性质以及各种矛盾的演变都在几个方面与前一章所探讨的不同，因为前一章的重点是稳定的国家。在这些情况下，第四章所描述的机构之间的竞争以及各种相互竞争的社会观变得更为复杂。尤其是，本章介绍了国际非政府组织作出的各具特色的贡献，这些组织各自的议事日程往往与政府的或其他国际组织的行动并行展开，相互之间不通声息。其反贫困方案适合于南半球的 192
状况，似乎与欧洲国家改革中所推行的社会政策处方有异曲同工之处。这些不同的立场之间保持着沉默，而不是进行交流。同时，非政府组织奉行的是独立性原则与做法，因为它们是从国外获得资金，而不是靠国家政府，因此，就可能破坏正常的政府社会政策机制，或者使其变得无足轻重。

3. 在涉及后南斯拉夫国家之间及国家内部的主权和领土重组等问题时，国际机构所起的作用既复杂又相互矛盾。有关“前南斯拉夫”的议程已经被另一个议程所替代，后者强调的是波斯尼亚－黑塞哥维那的克罗地亚－穆斯林联邦，不同机构在该地区参与程度的不均衡就反映了这一点。显然，主要的国际组织（世界银行、国际劳工组织）为了用常规的政策建议方式实施干预，皆要求先解决国家主权问题，然后才与这个国家打交道，这就是一种矛盾的做法。相反的情形是，复杂而紧迫的局面的存在为不同的全球性非政府组织的干预行动打开了门户，使其可以替代有效的政府公共政策。而我们在第三、四章说过，国际儿童基金会和联合国开发计划署之类的机构在全球论坛上属于全球性社会改革派，它们在实际出资问题上卷入这些复杂的紧迫局面中，因为它们将有关活动分包给国际非政府组织，后者在不存在有效的公共政策的情况下，又能有效地实行残余式福利体系。与此同时，我们的研究令人更加担心这一问题：非政府组织对公共政策的这种替代是以无管制的方式进行的。国际非政府组织的干预就像 TACIS 和 PHARE 项目在该区域所进行的咨询建议式干预一样（第四章），属于任何民主式负责任的政策框架之外的东西。

4. 案例研究开始对带有不同地区利益的各种福利体制的相似性加以探讨。对冲突中的不同国家、实体和所组成的不同党派的支持以及对不同的领土与政治解决方案的支持就反映了这一点。在我们所研究的一些案例中，东正教、天主教和穆斯林派别的非政府性和政府性干预行动的作用就是，在一定程度上维持了族群差异，同时则阻止了一些多族群政策解决方案。人们所作的比较性社会政策分析和全球性社会政策分析几乎还没有意识到这些相似性对巴尔干地区和其他地方的跨国家和国家政策制定所产生的影响。

5. 前几章所探讨的关键的全球性社会政策阐述者——尤其是世界银行和国际货币基金组织——在后南斯拉夫国家中所起的作用相类似，而这些地方与斯洛文尼亚、马其顿和后来的克罗地亚一样，存在着全球性社会政策制定日益正常化的趋势。这些组织非要在合法的政权统治下运作，而这样做只会使不平衡的经济与社会发展永远继续下去。世界银行和欧盟为波斯尼亚－黑塞哥维那所实施的重建项目也对这两个组织提出了新的挑战。 193

6. 案例研究开始指出社会政策方面一个研究不足的问题，即“大迁移效应”的重要性，其中包括：海外移民和外来工人给家里的汇款；移民政治团体中的活跃分子为某些党派所筹集的资金和提供的支持，他们中的许多人回来后在民族主义的管理部门担任重要角色；还有那些以移民为主体的非政府组织的建立，这些组织名义上是为了“人道主义”，支持的却是某些政权所实施的意识形态项目。

7. 案例研究强调了不同的后南斯拉夫国家中外来的和国家性组织的不平衡发展。两者之间的平衡涉及对超国家机构的定义、政治紧迫性和人道救援危机的范围、政权的合法程度、专业性实体和利益的性质、新生的公民社会和社会运动的规模与性质等。

8. 作为对上述情况的延伸，后南斯拉夫各个国家之间的国家与地方非政府组织的性质和有效性也有差异。相对而言，马其顿和塞尔维亚缺乏国家性非政府组织，这与斯洛文尼亚繁荣的非政府组织活动形成鲜明对比。克罗地亚（波斯尼亚－黑塞哥维那更是如此）的国家和地方非政府组织发展存在着若干问题，其中包括：过于依赖外来资金和外来思想；都不信任政府结构；其服务提供的趋势是，与一个新的全球化专业中产阶级的需求和发展不相关联。

9. 案例研究也表明，不同机构承诺要在难民、流离失所的人和贫困的地方社区之间推行"融合性"提供方式，但所取得的进展不均衡。这是因为，不同机构在提出"种族性"观念时所采纳的方式很复杂，这说明需要延伸、甚至重新界定前面（第二章）所说的"种族化民族主义"、"民族同化论"、"多元文化论"和"反种族歧视论"之间的区别。其中一个关键问题是，国际机构如果强调种族差异的话，是否会鼓励以种族为基础的资源要求，而不是基于其他因素。同时，国际机构不愿意停止对种族多元化解决方案的寻求，因为它们担心这样做会鼓励种族化的解决方案。

10. 上述研究——尤其是对马其顿的研究——进一步强调了本书的一个观点：全球性政治议事日程，或曰全球性国际关系议事日程，正日益涉及社会性事物，而不是军事事务。为防止马其顿出现不稳定局势，联合国预防性部署

> 部队的工作重点是，社会政策能如何更好地处理族群之间的关系。

本章的研究结果表明，需要将社会政策的核心问题与发展研究的核心问题结合起来，也的确需要将其与难民研究以及和平研究的核心问题结合起来，所谓“生存”观念就充分反映了这一需求。194
我们应该将社会政策定义为“在超国家、国家、地方或社区层次上所制定的、由一种社会性视野所主导的政策”，这种政策的实施会影响到人们满足其生存需求的权利与能力（海外发展署（ODA），1995b：26），这样才能更好地应对一系列全球性问题和关注点。显然，战争、种族灭绝和大规模强迫性移民，即所谓“复杂的紧迫问题”，会以极端的方式威胁到人们的生存。权利、能力和可持续问题以及这些问题的反面——需求、脆弱和扭曲——对于目前就“社会融合”而展开的争论都是至关重要的。对后南斯拉夫国家所作的案例研究展示了超国家机构在面对欧洲的一个冲突时所表现出的缺陷。这些缺陷——甚至可以说是失误——也是那些对非洲局势进行评论的人所熟悉的。但是，这些缺陷的确给人们提出了一些尖锐的问题，即如何应对原因而不是应对症状，如何培养能力而不是从事并行的提供，如何促进真正的公民社会而不是促成机会主义式的国际非政府组织。最为重要的是，如何实现可持续的和平而不是维持种族性恐怖活动的平衡。在下一章，我们将在全球性管理改革方案的背景下对这些问题加以探讨。

第六章　全球社会政策展望

本书论点重述

195 本书一直在探讨全球化对社会政策制定的影响。本书认为并且表明，全球化(1)使福利国家相互展开竞争；(2)使社会政策问题上升到超国家层次；(3)导致一场全球性话语，使人们能够探讨如何以最佳方式、并且在考虑到东西、南北社会福利的情况下对资本主义进行管制。

全球社会政策作为超国家运作者的一种实践活动，体现了全球性社会再分配、全球性社会管制、全球性社会提供与赋权，也包括了超国家组织塑造国家社会政策的各种方式。

社会政策分析家传统上关注的是社会需求与社会公民权利等问题，在全球化背景下便成为对全球公民权的追求。传统上对个人之间的平等、权利和公正的关注便成为对国家之间公正的追求。传统上要解决的是效率、有效性和选择这一难题，现在则需要探讨能在多大程度上以社会性方式调节自由贸易。社会政策所关注的无私做法、互惠互利以及社会责任的范围等都在全球环境下受到考验。社会责任在多大程度上已成为跨国责任？

前“社会主义”经济社会进入全球资本主义领域之际，适逢全球经济竞争加剧之时，后者促进了劳动力的灵活化，而劳动力的灵活化又对传统的基于工作的欧洲社会保障和收入维持体系的有效性提出了挑战。

在此情形下，本书以及本书所基于的研究展示了三个论点。第一，后共产主义社会政策的制定主要是超国家和全球性运作者所做的事情。第二，在后共产主义时期国家稳定、边境不存在争议的条件下，关键的国际运作者是世界银行、国际货币基金组织、国际劳工组织、欧盟这样正式的政府间与国际组织。第三，相形之下，后共产主义国家如果存在着复杂的政治不稳定性、边境有争议，这些地方的社会政策问题就主要是国际非政府组织所能解决的了。

在此环境下，由于缺乏一个正式而管用的全球性论坛，无法提出其他形式的社会政策项目，也不能就这些项目展开争论，因此， 196
便在上述全球性组织的人力资源分支机构内部和相互之间诞生了一个隐含的全球性话语场。不但是东方未来的福利问题，从道理上而言，也包括其他地方的福利问题，都将在这些全球性运作者以及受制约的国家政府的共同作用下得到解决。概括而言，基于本书前几章的分析，可以得出以下看法：

1.就如何为其公民提供福利需求而言，西方福利国家存在着差异。斯堪的纳维亚的社会民主体制和欧洲大部分地区的社会保障（保守性法团）体制比美国的放任式或自由体制更能有效地满足人类需求。

2.然而，东西方、南北方之间的全球性经济竞争，包括与那些不承担多少社会责任的体制展开的竞争，会侵蚀欧洲的社会保障提供。

3. 同样，（有人认为）如果在全世界范围内对享有特权的北方和西方国家的经济发展水平和历史上提供的相关社会保障加以复制的话，则无论从人口状况还是生态状况而言，都将是不可持续的。

4. 而且，享有特权的北方和西方国家的社会保障结构所赖以形成的工作模式正遭受到灵活就业模式的破坏，同时也遭受到一种相关的制造临时化劳动力和边缘化劳动力的趋势的破坏。

5. 所有这些都导致了不同社会政策所提出的一系列相互冲突的利益，这些利益冲突也反映在本书所描述的不同机构所提出的处方中。这些冲突性利益可以被概略地描述为：资本与劳动的冲突；有保障就业与临时就业的冲突；欧洲与美国和美国与其他地方的冲突；北方与南方的冲突；目前几代人与未来若干代人的冲突。

6. 在这种复杂状况下，同时由于全球贸易的进一步自由化，南部国家逐渐认为，斯堪的纳维亚地区和欧洲的渐进性社会保障结构是对北方国家那些有特权的核心工作者所采取的一种不可持续的保护做法。

7. 换言之，北方国家指责南部国家采取社会倾销做法，即通过拒绝给予其工人基本的权利和体面的社会条件而进行不公平的竞争。南部国家则指责北方国家实施社会保护做法，即拒绝别人进入市场，以保护少数人的社会福利特权。国际劳工组织不会容许世界贸易中使用社会性条款，因为它也代表了南部国家。世贸组织也不愿意使用这些社会性条款，因为这样做会使国家自由贸易变得更为复杂。

8. 事实上，自由贸易所赖以展开的全球性经济和社会政策竞技场，是由本书中所分析的不同机构和思想促成的。

9. 换言之，结论或许是：本书认为，国际货币基金组织和世界银行有影响力的社会自由主义思想对后共产主义和其他发展中国家而言，可作为一种处方，但同时又会破坏北方国家的社会民主和保守式法团做法，这种社会自由主义思想也许会为一个全球性社会安全网政策奠定一个基础。而公民收入这一替代性的激进项目也会侵蚀传统的社会保障结构，因此，没有在很大程度上得到本书所指出的机构内部和机构间话语的支持。 197

10. 概括而言，“共产主义倒台”为全球性运作者影响未来社会政策创造了一个机会，而世界银行内部占上风的（社会自由）派别热情地抓住了这一机会。在与社会发展非政府组织——它们尤其在不稳定区域起到一定的作用——的联合下，正在构建一个未来的社会安全网。非政府组织的支持，以及许多南部国家和一些东欧国家政府的政治支持，正在有力地挑战欧盟、国际劳工组织里那些对全民性和基于社会保障的福利制度进行捍卫的人；世界银行内部也有少数人捍卫这种福利制度（尽管他们对1996年的《世界发展报告》产生了影响）。一些孤独的声音在呼吁全球性公民收入做法，但到目前为止没有产生任何效果。

本书最后一章对上述结论的一些方面展开讨论。下一部分将更为详细地审视全球性社会政策话语这一概念。我们也将探讨全球性组织内部及其周围的知识社群(epistemic communities)性质的转变,以及它们对政策信息的影响。下一部分也将审视可能会对政策结果产生影响的现行的全球管理改革议事日程。还要审视的内容包括,有关就联合国如何改革而产生的相互冲突的观点、布雷顿森林制度的责任性、如何加强西方工业七大国和世贸组织的作用、如何通过全球性权利方案而实现对公民的赋权。

本章接着探讨我所说的全球性社会改革项目的前景和必要性。这样的一个项目将需要进行重大的全球性**再分配**;需要一个全球性**管制机制**,从而不但能够为世界贸易提供一个安全网竞技场,还能提供其他许多东西;需要一些重要的全球社会**提供**与**赋权**因素。我们将审视能促成这一项目的各种力量,以及这一项目所面临的障碍和反对意见。最后,我们考虑本书对社会政策主题所能产生的作用。同时提出一个全球性社会政策研究议事日程。

全球性社会政策话语:知识社群的重要性

> 决策者如何界定国家利益、如何制定政策以应对复杂的技术问题,这能反映专家们表述问题的方式,因为决策者在面
> 198 对不确定因素时要寻求专家的建议……知识社群(以专家为基础的知识网络)在一定程度上……帮助国家确定其利益,形成问题让大家争论,提出具体的政策,确定协商过程中的一些突出点。(哈斯(Haas),1992)

人们早就认为，在实施经济结构性调整项目时，一个强有力的知识社群必须由世界银行与国际货币基金组织的宏观经济学家和第三世界国家中与政府关系密切以及在政府内共事的宏观经济学家构成。在1970年代和1980年代这一段时期，发展中国家相对而言愿意采纳这一知识社群建议，其原因就是，“国家的经济技术专家与国际金融机构之间有密切的配合”（卡勒（Kahler），1992：127）。

卡勒在其结论中暗示，到了1990年代，制约性（conditionality）将会扩大，但“影响国家政策形成的努力将由东欧之类的社会作出，而这些社会的政治特色和调整路径在很大程度上不同于过去的经验教训所赖以形成的政治特色和调整路径”（1992：132）。本书所阐述的研究的一个方面就是要说明，试图影响经济和社会政策的知识社群的性质已发生了变化，因为它们接触了后共产主义时代的社会期望及其所继承的社会责任。而发生变化的一个方面就是，如第四章所描述的，世行专门应对共产主义转型期的运作部招用了一些新的人力资源专家。这些技术人员的根基更倾向于那些在凯恩斯与俾斯麦思想历史中所形成的欧洲传统，他们过去参与了（现在仍在参与）一场争论：如何**界定**该地区国家社会福利支出的限度与可能性？这些新成员也发现，后共产主义转型经济社会中的一些经济学家和社会政策技术人员在听取他们的意见。其结果是，一方面，世行引入了保守式法团主义思维的成分，另一方面，自由基要主义者对社会自由（安全网）立场的态度有所软化。变化的第二个方面是，该地区的国家政府对国际劳工组织和欧盟内部及其周围捍卫劳动与社会标准的知识社群的影响持更为开放的态度。后共产主义国家的劳动部与社会事务部在维护劳动权利和所继承的养老金及其他权利方面，持有相同的价值观，也关注相同的问题。这就导致了这一派人与该地区内世行的社会自由社群(social liberal community)发生公开冲突。另外一个知识社群(即我在前面所说的全球性改革派人士)开始公布正在出现的转型期社会成本数目。联合国儿童基金会、联合国开发计划署等机构的发言人也发表了各自的观点，他们构成了一个类似全球贫困问题游说团群体，代表了全球社会良心。而且，后南斯拉夫的经历也强调了国际非政府组织的存在，这是由专业性干预人士构成的一个正在形成的全球中产阶级，针对如何在复杂的政治紧迫状况下
199 解决贫困问题，他们作出了自己独到的分析。后南斯拉夫的经历显示了这样的悖论：联合国儿童基金会和联合国开发计划署等组织的那些直言不讳的发言人也许可以代表国际化话语层次上的一套社会改革派思想，但在实践中，他们在该领域里的那些从事具体工作的同事(尤其是身处复杂的紧迫状况下的人)则可能通过分包的方式而实施一种残余的东西，以代替有效的政府社会政策。

本研究也阐述了上述一些知识社群内部正在发生的范式转变，从一定程度上而言，这是因为与后共产主义体制接触后而产生的。我们的研究也强调了相互重叠的知识社群内部及其之间具有紧迫意义的和尚未形成的对话。研究指出，这些社群派别之间的联盟会在很大程度上推进全球社会政策制定背景下的各种重要转变。

图 6.1 以图解形式说明，世界银行与国际货币基金组织内部及其周围长期形成的宏观经济知识社群，不但要与它们自己机构招用的欧洲新手(图上没显示)分享知识与政治空间，而且要与国

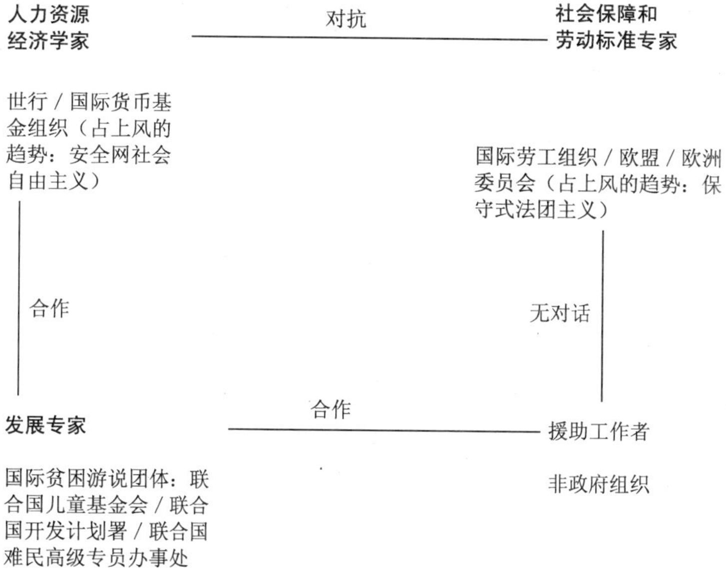

图 6.1　全球知识社群与社会政策对话

际劳工组织所影响的劳动标准知识社群分享这些东西，在有些国家，还要同与联合国儿童基金会和联合国开发计划署相关联的全球贫困游说团体的专业人士分享。国际非政府组织的核心人员虽然尚处于蓄势待发的位置，但已经在后南斯拉夫和其他具有政治紧迫性的地方发挥着强大的作用。在一定程度上，具有紧迫性的（也许可以说是占上风的）社会自由主义或安全网战略的出现是由于世行和非政府组织的一些人之间联盟的结果，也许还包括国际贫困游说团体行动组的一些不太关注劳动利益的人士。世界银行 200
的一个派别与国际非政府组织以及全球贫困游说团体中一部分人所形成的这种强大联盟，正在导致传统的捍卫劳动与社会保障标准的人士处于全球社会政策话语的边缘。这种结果恰恰就是格雷厄姆(Graham,1994b)所描述的,即本书第三章所探讨的情况。其他处于后台的、对全球社会政策和社会管理对话作出贡献的知识社群还包括全球环境游说团体(里约(Rio),1992)和全球妇女游说团体(北京,1995)。

表 6.1 全球社会政策对话

福利意识形态	政权类型	收入维持	有时具有关联性的国际机构
现存的福利世界			
负担型	自由主义(美国)	残余式公共援助	国际货币基金组织
社会凝聚型	保守式法团主义(德国)	社会保险	欧盟、国际劳工组织、世界银行(一个派别)
投资型	东南亚(儒家式?)	个人化基金	经合组织、世界银行
再分配承诺型	社会民主(瑞典)	保险与公民身份权利	—
未来的福利世界			
安全网型	社会自由主义	生计与资产审查的社会援助和社会支持	世界银行(占主导地位的派别) 符合非政府组织贫困游说团体的思想?
公民身份权利型	未来主义的	公民收入	国际劳工组织(某些人);欧洲理事会(某些人)
福利失败型	社会忽视	自我依赖	从事实践的非政府组织

表6.1以梗概形式指出了收入维持政策所阐明的未来社会政策处方,它们都来自于这些跨国性政策社群的少数派。这种情形并不是第三章所假设的那样,即某些超国家组织与某些政策立场有关联,并且反映了主宰这些组织的国家利益;而是说,这方面的争议与分歧已经真正具有跨国性和全球性了。全球公务员之间电子邮件的交流就预示了这样的情形:全球化政治尚未寻求到一种民主的、负责任的形式。

与国际货币基金组织相关联的旧世界顽固的基要式自由主义思想在全球性话语中日渐式微(尽管它还没有明显死亡,因为在美国国内政治生活中,这种思想还被当做一种战略使用,联邦政府对有未成年子女家庭援助的日益减少就证明了这一点)。同样,斯堪的纳维亚的社会民主制(这种制度没有全球性捍卫者)和欧洲的保守型法团主义也受到挑战。现在出现了一批新的捍卫社会自由主 201
义(安全网自由主义)和公民收入的人,他们认为这两种东西可以应对后共产主义和后福特时代的劳动无保障状况。还有一种横跨新旧世界的情形,那就是东南亚国家所关注的个人投资与个人化社会保障账户储蓄。人们再也不能认为全球性金融机构不关心穷人、不关心社会政策。现在的问题是,这些机构明确的社会政策和明确的反贫困战略是不是充足的、合适的?就世行而言,一个问题是,有些人(以及欧盟和国际劳工组织内部与这一思想联合的势力)试图使世行采纳更具欧洲保守式法团主义色彩的收入维持政策,但是,这些人是否能够捍卫这一战略?因为人们一直在指责这种做法过时了,从经济与人口的角度而言也是无效用的。另一个问题是,对于后共产主义和发展中经济社会而言,安全网加个人储蓄的社会自由战略是否最有效，或者说，这一战略在这些国家内部是否会受到挑战，因为它不必要地限制了共担风险和共享的社会连带关系的范围。对于国际劳工组织内占主导地位的趋势及其联盟而言，它们持续受到的挑战是，在当今劳动力日益灵活、临时雇用现象日益普遍的世界里，是否还能够捍卫劳动标准？对于公民收入游说团体而言，它们仍然面对的问题是争取更多的政治支持。对于一些国家的公民而言，其社会政策的前景是，不会采纳上述任何全球性处方，而是会出现福利制度的崩溃，结果，没有管制的非政府组织将取代有效的公共政策。这一结果是有体系的社会忽视造成的，而这一概念的由来应归功于世界银行政策研究部的布兰科·米拉诺维奇(Branko Milanovic)。

如果不论细节的话，一个更为宽泛的问题是，这些知识社群中的某些人所关注的事情或者是塑造一个全球性社会安全网，或者是塑造一个全球性公民收入体系，他们主持正义，试图使全球的资本主义人性化，但这种做法可行吗？反过来说，他们会不会像有些国家的那些对旧的传统加以改革的人，被别人指责为：弄一片无花果叶来遮掩赤裸裸的全球资本主义呢？

本书一直持这种含蓄的观点：就一定程度而言，为实施更好的全球和国家社会政策而进行的斗争也是一种价值观与思想的斗争。本书所得出的经验性结论是，这一价值观与思想的斗争现在不仅仅在国家内部展开，也在世界银行(以及其他国家组织)内部展开。我们真可以得出这样的结论吗：我们正目睹一个新的人性化的、文明化的世界霸权的诞生，无论它是以社会自由主义还是以未来的公民收入的样子出现，都是为了抗衡全球的规范、制度和机制所表达的基要式自由主义，而正是这些规范、制度与机制为跨越国家和超越国家疆界的公民社会势力制定了普遍的行为规范（考克斯（Cox），1993：62）？反过来说，这种判断只是一个幼稚的错觉吗？阿德勒和哈斯（Adler and Haas，1992）的结论是： 202

> 国际关系方面要取得微小的进步性变革，所需的条件除了其他的，还需要对价值观重新定义，需要使国家利益与人类的普遍利益（如保障、福利和人权）相调和。知识社群既然能够使有些世界问题易于为人类所理解、所介入，它们就能够抑制国际体系中的一些无政府倾向，能够约束纯粹的以国家为中心的秩序所表现出的一些过度行为，也许还能够帮助实现一个更好的国际秩序。

然而，考克斯的结论是：

> 国际层次上不可能出现一场运动战，因此，激进人士也就无法控制国际机构的上层结构……想要改变世界秩序的结构，这纯粹是一种幻想（1992：64）。

到底是阿德勒和哈斯说得对，还是考克斯说得对，取决于何谓“激进人士”，何谓人们想要的“世界秩序的改变”；还有，是否有必要在自由式残酷的全球资本主义与社会性管制的全球资本主义之间作出选择。至少在目前我们可以肯定，所谓后资本主义时代的社会主义式世界秩序以及所谓国际机构内部为此而进行的斗争，全然都是幻想。但是，如果认为我们向全球资本主义的社会性管制方向的发展是激进性的，世界秩序也在发生变化，那么，本书所包含的证据表明，一场运动战的确正在国际层次上展开。我们在下一部分之后将探讨这些更为广泛的问题，即何谓全球性社会改革项目；它是否也是一个全球性反霸权项目；将如何为此建立一种联盟，或者这种联盟会如何受到阻挠，或者，我们甚至要问是否有必要实施这么一个项目。现在，我们不探讨这个更加宏伟的项目（幻想），而是探讨人们为全球性管理改革的一些方面而竭力主张的实际步骤，因为这些东西与全球社会政策的制定有关。

全球管理改革方案

我想在本书下一部分概要探讨我所说的全球性社会改革项目。这一项目的成分包括：要求加大全球性社会再分配，加强全球性社会管制，增加全球性社会提供与赋权。我将对这一项目实施过程中的种种可能性和会出现的障碍进行评估。然后探讨这样的项目应该被归类为“全球天使”之举呢，或者只不过是帝国主义的“全球恶棍”（惠勒（Wheeler），1996）要的又一个花招呢？我在这一部分先不探讨这一纲要性的梦想，而是探讨人们所采取的、或者说至少在认真争论的艰难的实际步骤，其目的是，为了更好地满足人类需求目标而改进对世界的管理方式。

我在本书前面指出，而且别人也指出过，相互联系的知识社群成员提出了若干战略，这些战略在一定程度上相互抗衡，一定程度上相互并列与交错，而且这些战略都往往是非明确的。全球人类
203

资源专家、全球贫困问题游说团体、全球劳动标准捍卫者、全球社会保障专家、全球非政府组织等，都在参与一场话语，该话语不但涉及针对某些国家的具体社会政策建议（如本书所说的），而且涉及全球管理问题。对这场话语相关的政治学、国际关系和政治经济学刊物稍加浏览就会发现，这场全球性管理话语涉及许多并行的主题，都针对的是如何遏制后冷战时期全球无秩序所带来的威胁，同时试图建立一个更有人情味的、具有社会公正性的新世界秩序。有些重要的国家和地区政治领导人已经断断续续地采纳了这些社群所提出的一些主题。下面简要地谈论其中的五个主题，或曰战略，或曰建议。即：

1 对全球性竞争加以管理。

2 加强布雷顿森林机构的责任性。

3 对联合国进行改革。

4 加强全球政治、法律和社会权利。

5 赋予国际公民社会以权力。

我并不自以为这些主题有什么独创之处。它们除了反映其他方面的东西，还反映了全球管理委员会的结论（1995），联合国《人力发展报告》（联合国开发计划署，1990；1991；1992；1993a；1994；1995a）的思维，联合国社会发展研究所的贡献（联合国发展研究所，1995b），赫尔德（Held，1995）对这些主题的思考，格里斯格雷伯和冈特（Griesgraber and Gunter，1995）主编的著作中有价值的内容，以及其他许多来源。发达福利国家主修社会政策的学生是不读这些东西的，但我在第一章说过，他们应该读这些著作。

对全球性竞争加以管理

一个根本性的问题是，“全球性融合会破坏许多国家来之不易的社会收益，从而使它们沦为竞争性市场上地位最低的一个寻常分子；或者相反，全球性融合能够开始将社会标准提高到最为成功的国家所取得的水平?”（联合国社会发展研究所，1995a:40）未来的福利国家将在一定程度上取决于它们在全球市场上的竞争能力，在一定程度上也取决于调节竞争的游戏规则，还取决于围绕这一问题而作出的政治决定。

最近，即1996年4月2日，在里尔举行的西方工业七国高峰会议上，法国总统阐述了与自由贸易和社会标准纠结在一起的相互冲突的全球性利益。他认为，西方能够接受的状况是：低工资、较小的社会保障范围和不同的劳动法使发展中国家得以在出口市
204 场上成功地进行竞争。但是，西方不会容忍发展中国家劳动力市场上其他方面的情形。“人们能够容忍基本的社会民主规则在这个庞大的世界市场上遭到严重践踏吗？能够容忍成人或儿童被奴役状况或明或暗地存在吗？我们这些国家的公民已经越来越了解种种虐待行为，他们理所当然地认为这是不可容忍的”（《卫报》，1996年4月2日）。显然，西方领先的工业化国家因为将自由贸易与人权挂钩而引起的日益尖锐的争吵在这次西方七国峰会上突然公开化了（《卫报》，1996年4月2日）。欧洲委员会要求实施最低程度的全球劳动标准，这一举动有可能使七国峰会中途夭折。代表欧洲委员会的帕德雷格·弗林（Padraig Flynn）说，“自由劳

资谈判、自由结社和废除童工属于基本的人权”。相反，日本和英国则认为，这一动议是为了捍卫西方的高成本经济，使其不受国际竞争的影响，是一种通过后门而实施的保护主义。随后，在1996年6月于里昂召开的西方七国峰会上，这一问题又出现了。有意思的是，这次峰会参加者不但有七大国(法国、德国、美国、英国、日本、加拿大和意大利)，而且首次有世界银行、国际货币基金组织、世界贸易组织和联合国领导人的参加。会议的经济和政治公告的结论都是：在自由贸易的环境下，有必要抗击社会排斥(《观察家》，1996年6月30日)。希拉克最后认为，“全球化会对经济增长带来好处，但同时会对一些国家和个人带来受排斥的危险。因此，必须采取一些安全壁垒”。会议认识到，“大家愿意解决贸易与国际认可的核心劳动准则之间的关系”(七大国，1996:7)。随后，1996年12月于新加坡召开的世界贸易组织部长会议讨论了这些问题。我们在第三章中指出，那次会议的宣言只是证明了围绕这一话题而展开的持续的意见与利益分歧。

对劳动标准的全球性管理是可以逐步实现的。首先，北方国家的政府可以迫使它们自己那些在国外运营的企业采纳自己国家的规定或劳动与社会标准。第二，地区性政府联盟可以为那些在其国家投资的跨国公司建立一套该地区(如东南亚国家联盟)共同实施的规则。第三，政府间达成的协议可以保证相互实行共同的标准(格莱克曼和克鲁特(Gleckman and Krut)，1995)。当然，最终而言，北方国家的消费者利益与南方国家正在出现的工人利益之间达成一个共同的目的之后，而且这一目的是由一个各种社会与劳动组织的网络表达出来的，这样才能使跨国公司认为，有必要对自己的活动实施社会管理，即北方国家的消费者不愿意购买由童工制造的商品，而南方国家的工人也试图对童工加以限制。在此之前，米斯（Mies，1986）在探讨北方的女性消费者和南方的女
205 性工作者之间的共同利益时，就提出过这一观点，巴勒特－布朗（Barratt-Brown，1993）在探讨公平贸易时也提出了这样的观点。在全球化劳动力与全球化消费者运动的双重压力下，一个切实可行的政治做法是，通过宪法提议（见下面），赋予联合国团体更大的权力，使其对全球贸易的管理进行监督。

在人们关注如何为实施劳动与社会标准而对全球贸易进行管制之际，另有一些人则持相反观点。他们认为，可以并且应该减少贸易全球化；应该出现一个巨大的变化，这样，为了关注全球生态问题、为了地方经济的可持续发展，未来的战略应侧重于经济发展和管理的重新地方化与重新国有化。赫曼·戴利（Herman Daly）在离开世界银行时说，“十年后的时髦语将是‘资本的重新国有化’、‘源于社区的国家与地方经济发展资本’，而不是目前的这些陈旧规则，如用各种调整手段来刺激出口引导的增长，以增加全球竞争能力”（卡瓦纳（Cavanagh），1994：116）。兰和海因斯（Lang and Hines，1995）对这一观点加以附和，他们关注的问题是，如何保护环境，使其免受日益增长的全球贸易所带来的破坏性后果。他们在另外一部著作中说，“政治经济的目的应该是建立多样化地方经济，以替代当今的货物仓库和全球性流水线单位”（1996：113）。尽管这一观点具有重要性，但未来可能出现的情形是，对日益增长的世界贸易的社会性管制会慢慢地增加。

加强布雷顿森林机构的责任性

本书已经说明了国际货币基金组织和世界银行在影响转型期国家社会政策性质方面的重要性。在涉及布雷顿森林机构的一些关键性讨论中，人们反复提到，应该使这些机构对其所促成与推广的政策负更大的责任。目前，这些机构只是对那些为其提供资金的政府负责，而责任的大小与资金的大小成正比。全球管理委员会(1996:34)提出了一个谨慎的建议：投票权的大小应该反映基于购买力平价的国内生产总值。它所提出的一个更为激进的观点是，“现在时机已经成熟，应该形成一个全球性论坛，从而在经济、社会和环境领域起领导作用。该论坛的范围将大于西方七大国或布雷顿森林机构的范围，并且比目前的联合国体系更为有效”(1996:155)。有人提议成立一个经济安全理事会，其范围更大，能代表所有的大规模经济社会(按购买力平价衡量)、区域性联盟和较小的国家。这样就可以提供一个供世界银行、国际货币基金组织和世界贸易组织运作的政策框架。而其他人则更钟情于现存的联合国经济与社会理事会的有效性，并且希望增加南部国家的发言权。这些人则建议，布雷顿森林机构应该向联合国经济与社会 206
理事会负责(联合国社会发展研究所，1995a)。

辛格(Singer，1995)说，问题既不是让布雷顿森林机构根据有关国家人口规模的大小对那些向其提供资金的国家负责，也不是让这些机构听命于改革后的联合国经济安全理事会。他提议，需要对布雷顿森林机构和联合国的投票制度同时进行改革，一旦实施这一改革后，两者就可以更为密切地一起工作，世界银行和国际货币基金组织将侧重于更为艰难的财政问题，而联合国将侧重于“软性的”社会政策问题。“可以对世行与基金组织的决策体系进行民主化，使其趋向于目前的联合国体系，同时，可以使联合国的体系更为务实，使其趋向于布雷顿森林体系”(1995:18)。要达成政策协议，也许需要大多数(世行、国际货币基金组织)捐资国和所有的(联合国)成员国的同意。改革后的联合国经济安全理事会在经济与社会政策方面的权力份额将形成一种制度化的东西，从而反映了本书第一章所分析的趋势:全球政治的实质正从军事事务转向经济事务，而且近来又转向社会事务。联合国所采取的预防性外交现在就涉及社会政策分析(迪肯，1996)。改革后的世行、基金组织和联合国之间的权力分享只不过反映了这种趋势。

关键的问题不仅涉及布雷顿森林体系的责任，而且涉及其作用。虽然富裕的资本主义国家普遍认为，国际货币基金组织的重要作用在于可提供一个最后解决办法，但人们对于世界银行的作用则有更多的争议。不管美国的民粹主义政治势力如何想限制世行的作用，大多数舆论关注的还是世行业务的范围。简单而言，正如辛格所说的，世行作为一个发展机构，只是应对困难的财政问题呢，还是应该继续扩展其业务，不但要应对本书所描述的环境与扶贫问题，而且还要分担(比如说，与联合国难民高级事务委员办事处或联合国人道援助处)难民与人道灾难方面的责任呢？问题是，是否给予联合国的社会性机构更多的资源与责任，以影响国家与跨国的社会(和其他)政策，还是应该让世行来替代它们？在西方七大国于1995年6月召开高峰会议之际，在联合国于1996年3月召开成立五十周年纪念会之际，人们不但呼吁废除联合国贸易与发展会议(UNCTAD),而且呼吁重新考虑国际劳工组织的作用。在随后于1996年7月召开的西方七国会议上,似乎再没有人提起国际劳工组织问题,而且,会议公告还对国际劳工组织的工作质量表示了感谢。但是,国际货币基金组织、世界银行、世界贸易组织和联合国秘书长应邀参加了会议,除了讨论其他问题,还谈论了一些涉及废除联合国贸易与发展会议和联合国工业发展组织(UNIDO)的具体建议。世行与世贸组织最终的结果可能不是辛格所希望的那样,成为联合国的伙伴,而是像苏姗·斯特兰奇和法布里齐奥·萨贝利(Susan Strange and Fabrizio Sabelli,1995)所建议的那样,成为全球性教育、健康、环境、福利、贸易和劳动部门, 207
而国际货币基金组织则成为全球性财政部门。

但是,对于本书所涉及的主题而言,上述机构向不同责任方面转移的重要性不会立即明了化。有关世行人力资源专家所提出的社会政策处方,知识社群内部存在着激烈的争议。即使这些处方得到改革后的经济安全理事会的公开审视,或者得到联合国经济与社会理事会的审视,我们也不清楚这是否会导致这场争议中双方的影响力平衡会出现什么变化。即使增加了全球性责任,也不一定会对未来的社会政策选择带来什么启示。

对联合国进行改革

我们很难充分涉及那些论述联合国改革必要性的著作。然而,对于国际劳工组织、世界卫生组织、联合国教科文组织、联合国儿童基金会、联合国开发计划署、联合国难民高级专员办事处以及本书第三章所指出的其他全球性社会改革者未来的命运而言,这一话题的重要性不可低估。国际劳工组织是抗衡布雷顿森林机构的一道屏障(第四章),因此,在我们的分析中地位突出。人们很难相信世贸组织也能起到相同的作用,即使上面已经提到,世贸组织在其管理工作范围内应该捍卫劳动与社会标准。联合国儿童基金会和联合国开发计划署敢于批评现存的全球政策和做法,如果这两个机构消失了,对进步性舆论将是一个沉重打击,尽管我们在谈论前南斯拉夫的情形时承认,在实际工作中,为联合国儿童基金会和联合国开发计划署转包工程的那些非政府组织最终也能在残余式社会政策中起一定作用。

现在似乎存在着一个两难困境:目前格局下的西方七大国基本上不信任联合国在社会领域所做的工作,而如果按照某些北方工业化国家所建议的那样,对联合国实施改革,南部小国家对联合国的影响力就会减少。如果发达国家和大规模经济国家更加重视联合国,其代价就是,它将更加屈从于这些发达国家的利益。换句话说,要是能保证联合国经济安全理事会可以为保护劳动与社会标准而促进对全球贸易的管理,重组后的联合国也就能更好地反映发达国家的利益。

1996年6月西方七大国高峰会议似乎在改革联合国的方向上采取了一个具体步骤,目的是为了保存联合国,并且进一步主张国际货币基金组织、世界银行和联合国机构之间的合作,而不是相互竞争。会议提议,应加强联合国经济与社会理事会的权力,即任命一位联合国副秘书长来对联合国的几个发展机构(如联合国开
208 发计划署、联合国儿童基金会等)进行合理化重组。人们期望,在全球性机构采取干预行动的每一个国家,"联合国开发计划署、其

他机构、世界银行、国际货币基金组织、世贸组织和区域性发展银行能共同合作……共同推出国家战略报告。给每个国家捐资的组织应定期举行会议。驻该国的联合国协调员或世界银行机构可以充当这些会议的组织者"(西方七大国,1996:14)。当然,问题是,希望加强机构协作(尤其是联合国团体与世界银行的协作)的呼吁回避了一个事实:这不仅仅是一个协作问题,也是一个有关社会与经济发展思维的多样化问题,我们对全球社会政策话语所作的分析就证明了这一点。即使让世行去解决经济问题,让联合国去解决软性的社会问题,也不会终止战略与政策方面的争议。

联合国的危机也属于财政危机,这是因为美国长期拒绝缴纳所应缴纳的资源份额而致。同时也因为联合国专门机构之间责任重叠、协调不力而引起的分歧所致。也许还可以说,这个危机是内部管理风格所导致的。全球管理委员会(1995:344)要求对安理会进行改革,要求根据新的经济力量来更加合适地分配权力;要求召开一年一度的有国际公民社会(全球性非政府组织)参加的公民社会论坛(Civil Society forum);要求用上述的经济安全理事会来替代安理会;要求设立联合国顾问机构或董事会,专门负责妇女状况的改善工作。1995 年七大国高峰会议的公报草案(其内容最终还是减少了)要求:(1)对经济和社会领域的组织进行合并与合理化;(2)在世贸组织已经成立的情形下,对联合国贸易与发展会议等机构的作用进行审查;(3)组织高层的经济与社会委员会会议,增加其对公共关注问题的责任;(4)削减成本。

1996 年年初,尽管克林顿在联合国五十周年纪念会上说了一些表示支持的话,一场危机似乎还是不可避免。截至 1995 年 12

月 31 日，联合国会员国拖欠的会费已达 23 亿美元，而 1994 年年底是 18 亿美元。美国欠 12 亿，占总数的一半。与此相比，俄罗斯欠4.55亿美元，德国欠2 300万美元。因为美国拒绝继续缴纳根据国民生产总值所计算的相应的承诺数额，联合国秘书长便在一月份建议，应该对美国缴纳会费实行数额限制。他提议，任何成员国所缴纳的比例最多是联合国预算的 15%或 20%。美国一直缴纳的比例是 25%，欧盟外交官对此加以反对，他们的国家加起来所缴纳的联合国费用比例为 35%。在此情况下，联合国制订了几个计划，目的是将其职员减少 10%，同时减少几个领域的活动。美国最终支付了其拖欠款的一大部分，但这场危机充分说明，一些发达国家对目前构架下的联合国的支持态度是模棱两可的。

209 最近几十年来，联合国的周期性财政危机促使人们提出了若干种全球征税形式，以摆脱国家政府在政治方面的反复无常所造成的影响。1980 年的勃兰特报告(Brandt Report)首次提出这个问题，随后，联合国开发计划署也反复要求实施全球征税形式。在 1995 年的联合国世界社会发展高峰会议上，1972 年首次提议的托宾税(Tobin tax)成为讨论会上认真考虑的候选形式。这是一种对货币交易征收的小额税(0.5%)。其征收对象将是国际财政投机者，这一做法带有公正的色彩，因为正是财政资本的自由流动，才导致了福利国家所面临的竞争性挑战。联合国秘书长提议对国际航空旅行征税。最近对几种选择进行审视后的结论是:“机场附加税似乎是一种最为简单、争议最少的意见。人们就托宾税这一方案已做了很多工作……但政治形势并不会促使这一方案成为实际行动”(海外发展所(ODI)简报，1996 年 2 月:4)。

一方面，需要探讨用其他什么方式可以征收全球税，以达到全球性再分配目的；另一方面，世界货币基金组织和世界银行所面临的一些问题又使这种探索复杂化，即这两个组织需要将它们给予贷款的国家的发展需求与那些提供资源的国家的利益加以协调。目前的联合国以及改革后的联合国可能需要与改革后的世界银行共同合作，以寻求独立的财政来源。格文（Girvan，1995：27）最近对这种必要性进行了探讨。

联合国如果想在全球管理中起更大的作用，发达国家就会向它施加巨大的财政与政治压力，要求它进行改革，而面对这种前景，南部国家持什么观点？南部中心（South Centre）存在的目的就是为了促进南部国家团结，使南部国家就全球经济、政治和战略等问题尽可能达成一致的观点与做法。它实际上充当了七十七国集团（G77）的政策智囊团。该机构由朱利叶·尼雷尔（Julius Nyerere）领导。它最近清楚地表述了自己对联合国改革辩论所持的观点（南部中心，1995）。该机构认为，“为解决与世界经济相关的问题，必须向联合国赋予权力……只是改善成员增加后的西方七国集团与世界货币基金组织之间的协调能力是不够的，也是不可接受的。必须赋予联合国这一功能”（1995：33）。它继续指出：“反对联合国拥有强大、有效权力的意见都是出于政治的和深刻的意识形态目的，这种意见主要集中于为数不多的几个国家，其现存体制都不愿意加强世界论坛的作用，因为在这样的论坛上，它们的国内与全球性政策会受到挑战或限制”（1995：35）。这种观点虽然重要，但有悖于这一思想：实际上寻求全球性社会管理的正是一些北方国家，而一些南部国家则认为，如果对自由贸易不加以管制的话，可能对他们有好处。因此，这场论争不仅仅是南北之间的论争，而且纵贯了两个半球，即无论北方与南方，都有自由主义和社会管理做法的信奉者，也有对联合国权力和布雷顿森林权力表示支持的人。

加强全球政治、法律和社会权利

210 本书关注的问题是，转型期经济社会中人们的社会公民权利正受到全球性金融机构内流行的思想的影响，这一情形促使我们直接提出这样一个问题：所有国家制定最低程度全球性公民权利的前景如何？全球管理委员会主张推行一个全球性公民伦理观念（global civic ethic）：“我们认为，只有对一系列权利与责任加以认可，才能以最好的方式服务于整个人类。这些权利应包括，所有的人都应该获得有保障的生活和平等的待遇”（1995b：336）。达拉姆·盖伊（Dharam Ghai）也认为，“尽管是以零碎的、不怎么连贯的方式，全世界似乎正走向一场涉及全球性公民权利的辩论，而这场辩论类似于以前的那场辩论，它标志着对发达工业化国家里人们的某些不可剥夺的权利的确定”（联合国社会发展研究所，1995a：170）。鲍伯克（Baubock，1994）对确立跨国公民权利的必要性及其所面临的障碍进行了详细阐述。赫尔德（Held，1995）在审视了欧洲理事会斯特拉斯堡人权法庭在欧洲大陆所做的全球层次工作后呼吁，应该成立一个国际人权法庭。

对政治、法律、社会和经济等领域的全球性公民权利的呼吁日益频繁，当然，这种呼吁已成为一个引起激烈争议的话题。正在诞生的全球性公民社会的代言人通常是与“守护天使”站在一边的国际非政府组织，那么，它们关注这些伦理问题的目的是使全球资本人性化呢，还是说，这些问题只是为西方帝国主义势力提供了一个合理的口实，使它们可以在冷战后的环境下，要求获得全球霸权地位？或者说，这些问题实际上是为“全球性匪徒”(global gangsters)服务？(惠勒(Wheeler)，1996)我们将在下一部分回到这一论争，届时我们将探讨全球性社会改革性项目的政治状况。

就实用角度而言，联合国目前已正式采纳了三种手段。1948年的《世界人权宣言》(Universal Declaration of Human Rights)是在毫无争议的情况下采纳的。1966年，《国际民权与政治权利公约》(International Covenant on Civil and Political Rights)和《国际经济、社会与文化权利公约》(International Covenant on Economic, Social and Cultural Rights)被列入议事日程，然后经35个国家认可后于1976年发生效力。胡马纳(Humana)追踪了解了这些权利在多大程度上得到遵守，其报告中说：“在为期五年的时间里，这些权利的改善程度是史无前例的”(1992:i)。他在编写其指南时对有些人的观点加以排斥，这些人持一种相对主义观点，即认为一些穆斯林国家和受宗教法律统治的国家，实际上不愿意受到上述公约的约束。“如果许多指标都得带有西方自由派的标签……那么，该指南即使受到此类批评，也无可奈何”(1992:8)。

这些全球性公约没有提到什么社会经济权利——比如说，享受社会救援的权利，尽管工作权利得到承认。当然，就欧洲层次而言，欧洲理事会的《社会宪章》对此有更为明确的表述。真正问题是，能否通过司法力量赋予社会救援权利思想以实际意义。就本 211
研究所记录的全球性收入维持话语而言，未来将出现两种情形。

可以说，未来占主导地位的趋势将是，有权享受基于生计调查的最低社会收入的安全网，其水平的制定将适合各国的情形。也有许多人拥护另一种做法，即实施无条件享受最低收入的公民权利，其水平也是根据各国的情况而制定（范帕里斯（van Parijs），1995；珀迪（Purdy），1996）。给国际组织担任顾问的专家们所讨论的内容就包括了这一点。

不夸张地说，再过几十年，无论是社会救助享受权还是最低收入享受权，都可能成为一个全球性公民权利而受到保护，改革后的联合国将希望其成员国实行这种权利。至于采取何种步骤来实现这一目标，卡塔里娜·托马舍夫斯基（Katarina Tomasevski，1995）认为，应该对世行给予贷款的国家实施人权效应评估。这将与1992年里约热内卢会议后达成一致意见的环境效应评估并行实施。世行所关注的事情是，各国能够实施本书的几个案例研究中所描述的那些社会救助方案，世行本身认为这就是朝上述方向发展。从更长远的角度而言，通过实施一个全球性社会保障协约（格林（Green），1995：43－6）可以改善各地的全球公民社会公民权利。根据这样的协议，就可以将（通过前面所探讨的税收体系所筹集的）资源从富裕国家转移到贫穷国家，其前提条件是，各国政府必须用这些资源来改善所有公民的生计。

赋予国际公民社会权力

人们认为，要使布雷顿森林机构和联合国机构承担更大的责任，就应该加大国际非政府组织的作用。“全球管理……现在不仅涉及各国政府和政府间组织，也涉及非政府组织、公民运动、跨国公司、学术界和大众媒体”(全球管理委员会,1995:35)。本书第五章中的后南斯拉夫案例研究结果以及对非政府组织在卢旺达所起的作用的批评性评价结果(米尔伍德(Milwood),1996)都表明,这方面的发展并非没有问题。国际公民社会与非政府组织之间的分野使人们提出这样的问题:公民社会的哪些成分“得到了体现”?还有哪些成分被剥夺了权力?非政府组织为了生存越来越依靠官方的政府间组织所提供的资金,这种情形也会使人们对其独立性与自主性加以质疑。这就会挑战这种简单化的观点(威利茨(Willets),1996):非政府组织是世界良心。然而,非政府组织参与的事情越来越多,这一趋势是显而易见的。在1994财政年,世界银行50%的项目都有非政府组织参与的份额。世行的贫困战略的一个主要内容是进行贫困评估,而评估工作越来越涉及有地方非政府组织参与的研究项目。为了把资源有针对性地给予最贫穷的人, 212
世行试图绕过国家机构中潜在的腐败性障碍,把资源直接交给地方。

在世界社会发展高峰会议上,以及此前与此后召开的高峰会议上,非政府组织都积极参与了议事日程的制定。联合国社会发展研究所在此次高峰会议后(1995a:25),分析了国际非政府组织社群内部对高峰会议后续工作所采取的四种方式,即形成另一种思维、制定具体的实施目标、建立一个非政府监督体系、呼吁联合国改革。但是,该报告提醒,要防止一些夸大的说法,即认为非政府组织代表了基层穷人的利益。“人们广泛认为,非政府组织往往更加对财政捐款者负责,而不是对其所支持的受益者负责”(1995a:34)。对联合国经济与社会理事会表示最强烈拥护的组织就包括已经得到理事会承认的非政府组织。当然，非政府组织的这种参与行为使联合国经济与社会理事会的协商过程、议事日程制定和决策过程复杂化。也许这能从一个方面说明，为什么那些对联合国目前在经济领域所做的工作表示不耐烦的人，呼吁成立一个更加合理化的经济安全理事会，并且提议召开一年一度的非政府组织大会，由非政府组织专门参加。

在此种情况下，赫斯特和汤普森(Hirst and Thompson，1996：191)认为，正在形成的全球管理形式应该是这样的：各国即使已经将某些权力让与国际组织，但它们仍然是重要的运作者，即它们既影响国际组织的政策，又决定人们能否在实施这种超国家政策时达成一致意见。因为这一点，从全球管理的角度而言，对全球公民社会的赋权在一定程度上是通过传统的国家民主问责制形式进行的。就这一方面而言，非政府组织被赋予的角色是，给这些传统的选民提供有关信息：

> 这种代表方式是非常间接的，但它最接近国际管理将可能具有的民主与责任形式。先进的民主国家内关键的公众群体对其国家有一定的影响力，而这些国家能对国际政治施加影响。如果世界“公民社会”能够给一些重要国家的人口提供有关信息，并且激发他们去关注跨国非政府组织的某个问题，那么，这些国家就更有可能影响世界政治(1996：191)。

这种做法截然不同于赫尔德(1995：279)所描绘的那种更为虚幻的未来国际化民主图景：由一个全球议会来筹集收入，它将与一个国际法庭共同实施全球管理，而这样的国际法庭能给全球公民赋予权力，如果他们的“地方性”国家政府拒绝让他们享受基本的公民权利——其中包括“保障所有成年人能获得基本收入”——他们就可以将自己的政府告到国家法庭(1995:280)。

这一部分只是对全球管理改革方案进行简要的审视。在未来十年里，各种争议的细节将会发生变化，但有关主题恐怕会保持不变。各种呼吁之声将日益增加，并且会日益得到倾听，即人们会呼 213
吁加大对经济竞争的社会管理，增加国际金融组织的责任性，对联合国实施改革，加强全球政治、法律和社会权利，进一步赋予国际公民社会以权力。

全球性社会改革的政治因素与前景

我曾研究过苏联与东欧共产主义体制的垮台对社会政策所造成的后果，我在这一著作的最后一段声言：

> 我们的结论……并不是说，在资本主义与社会主义的斗争中，资本主义取胜了……我们只是说，在可预见的未来里，要想实现社会主义价值观和社会主义福利目标，需要在资本主义内部进行斗争，需要为了满足人类需求而改造资本主义。而且，这一斗争现在面临一个紧迫的、需要优先考虑的内容，即使其具有跨国的、全球性意义，这样才能实现东方与西方和南方与北方的社会福利目标(迪肯，1992:191)。

本书研究了超国家组织对后共产主义社会政策的形成所产生的各种相互竞争的影响，其结果进一步强调了上述结论。现在已存在一个全球性社会政策，它由几方面的内容构成，包括几种全球性再分配机制、全球性管理机制、全球性提供与赋权内容，以及涉及未来国家社会政策的、正在发生转变的话语场。持社会主义价值观的人必须在这个已经扩大的政策制定框架内发挥作用，并且提出一个方案。我们在本书的行文中始终隐含了这样的倾向：应该有一个全球性社会改革性方案，它将要求增加而不是减少国家之间的资源再分配；要求增加而不是减少全球性社会与劳动管理，以此作为企业运作的一个框架；要求增加而不是减少超国家机构的权力，使它们能够在某些国家未能履行针对其公民的责任时对这些国家进行干预；要求全球性组织对一些国家提供社会政策方面的建议，以反映团结、包容和公正等价值观，而不是反映个人主义和竞争。这一全球社会改革性方案应该承认不同因素之间的相互关联性。没有全球性社会再分配就不会有自由贸易。要保证全球公民（而不是其政府）获益，就必须设立一个全球社会权利法庭，给公民赋权，这样才能实现全球性社会再分配。贸易、管理、再分配和赋权必须齐头并进。

这样的全球改革性方案必须能够应对各种批评意见。其挑战似乎会来自五个方面。第一，社会主义基要思想持有者会认为这一方案只不过是为了使剥削性的和帝国主义的全球性资本主义合
214 法化，与社会主义所关注的事情没有什么关系。第二，后现代相对主义者会认为它旨在否认差异与多样性，目的是将西方的一套偏见强加于持不同意见的人。第三，全球知识社群里的那些深层渗

透技术人员喜欢从内部悄悄进行改革，而不喜欢在实际运用其技能的过程中，清楚地表述其政治价值选择。第四，许多方面的人都或明或暗地认为，全球化问题被夸大了，政治经济与政治运动方面的许多当务之急问题，依然是北方与南方的国家性问题。第五，有人持相反的观点，即认为全球化并没有被夸大，其规模已很大，随后将会毁灭任何残存的文明化方案，而后者所基于的信念是：跨国性公民身份是可以存在的。为了探索这些批评者所持的立场，下面将试图对超国家与全球性社会势力和过程进行理论性描述，这样我们就可以分析：是否有可能形成一个全球改革性社会政策。我们将进一步阐述第二章所指出的那些思想。

瓦茨拉夫·哈韦尔（Vaclav Havel，1994）认为：

> 与人类历史上的任何时期相比，当今的一切事情都是相互关联的。因此，无论在什么地方，当代文明的价值观和发展前景都在经受巨大的考验……萨拉热窝人的苦难……孟加拉国的赤贫状况……都决定着欧洲的未来。从理论上而言，几乎人人都知道这一点。但如何将人们所了解的情况体现于实际政策呢？……人们今天都知道，只有一种新型的全球性责任才能拯救人类。

考克斯（Cox）从葛兰西式的（Gramscian）分析框架出发提出这样的观点：要形成一个全球性反霸权方案（所谓反霸权，就是反对自由的全球性资本主义所造成的破坏），“就必须用一种新的、将经济活动重新嵌置于全球社会的全球化来抗衡现存的、基于市场经济逻辑的全球化”(1993:273)。在同一著作中,他提醒我们,“世界霸权被描绘为一种社会结构,一种经济结构和一种政治……结构……它体现于普世的规范、制度和机制中,而这些东西为国家、为跨国家边界活动的公民社会势力制定了一般的行为规则”(1993:62)。吉尔和劳(Gill and Law,1993)在一篇相关的论述全球霸权与资本主义结构性权力的文章中指出,一种反霸权联盟的雏形已经存在于国际大赦组织、绿色和平组织、牛津饥荒救济委员会和世界基督教协进会(World Council of Churches)等组织。他们认为,这一联盟要想进一步发展,就需要伊斯兰教的参与,但这是不可能的。在同一书中,阿里吉(Arrighi,1993)得出这样的结论:每一个后继的霸权国家的资本主义色彩越来越淡:“下一个霸权可能就是世界社会民主。”

可以在此框架内重新提出涉及全球社会改革主义的问题:

1.是否需要一个全球霸权性社会民主方案?

215 2.这一方案可行吗?其障碍何在?

3.应该将全球性机构内部及其之间的话语场置于何处?

是否需要一个全球霸权性社会民主方案?

英国费边式社会政策分析的创立人之一、一位长期的社会民主奋斗者显然认为需要有、并且应该有这样一个方案。汤森(Townsend)认为:

> 工业革命的各种问题以及资本主义的各种剥削形式导致了 19 世纪后半叶福利制度在一个又一个国家的建立。20 世纪后半叶国际市场的各种问题以及国际权力结构对主权与帝国的取代将要求国际福利制度形式的建立。(1995:20)

至于这种国际福利制度会采取什么形式,虽然对此众说纷纭(是采取公民收入模式还是安全网和备用基金模式),但拥护这种制度的人为数不少。范帕里斯也得出类似的结论:

> 未来的关键问题是,是否应该推出、在什么时候推出、并且如何推出一个无条件的基本收入方案,给超国家权威机构赋予再分配权力,或者对社会生活的组织方式加以限制,以培养团结性情感。未来的关键之争将围绕这些问题展开(1995:232)。

本书的知识框架,汤森、范帕里斯和其他人的知识框架,都显然属于自由追求真理的这一阵营内的知识框架,它不同于相对主义者和基要主义者的知识框架(盖尔纳(Gellner),1992)。这一框架隐含的意思是,现代式的方案并没有走到山穷水尽的地步,恰恰相反,它应该、并且将会继续下去;而且,根据马格丽特·阿彻(Margaret Archer)1992 年在国际社会学协会发言的精神,这一方案是开明人士所支持的,而不是相对主义者所赞同的(麦格鲁等(McGrew et al.),1993)。如果说后现代主义使我们注意到多样性和差异,并且打破了我们的这一基本信念——要维护工人阶级的利益就肯定会取得社会进步，那么，它也同样迫使我们重新发现了我们的价值观(斯夸尔斯(Squires)，1993)。

在《葛兰西、历史唯物主义和国际关系》(吉尔(Gill)，1993)一书的最后一篇文章中，考克斯(1993)似乎主张不要再去寻求这种进步性全球霸权。他认为，欧洲“可以成为一种新的世界秩序的试验场：这将是一种后霸权式世界秩序，承认多种普世性文明的共存；这也是一种后威斯特伐利亚式(post-Westphalian)秩序，能将政治权威重组为一种多层体系；它也是一种后全球化秩序，能接受不同途径的合理性，即认为它们都可以满足人类的需求”(1993：286)。达菲尔德(Duffield，1996a)也注意到，西方知识分子对差异的颂扬、对认同政治的强调，导致人们对所谓一致性未来社会发
216 展路径思想加以质疑。对这种情形应该作出的反应是，我们认为，应该尊重文化多样性，应尊重人们寻求不同途径来满足人类需求的权利，但这并不意味着我们应该容许不人道的行为，接受不公正的事情，或者否认人们有权享受创造性的、丰富的生活。要想在全球化的世界里捍卫这些东西，恰恰需要一种全球性伦理观念，一种全球性管理权威，一种全球性消除不公正现象的手段，同时，还要赋予全球性合法权威机构以权力，这样，一旦文化差异变成一种借口，以阻挠人们获得即将诞生的全球公民权利，这一权威机构就可以进行干预。全球改革性方案将与这些普世的价值观共存亡。

该方案可行吗？其障碍何在？

在有些人看来，全球化进程会毁灭我们在超国家层面上重建社会公民纽带的可能性，同时会削弱国家层面上的社会公民纽带。

乔丹(Jordan,即将出版)得出的结论是:

> 全球化非但不会促进跨国单位内的集体化,反而可能会对现存的国家层次和国际层次集体制度造成严重问题,尤其针对社会政策议题。下一世纪的全球性公民可能会成为十足的淘拣便宜货的人,即他们会找寻自己最喜欢的那一篮子集体商品,因为地主与持简约主义思想的地方当局联合开发了一些私人场所,使他们能够得到这些东西。这种合同性社区将使小康家庭能够在自我选择的、同质的收入区域之间流动,而剩下的一部分贫穷的人则生活在“命运的社区里”,接受一个由一帮带有边沁式色彩的私人承包商构成的专断式体制的管理。其结果将会是一幅中世纪式自由(而有围墙)的城堡图景,一片由圆形监狱和捕食者构成的荒原把他们与社会隔离开了。

达菲尔德(1996a)所描绘的悲观性景象没有这么严重。他说,目前世界正被划分为一些稳定地区和不稳定地区,前一种地区中实施的是正常的社会政策,而在后一种地区内,全球化的非政府组织已替代了正常的社会政策。

抗衡这种悲观论调的只有一种理论,那就是,希望以下几种情形能大行其道:希望跨国层次上的集体社会运作者能对个人主义加以限制;希望全球性话语场能表达国际与跨国方面的责任;希望跨国性政治意志能克服狭隘的国家民粹主义领导人所关注的东西,并且能将不同的、多样的文化统一起来。当代全球政治格局的实质性内容是，民主体制表达的只是国家的自我利益，次全球区域性贸易竞争旨在削减成本和实施贸易排斥，多样性和差异给全球社会进步带来诸多问题，生态方面的可持续发展存在着各种局限性。但这些问题的存在不一定就意味着我们无法寻求合理的跨国性解决方案。

我们在本书第二章探讨过，比较社会政策通过运用其阶级、国家和家庭分析框架，在很大程度上有助于我们了解影响国家社会政策多样性的各种势力和话语场（威廉姆斯（Williams），1987；
217 1995）。金斯伯格（Ginsburg，1992）认为，发达的西方福利制度的多样性，反映了种族结构的父权式资本主义内部不同的动态机制，他的说法是有道理的。威廉姆斯认为，不同种类的福利解决方案诞生于"国家与具体的、相互关联的组织之间的关系，诞生于各种条件，诞生于现存的和历史性的**权力**、**话语实践**的社会关系，诞生于与**家庭**、**国家**和**工作**相关联的各种**社会动员**形式"（1995：148）。即将产生的新的全球性福利方案，不论是带有公积金的社会性自由式安全网形式，还是一种购买力平价公民收入，都将诞生于超国家层次上势均力敌的权力斗争、话语实践和社会动员形式。这种解决方案将反映资本与劳动力之间的全球性权力关系（利波（Lipow），1994），即使全球劳动力现在可以被划分为过度消费者、可持续生活的人和处于边缘的人（布朗（Brown），1995）；也将反映全球两性之间的斗争，这种斗争能够将北方的女性消费者与南方的女性工作者联合起来，即使她们目前正在竭力应对多样性问题（格兰特和纽兰（Grant and Newland），1991）；还会反映全球性种族冲突，这种冲突表现在移民压力的增大和避难规定的严格化（哈里斯

(Harris),1996)。全球性话语实践和运动正围绕几个方面展开：围绕劳动力及其未来(包括一些与生态相关的问题)；围绕家庭与全球性限制，即全球性会对家庭对待其成员的多样性方式设置一些限制；围绕国家及其主权问题，即国家对其公民所拥有的主权范围应该受制于一个更具法力的全球性公民伦理法则；等等，这些方面都会影响未来的全球性福利解决方案。我们在本书最后部分将会指出，这是一个丰富的领域，未来的分析与研究以及跨国性政治实践可以在这一领域大展身手。全球社会改革性方案的前景如何，将取决于这些权力斗争、话语场和运动。

应该将全球性机构内部及其之间的话语场置于何处?

对有些人(高恩(Gowan),1996)而言，全球性金融制度仍然是全球经济帝国主义的无耻帮凶，它们助纣为虐，使全人类屈从于市场与资本积累。归根结底，它们对后共产主义转型期所作的贡献就是，在东欧推行新自由理论与实践。这些评论家没有注意到，旧式的、残忍的自由主义与更具人情味的社会安全网自由主义之间就其他政策选择也展开过激烈的争议，他们也没有注意到欧洲式社会政策的团结性倾向。全球资本主义是一种邪恶的东西，不论是否以人道的方式对它加以管制，结果都差不多。为了对这种基要主义加以挑战，我们认为，在“共产主义”垮台之后，社会主义式转变并没有按照可预见的、切实可行的政治议事日程进行，而即使事实如此，也不会改变我们生活于其中的资本主义形式。我们在下一个世纪到底会生活在什么样的资本主义中，不但劳动力与 218
社会运动方面就此展开争议，全球人力资源专家、全球社会保障专家和全球贫困/发展游说团体也利用其话语实践等手段展开了争议(图 6.1)。

我们在前面说过,考克斯认为,现存的国际组织内部是不会形成一种势力来挑战全球自由资本主义霸权地位的:"试图改变世界秩序结构的做法都纯属幻想,是行不通的。国际层次上不可能形成一场运动之战……这些上层结构不具有任何充足的受欢迎的政治基础"(1993:62-4)。本书的经验性证据表明,事实恰恰相反,即国际组织内部正在展开一场立场之战(虽然只是残酷性资本与人道性资本的立场之战,但目前除了这一问题还有什么事情重要啊?);通过国际劳工组织和(一定程度上)世界银行对一些后共产主义国家劳动部的劳工运动及其代表所提供的支持,可以与地方性社会势力发展关系;国际非政府组织及其与地方公民社会的复杂关系也属于这一立场之战的一部分。考克斯也许会贬低国际劳工组织的所作所为,认为它"通过提倡三方代表制而使一些核心国家所形成的社会关系合理化,使其成为别的国家应该仿效的模式"(1993:63)。而我们这项研究则表明,正因为国际劳工组织建立了三方管理形式,所以才防止了福利的财政化。当然,这并非避而不谈国际劳工组织在新的、灵活的全球经济中推广其思想时所面临的各种问题。在考克斯看来(1993:65),要想改变世界秩序,首先要通过长期不懈的努力在国家边界的范围内建立新的历史性联盟。在我们看来,要使资本主义秩序社会化,这种联盟建设项目也应该是跨国性的,并且也应该使用正在诞生的全球性管理机构内部所使用的斗争策略,以及为反对这些机构而使用的斗争策略。

总之,针对五种批评全球社会改革性项目的意见,我们可以给出如下回答。针对社会主义基要思想持有者的批评，我们认为，应该采纳一个社会性管制的全球资本主义，而不是一个无管制的全球资本主义，而持社会主义价值观的人应该为这种管制努力。针对后现代相对主义者的批评，我们要说的是，如果对多样性和差异的颂扬被当做否认人类社会权利的借口，我们就要主张：社会主义价值观高于这些价值观。针对那些身在国际组织、希望将其讨论局限于国际组织内部的全球知识社群，我们认为，需要建立各种联盟，需要将它们的话语实践与跨国性权力斗争和社会运动联系起来。针对那些认为利益与思想斗争应该继续地主要在国家层次上展开的人，我们拿本书中所提出的研究证据来说服他们。最后，针对那些认为全球化会毁灭文明化项目的任何残留部分的人，我们会质问：他们的工作动机何在？

超国家社会政策分析的研究方案

本书着重指出了经济力量、社会运作者、政治与财政制度以及 219
全球性的话语实践等对国家内部社会政策产生影响的几种方式，对正在形成的全球性社会政策这一研究领域进行了概念化表述。而全球性社会政策是由全球性再分配、全球性管理、全球性提供与赋权等方面的实践构成。

本书并不认为，社会政策分析领域的扩大意味着需要抛弃那些曾经对这一研究领域起过良好作用的概念性与分析性工具。只不过是，在跨国性框架内进行分析时，社会公民权之类的概念更加多层化；在全球层次上进行观察与理解时，围绕阶级、性别和国家而展开的斗争变得更为错综复杂；在增添了超国家层次、涉及超国家影响范围的情况下，对政策决定的分析也会变得更为复杂。社会政策作为一门学科，一直在与政策科学、社会学与政治经济学进行对话，而这一对话现在也需要将发展研究与国际关系包括进来。在全球性背景下，需要将许多人在社会政策著作里所指出的价值选择进行重新表述。个人主义、社会改良主义、马克思主义、女权主义和黑人视角之间的斗争，以及为在这些不同派别之间寻求共同点而作出的努力，对于正在形成的全球资本管制政治项目而言，仍然关系重大。

假如，像我们所看到的那样，未来比较社会政策分析得以构建的框架是"国家与社会权力的关系，与话语实践以及各种与家庭、民族和工作相关联的动员形式之间的关系"(威廉姆斯(Williams)，1995：148)，那么，未来全球社会政策分析得以构建的框架也就是超国家组织与全球社会权力关系、全球话语实践以及各种与家庭、民族和工作相关联的全球动员形式之间的关系。

全球性资本与劳动力之间、性别之间和不同族群之间的斗争，围绕着这些利益冲突而展开的全球性动员，涉及全球性可接受的家庭生活方式而展开的全球话语实践，全球认可的国家间权利划分，以及超国家的、在全球引起争议的有关未来工作的观念等，将构成这一分析框架的一部分。1996 年年初在萨塞克斯大学开始的一项研究涉及国家女权主义和世界银行的关系、国际劳工运动和世贸组织的关系，以及其他跨国社会运动与国际货币基金组织的关系。该研究就属于所需要的那种研究。

全球性和超国家社会政策研究在未来可以大展身手。只要与发展研究、国际关系和政治经济学等领域的研究人员进行适当的跨学科合作，就可对如下这些亟需关注的思想展开研究，而这些思 220
想都是对我们在本书中所描述的研究方面的进一步拓展。

1. 我们需要对涉及工作、家庭和民族等问题而展开的冲突性对话加以审视，同时也需要审视西方自由主义者和伊斯兰教人士所指出的这些对话对社会政策产生的影响。本书的一个明显遗漏就是，没有论及受自由派思想和伊斯兰教思想影响的超国家机构对社会政策所产生的冲突性作用。如果对南巴尔干地区或中亚地区进行研究的话，就可以填补这一空白。
2. 需要对正在出现的地区贸易联盟的超国家社会政策进行研究。虽然我们第三章集中进行了欧盟的社会性管制做法与北美自由贸易协定的非管制性做法之间的鲜明对比，但很少有人系统研究过何种程度的跨国性社会管制适用于东亚、东南亚和其他地方，而这方面的许多说法相互矛盾。
3. 需要对日益重要的国际非政府组织在收入维持、保健、教育和其他社会政策领域的明确的和不明确的政策建议加以法规化。人们已注意到这些组织的作用，尤其是它们在不稳定地区所起的作用，也注意到它们对全球政策对话所作的贡献，但很少有人分析过其社会政策提议的内容，更没有人对这些内容加以规范化。
4. 我们在本书指出，因为一些咨询公司在为政府提建议时所起的作用，跨国社会政策出现非政治化趋势，有鉴于此，需要对活跃在该领域的主要的国际公司和财团的价值框架和政策处方进行重点研究。它们在“中东欧经济重建援助项目”和“前苏联技术援助项目”中所起的作用尤其值得关注。

5. 因经济与政治原因而出现的移民日益增加，从而对公民法造成了一系列压力，也导致了一系列涉及寻求避难权利及后果的问题。社会政策分析人士需要与难民研究专家进行合作，以推测这一领域将要出现的各种做法。同时，人口大流散对国家社会政策制定所产生的影响也没有得到足够的研究。

6. 从种族隔离到融合与文化多元化，再到反种族歧视，构成了一个分析性和政策性连续体，与这一连续体相关联的价值尺度一直主宰着社会政策分析，但本书所着力描述的后南斯拉夫案例研究对这一价值尺度提出了严峻挑战。为了促成世界性文化多元主义，西方的国际性组织避免为和平性种族分离而作出努力。需要进一步研究和评价与新兴的种族民族主义（ethnical nationalism）相关联的详细的社会政策措施。

7. 现在应该更加充分利用国家内部为形成收入转移支付和收
221 入维持方案而使用的精算分析工具，以形成跨国性收入转移支付方案。为保障从富国到穷国的转移支付，从而为满足最低收入权利提供资金，需要一个全球性税收规模，但这一规模应该切合实际。移民问题所带来的政治压力要求实施此类改革。许多人士与组织愿为扶贫作出无私的贡献，一些慈善机构领养小孩或老奶奶的做法就证明了这一点。

精算分析科学将能使跨国社会政策在这一方面迈出波动性的慈善依赖时代,进入全球性社会公民权利时代。

新一代的社会政策学者应该理所当然地致力于全球社会政策研究与分析,致力于全球社会公正的实现。

参 考 书 目

Adams, R. and Kingsbury, B. (eds) (1993) *United Nations, Divided World*. Oxford: Clarendon Press.

Adiin-Yaanshah, E. (1995) *An Analysis of Domestic Legislation to Regulate the Activities of Local and Foreign NGOs in Croatia, Kenya, Rwanda and Uganda*. Oxford: RSP and Centre for Socio-Legal Studies.

Adiin-Yaanshah, E. and Harrell-Bond, B. (1995) 'Regulating the Non-Governmental Sector', *Refugee Participation Network*, 19: 4 – 9.

Adler, E. and Haas, P. (1992) 'Epistemic Communities, World Order and the Creation of a Reflective Research Programme', *International Organisation*, 46(1).

African Rights (1994) 'Humanitarianism Unbound? Current Dilemmas Facing Multi-National Relief Organisations in Political Emergencies'. African Rights Discussion Paper 5.

Ahmad, S. E. (1993) 'Poverty, Demographic Characteristics and Public Policy in C.I.S. Countries'. IMF Working Paper WP/93/9, IMF, Washington.

Ahmad, S. E. and Schneider, J.-L. (1993) 'Alternative Social Security Systems in C.I.S. Countries'. IMF Working Paper WP/93/8, IMF, Washington.

Alexandrova, D. (1992) 'The World Bank Sets Terms', *The Insider*, Bulgarian Monthly Digest, no. 5.

Allcock, J. et al. (1992) 'Introduction', in J. Allcock, J. Horton and M. Milivojevic (eds), *Yugoslavia in Transition: Essays in Honour of Fred Sin-*

gleton. New York: Berg.

Andor, L. (1995) 'The Role of the Debt Crisis in Hungary's Transition', *Labour Forum on Eastern Europe*, no. 54.

Archer, M. (1991) 'Sociology for One World: Unity and Diversity', *International Sociology*, 6(2).

Arrighi, G. (1993) 'The Three Hegomones of Historical Capitalism', in S. Gill(ed.), *Gramsci, Historical Materialism and International Relations*. Cambridge: Cambridge University Press.

Atkinson, A. B. (1995) *Incomes and the Welfare States: Essays on Britain and Europe*. Cambridge: Cambridge University Press.

Atkinson, A. B. and Micklewright, J. (1992) *Economic Transformation in Eastern Europe and the Distribution of Income*. Cambridge: Cambridge University Press.

Atkinson, A. B. and Morgensen, G. V. (1993) *Welfare and Work Incentives*. Oxford: Clarendon Press.

Baehr, D. R. and Gordenker, L. (1994) *The United Nations in the 1990s*. London: Macmillan.

Barr, N. (ed.) (1994) *Labour Markets and Social Policy in Central and Eastern Europe: The Transition and Beyond*. Oxford: Oxford University Press.

Barratt Brown, M. (1993) *Fair Trade: Reform and Realities in the International Trading System*. London and New Jersey: Zed.

Barre, R., Luers, W. H., Solomon, A. and Ners, K. J. (1992) *Moving Beyond Assistance*. Final Report of the IEWS Task Force on Western Assistance to Transition in the Czech and Slovak Federal Republic, Hungary and Poland. Institute of East - West Studies, European Studies Center, New York and Prague.

Baubock, R. (1994) *Transnational Citizenship*. Cheltenham: Edward Elgar.

Bauman, Z. (1991) *Intimations of Postmodernity*. London: Routledge.

Bauman, Z. (1993) *Postmodern Ethics*. Oxford: Blackwell.

Beattie, R. and McGillivray, W. (1995) 'A Risky Strategy: Reflections on the

World Bank Report *Averting the Old Age Crisis'*, *International Social*, *Security Review*, 48(3/4).

Beck J. (1995) 'Winners and Losers of the Transition: Roma in the Czech Republic', *HCA Quarterly*, no. 13.

Beleva, I., Bobeva, D., Dilova, S. and Mitchkovski, A. (1991) 'Labour Market, Social Policy and Industrial Relations: A Report on Bulgaria'. OCDE/ILO/GD(91)131, ILO, Geneva.

Beleva, I. S. et al. (1993) *Bulgaria and the European Community: The Transformation of the Labour Market and Social Policy: A View towards Europe*. ACE Programme of the European Commission.

Benson, C. and Clay, E. (1992) *Eastern Europe and the Former Soviet Union: Economic Change, Social Welfare and Aid*. ODI Special Report. London: Overseas Development Institute.

Bienkowski, W. (1992) 'Can Poland Deviate from IMF Requirements?', *RFE/RL Research Report*, 1(31).

Bird, G. (1991) *The IMF in the 1990s: Forward to the Past or Back to the Future?* ODI Working Paper 46. London: Overseas Development Institute.

Bird, G. (1992) *Economic Reform in Eastern Europe*. Cheltenham: Edward Elgar.

Blackburn, R. (ed.) (1990) *Restructuring the Labour Market*. London: Macmillan.

Blaho. A. (1994) *Russian Transition – Chinese Reforms: A Comparative View*. Helsinki: WIDER of United Nations University.

Blank, R. M. (1994) *Social Protection versus Economic Flexibility*. Chicago: University of Chicago Press.

Boardman, R. (1994) *Post-Socialist World Orders: Russia, China and the UN System*. London: Macmillan.

Bobeva, D. (1993) 'Labour Market Policy in Bulgaria'. Paper contributed to Technical Workshop on the Persistence of Unemployment in Central and Eastern Europe, OECD CCET, 30 September to 2 October.

Boeri, T. and Sziraczki, G. (1993) 'Labour Market Developments and Policies in Central and Eastern Europe: A Comparative Analysis', in OCED CCET, *Structural Change in Central and Eastern Europe: Labour Market and Social Policy Implications*. Paris: OECD.

Bohm, A. and Simoneti, M. (1993) *Privatization in Central and Eastern Europe*. Central and Eastern European Privatization Network with UNDP, PHARE and the Economic Development Institute of the World Bank, Ljubljana, Slovenia.

Bojcun, M. (1995) 'Ukraine under Kuchma', *Labour Focus on Eastern Europe*, no. 54.

Bonanate, L. (1995) *Ethics and International Politics*. Cambridge: Polity.

Brandt, W. (chairman) (1980) *North – South: A Programme for Survival*. Brandt Report. London: Pan.

Brown, B. S. (1991) *The US and the Politicization of the World Bank*. London: Kegan Paul.

Brown, L. R. (1995) *State of the World 1995: A World Watch Institute Report on Progress toward Sustainable Society*. London: Earthscan.

Bruno, M. (1992) *Stabilization and Reform in Eastern Europe: A Preliminary Evaluation*. IMF Staff Papers, vol. 39, no. 4.

Bruszt, L. (1992) 'Transformative Politics: Social Costs and Social Peace in East Central Europe', *East European Politics and Societies*, 6(1).

Burley, A.-M. (1993) 'Regulating the World: Multilateral International Law and the Protection of the New Deal Regulatory State', in J. G. Ruggi (ed.), *Multilateralism Matters*. New York: Columbia University Press.

Burrows, R. and Loader, B. (eds) (1994) *Towards a Post-Fordist Welfare State*. London: Routledge.

Buus Jensen, S. (1994) 'Psycho-Social Stress and Protective Factors in Families under War Conditions and Peace-Building in former Yugoslavia', in L. Archel (ed.), *War Victims, Trauma and Psycho-Social Care*. Zagreb: ECTF.

Camdessus, M. (1995) Address to the World Summit on Social Development by M. Camdessus, Managing Director of IMF. 7 March.

Camillieri, J. A. and Falk, J. (1992) *The End of Sovereignty*. Cheltenham: Edward Elgar.

Carnoy, M. et al. (1993) *The New Global Economy: Reflections on Our Changing World*. Pennsylvania: Pennsylvania State University Press.

Castles, F. (1993) *Families of Nations*. Aldershot: Dartmouth.

Castles, F. and Mitchell, D. (1990) *Three Worlds of Welfare Capitalism or Four?* Public Policy Discussion Paper no. 21. Canberra: Australia National University.

Castles, S. and Miller, M. (1993) *The Age of Migration: International Population Movements in the Modern World*. London: Macmillan.

Cavanagh, J. et al. (eds) (1994) *Beyond Bretton Woods: Alternatives to the Global Economic Order*. London: Pluto.

Chadha, B., Coricelli, F. and Krajnyak, K. (1993) 'Economic Restructuring, Unemployment and Growth in a Transition Economy'. IMF Working Paper WP/93/16, IMF, Washington.

Chand, S. K. and Shome, P. (1995) 'Poverty Alleviation in a Financial Programming Frame-work: an Integrated Approach'. IMF Working Paper WP/95/29, Fiscal Affairs Department, IMF, Washington.

Chandler, D. (1996) 'The Internationalisation of Minority Rights Protection in East Europe: an example of How the Globalisation Thesis recreates the East/West Divide'. Paper presented to the Annual Conference of the UK Political Studies Association, March.

Chomsky, A. N. (1993) *Year 501: the Conquest Continues*. London and New York: Verso.

Chu, K. and Gupta, S. (1993) 'Protecting the Poor: Social Safety Nets during Transition', *Finance and Development*, 30(2).

Cichon, M. (1994a) 'Financing Social Protection in Central and East Europe: Safeguarding Political and Economic Change', in *Restructuring So-*

cial Security in Central and Eastern Europe. Geneva: ILO.

Cichon, M. (1994b) 'Social Protection in Transition Economies: From Improvisation to Social Concepts'. Policy Discussion Paper, ILO, Geneva.

Cichon, M. (ed.)(1995) 'Social Protection in the Visegrad Countries: Four Country Profiles'. ILO CEET Report 13, Budapest.

Cichon, M. (1996) 'The Ageing Debate in Social Security: Barking Up the Wrong Tree'. Unpublished manuscript, ILO, Geneva.

Cichon, M. and Samuel, L. (eds)(1995) *Making Social Protection Work: The Challenge of Tripartism in Social Governance for Countries in Transition*. Budapest: ILO CEET.

Clark, J. (1991) *Democratizing Development*. London: Earthscan.

Cleary, S. (1996) 'The World Bank and NGOs', in P. Willets, (ed.), *The Conscience of the World*. Washington: Brookings Institute.

Closa, C. (1995) 'Some Sceptical Remarks on the Solidarity Dimension of the Citizenship of the E. U.'. Paper presented to Conference, 'A New Social Contract?', Robert Schuman Centre, European University Institute, 5 – 6 October.

Close. P. (1995) *Citizenship, Europe and Change*. London: Macmillan.

Coble. R. (1995) 'The Role of Non Profit Organisations in Emerging Democracies'. Mimeo, North Carolina Center for Public Policy Research.

Coenen, H. and Leisink, P. (1993) *Work and Citizenship in the New Europe*. Cheltenham: Edward Elgar.

Cohen, L. (1993) *Broken Bonds: The Disintegration of Yugoslavia*. Boulder, CO: Westview.

Collingworth, T. et al. (1994) 'Time for a New Global Deal', *Foreign Affairs*, 73(1).

Commander, S. and Coricelli, F. (eds)(1995) *Unemployment, Restructuring and the Labour Market in Eastern Europe and Russia*. Washington: World Bank.

Commission on Global Governance (1995) *Our Global Neighbourhood*. Oxford:University Press.

Cornia,G.(1994)'Income Distribution,Poverty and Welfare in Transitional Economies:A Comparison between Eastern Europe and China'. UNICEF Occasional Papers,Economic Policy Series 44.

Cornia,G.,Jolly,R. and Stewart,F.(1987) *Adjustment with a Human Face*. Oxford:Clarendon Press.

Cornia,G. and Sipos,S.(1991) *Children and the Transition to the Market Economy:Safety Nets and Social Policies in Central and Eastern Europe*. Aldershot:Avebury.

Council of Europe(1992a) *The European Social Charter*. Strasbourg:Council of Europe.

Council of Europe(1992b) *European Co-operation on Social and Family Policy*. RS-Inf(92)I rev. Strasbourg:Council of Europe.

Council of Europe(1992c) *Project III. 8 'Childhood Policies'*. CDPS III. 8 (93)21. Strasbourg:Council of Europe.

Council of Europe(1992d) *Parliamentary Assembly Report on the Application by the Republic of Bulgaria for Membership of the Council of Europe*. Doc. 6591. Strasbourg:Council of Europe.

Council of Europe(1992e) *The Council of Europe's Co-operation and Assistance Programmes with Central and Eastern European Countries in the Human Rights Field: Annual Report for 1991*. SG/INF(91)4. Strasbourg: Council of Europe.

Council of Europe(1993a) *Specific Recommendations as to How a European Report on Poverty and Social Exclusion Might Be Carried Out*. Report by Hugh Frazer,Director of the Combat Poverty Agency,Dublin,CDPS III. 5(93)2. Strasbourg:Council of Europe.

Council of Europe(1993b) *Parliamentary Assembly Report on the Application by the Czech Republic for Membership of the Council of Europe*. Doc. 6855. Strasbourg:Council of Europe.

Council of Europe(1993c) *Parliamentary Assembly Report on the Application by the Slovak Republic for Membership of the Council of Europe*. Doc. 6864. Strasbourg: Council of Europe.

Council of Europe (1993d) *The Council of Europe's Co-operation and Assistance Programmes with Central and Eastern European Countries in the Human Rights Field*. H(93)1. Strasbourg: Council of Europe.

Council of Europe (1993e) *The Council of Europe's Co-operation and Assistance Programmes with Central and Eastern European Countries in the Human Rights Field: Synopsis of Projects*. SG/INF(93)1. Strasbourg: Council of Europe.

Council of Europe (1993f) *The Council of Europe's Co-operation and Assistance Programmes with Central and Eastern European Countries in the Human Rights Field: Annual Report for 1992*. SG/INF(93)1. Strasbourg: Council of Europe.

Council of Europe (1995a) *The Council of Europe: Achievements and Activities*. Strasbourg: Council of Europe.

Council of Europe (1995b) *Draft European Convention on the Exercise of Children's Rights and Explanatory Report*. DIR/JUR(95)12. Strasbourg: Council of Europe.

Council of Europe (1995c) 'Committee of Experts on the Promotion of Standard Setting Instruments'. EM PlN(95)5, Directorate of Social and Economic Affairs. Council of Europe, Strasbourg.

Cox, R. W. (1993) 'Structural Issues of Global Governance: Implications for Europe', in S. Gill (ed.), *Gramsci, Historical Materialism and International Relations*. Cambridge: Cambridge University Press.

Cox, R. W. et al. (1995) *Understanding Global Disorder*. London and New Jersey: Zed.

Davidson, S. (1993) 'The European System for Protecting Human Rights', in S. Davidson (ed.), *Human Rights*. Oxford: Oxford University Press with the Open University.

Davis, H. and Scase, R. (1985) *Communist Political Systems*. New York: St

Martin's.

Deacon, B. (1983) *Social Policy and Socialism: The Struggle for Socialist Relations of Welfare*. London: Pluto.

Deacon, B. (1992) *The New Eastern Europe: Social Policy – Past, Present and Future*. London: Sage.

Deacon, B. (1994) 'Global Social Policy and the Shaping of Post-Communist Social Policy', in A. de Swann (ed.), *Social Policy beyond Borders*. Amsterdam: Amsterdam University Press.

Deacon, B. (1995) 'The Experience of Social Security Reform in Eastern Europe and the Former Soviet Union: Some Considerations of its Relevance to China'. Paper presented to a Workshop on the Reform of the Labour System of China, Beijing, October.

Deacon, B. et al. (1996) 'Action for Social Change: A New Facet of Preventative Peace Keeping'. Report for UNPREDEP, Helsinki: National Research and Development Centre for Welfare and Health, STAKES.

Deacon, B., Stubbs, P. and Soroya, B. (1994) 'Globalizacija, Postkuminizam i Socijalna Politka: teme na Hrvatskoj', (Globalization, Post-communism and Social Policy: Issues in Croatia), *Revija za Socijalnu Politiku*, 1(4): 33 – 8.

Deacon, B. and Szalai, J. (eds) (1990) *Social Policy in the New Eastern Europe: What Future for Socialist Welfare?* Aldershot: Avebury.

Deacon, B. and Vidinova, A. (1992) 'Social Policy in Bulgaria', in Deacon, B. (ed.), *The New Eastern Europe: Social Policy – Past, Present and Future*. London: Sage.

Dean H. and Khan, Z. (1995) 'Muslim Perspectives on Welfare'. Paper presented at the Annual Conference of the Social Policy Association, Sheffield Hallam University, 18 – 20 July.

Denitch, B. (1994) *Ethnic Nationalism: The Tragic Death of Yugoslavia*. Minneapolis: University of Minneapolis Press.

Denitch, B. (1995) 'National Identity Politics and Democracy'. Paper presented to Conference on Identity, the Other and Democracy, Ljubljana, May.

de Senarclens, P. (1993) 'Regime Theory and the Study of International Organizations'. *International Social Science Journal*, 138(November).

de Swann, A. (1994) 'Perspectives for Transnational Social Policy in Europe: Social Transfers from West to East', in A. de Swann (ed.), *Social Policy Beyond Borders*. Amsterdam: Amsterdam University Press.

de Swann, A. (undated) 'The Sociological Study of Transnational Society'. Paper in progress, PdIS, Amsterdam School for Social Research.

de Vries, B. A. (1996) 'The World Bank's Focus on Poverty', in J. M. Griesgraber and B. G. Gunter (eds), *The World Bank*. London: Pluto.

Deutsch, K. W. (1981) 'From the National Welfare State to the International Welfare System', in W. J. Mommsen (ed.), *The Emergence of the Welfare State in Britain and Germany*. London: Croom Helm.

Doyal, L. and Gough, I. (1991) *A Theory of Human Needs*. London: Macmillan.

Doyal, L. and Gough, I. (1994) Isaac Deutscher Memorial Lecture, LSE.

Duffield, M. (1994) *Complex Political Emergencies: An Exploratory Report for UNICEF with Reference to Angola and Bosnia*. Birmingham: School of Public Policy, University of Birmingham.

Duffield, M. (1996a) 'The Symphony of the Damned: Racial Discourse, Complex Political Emergencies and Humanitarian Aid'. Occasional Paper 2, School of Public Policy, University of Birmingham.

Duffield, M. (1996b) 'The Globalisation of Public Policy'. Mimeo, University of Birmingham, Centre for Urban and Regional Studies.

Elkins, P. (1992) *New World Order: Grass Roots Movements for Global Change*. London: Routledge.

Elliott, S. (1993) 'Local and Western NGOs: Partnerships or Exploitation?', *War Report*, no. 22.

Esping-Andersen, G. (1990) *The Three Worlds of Welfare Capitalism*. Cambridge: Polity.

Esping-Andersen, G. (1994) 'After the Golden Age: The Future of the Welfare State in the New Global Order'. Synthesis paper for UNRISD for the World Summit on Social Development, March 1995.

Esping-Andersen, G. (1996) *Welfare States in Transition*. London: Sage.

Esty, D. C. (1994) *Greening the Gatt: Trade, Environment and the Future*. Washington: Institute for International Economics.

European Centre Vienna (1993) *Welfare in a Civil Society*. Report for the Conference of European Ministers Responsible for Social Affairs, Bratislava, 28 June to 2 July.

European Commission (1992a) *PHARE 1992 Operational Programmes: Hungary*. Brussels: European Commission.

European Commission (1992b) *PHARE 1992 Employment and Social Development: Financing Memorandum: Hungary*. Brussels: European Commission.

European Commission (1993a) *Growth, Competitiveness and Employment: The Challenges and Ways Forward into the 21st Century*. Brussels: European Commission.

European Commission (1993b) *European Social Policy: Options for the Union*. Green Paper COM(93)551. Brussels: European Commission.

European Commission (1993c) *PHARE 1992 Indicative Programmes: Hungary*. Brussels: European Commission.

European Commission (1994a) *European Social Policy: A Way Forward for the Union*. White Paper COM(94)333. Brussels: European Commission.

European Commission (1994b) *PHARE Hungary Orientations Paper*. Brussels: European Commission.

European Commission (1994c) 'TACIS Activities in Ukraine'. Report by the TACIS Information Office, Kiev.

European Commission (1995a) *The Future of Social Protection: A Framework for Debate*. COM/95/466. Brussels: European Commission.

European Commission(1995b) *Social Protection in Europe*. Brussels: European Commission.

European Commission(1995c) *Co-operation Programme between the European Union and the Republic of Hungary*. PHARE. Brussels: European Commission.

European Commission(1996) 'TACIS'. Report of the Tacis Conference on Employment, Brussels, 1995. Brussels.

European Community(1990) *Framework Agreement between the Commission of the E. C. and the Government of the Republic of Hungary for the PHARE Assistance Programme by the E. E. C. to the Republic of Hungary*. Brussels: European Commission.

European Union(1995) Contribution to the World Summit on Social Development, March, 1995. Doc 94/669. Brussels.

Fajth, G. (1994) 'Family Support Policies in Transitional Economies: Challenges and Contrasts'. UNICEF International CDC, Economic Policy Series 43.

Featherstone, M. (1990) *Global Culture: Nationalism, Globalization and Modernity*. London: Sage.

Ferge, Z. (1991) 'Recent Trends in Social Policy in Hungary', in J. Adam (ed.), *Economic Reforms and Welfare Systems in the USSR, Poland and Hungary: Social Contract in Transformation*. London: Macmillan.

Ferge, Z. (1993) 'Winners and Losers Following the Collapse of State Socialism', in J. Baldock and R. Page(eds), *Social Policy Review* 5. Canterbury: Social Policy Association.

Field, G. M. (1995) 'The Health Crisis in the Former Soviet Union: A Reflection of Social Crisis'. Paper presented to the fifth World Congress of Central and East European Studies, Warsaw, 6 – 11 August.

Fischer, G. and Standing, G. (1991) 'Restructuring in Eastern and Central Europe: Labour Market and Social Policy Issues'. OCDE/ILO/GD(91) 144, ILO, Geneva.

Fischer, G. and Standing, G. (1993) 'Structural Change in Central and Eastern Europe: Labour Market and Social Policy Implications'. OECD, Paris.

Fitzgerald, E. V. K. (1991) 'Economic Reform and Citizen Entitlements in Eastern Europe: Some Social Implications of Structural Adjustment in Semi-Industrialized Economies'. UNRISD Discussion Papers 27.

Flynn, P. (1995) Address to the World Summit by Mr P. Flynn, Member of the European Commission responsible for Employment and Social Affairs. 6 – 12 March. Copenhagen.

Foster-Carter, A. (1993) 'Development', in M. Haralambos (ed.), *Developments in Sociology*, vol. 9. Ormskirk: Causeway Press.

Foucher, M. (1994) *Minorities in Central and Eastern Europe*. Strasbourg: Council of Europe Press.

Fox, L. (1994a) 'Old Age Security in Transition Economies'. Policy Research Working Paper 1257, World Bank Research Division, Washington.

Fox, L. (1994b) 'What to Do? Pensions in Transition Economies'. *Transition: World Bank Newsletter*, 15(2 – 3).

Garrett, G. and Mitchell, D. (1995) 'Globalization and the Welfare State: Income Transfers in the Industrial Democracies, 1965 – 1990'. Paper presented to Conference on Comparative Research on Welfare State Reforms, Pavia, 14 – 17 September.

Gellner, E. (1992) *Post-Modernism, Reason and Religion*. London: Routledge.

Gellner, E. (1994) *Conditions of Liberty: Civil Society and its Rivals*. London: Hamish Hamilton.

George, S. (1988) *A Fate Worse than Debt*. Harmondsworth: Penguin.

George, V. (1993) 'Poverty in Russia: From Lenin to Yeltsin', in J. Baldock and R. Page (eds), *Social Policy Review 5*. Canterbury: Social Policy Association.

George, S. and Sabelli, F. (1994) *Faith and Credit: The World Bank's Secular Empire*. London: Penguin.

Ghai, D. (1991) *The I. M. F. and the South: Social Impact of Crisis and Adjustment*. London and New Jersey: Zed.

Giddens, A. (1995) *Beyond the Left and Right*. Stanford: Stanford University Press.

Gill, S. (1993) *Gramsci, Historical Materialism and International Relations*. Cambridge: Cambridge University Press.

Gill, S. and Law, D. (1993) 'Global Hegemony and the Structural Power of Capital', in S. Gill (ed.), *Gramsci, Historical Materialism and International Relations*. Cambridge: Cambridge University Press.

Gillion, C. (1991) *Social Protection in East and Central European Countries: Before, During and After their Transition from a Centrally Planned Economy*. OCDE/ILO/GD(91)140. Geneva: ILO.

Gilpin, R. (1984) 'The Richness of the Tradition of Political Realism', *International Organisation*, 38(2): 285 – 304.

Ginsburg, N. (1992) *Divisions of Welfare*. London: Sage.

Girvan, N. (1995) 'Empowerment for Development: From Conditionality to Partnership', in J. M. Griesgraber and B. G. Gunter (eds), *Promoting Development*. London, East Haven: Pluto.

Gleckman, H. and Krut, R. (1995) *The Social Benefits of Regulating Transnational Corporations*. Benchmark Environmental Consulting.

Glenny, M. (1992) *The Fall of Yugoslavia*. London: Penguin.

Godfrey, M. (1995) 'The Struggle against Unemployment: Medium-Term Policy Options for Transitional Economies', *International Labour Review*, 134(1).

Goldstein, J. (1993) 'Creating the GATT Rules: Politics, Institutions and American Policy', in J. G. Ruggie (ed.), *Multilateralism Matters*. New York: Columbia University Press.

Goodman, P. and Peng, I. (1996) 'The East Asian Welfare States Peripatetic Learning, Adaptive Change and Nation Building', in G. Esping-Andersen (ed.), *Welfare States in Transition*. London: Sage.

Gora, M. (1993) 'Labour Market Policies in Poland'. Paper presented at the OECD CCET Technical Workshop on the Persistence of Unemployment in Central and Eastern Europe, Paris, 30 September to 2 October.

Gotovska-Popova, T. (1993) 'Bulgaria's Troubled Social Security System', *RFE/RL Research Report*, 2(17).

Gotting, U. (1993) 'Welfare State Development in Post-Communist Bulgaria, Czechoslovakia and Hungary: A Review of Problems and Responses (1989 – 1992)'. Paper 6/93, Centre for Social Policy Research, University of Bremen.

Gotting, U. (1994) 'Destruction, Adjustment and Innovations: Social Policy Transformation in Eastern and Central Europe', *Journal of European Social Policy*, 4(3).

Gotting, U. (1995) 'In Defense of Welfare: Social Protection and Social Reform in Eastern Europe'. Paper prepared for Conference, 'A New Social Contract?', Florence, Badia Fiesolana, 5 – 6 October.

Gough, I. (1993) 'Auditing Well Being in Central/Eastern Europe'. Paper presented at an International Conference on Privatization and Socioeconomic Policy in Central and Eastern Europe, Krakow, Poland, 18 – 21 October.

Gough, I. (1995) 'Diverse Systems, Common Destinations? A Comparative Study of Social Assistance in OECD Countries'. Paper contributed to ISA RC19 Conference on Comparative Research on Welfare State Reforms, University of Pavia, Italy, 14 – 17 September.

Gough, I. (1996) 'Social Welfare and Competitiveness', in J. Millar and J. Bradshaw (eds), *Social Welfare Systems: Towards a Research Agenda*. Bath Social Policy Paper 24. Bath: Centre for the Analysis of Social Policy.

Gough, I. with Thomas, T. (1993) 'Cross-National Variations in Need Satisfaction'. Paper presented to the Fourth Comparative Research Programme on Poverty Conference, Paris, 16 – 18 April.

Gould, A. (1993) *Capitalist Welfare Systems*. London: Longman.

Gowan, P. (1991) 'New Wine in Old Bottles: Western Policy towards Eastern Europe', *World Policy Journal*, winter.

Gowan, P. (1992) 'The E.C. and Eastern Europe', *Labour Focus on Eastern Europe*, no.3.

Gowan, P. (1993) 'The CIS and the World Economy: The Politics of Integration', *Labour Focus on Eastern Europe*, no.3.

Gowan, P. (1996) 'Analysing Shock Therapy', *New Left Review*, 213.

Graham, C. (1994a) 'Comparing Experiences with Safety Nets during Market Transitions: New Coalitions for Reform? Latin America, Africa, Eastern Europe'. Mimeo, UNRISD.

Graham, C. (1994b) *Safety Nets, Politics and the Poor*. Washington: Brookings Institute.

Grant, R. and Newland, K. (eds) (1991) *Gender and International Relations*. London: Oxford University Press.

Grant, S. (1994) 'Paying in the Hague?', *War Report*, no.28.

Green, R. H. (1995) 'Reflections on Attainable Trajectories: Reforming Global Economic Institutions', in J. M. Griesgraber and B. G. Gunter (eds), *Promoting Development*. London, East Haven: Pluto.

Greenberg, M.E. with Heintz, S. B. (1994) *Removing the Barriers: Strategies to Assist the Long-Term Unemployed*. A Report of an Expert Working Group in Central and Eastern Europe. New York and Prague: Institute of East – West Studies.

Griesgraber, J. M. and Gunter, B. G. (eds) (1995) *Promoting Development*. London: Pluto.

Griesgraber, J. M. and Gunter, B. G. (eds) (1996) *The World Bank*. London: Pluto.

Griesgraber, J. M. and Gunter, B. G. (eds) (1977) *The World Bank*. London: Pluto.

Griffith-Jones, S. (1992) 'Cross-Conditionality or the Spread of Obligatory Adjustment: A Review of the Issues and Questions for Research', in E.

Rodriguez (ed.) (1992), *Cross-Conditionality Banking Regulation and Third World Debt*. UN Commission for Latin America and the Caribbean.

Griffiths, A. and Wall, S. (1993) *Applied Economics*. London: Macmillan.

Grinspin, C. and Cameron, M. A. (eds) (1993) *The Political Economy of North American Free Trade*. London: Macmillan.

Grosh, M. (1995) 'Targeting: Lessons from the Experience of Latin America with Ponderings on their Application in Ukraine'. Draft working paper (unpublished), World Bank, Washington.

Group of Seven(1996) *Sommet de Lyons. Economic Communiqué: Making a success of Globalization for the Benefit of All*. Lyons.

Haas, P. (1992) 'Epistemic Communities and International Policy Co-ordination', special issue of *International Organization*, 46(Winter).

Haggard, S. and Kaufman, R. R. (1992) *The Politics of Economic Adjustment*. Princeton, NJ: Princeton University Press.

Halliday, F. (1994) *Rethinking International Relations*. London: Macmillan.

Hansenne, M. (1995) Statement to the World Summit on Social Development by M. Hansenne, Director General of ILO. 9 March. Copenhagen.

Hanson, P. (1993) 'Western Aid to the Soviet Union's Successor States', *RFE/RL Research Report*, 1(18).

Hardy, D. C. (1991) *Soft Budget Constraints, Firm Commitments and the Social Safety Net*. Washington: IMF.

Harrell-Bond, B. (1986) *Imposing Aid: Emergency Assistance to Refugees*. Oxford: Oxford University Press.

Harrell-Bond, B. (1993) 'Relief: From Dependency to Development', *War Report*, no. 2.

Harris, N. (1996) *The New Untouchables: Immigration and the New World Order*. Manchester: I. B. Tauris.

Havel, V. (1994) 'A Call for Sacrifice', *Foreign Affairs*, 73(2).

Healy, J. and Robinson, M. (1992) *Democracy, Governance and Economic Policy*. London: ODI.

Held, D. (1991) *Political Theory Today*. Cambridge: Polity.

Held, D. (1995) *Democracy and the Global Order: From the Modern State to Cosmopolitan Governance*. Cambridge: Polity.

Henderson, A. (1992) 'The International Monetary Fund and the Dilemmas of Adjustment in Eastern Europe: Lessons from the 1980s and Prospects for the 1990s', *Journal of International Development*, 4(3).

Hirsl, M. et al. (1995) 'Market Reforms and Social Welfare in the Czech Republic: A True Success Story?' UNICEF Occasional Papers, Economic Policy Series 50.

Hirst, P. and Thompson, G. (1996) *Globalization in Question*. Cambridge: Polity.

Hodges, M. and Woolcock, S. (1993) 'Atlantic Capitalism versus Rhine Capitalism in the European Community', *West European Politics*, 16:3.

Holm, H. H. (1995) *Whose World Order?* Oxford: Westview.

Holzmann, R. (1991) *Adapting to Economic Change: Reconciling Social Protection with Market Economies*. ILO CTASS/1991/6. Geneva: ILO.

Holzmann, R. (1992) 'Adapting to Social Change: Social Policy in Transition from Plan to Market', *Journal of Public Policy*, 12(1).

Horsman, M. and Marshall, A. (1994) *After the Nation State: Citizens, Tribalism and the New World Disorder*. London: HarperCollins.

Howse, R. and Trebilcock, M. (1995) *The Regulation of Free Trade*. London: Routledge.

Huber, E. (1996) 'Options for Social Policy in Latin America: Neoliberal versus Social Democratic Models', in G. Esping-Andersen (ed.), *Welfare States in Transition*. London: Sage.

Huber, E. and Stephens, J. D. (1993) 'The Future of the Social Democratic Welfare State: Options in the Face of Economic Internationalization and European Integration'. Paper prepared for the Conference on Comparative Research on Welfare States in Transition, International Sociological Association, 9 – 12 September.

Hughes, M. (1992) 'Can the West Agree on Aid to Western Europe?' *RFE/RL Research Report*, 13 March.

Hughes, M. (1993) 'Eastern Pain and Western Promise: The Reaction of Western Governments to the Economic Plight of the "New Eastern Europe"', *International Relations*.

Hulse, M. (1995) 'The Council of Europe's Role in Influencing Post-Communist Social Policy'. Paper presented to the Fifth World Congress of East European Studies, Warsaw, 6 – 11 August.

Humana, C. (1992) *World Human Rights Guide*, *3rd edn*. Oxford: Oxford University Press.

ILO (1991a) 'Labour Market Transitions in Eastern Europe and the USSR', special issue of *International Labour Review*, 130(2), Geneva.

ILO (1991b) *Technical Assistance to the Social Security Sector: Family Benefits and Social Assistance: Czechoslovakia*. Draft Report, ILO with PHARE. Geneva: European Commission.

ILO (1992a) *World Labour Report 5*. Geneva: ILO.

ILO (1992b) *Technical Assistance to the Social Security Sector*. Czechoslovakia PHR/T9107/GTAF/TEN/005. Report by M. Castle-Kanerova and B. Deacon, ILO with PHARE. Geneva: European Commission.

ILO (1994a) *The Ukrainian Challenge: Reforming Labour Market and Social Policy*. Budapest: ILO CEET with UNDP.

ILO (1994b) 'Bulgaria: Comments on the Strategy of Social Security Reform'. Draft White Paper. Geneva: ILO with UNDP.

ILO (1994c) *Labour Market Dynamics in Ukrainian Industry in 1992 – 1994: Results from the ULFS*. Budapest: ILO CEET.

ILO (1994d) *Labour Market Developments in Hungary*. Budapest: ILO CEET.

ILO (1994e) *The Bulgarian Challenge: Reforming Labour Markets and Social Policy*. ILO CEET with PHARE. Budapest: European Commission.

ILO (1995a) 'Ukraine: Review of Social Protection Forms and Issues of Implementation'. Draft White Paper, ILO with UNDP, Geneva.

ILO(1995b) *World Employment 1995: An ILO report*. Geneva: ILO.

ILO(1995c) *Report of the Director-General: Fifth European Regional Conference*, Warsaw, ILO, Geneva.

ILO(1995d) *Perspectives for Labour Market and Social Policy Reform in the Russian Federation in the Mid-1990s*. Budapest: ILO CEET Report 12.

IMF(1992) Statement by IMF on the Realization of Economic, Social and Cultural Rights. UN Doc. E/CN. 4/Sub. 2/1992/57 of 14 September.

IMF(1993) 'Social Security Reforms and Social Safety Nets in Reforming and Transforming Economies'. Paper presented by IMF and World Bank to the Development Committee on the UN no. 32, Washington, 27 September.

IMF(1994) *Annual Report 1994*. Washington: IMF.

IMF(1995a) *Social Dimensions of Change: the IMF's Policy Dialogue*. Contribution to the World Summit on Social Development. Washington: IMF.

IMF(1995b) 'Social Safety Nets for Economic Transition: Options and Recent Experiences'. Paper on Policy Analysis and Assessment by Expenditure Policy Division staff, PPAA/95/3, February. IMF, Washington.

IMF(1995c) *Economic Review of the Ukraine*. Washington: IMF.

Isakovič, Z. (1993) 'Croatia: The Refugee Flood', *War Report*, no. 22: 14–15.

ISSA(1993a) *Responding to Changing Needs: Developments and Trends in Social Security Throughout the World 1990 – 1992*. Geneva: ISSA.

ISSA(1993b) *The Implications for Social Security of Structural Adjustment Policies*. Studies and Research 43. Geneva: ISSA.

ISSA(1994a) *Restructuring Social Security in Central and Eastern Europe: a Guide to Recent Developments, Policy Issues and Options*. Geneva: ISSA.

ISSA(1994b) *Financing of Social Insurance in Central and Eastern Europe*. European Series 20. Geneva: ISSA.

ISSA(1995) *Social Security Tomorrow: Permanence and Change*. Studies and

Research 36. Geneva: ISSA.

Jackman, R. and Layard, J. (1990) 'Social Policy and Unemployment'. Paper for Conference on the Transition to a Market Economy in Central and Eastern Europe, OECD.

Jessop, B. et al. (1991) *The Politics of Flexibility*. Aldershot: Edward Elgar.

Jolly, R. (1991) 'Adjustment with a Human Face: A UNICEF Record and Perspective on the 1980s', *World Development*, 19(12).

Joly, D. (1992) *Refugees: Asylum in Europe*. London: Minority Rights Group.

Jones, C. (ed.) (1993a) *New Perspectives on the Welfare State in Europe*. London: Routledge.

Jones, C. (1993b) 'The Pacific Challenge: The Confucian Welfare States', in C. Jones (ed.), *New Perspectives on the Welfare State in Europe*. London: Routledge.

Jonsson, C. (1993) 'International Organization and Co-operation: An International Perspective', *International Social Science Journal*, November: 138.

Jordan, B. (1985) *The State: Authority and Autonomy*. Oxford: Blackwell.

Jordan, B. (forthcoming) 'European Social Citizenship: Why a New Social Contract Will (Probably) Not Happen', in Y. Meny and M. Rhodes (eds), *A New Social Contract? Charting the Future of European Welfare*. London: Macmillan.

Kahler, M. (1992) 'External Influence: Conditionality and the Politics of Adjustment', in S. Haggard and P. R. Kaufman (eds), *The Politics of Economic Adjustment*. Princeton, NJ: Princeton University Press.

Kaldor, M. and Kumar, A. (1993) 'New forms of Conflict', in Helsinki Citizen's Assembly (eds), *Conflicts in Europe*. Prague: HCA.

Kamerman, S. (1995) 'Social Security Has Proved its Worth: Now It Must Adapt', in *Social Security Tomorrow: Permanence and Change*. Studies and Research 36. Geneva: ISSA.

Karatnycky, A. (1992) 'The Ukrainian Factor', *Foreign Affairs*, 71(3).

Katwari, N. (1995) 'Income Inequality, Welfare and Poverty in Ukraine'. World Bank Research Project on Income Distribution during the Transition, Paper 7.

Keane, J. (1996) *Reflections on Violence*. London: Verso.

Kelly, R. (1992) 'Eastern Promise by Two Different Routes', *Guardian*, 27 April, quoting from 'Macroeconomics of Transition in Eastern Europe', *Oxford Review of Economic Policy*, 8(1).

Kenen, P. B. (ed.) (1994) *Managing the World Economy: Fifty Years after Bretton Woods*. London: Longman.

Kessides, C. (1992) *Hungary: Reform of Social Policy and Expenditures*. Washington: World Bank.

Killick, T. et al. (1991) *What Can We Know about the Effects of IMF Programmes?* ODI Working Paper 47. London: Overseas Development Institute.

Killick, T. and Malik, M. (1991) *Country Experiences with IMF Programmes in the 1980s*. ODI Working Paper 48. London: Overseas Development Institute.

Killick, T. and Stevens, C. (1991a), 'Eastern Europe: Lessons on Economic Adjustment from the Third World', *International Affairs*, 67(4).

Killick, T. and Stevens, C. (1991b), *Economic Adjustment in Eastern Europe: Lessons from the Third World*. ODI Working Paper. London: Overseas Development Institute.

Kirder, U. and Silk, L. (1995) *People: From Impoverishment to Empowerment*. New York: New York University Press.

Kleinman, M. and Piachaud, D. (1993) 'European Social Policy: Conceptions and Choices', *Journal of European Social Policy*, 3(1): 1 – 19.

Knor, M. (1997) 'WTO Battles over Labour Standards', <twn@igc.apc.org>, in Unreform newsgroup (26 January 1997).

Koivusalo, M. and Ollila, E. (1997) *International Organisations and Health*

Policy. London: Zed.

Kolarič, Z. et al. (eds) (undated) 'The Development of Non Profit and Voluntary Organisations in Slovenia'. Mimeo, University of Ljubljana, Faculty of Social Sciences.

Kolarič, Z. and Svetlik, I. (1987) 'Jugoslavanske Sistem Blaginje v Pogojih Ekonomske Krize', *IB Revija za Planiranje*, 21(8 – 9).

Kopits, G. (1993) 'Towards a Cost-Effective Social Security System', in *The Implications for Social Security of Structural Adjustment Policies*. Studies and Research 34. Geneva: ISSA.

Kopits, G. (1994) 'Social Security in Economies in Transition', in *Restructuring Social Security in Central and Eastern Europe: A Guide to Recent Developments, Policy Issues and Options*. Geneva: ISSA.

Kopits, G. and Offerdal, E. (1994) 'Fiscal Policy in Transition Economies: A Major Challenge', *Finance and Development*, December.

Korpi, W. (1993) 'Economists as Policy Experts and Policy Advocates: On Problems of Values and Objectivity in the Welfare State – Economic Growth Debate'. Paper presented at the Conference on Comparative Research on Welfare States in Transition organized by ISSA's Research Committee on Poverty, Social Welfare and Social Policy at Wadham College, Oxford, 9 – 12 September.

Kosonen, P. (1995) 'Competitiveness, Welfare Systems and the Debate on Social Competition'. Paper contributed to ISA RC19 Conference on Comparative Research on Welfare State reforms, University of Pavia, Italy, 14 – 17 September.

Koves, A. (1992) *Central and Eastern European Economies in Transition: The International Dimension*. Oxford: Westview.

Krawchenko, B. (1993) 'Ukraine: the Politics of Independence' in I. Bremmer and R. C. Taras (eds), *Nations and Politics in the Soviet Successor States*. Cambridge: Cambridge University Press.

Kroč, J. (1996) 'Untying Macedonia's Gordian Knot: Preventative Diplomacy in the Southern Balkans', in J. Letterman, W. Demas, P. Galley and R. Vayrynes(eds), *Preventative and Inventive Action in Interstate Crisis*. Draft.

Krumm, K. et al. (1994) 'Transfers and the Transition from Socialism: Key Tradeoffs'. World Bank Policy Research Working Paper 1380.

Ksiezopolski, M. (1993a) 'Social Policy in Poland in the Period of Political and Economic Transition', *Journal of European Social Policy*, 3(3).

Kuchma, L. (1995) Address to the World Summit on Social Development by L. Kuchma, President of Ukraine. 12 March. Copenhagen.

Kuzio, T. (1992) *Ukraine: The Unfinished Revolution*. European Security Study 16, Institute for European Defence and Strategic Studies.

Kužmanič, T. (1995) 'New Social Movements and a New State', *War Report*, no. 30:38 – 9.

Lado, M., Szalai, J. and Sziraczki, G. (1991) 'Recent Labour Market and Social Developments in Hungary'. OCDE/ILO/GD(91)134, ILO, Geneva.

Lang, T. and Hines, C. (1995) *The New Protectionism*. London: Earthscan.

Lang, T. and Hines, C. (1996) 'The "New Protectionist" Position', *New Political Economy*. 1(1).

Lee, P. and Raban, C. (1990) *Welfare Theory and Social Policy*. London: Sage.

Leibfried, S. (1990) 'The Classification of Welfare State Regimes in Europe'. Plenary Session Paper, Social Policy Association Annual Conference, University of Bath, July.

Leibfried, S. (1994) 'The Social Dimensions of the EU: En Route to Positively Joint Sovereignty', *Journal of European Social Policy*, 4(4).

Liebfried, S. and Pierson, P. (1995) *Fragmented Social Policy*. Washington: Brookings Institute.

Lewis, J. (1992) 'Gender and the Development of European Welfare Regimes', *Journal of European Social Policy*, 2(3).

Lieven, A. (1993) *The Baltic Revolution: Estonia, Latvia, Lithuania and the*

Path to Independence. New Haven, CT: Yale University Press.

Lind, J. and Moller, I. H. (1995) *Unemployment and Basic Income: Is There a Middle Road?* Copenhagen: CID Studies.

Lipow, A. (1994) 'Internationalism and Social Policy: Trade Unions in Central/Eastern Europe'. Paper presented to the Third International Prague Conference on Social Transformation in Central/Eastern Europe, May.

Lipshultz, P. (1992) 'Reconstructing World Politics: The Emergence of Global Civil Society', *Millennium: Journal of International Relations*, 21 (3).

Loescher, G. (1993) *Beyond Charity*. Oxford: Oxford University Press.

Luard, E. (1990) *The Globalisation of Politics*. London: Macmillan.

Lumsdaine, D. H. (1993) *Moral Vision in International Politics: The Foreign Aid Regime 1949 – 1989*. Princeton, NJ: Princeton University Press.

Lyons, G. M. (1993) 'International Intervention, State Sovereignty and the Future of International Society', *International Social Science Journal*, November: 138.

MacPherson, S. and Midgley, J. (1987) *Comparative Social Policy and the Third World*. Brighton: Wheatsheaf.

Madzar, L. (1992) 'The Economy of Yugoslavia', in J. Allcock, J. Horton and M. Milivojevic (eds), *Yugoslavia in Transition: Essays in Honour of Fred Singleton*. New York: Berg.

Magas, B. (1993) *The Destruction Of Yugoslavia*. London: Verso.

Manning, N. (1994) 'Social Policy and the Welfare State in Russia'. Paper presented to the Conference on Russia in Transition: Elites, Classes and Inequalities, Emmanuel College, Cambridge, 15 – 17 December.

Maret, X. and Schwartz, G. (1993) 'Poland: The Social Safety Net during the Transition'. IMF Working Paper WP/93/42, IMF, Washington.

Marnie, S. (1992) 'How Prepared is Russia for Mass Unemployment?', *RFE/RL Research Report*, 1(48).

Marnie, S. (1993a) 'Economic Reform and the Social Safety Net', *RFE/RL*

Research Report,2(17).

Marnie,S.(1993b)'The Social Safety Net in Russia',*RFE/RL Research Report*,2(17).

Mayo,M. and Craig,G.(1995)'Community Participation and Empowerment:The Human Face of Structural Adjustment or Tools for Democratic Transformation',in G. Craig and M. Mayo(eds),*Community Empowerment*. London:Zed.

McAuley,M.(1992)*Soviet Politics 1917 – 1991*. Oxford:Oxford University Press.

McAuley,A.(1994)'Social Welfare in Transition:What Happened in Russia'. World Bank Research Project on Income Distribution,Paper 6.

McGrew,A. et al.(1993)*Global Politics*. Milton Keynes:Open University Press.

Meehan,E.(1993)*Citizenship and the European Community*. London:Sage.

Merrit,G.(1991)*Eastern Europe and the USSR:The Challenge of Freedom*. Brussels:European Commission.

Mesič. M.(1992)'External Migration in the Context of the Post-War Development of Yugoslavia',in J. Allcock,J. Horton and M. Milivojevic(eds),*Yugoslavia in Transition:Essays in Honour of Fred Singleton*. New York:Berg.

Mesič,M.(1993)'Fluchtlingstypen in Fall Kroatians',*Migration*,19(3):41 – 59.

Mestrovič,S.(1994)*The Balkanization of the West*. London:Routledge.

Meyer,A. G.(1994)'The End of Communism? A Review of Several "Post-Communist Texts"',*Slavic Review*,Summer.

Meznarič,S. and Winter,J.(1993)'Forced Migration and Refugee Flows in Croatia,Slovenia and Bosnia-Hercegovina',*Refugee*(Canada),12(7):3 – 5.

Meznarič,S. and Winter,J.(1995)'Negotiating the Future:Return and Community Revitalization Strategies of Croatian Displacees'. Paper presented to Refugees in Europe Meeting, Amsterdam, May.

Mickey, R. (1995) 'Macedonia: Unstable in a Stable Way', in *Transition 1994*, Review, Part 1. Prague: OMRI.

Micklewright, J. and Nagy, G. (1994) 'How Does the Hungarian Unemployment Insurance System Really Work?' EUI Working Paper ECO 94/11, Florence.

Mies, M. (1986) *Patriarchy and Accumulation on a World Scale: Women in the International Division of Labour*. London and New Jersey: Zed.

Milanovic, B. (1992) 'Review of Social Safety Net Chapters in Reports on the Former Soviet Union'. Unpublished paper, World Bank, Washington.

Milanovic, B. (1995) 'Poverty in Transition'. in 'Income, Inequality and Poverty during the Transition'. World Bank Research Project on Income Distribution, Paper 9.

Miles, I. (1985) *Social Indicators for Human Development*. London: Frances Pinter.

Milwood, D. (ed.) (1996) *The International Response to Conflict and Genocide: Synthesis Report*. Copenhagen: Steering Committee of the Joint Evaluation of Emergency Assistance to Rwanda.

Minev, D. (1993) 'Pension Provision in Bulgaria, Problems of Reform in the Context of the Transition to a Market Economy', in I. S. Beleva et al. (eds), *Bulgaria and the European Community: The Transformation of the Labour Market and Social Policy: A View Towards Europe*. Sofia: Demos.

Minnear, L. (1994) *Humanitarian Action in the Former Yugoslavia: The UN's role 1991 – 1993*. Thomas J. Watson Institute for International Studies.

Mishra, R. (1990) *The Welfare State in Capitalist Society: Policies of Retrenchment and Maintenance in Europe, North America and Australia*. Hemel Hempstead: Harvester Wheatsheaf.

Moller, I. H. (1995) 'A Regulation Theoretical Perspective on Labour Market Marginalisation. Globalization and the Welfare State: Income Transfers in the Industrial Democracies, 1965 – 1990'. Paper presented to ISA, RC19 Conference on Comparative Research on Welfare State Reforms, University of Italy, Pavia, Italy, 14 – 17 September.

Mommsen, W. J. (ed.)(1981) *Emergence of the Welfare States in Britain and Germany: 1850 – 1950*. London: Croom Helm.

Mosely, P. et al. (1991) *Aid and Power, Volume 1: The World Bank and Policy-Based Lending*, 2nd edn. London: Routledge and Kegan Paul.

Mros, J. E. (1993) *Securing the Euro-Atlantic Bridge: The Council of Europe and the United States*. Strasbourg: Institute of East – West Studies with the Council of Europe.

Nagel, S. (1991) *Global Policy Studies: International Action towards Improving Public Policy*. London: Macmillan.

Nagel, S. (ed.)(1994) *Eastern Europe: Development and Public Policy*. London: Macmillan.

Nahaylo, B. (1992) *The New Ukraine*. London: Royal Institute of International Affairs.

National Agency for Welfare and Health (1992) *Competitive Society in Central and Eastern Europe: The Social Dimension*. Conference Report, Kellokaski, Finland. Finland: National Agency for Welfare and Health.

Nelson, J. M. (1992) 'Poverty, Equity and the Politics of Adjustment', in S. Haggard and P. R. Kaufman (eds), *The Politics of Economic Adjustment*. Princeton, NJ: Princeton University press.

Nesporova, A. and Simonyi, A. (1994) *Labour Market Developments in Hungary*. Budapest: ILO CEET.

New Economics Foundation (1989) *Alternative Economic Indicators*. London: NEF.

ODA (1995a) *A Guide to Social Analysis for Projects in Developing Countries. Chapter 3*. HMSO: London.

ODA (1995b) 'Social Policy Research for Development'. Report prepared for the ODA's Economic and Social Committee for Overseas Development(ESCOR).

OECD(1981) *The Crisis of Welfare*. Paris: OECD.

OECD(1988a) *Reforming Public Pensions*. Social Policy Studies 5. Paris: OECD.

OECD(1988b) *The Future of Social Protection*. Social Policy Studies 6. Paris: OECD.

OECD(1990a) 'Policies for Manpower and Social Affairs: Labour Market Flexibility and Work Organization'. OECD, Paris.

OECD(1990b) *Health Care Systems in Transition: The Search for Efficiency*. Social Policy Studies 7. Paris: OECD.

OECD(1991a) 'Policies for Manpower and Social Affairs: Private Pensions and Public Policy'. Paris: OECD.

OECD(1991b) *The Transition to a Market Economy, Volume 1: The Broad Issues*. Paris: OECD CCET.

OECD(1991c) *The Transition to a Market Economy, Volume 2: Special Issues*. Paris: OECD.

OECD(1991d) 'Training Programme Schedule: Courses for 1993'. OECD CCET, Paris.

OECD(1991e) 'Revised 1991 Regional Programme of Activities Relating to Central and Eastern European Countries'. OECD CCET, Paris.

OECD(1991f) *A Study of the Soviet Economy*. Paris: OECD with IMF, EBRD and World Bank.

OECD(1992a) *Annual Report of the OECD*. Paris: OECD.

OECD(1992b) 'Programme of Work'. OECD CCET, Paris.

OECD(1992c) 'Innovation and Employment: Social Welfare Services delivered by the Private Sector'. Study Series Occasional Paper 10, OECD CCET, Paris.

OECD(1993a) *The Transition from Work to Retirement*. Social Policy Studies 16. Paris: OECD.

OECD(1993b) 'Challenge for the Mid 1990's: The Development Centre's

Programme for 1993 – 1995'. OECD Development Centre, Paris.

OECD(1993c) *Structural Change in Central and Eastern Europe: Labour Market and Social Policy Implications*. Paris: OECD CCET.

OECD(1993d) *Economic Integration, OECD Economies, Dynamic Asian Economies and Central and Eastern European Countries*. Paris: OECD.

OECD(1993e) 'Scoreboard of Assistance Commitments to Central and Eastern Europe'. Doc. (CU)24/93, OECD and G24, Paris.

OECD(1993f) 'Employment/Unemployment Study'. Report by the Secretary-General, Doc. OEDE/GD(93)102, OECD, Paris.

OECD(1994a) *New Orientations for Social Policy*. Social Policy Studies 12. Paris: OECD.

OECD(1994b) *Economic Integration: OECD Economies, Dynamic Asian Economies and Central and Eastern European Countries*. Paris: OECD.

OECD(1995a) *The Transition from Work to Retirement*. Social Policy Studies 16. Paris: OECD.

OECD(1995b) *Social and Labour Market Policies in Hungary*. Paris: OECD.

OECD(1996) *Employment Outlook*, July. Paris: OECD.

Offe, C. (1991) 'Capitalism by Democratic Design? Democratic Theory Facing the Triple Transition in Eastern Central Europe'. *Social Research*, 4.

Offe, C. (1993) *The Politics of Social Policy in East European Transitions: Antecedents, Agents and Agenda for Reform*. Bremen: Centre for Social Policy Research.

O'Keohane, R. (1991) 'International Relations Theory Contributions of a Feminist Standpoint', in R. Grant and K. Newland(eds), *Gender and International Relations*. Milton Keynes: Open University Press.

Okolicsanyi, K. (1993) 'Hungary's Misused and Costly Social Security System', *RFE/RL Research Report*, 2(17).

O'Neill, O. (1991) 'Transnational Justice', in D. Held(ed.), *Political Theory Today*. Cambridge: Polity.

Orloff, A. S. (1993) 'Gender and the Social Rights of Citizenship: The Comparative Analysis of Gender Relations and Welfare States', *American Sociological Review*, 58:303–28.

Oxfam Supporter Services (1995) *Oxfam at Work Overseas: 1994 – 1995*. Oxford: Oxfam Supporter Services.

Panic, M. (1992) 'Managing Reforms in the East European Countries: Lessons from the Post-War experience of Western Europe'. UN ECE Discussion Paper, vol. 1, no. 3, United Nations, New York.

Panitch, A. and Mandel, E. (1992) 'Globalism and Socialism', in A. Panitch and E. Mandel (eds), *Socialist Register*. London: Merlin Press.

Parun-Kolin, M. (1996) 'Social Policy in Serbia: New Welfare Mix in Eastern Europe'. Mimeo, Institute of Social Sciences, Belgrade.

Paull, G. (1991) *Poverty Alleviation and Social Safety Net Schemes for Economies in Transition*. Washington: IMF.

Pauly, L. W. (1994) 'Promoting a Global Economy: The Normative Role of the I. M. F.', in R. Stubbs and G. R. D. Underhill (eds), *Political Economy and the Changing Global Order*. London: Macmillan.

Pfaller, A., Gough, I. and Therborn, G. (eds) (1991) *Can the Welfare State Compete? A Comparative Study of Five Advanced Capitalist Societies*. Basingstoke: Macmillan.

Picciotto, S. (1991) 'The Internationalization of the State', *Capital and Class*, 43.

Pierson, C. (1995) *Socialism after Communism: The New Market Socialism*. Cambridge: Polity.

Piirainen, T. (1994) *Change and Continuity in Eastern Europe*. Aldershot: Dartmouth.

Pik, K. (1994) 'The Emergence of Homelessness in Hungary'. Paper presented to the Third International Prague Conference on Social Transformation in Central/Eastern Europe, May.

Pinder, J. (1991) *The European Community and Eastern Europe*. London: RIIA, Pinter.

Pitt,D. and Weiss,T.G.(eds)(1986) *The Nature of the UN's Bureaucracies*. London:Croom-Helm.

Plant,R.(1994)'Labour Standards and Structural Adjustment in Hungary'. Occasional Paper 7,Interdepartmental Project on Structural Adjustment, ILO,Geneva.

Potucek,M.(1993)'Current Social Policy Developments in the Czech and Slovak Republics',*Journal of European Social Policy*,3(3).

Puljiz,V.(1992)'Refugees comme la consequence de la guerre en Croatie', *AWR Bulletin*,30(4):173-8.

Purdy,D.(1996)'The Case for Basic Incomes',*New Left Review*,208.

Ramet,P.(ed.)(1985) *Yugoslavia in the 1980's*. Colorado,CO:Westview.

Ramet,S.(1996) *Balkan Babel: the Disintegration of Yugoslavia from the Death of Tito to Ethnic War*. Boulder,CO:Westview.

Ramon,S.(1995)'Slovenian Social Work:A Case Study of Unexpected Developments in the Post-1990 Period',*British Journal of Social Work*,25.

Republic of Hungary(1993) *PHARE 1990 - 1993*. Budapest:Ministry of International Economic Relations.

Richard,P. et al.(1992) *States and Development in the Asian Pacific*. London:Sage.

Richmond,A.H.(1996) *Global Apartheid:Refugees and the New World Order*. Milton Keynes:Open University Press.

Rieff,D.(1995) *Slaughterhouse: Bosnia and the Failure of the West*. London:Vintage.

Rhodes,M.(1995)'Globalization and West European Welfare States'. Paper presented to Conference,'A New Social Contract?',Robert Schuman Centre,European University Institute,5-6 October.

Roberts,A. and Kingsbury,B.(1989) *UN,Divided World*. Oxford:Clarendon Press.

Robertson,J.(1996)'Debate: Citizen's Income - Towards a New Social Compact:Citizen's Income and Radical Tax Reform', *The Political*

Quarterly, 67(1).

Roche, M. (1992) *Rethinking Citizenship: Welfare Ideology and Change in Modern Society*. Cambridge: Polity.

Rodgers, G. (ed.)(1995) *The Poverty Agenda and the I. L. O: Issues for Research and Action*. Geneva: ILO.

Rodriguez, E. and Griffith-Jones, S. (1992) *Cross Conditionality Banking Regulations and Third World Debt*. London: Macmillan.

Ruggie, J. G. (ed.)(1993) *Multilateralism Matters*. New York: Columbia University Press.

Sachs, J. (1995) 'Postcommunist Parties and the Politics of Entitlements', *Transition*, Policy Research Department of the World Bank, 6(3).

Sainsbury, D. (1995) *Gendering Welfare States*. London: Sage.

Salvatore, D. (ed.) (1993) *Protectionism and World Welfare*. Cambridge: Cambridge University Press.

Sampson, A. (1973) *Sovereign State*. London: Hodder and Stoughton.

Sandstrom, S. (1995) 'Economic Reform and Investment in People: The Keys to Development'. Address to the World Summit for Social Development by S. Sandstrom, Managing Director World Bank. Copenhagen.

Save the Children (1994) *Developing a Strategy for Central and Eastern Europe*. London: SCF.

Scarpetta, S. et al. (1993) 'Unemployment Benefit Systems and Active Labour Market Policies in Central and East Europe: An Overview'. Paper contributed to Technical Workshop on the Persistence of Unemployment in Central and Eastern Europe, CCET OECD, 30 September to 2 October.

Scharpf, F. W. (1995) 'Negative and Positive Integration in the Political Economy of European Welfare States'. Paper presented to Conference, 'A New Social Contract?', Robert Schuman Centre, European University Institute, October 5 – 6.

Senior Nello, S. (1991) *The New Europe: Changing Economic Relations between East and West*. New York: Harvester Wheatsheaf.

Shapiro,J. (1995a) 'The Russian Mortality Crisis and its Causes', in A. Aslund(ed.), *Russian Economic Reform at Risk*. London: Pinter.

Shapiro,J. (1995b) 'The Non-Making of Russian Social Policy'. Paper presented to SPA Annual Conference, Sheffield, 18—20 July.

Shaver, S. and Bradshaw, J. (1993) *The Recognition of Wifely Labour by Welfare States*. Sydney: Social Policy Research Centre, Sydney University.

Shaw, M. (1992) 'Global Society and Global Responsibility: The Historical and Political Limits of "International Society"', *Millennium: Journal of International Relations*, 21(3).

Shaw, M. (1994) *Global Society and International Relations*. Cambridge: Polity.

Shokin, A. N. (1991) 'Social Aspects of Economic Reform in the USSR'. Paper presented at International Institute for Labour Studies and Research Institute for Labour Conference on Social Institutions for Economic Reform, Balatonfured, Hungary.

Shopov, G. (1993) 'Impoverishment of the Population and Social Assistance', in I. S. Beleva et al. (eds), *Bulgaria and the European Community: The Transformation of the Labour Market and Social Policy – A View Towards Europe*. Sofia: Demos.

Siaroff, A. (1994) 'Work, Women and Gender Equality: A New Typology', in D. Sainsbury(ed.), *Gendering Welfare States*. London: Sage.

Siegel, D. and Yancey, J. (1992) *The Rebirth of Civil Society: The Development of the Non-Profit Sector in East Central Europe and the Role of Western Assistance*. New York: Rockefeller Brothers Trust.

Silber, L. and Little, A. (1995) *The Death of Yugoslavia*. London: Penguin.

Simmie, J. and Verlič-Dekleva, J. (eds) (1991) *Yugoslavia in Turmoil: After Self-Management?* London: Pinter.

Simpura, J. (ed.) (1995) *Social Policy in Transition Societies: Experience from the Baltic Countries and Russia*. Helsinski: Finnish ICSW.

Singer, H. W. (1995) 'Rethinking Bretton Woods from a Historical Perspective', in J. M. Griesgraber and B. G. Gunter (eds), *Promoting Development*. London, East Haven: Pluto.

Singer, M. and Wildavsky, A. (1993) *The Real World Order: Zones of Peace/Zones of Turmoil*. New Jersey: Chatham.

Singleton, F. (1979) 'Regional Economic Inequalities, Migration and Community Response, with Special Reference to Yugoslavia'. Bradford Studies on Yugoslavia 1, University of Bradford.

Sivanandan, A. (1993) 'European Commentary – Racism: The Road from Germany', *Race and Class*, 34(3).

Sklair, L. (1991) *Sociology of the Global System*. Brighton: Harvester.

Sklair, L. (1992) 'Globalization and Europe: Conceptual Framework and Research Agenda'. Paper presented at the British Sociological Association Conference, April.

Smith, A. D. (1995) *Nations and Nationalism in a Global Era*. Cambridge: Polity.

Smouts, M.-C. (1993) 'Some Thoughts on International Organizations and Theories of Regulation', *International Social Science Journal*, November: 138.

Snower, D. J. (1995) 'Evaluating Unemployment Policies: What Do the Underlying Theories Tell Us?' IMF Working Paper WP/95/7, IMF, Washington.

Solchanyk, R. (1994) 'The Politics of State Building Center – Periphery Relations in Post-Soviet Ukraine', *Europe – Asia Studies*, 46(1).

Sole, R. (1997) 'From Emergency to Reconstruction', *Eurohealth*, 3(1).

South Centre (1995) *Reforming the United Nations: A View from the South*. Geneva: South Centre.

Speth, J. G. (1995) 'The new Age of Equity'. Address to the World Summit on Social Development by J. G. Speth, Administrator UNDP. 6 March. Copenhagen.

Squires, J. (ed.) (1993) *Postmodernism and the Rediscovery of Values*. London: Lawrence and Wishart.

Standing, G. (1991) *In Search of Flexibility: The New Soviet Labour Market*. Geneva: ILO.

Standing, G. (1992) 'Restructuring for Distributive Justice in Eastern Europe'. Document prepared for the Conference, 'Towards a Competitive Society in Central and Eastern Europe: Social Dimensions', Kellokoski, Finland, September. ILO, Geneva.

Standing, G. (1996) 'Social Protection in Central and Eastern Europe: A Tale of Slipping Anchors and Torn Safety Nets', in G. Esping-Andersen (ed.), *Welfare States in Transition*. London: Sage.

Standing, G. and Sziraczki, G. (1991) 'Labour Market Issues in Eastern Europe's transition', *International Labour Review*, 130:2.

Strang, D. and Chang, P. M. Y. (1993) 'The ILO and the Welfare State: Institutional Effects on National Welfare Spending', *International Organisation*, 47(2).

Strange, S. (1994) 'Wake Up, Krasner: The World *has* Changed', *Review of International Political Economy*, 1.

Strange, S. and Sabelli, F. (1994) *Faith and Credit: The World Bank's Secular Empire*. Harmondsworth: Penguin.

Stern, N. (forthcoming) 'The World Bank as "International Actor"', in *The Official History of the Bank*. Vol. II. Washington DC: Brookings Institute.

Stevens, C. and Killick, T. (1989) 'Structural Adjustment and Lome IV', *Trocaire Development Review*.

Stewart, F. (1995) *Adjustment and Poverty: Options and Choices*. London: Routledge.

Stohl, M. and Targ, H. R. (1983) *Global Political Economy in the 1980s: The Impact of the New International Economic Crises*. New York: Schekman.

Stubbs, P. (1996a) 'Nationalisms, Globalization and Civil Society in Croatia and Slovenia', *Research in Social Movements, Conflict and Change*, 19: 1–26.

Stubbs, P. (1996b) 'Social Reconstruction and Social Development in Croatia and Slovenia: the Role of the NGO Sector'. Mimeo, Leeds Metropolitan University.

Stubbs, P. and Sertic, N. (1996) 'Nevladine Organizacije, Ulagaje Sredstva I Socijalno Blagostanje: Neke Hipoteze o Hrvatskoj I Sloveriji' (Non-Governmental Organisations, Funding and Social Welfare: Some Hypotheses in Croatia and Slovenia), *Revija za Socijalnu Politku*, 3(1): 25 – 30.

Stubbs, R. and Underhill, G. R. D. (eds) (1994) *Political Economy and the Changing Global Order*. London: Macmillan.

Summerfield, D. (1996) 'The Impact of War and Atrocity on Civilian Populations: Basic Principles for NGO Interventions and a Critique of Psycho-Social Trauma Projects'. ODI Relief and Rehabilitation Network Paper 14.

Svetlik, I. (ed.) (1992b) *Social Policy in Slovenia: Between Tradition and Innovation*. Aldershot: Avebury.

Szalai, J. and Orosz, E. (1992) 'Social Policy in Hungary' in B. Deacon (ed.), *The New Eastern Europe*. London: Sage.

Tanzi, V. (ed.) (1992) *Fiscal Policies in Economies in Transition*. Washington: IMF.

Tanzi, V. (1993) *Transition to Market: Studies in Fiscal Reform*. Washington: IMF.

Taylor, P. (1994) *International Organisations in the Modern World*. London: Pinter.

Taylor-Gooby, P., Bonoli, G. and George, V. (1996) 'Welfare Futures: The Views of Key Influentials in Six European Countries on Likely Developments in Social Policy'. Preliminary Report from Squaring the Welfare Circle in Europe, University of Canterbury Research Project.

Thirlwall, A. (1993) *Growth and Development*, 3rd edn. London: Macmillan.

Thompson, J. (1992) *Justice and World Order: A Philosophical Inquiry*. London: Routledge.

Thompson, M. (1992) *A Paper House: The Ending of Yugoslavia*. London: Hutchinson.

Tickner, A. and Morgenthaus, H. (1991) 'Principles of Political Realism: A Feminist Reformulation', in R. Grant and K. Newland (eds), *Gender and International Relations*. Milton Keynes: Open University Press.

Tomasevski, K. (1993) *Development Aid and Human Rights Revisited*. London: Pinter.

Tomasevski, K. (1995) 'Human Rights Impact Assessment: Proposals for the Next 50 Years of Bretton Woods', in J. M. Griesgraber and B. G. Gunter (eds), *Promoting Development*. London, East Haven: Pluto.

Tomes, I. (1995) 'Progress Report 2'. Unpublished paper, World Bank.

Townsend, P. (1993) *An International Analysis of Poverty*. Hemel Hempstead: Harvester Wheatsheaf.

Townsend, P. with Donkor, K. (1995) 'Global Restructuring and Social Policy: An Alternative Strategy: Establishing an International Welfare State'. Draft paper presented to ISA RC19 Conference on Comparative Research on Welfare State Reforms, University of Pavia, Italy, 14 – 17 September.

Trocaire Development Review (ed.) (1990) 'The World Bank and Development: An NGO Critique and World Bank Response', *Trocaire Development Review*, Dublin, 1990.

UN (1987) *The Social Impact of Housing*. New York: UN.

UN (1991) 'International Cooperation for the Eradication of Poverty in Developing Countries'. Report of the Secretary-General, A/46/454, UN General Assembly, New York.

UN (1992) 'United Nations System's Action in International Assistance to the Newly Independent States'. UN, New York.

UN (1993a) 'Integration of the Economies in Transition into the World Economy: The Role of the United Nations'. Report of the Secretary-General A/48/317, UN General Assembly, New York.

UN (1993b) *Report on the World Social Situation*. New York: UN, Department of Economic and Social Development.

UN(1995a)'Report of the Preparatory Committee for the World Summit on Social Development,16 – 28 January,1995',A/CONF.166/PC/28,UN General Assembly,New York.

UN(1995b)'Adoption of the Declaration and Programme of Action of the World Summit for Social Development,6 – 12 March,1995',(A/CONF. 166),UN General Assembly,Copenhagen.

UNDP(1990) *Human Development Report 1990*. New York: Oxford University Press.

UNDP(1991) *Human Development Report 1991*. New York: Oxford University Press.

UNDP(1991 – 2)'Eastern Europe: UNICEF Alarmed over Transition', *Development Forum*, 19(6);20(1).

UNDP(1992) *Human Development Report 1992*. New York: Oxford University Press.

UNDP(1992a) *Human Development at Work*. New York: UNDP.

UNDP(1993a) *Human Development Report 1993*. New York: Oxford University Press.

UNDP(1993b) *Eastern Europe and the Countries of the Former Soviet Union: The Transition – UNDP's Perspectives*. New York: UNDP.

UNDP(1994) *Human Development Report 1994*. New York: Oxford University Press.

UNDP(1995a) *Human Development Report 1995*. New York: Oxford University Press.

UNDP(1995b) *Ukraine Human Development Report 1995*. Kiev: Blitz-Inform Press.

UNDP(1996) *Human Development Report 1996*. New York: Oxford University Press.

UNECE(1989 – 90)'Economic Reform in the East: A Framework for Western Support', in *Economic Survey of Europe*. New York: UNECE.

UNECE(1990a) *Economic Survey of Europe in 1989 – 1990*. New York: UNECE.

UNECE(1990b) *Economic Bulletin for Europe, Volume 42/90*. New York: UNECE.

UNECE(1991a) *Economic Survey of Europe in 1990 – 1991*. New York: UNECE.

UNECE(1991b) *Economic Bulletin for Europe, Volume 43/91*. New York: UNECE.

UNECE(1991c) 'Managing Reforms in the East European Countries: Lessons from the Post-War Experience of Western Europe'. ECE Discussion Papers, vol. I, no. 3, New York.

UNECE(1992a) *Economic Survey of Europe in 1991 – 1992*. New York: UNECE.

UNECE(1992b) *Economic Bulletin for Europe, Volume 44/92*. New York: UNECE.

UNECE(1992c) 'The Conditions for Economic Recovery in Central and Eastern Europe'. ECE Discussion Papers, vol. 2, no. 3, New York.

UNECE(1992d) 'The Scope for Macroeconomic Policy to Alleviate Unemployment in Western Europe'. ECE Discussion Papers, vol. 2 no. 3, New York.

UNECE(1993a) *Economic Survey of Europe in 1992 – 1993*. New York: UNECE.

UNECE(1993b) *Economic Bulletin for Europe, Volume 45/93*. New York and Geneva: UNECE.

UNECE(1993c) 'Structural Change, Employment and Unemployment in the Market and Transition Economies'. ECE Discussion Papers, vol. 3, no. 1, New York and Geneva.

UNECE(1993d) 'A Comparative View on Economic Reform in Poland, Hungary and Czechoslovakia'. ECE Discussion Papers, vol. 3, no. 1, New York and Geneva.

UNECE(1993e)'Commissions Activities Designed to Assist Countries of the Region in Transition to a Market Economy and their Integration with the European and Global Economy'. E/ECE/1272, Geneva: UNECE.

UNECE(1994a) *Economic Survey of Europe in 1993 – 1994*. New York and Geneva: UNECE.

UNECE(1994b) *Economic Bulletin for Europe, Volume 46/94*. New York and Geneva: UNECE.

UNECE(1995a) *Economic Survey of Europe in 1994 – 1995*. New York: UNECE.

UNECE(1995b) *Economic Integration in Europe and America*. Economic Studies 5. New York and Geneva: UNECE.

UNESCO(1989) *Statistical Yearbook 1989*. Paris: UNESCO.

UNHCR(1993) *The State of the World's Refugees: the Challenge of Protection*. London: Penguin.

UNHCR(1994)'Information Notes on Former Yugoslavia'. UNHCR Office of the Special Envoy for Former Yugoslavia, Zagreb.

UNICEF(1987) *The State of the World's Children*. Oxford: Oxford University Press.

UNICEF(1991a) *Mission Reports: Hungary*. Central and Eastern Europe Division, New York: UNICEF.

UNICEF(1991b) *Mission Reports: Bulgaria*. Central and Eastern Europe Division, New York: UNICEF.

UNICEF(1992a) *Bulgaria's Children and Families*. Central and Eastern Europe Division, New York: UNICEF.

UNICEF(1992b)'UNICEF Activities in Central and Eastern Europe, the CIS and the Baltic States'. E/ICEF/1992/L.14, UNICEF, New York.

UNICEF(1992c)'Ukraine: Crisis and Transition: Meeting Human Needs'. Report of UNICEF/WHO Mission, February 1992, New York.

UNICEF(1992d)'Overview of Health, Education and Social Safety Nets and Assessment of Priority Needs'. Report of UNICEF Mission to Lithuania,

22 – 27 February 1992, New York.

UNICEF(1992e) 'Public Policy and Social Conditions: A Proposal for "The Monitoring of Social Conditions during the Transition to the Market Economy in Central and East Europe"'. UNICEF International Child Development Centre, Florence.

UNICEF(1993a) *Public Policy and Social Conditions*. Economies in Transition Regional Monitoring Report 1, November 1993. New York: UNICEF.

UNICEF(1993b) *Strategies for Children during the Transition: Developing National Programmes of Action*. Report of the Central and Eastern Europe Regional Seminar, 13 – 16 April, Budapest.

UNICEF(1994) *Crisis in Mortality, Health and Nutrition*. Economies in Transition Regional Monitoring Report 2, August 1994. UNICEF, New York.

UNICEF(1995a) *The State of the World's Children 1995*. New York: UNICEF.

UNICEF(1995b) *Poverty, Children and Policy: Responses for a Brighter Future*. Economies in Transition Regional Monitoring Report 3. UNICEF International Child Development Centre, Florence.

UNICEF(1995c) '20/20: Breaking the Poverty Cycle'. Brochure for the World Summit on Social Development, March.

UNlCEF(1995d) 'Priorities for Children: What the World Summit on Social Development Can Do'. Brochure for the World Summit for Social Development, March.

UNICEF(1996) *The State of the World's Children 1996*. New York: UNICEF.

UNICEF(1997) *Central and Eastern Europe: Transition Public Policy and Social Conditions. Children at Risk in Central and Eastern Europe: Perils and Promises*. Florence: UNICEF International Child Development Centre.

UNRISD(1991) *Progress Report on UNRISD Activities 1990/1991*. Geneva: UNRISD.

UNRISD(1993a) *UNRISD: 30 Years of Research for Social Development*. Geneva: UNRISD.

UNRISD(1994) *The Crisis of Social Development in the 1990s: Preparing for the World Social Summit*. Report of UNRISD's 30th Anniversary Conference, Geneva, 7 - 8 July 1993. Geneva: UNRISD.

UNRISD(1995a) *Adjustment, Globalization and Social Development*. Report of the UNRISD/UNDP International Seminar on Economic Restructuring and Social Policy, New York, 11 - 13 January. Geneva: UNRISD.

UNRISD(1995b) *States of Disarray: the Social Effects of Globalization*. Report for the World Summit on Social Development. Geneva: UNRISD.

UNRISD(1995c) *Structural Adjustment in a Changing World*. Report for the World Summit of Social Development. Geneva: UNRISD.

US Committee for Refugees(1996) *World Refugee Survey 1995*. Washington: IRSA.

Van Brabant, J. (1993) *The New Eastern Europe and the World Economy*. Oxford: Westview.

Van de Walle, D. et al. (1993) 'Poverty and Social Spending in Hungary'. Independent Discussion Paper, Policy Research Department, World Bank, Washington.

Van Parijs, P. (1995) *Freedom for All: What (If Anything) Can Justify Capitalism?* Oxford: Clarendon Press.

Van Parijs, P. (1996) 'Basic Income and the Two Dilemmas of the Welfare State'. *The Political Quarterly*, 67(1).

Vecernik, J. (1995) 'Incomes in Central Europe: Distributions, Patterns and Perceptions'. Paper contributed to ISA RC19 Conference on Comparative Research on Welfare State Reforms. University of Pavia, Italy, 14 - 17 September.

Vince, P. (1996) 'Transformation of the Hungarian Welfare System: Sovereign Decisions and External Influences'. Research consultancy report.

Vobruba, G. (1994) 'Transnational Social Policy in Processes of Transformation', in A. de Swann (ed.), *Social Policy beyond Borders: The Social Question in Transnational Perspective*. Amsterdam, Amsterdam University Press.

Vodopivec, M. (1990) *The Labour Market and the Transition of Socialist Economies*. Washington: World Bank.

Vodopivec, M. (1992) 'Review of the Labour Market and Social Safety Net Sectors of CIS Country Economic Memorandum'. Unpublished report, World Bank, Washington.

Voirin, M. (1993) 'Social Security in Central and Eastern European Countries: Continuity and Change', *International Social Security Review*, 1.

Vojnič, D. (1995) 'Disparity and Disintegration: The Economic Dimension of Yugoslavia's Demise', in P. Akhavan and R. Howse (eds), *Yugoslavia: The Former and the Future*. Washington DC: Brookings Institute.

Wallerstein, E. (1991) *Geopolitics and Geoculture*. Cambridge: Cambridge University Press.

Waltz, K. (1986) 'Political Structures', in R. Keohane (ed.), *Neo-Realism and Its Critics*. New York: Columbia University Press.

Waters, M. (1995) *Globalization*. London and New York: Routledge.

Weale, A. (1994) 'Social Policy and the EU', *Social Policy and Administration*, 28(1): 5–19.

Weiss, T. G. (1994) *The UN and Changing World Politics*. Oxford: Westview.

Wheeler, M. (1993) 'The Unmaking of Yugoslavia', *Journal of Area Studies*, 3: 40–9.

Wheeler, N. J. (1996) 'Guardian Angel or Global Gangster: A Review of the Ethical Claims of International Society', *Political Studies*, XLIV: 123–35.

White, G. et al. (1983) *Revolutionary Socialist Development in the Third*

World. Brighton: Wheatsheaf.

White, G. and Shang, X. (1995) 'Social Security Reforms in Urban China: A Preliminary Research Report'. Paper presented at a Workshop on Social Insurance Reforms: Issues and Answers, Beijing, October.

Whitfield, D. (1994) *Globalisation: The Future for the Welfare State and Public Services*. Sheffield: Centre for Public Services.

Whittaker, B. (1983) *A Bridge of People: A Personal View of Oxfam's First Forty Years*. London: Heinemann.

Wilensky, H. (1975) *The Welfare State and Equality*. Berkeley, CA: University of California Press.

Willets, P. (ed.) (1996) *The Conscience of the World*. Washington: Brookings Institute.

Williams, F. (1987) *Social Policy: A Critical Introduction*. Cambridge: Polity.

Williams, F. (1994) 'Social Relations, Welfare and the Post-Fordism Debate', in R. Burrows and B. Loader (eds), *Towards a Post-Fordist Welfare State*. London: Routledge.

Williams, F. (1995) 'Race/Ethnicity, Gender and Class in Welfare States: A Framework for Comparative Analysis', *Social Politics*, Summer.

Williams, S. et al. (1991) *Social Safety Nets in East/Central Europe*. Cambridge, MA: Harvard University Press.

Woodward, S. L. (1995) *Balkan Tragedy: Chaos and Dissolution after the Cold War*. Washington: Brookings Institute.

Woodward, S. L. (1996), *Implementing Peace in Bosnia and Herzegovina: A Post-Dayton Primer and Memo of Warning*. Brookings Discussion Paper. Washington: Brookings Institute.

Woolcock, S. (1995) 'The Trade and Labour Standards Debate: Overburdening or Defending the Multilateral System?'. Paper for the CRUSA/RIIA Study Group, October.

World Bank (1975) *Yugoslavia: Development with Decentralisation*. Baltimore:Johns Hopkins University Press.

World Bank(1987) *World Development Report*. Washington:World Bank.

World Bank(1989) *World Development Report*. Washington:World Bank.

World Bank(1990) *World Development Report:Poverty*. Washington:World Bank.

World Bank(1991a) *The Transformation of Economies in Eastern and Central Europe:Issues,Progress and Prospects*. Washington:World Bank.

World Bank(1991b) *Social indicators of Development 1990*. Baltimore:Johns Hopkins University Press.

World Bank(1991c) *Bulgaria:Crisis and Transition to a Market Economy, Volume I – The Main Report*. Washington:World Bank.

World Bank(1991d) *Assistance Strategies to Reduce Poverty*. Washington:World Bank.

World Bank(1992a) *Poverty Reduction:Operational Directives*. Washington:World Bank.

World Bank(1992b) *Hungary, Reform of Social Policy and Expenditures*. Washington:World Bank.

World Bank(1993a) *Ukraine:The Social Sectors during Transition*. Washington:World Bank Country Study.

World Bank(1993b) 'Support for Adjustments in Hungary'. Operations Evaluation Department Precis 51,Washington.

World Bank(1993c) *Implementing the World Bank's Strategy to Reduce Poverty:Progress and Challenges*. Washington:World Bank.

World Bank(1993d) *The East Asian Miracle*. Washington:World Bank.

World Bank(1993e) *Hungary:Performance Audit Report,Structural Adjustment Loan*. Report 12103,29 June,Washington:World Bank.

World Bank(1993f) 'Development Issues'. Presentations to the 47th Meeting of the Development Committee,27 September,Washington.

World Bank(1993g) *Annual Report*. Washington:World Bank.

World Bank(1994a) *Bulgaria:An Economic Update*. Country Operations Division, May, Washington.

World Bank(1994b) *Averting the Old Age Crisis: Policies to Protect the Old and Promote Growth*. World Bank Policy Research Report. New York: Oxford University Press.

World Bank(1994c) 'Reform Issues on Social Policy'. Manuscript, Budapest.

World Bank(1995b) *Hungary: Structural Reforms for Sustainable Growth*. Washington: World Bank Country Study.

World Bank(1995c) *Social Indicators of Development 1995*. Washington: World Bank.

World Bank(1995d) *Investing in People: the World Bank in Action*. Washington: World Bank.

World Bank(1995e) *World Development Report 1995: Workers in an Integrating World*. Washington: World Bank.

World Bank(1995f) 'Priedlog reforme hrvatskog mirovinskog sustava' (A Proposal for a Reform of the Croatian Pension System), Revija za Socijalnu Politku, 2(4): 315 - 22.

World Bank(1995g) *Staff Appraisal Report: The Former Yugoslav Republic of Macedonia: Social Reform and Technical Assistance Project*. Washington: World Bank.

World Bank(1995h) *Advancing Social Development*. World Bank Contribution to the World Summit on Social Development, March. Washington.

World Bank(1996) *World Development Report: from Plan to Market*. Washington: World Bank.

World Bank(1997) Social Assistance Strategy Meeting of Resident Mission in Bosnia and Herzegovina. Mimeo, 27 May, Sarajevo.

World Health Organization(1989) *World Health Statistics Annual 1989*. WHO: Geneva.

Yugofax(1992) *Breakdown: War and Reconstruction in Yugoslavia*. London: IWPR.

Zavirsek, D. (1995) 'Social Innovations: A New Paradigm in Central European Social Work', *International Perspectives in Social Work*, 1.

索　　引

（所标页码为原书页码，请参见本书边码）

accountability of IMF and World Bank 国际货币基金组织和世界银行的责任性 205－7

Adler，E. 阿德勒，E. 202

Ahmad，E. 艾哈迈德，E. 63

Arrighi，G. 阿里吉，G. 214

Australian welfare state 澳大利亚的福利制度 44

autonomy 自主性

of international organizations 国际组织的自主性 59－61

link with guarantees 自主性与保障的关系 15，19

as measure of social progress 自主性作为社会进步的衡量手段 29

Barr，N. 巴尔，N. 136－7

Boardman，R. 博德曼，R. 59

Bojcun，M. 博赫岑，M. 120

Bosnia-Hercegovina 波斯尼亚－黑塞哥维那

civil society in 波斯尼亚－黑塞哥维那的公民社会 185－6

Croatian involvement in 克罗地亚对波斯尼亚－黑塞哥维那的卷入 178－9，185

impact of war in 战争对波斯尼亚－黑塞哥维那的影响 182

international organizations in 波斯尼亚－黑塞哥维那的国际组织 173，182，183－6

NGOs in 波斯尼亚－黑塞哥维那的非政府组织 184，186

peace accords and structure of 波斯尼亚－黑塞哥维那的和平协议与结构 182，185

refugees in 波斯尼亚－黑塞哥维那的难民 182，183

Bretton Woods institutions *see* IMF；World Bank 布雷顿森林机构 参见 国际货币基金组织；世界银行

Brown，B. S. 布朗，B.S. 60

Bulgaria，post-communist social policy in 保加利亚的后共产主义

社会政策 *101*, 109, 112—19, *135*, 143
bureaucratic state collectivism *see* state bureaucratic collectivism 官僚国家集体制 参见 国家官僚集体制
Burley, A.-M. 伯利 60

Cameron, M.A. 卡梅伦,M.A. 79
Capitalist welfare states, diversity amongst 资本主义福利制的多样性 39-45
CEET (Central and East European Team) 中东欧小组 99-100, 141
Central American welfare states 中美洲福利制 45
Chand, S.K. 昌德,S.K. 133
child benefits *see* family and child benefits 儿童津贴 参见 家庭与儿童津贴
China, social impact of transition on 转型期对中国的影响 46, 52
Cichon, M. 齐雄,M. 102, 125, 139, 141
citizenship, in global social policy 全球社会政策中的公民权利 14, 16-17, 23, *25*, 86, 210-11
citizenship-based income 基于公民身份的收入 140, 141,201,211
civil society 公民社会
  in Bosnia-Hercegovina 波斯尼亚-黑塞哥维那的公民社会 185-6
  in Croatia 克罗地亚的公民社会 181
  empowerment of international civil society 对国际公民社会的赋权 211-12
  and NGOs 公民社会与非政府组织 154, 156, 211
  in Slovenia 斯洛文尼亚的公民社会 175
class divisions of caring 关怀的阶级区分 21
COE *see* Council of Europe 欧洲理事会
comparative analysis 对比分析 8-9, 29-33
  limits of 对比分析的局限性 53-4
compensation policies in Bulgaria 保加利亚的补偿政策 112-14
competition 竞争
  impact on welfare states 竞争对福利国家的影响 1, 11-13
  regulation of global competition 对国际竞争的管制 77-9, 203-5
complex political emergencies 复杂的政治性紧迫问题
  forced migration 强迫性移民 159-60
  rise of ethnicized nationalisms 族群化民族主义的兴起 160-2

role of NGOs 非政府组织在其中的作用 158，159，160，162
war and conflict 战争与冲突 158－9
conflict *see* war and conflict 冲突 参见 战争与冲突
conservative corporatism 保守法团主义
in post-communist countries 后共产主义国家的保守法团主义 91
and World Bank policy 保守法团主义与世界银行的政策 138
conventions of ILO 国际劳工组织的公约 73，74
Council of Europe（COE）欧洲理事会 82－4
Croatia's admittance to 克罗地亚加入欧洲理事会 181
Demosthenes programme 德摩斯梯尼项目 95－6
policy approach 政策做法 148
rights for European citizens 欧洲公民的权利 3，17，18，23，82
role in post-communist social policy 欧洲理事会在后共产主义社会政策中的作用 95－6，130，143－4
in Bulgaria 在保加利亚的作用 *101*，112，117，143
in Hungary 在匈牙利的作用 *101*，104，*110－11*，143
in Ukraine 在乌克兰的作用 *101*，128
Social Charter 欧洲理事会的社会宪章 82－3，143－4
Cox，R. W. 考克斯，R. W. 202，214，215，218
Croatia 克罗地亚
admittance to Council of Europe 加入欧洲理事会 181
impact of war in 战争对克罗地亚的影响 176－7
international organizations in 克罗地亚的国际组织 173，177－8，180，181
involvement in Bosnia-Hercegovina 克罗地亚对波斯尼亚－黑塞哥维那的卷入 178－9，185
migration and refugees in 克罗地亚的移民与难民 177，178，179，180－1
NGOs in 克罗地亚的非政府组织 179－80，181
cultural relativity，and measures of welfare progress 文化相对论与福利进步的衡量 29

de Senarclens，P. 德塞纳克林斯，P. 59，60
Deacon，B. 迪肯，B. 42，50－1
democracy 民主

influence of globalization on 全球化对民主的影响 6
link with human development 民主与人类发展的联系 37
Demosthenes programme 德摩斯梯尼项目 95－6
developing countries 发展中国家
structural adjustment programmes in 发展中国家的结构性调整项目 61－2，64，65，69，75，76，85
World Bank focus on poverty in 世界银行对发展中国家贫困的关注 65，85
development studies 发展研究
implications of post-communist studies for 后共产主义国家研究对发展研究的意义 152
link with social policy 发展研究与社会政策的联系 9－10，13，86－7，152
research on NGOs 对非政府组织的研究 155
diaspora effects 人口离散的后果 193
diversity and universality 多样化与全民化 15，17－19
Doyal，L. 多亚尔，L. 29，38－9
Duffield，M. 达菲尔德，M. 155，158，183－4

East Asian welfare states 东亚福利制 43－4
Eastern Europe *see* post-communist countries；post-communist social policy；post-Yugoslav countries 东欧 参见 后共产主义国家；后共产主义社会政策；后南斯拉夫国家
EBRD（European Bank for Reconstruction and Development）欧洲复兴开发银行 94
economic competition *see* global competition 经济竞争 参见 全球竞争
economic growth，link with social welfare 经济增长与社会福利的联系 35－7
economic inequalities 经济不平等
between countries 国家之间经济不平等 32，33－5
within countries 国家内部经济不平等 35，36
economic measures，drawbacks of 经济衡量手段的缺陷 29
economic reform，in Ukraine 乌克兰的经济改革 120－1
Economic Security Council 经济安全理事会 205
Economic and Social Council *see* ECOSOC 联合国经济与社会理事会
economics 经济学
implications of post-communist

studies for 后共产主义研究对经济学的启示 151
influence on global social policy 经济学对全球社会政策的影响 198
study of globalization in 经济学领域的全球化研究 5
ECOSOC（Economic and Social Council）联合国经济与社会理事会 84，205－6，207－8，212
EISS（European Institution of Social Security）欧洲社会保障研究所 102
empowerment of international civil society 对国际公民社会的赋权 211－12
epistemic communities 知识社群 197－202
Esping-Andersen，G. 埃斯平－安德森，G. 39
ethical relativism 伦理相对论 18
ethnic cleansing in Bosnia-Hercegovina 波斯尼亚－黑塞哥维那的种族清洗 183
ethnic composition of Yugoslavia 南斯拉夫的种族构成 163，164
ethnicized nationalisms 族群化种族主义 153－4，160－2
definition of 族群化种族主义的定义 160－1
role of aid agencies in 援助机构在族群化种族主义做法中的作用 178，180
tensions in Macedonia 马其顿的紧张关系 189－91
in Yugoslavia 南斯拉夫的族群化种族主义 167－8
EU（European Union）欧盟
policy approach 欧盟的政策做法 148
compared with NAFTA 欧盟与北美自由贸易区的比较 79－82
role in post-communist social policy 欧盟在后共产主义社会政策中的作用 97－9，100，130，142－3
in Bulgaria 欧盟在保加利亚 *101*，112，117
in Hungary 欧盟在匈牙利 *101*，104，108，*110－11*
in Ukraine 欧盟在乌克兰 *101*，127－8
role in post-Yugoslav countries 欧盟在后南斯拉夫国家的作用 173，182，192
Europe 欧洲
social citizenship rights in 欧洲的社会公民权利 17
social policy in context of 欧洲环境下的社会政策 9
see also post-communist countries；post-communist social policy；post-Yugoslav coun-

tries 参见 后共产主义国家;后共产主义社会政策;后南斯拉夫国家
European Bank for Reconstruction and Development (EBRD) 欧洲复兴开发银行 94
European Centre for Social Welfare Policy and Research 欧洲社会福利政策与研究中心 103, 145
European Court of Justice 欧洲法庭 23
European Institution of Social Security(EISS) 欧洲社会保障研究所 102
European Social Charter 欧洲社会宪章 82-3, 143-4
European Union *see* EU 欧盟
Europeanization and supranationalism 欧洲化与超国家主义 1

family and child benefits 家庭与儿童津贴
in Bulgaria 保加利亚的家庭与儿童津贴 116, 117, *118*
in Hungary 匈牙利的家庭与儿童津贴 105, 106, 107, 109, *110*
in Ukraine 乌克兰的家庭与儿童津贴 126, *129*
World Bank policy on 世界银行的家庭与儿童津贴政策 135, 138
feminism 女权主义
categorizations of welfare states 女权主义对福利制度的分类 39, 42
contributions to social policy 女权主义对社会政策的贡献 8
in field of international relations 国际关系领域的女权主义 7
Fox, L. 福克斯,L. 113-14, 136
free trade, social and labour standards in context of 自由贸易环境下的社会与劳动标准 77-82, 203-5
fundamentalism 原教旨主义 18

GATT (General Agreement on Tariffs and Trade) 关税与贸易总协定 77
GDP (gross domestic product) 国内生产总值 29, 33, 34
gender divisions of caring 关怀的性别区分 20-1
gender inequality in meeting welfare needs 福利需求满足方面的性别不平等 *31*, 32
genuine progress indicator (GPI) 真实发展指标 29
George, S. 乔治,S. 66
Gill, S. 吉尔,S. 214
Ginsburg, N. 金斯伯格,N. 43
global agencies *see* international organizations 全球性机构 参见国际组织

global competition 全球竞争
impact on welfare states 全球竞争对福利国家的影响 1，11－13
regulation of 对全球竞争的管制 77－9，203－5
global governance reform 全球管理改革 202－3
empowering international civil society 对国际公民社会的赋权 211－12
IMF and World Bank accountability 国际货币基金组织和世界银行的责任 205－7
political，legal and social rights 政治、法律与社会权利 210－11
reform of UN 联合国改革 207－9
regulating global competition 管制全球性竞争 203－5
global politics，socialization of 全球政治的社会化 3
global social policy 全球社会政策
epistemic communities and discourse of 知识社群与全球社会政策话语 197－202
research agenda for 全球社会政策研究议程 219－21
terrain of 全球社会政策的场景 2－3，13－14，195，219
goals and obstacles 目标与障碍 26
political strategies 政治策略 26－7
pressures for globalization 对全球化造成的压力 14
social policy issues 社会政策问题 14－21
typology of responses and mechanisms 反应与机制的类型 21－5
see also comparative analysis 参见 比较分析
global social reform 全球性社会改革 202
politics of and prospects for 全球性社会改革的政治因素与前景 213－18
globalization 全球化
of complex political emergencies 复杂的政治紧迫问题的全球化 159
factors influencing 影响全球化的因素 4－5，14
impact on social policy 全球化对社会政策的影响 195
social effects of 全球化的社会效应 54
theoretical approaches to 对全球化的理论研究 5－10
Goldstein，J. 戈尔茨坦，J. 60－1
Gotting，U. 戈廷，U. 47，50
Gough，I. 高夫，I. 11，29，38－9
governance 管理

tripartism in Bulgaria 保加利亚的三方管理 109, 112
tripartite policy of ILO 国际劳工组织的三方管理政策 74, 76, 218
see also global governance reform 参见 全球管理改革
GPI (genuine progress indicator) 真实发展指标 29
Graham, C. 格雷厄姆, C. 69
Green, R.H. 格林, R.H. 155
Grinspin, C. 格林斯平, C. 79
gross domestic product (GDP) 国内总产值 29, 33, 34
guarantees of welfare provision 福利提供的保障 15, 19, 66, 140

Haas, P. 哈斯, P. 202
Harrell-Bond, B. 哈勒尔－邦德, B. 178
Havel, V. 哈韦尔, V. 214
HDI (human development index) 人类发展指数 30, 37, 85
health, as measure of social progress 健康作为衡量社会进步的手段 29
Held, D. 赫尔德, D. 6, 212
Hirst, P. 赫斯特, P. 212
housing subsidies in Ukraine 乌克兰的住房补贴 122
human development index (HDI) 人类发展指数 30, 37, 85
Human Development Report《人类发展报告》31, 85, 126
human rights 人权
impact of World Bank lending on 世界银行贷款对人权的影响 211
link with human development 人权与人类发展的关系 37
role of Council of Europe 欧洲理事会在人权方面的作用 3, 17, 18, 23, 82
supranational citizenship in context of 人权背景下的超国家公民身份 23, 25, 210
humanitarian assistance, problems of 人道援助方面的问题 158, 159, 178, 184－5
Hungary 匈牙利
dual system of income in 匈牙利的双重收入体系 140－1
post-communist social policy in 匈牙利的后共产主义社会政策 *101*, 104－9, *110－11*, 135, 143
ILO (International Labour Organization) 国际劳工组织 73－7, 78, 206
co-ordination with other organizations 国际劳工组织与其他组织的合作 96－7, 100, 102, 125
exclusion from G24 policy meetings 国际劳工组织被排斥在24国集团政策会议之外 100

policy approach 国际劳工组织政策做法 148－9
relationship with World Bank 国际劳工组织与世界银行的关系 76，124－5，127
role in post-communist social policy 国际劳工组织在后共产主义社会政策中的作用 94，96－7，99－100，130，139－42，198
in Bulgaria 国际劳工组织在保加利亚的作用 *101*，112，115－16，*117*，*118*，119
in Hungary 国际劳工组织在匈牙利的作用 *101*，108，*110－11*
in Ukraine 国际劳工组织在乌克兰的作用 *101*，119，124－7，129
role in post-Yugoslav countries 国际劳工组织在后南斯拉夫国家的作用 173
and tripartite governance 国际劳工组织与三方管理 74，76，218
IMF（International Monetary Fund）国际货币基金组织 61－5
access to 对国际货币基金组织的利用 61
accountability of 国际货币基金组织的责任 205－7
compared with World Bank 国际货币基金组织与世界银行比较 62，63
impact on poor 国际货币基金组织对穷人的影响 131
national responses to 不同国家对国际货币基金组织的反应 130
policy approach 国际货币基金组织政策做法 62－4，149
reform of 对国际货币基金组织的改革 26
relationship with UN 国际货币基金组织与联合国的关系 206
role in post-communist social policy 国际货币基金组织在后共产主义社会政策中的作用 93－4，128，131－3
in Bulgaria 国际货币基金组织在保加利亚的作用 *101*，109，113，118
in Hungary 国际货币基金组织在匈牙利的作用 *101*，104－5，106，*110－11*
in Ukraine 国际货币基金组织在乌克兰的作用 *101*，120－1，*129*
role in post-Yugoslav countries 国际货币基金组织在后南斯拉夫国家的作用 192
safety net policy 国际货币基金组织安全网政策 62，63，132－3
structural adjustment programmes 国际货币基金组织结构调整项目 61－2，64，85，104－5

income 收入
citizenship-based income 基于公民权利的收入 140，141，201，211
dual system in Hungary 匈牙利的双重收入体系 140－1
income inequalities 收入不平等
and meeting welfare needs 收入不平等与福利需求的满足 31，32
within countries 国家内部的收入不平等 35，36
income maintenance，approaches to 收入维持做法 12
International Court of Justice 国际法庭 17，23
International Covenant on Civil and Political Rights 国际民权与政治权利公约 210
International Covenant on Economic，Social and Cultural Rights 国际经济、社会与文化权利公约 210
International Labour Organization *see* ILO 国际劳工组织 参见 ILO
International Monetary Fund *see* IMF 国际货币基金组织 参见 IMF
international NGOs 国际非政府组织 157
International organizations（IOs）国际组织
autonomy of and government influences on 国际组织的自主性以及政府对其影响 59－61
categorizations in relation to NGOs 国际组织的分类（与非政府组织相比较）154
collaboration between 国际组织之间的合作 96－7，100，102，125，127，147，206，208
competition for influence between 国际组织为争取影响而相互竞争 124－5
policy paradigms and discourses 政策范式与话语 148－9，*150*，199－201，217－18
politicization by governments 政府对国际组织的政治化 59－60
in post-communist social policy 国际组织在后共产主义社会政策中的作用 92－3，150－1，198
Bulgaria 保加利亚 109，112－19，*135*，143
co-ordination and collaboration 国际组织的协调与合作 100－3
differing approaches 国际组织的不同做法 93－4
Hungary 匈牙利 104－9，*110－11*，135，143
instruments and structure 国际组织的手段与结构 95－100，

96，*101*
motivation for intervention 国际组织实施干预的动机 93,95
in Ukraine 国际组织在乌克兰的活动 119－28，*129*，*135*
in post-Yugoslav countries 国际组织在后南斯拉夫国家 170，171－4，192，193
Bosnia-Hercegovina 波斯尼亚－黑塞哥维那 173，182，183－6
Croatia 克罗地亚 173，177－8，180，181
Macedonia 马其顿 173，189－90
Serbia and Montenegro 塞尔维亚和黑山共和国 173，186
Slovenia 斯洛文尼亚 173，175，176
research on 对国际组织的研究 59
roles of 国际组织的作用 59
see also humanitarian assistance；ILO；IMF；OECD；United Nations；World Bank；World Trade Organization 参见 人道援助；国际劳工组织；国际货币基金组织；经合组织；联合国；世界银行；世界贸易组织
international relations，study of 国际关系研究 6－7，152
International Rescue Committee (IRC) 国际救援委员会 184
International Social Security Association (ISSA) 国际社会保障协会 102
Islamic welfare states 伊斯兰福利制度 44－5

James，E. 詹姆斯，E. 102，136
Jolly，R. 乔利，R. 85
Jordan，B. 乔丹，B. 216

Kamerman，S. 凯莫曼，S. 102
Killick，T. 基利克，T. 62，131
Kolarič，Z. 科拉里奇，Z. 175
Kopits，G. 科皮茨，G. 63，102，132
Kosonen，P. 科索宁，P. 12
Kuchma，L. 库奇马，L. 120

labour，flexibilization of workforce 劳动力的灵活化 12
labour standards 劳动标准
and regulation in context of free trade 自由贸易环境下的劳动标准与管理 77－9，81，203－5
role of ILO 国际劳工组织的作用 73－4，76－7，78
Law，D. 劳，D. 214
legal rights，strengthening of 对合法权利的加强 210－11
liberalism 自由主义 18
local NGOs 地方非政府组织 157，190

Macedonia 马其顿
ethnic tensions in 马其顿的种族紧张关系 189 - 91
instability in 马其顿的不稳定 188 - 9
international organizations in 在马其顿的国际组织 173, 189 - 90
role of NGOs in 非政府组织在马其顿的作用 190, 191
Malik, M. 马利克,M. 62, 131
migration 移民 153, 159 - 60
Bosnia-Hercegovina 波斯尼亚 - 黑塞哥维那 182, 183
Croatia 克罗地亚 177, 178, 179, 180 - 1
psycho-social approaches to 移民问题的心理 - 社会解决办法 180 - 1
Serbia and Montenegro 塞尔维亚与黑山共和国 186 - 7
Slovenia 斯洛文尼亚 175
Milanovic, B. 米洛舍维奇,B. 133 - 4
Minev, D. 米内夫,D. 114
Minnear, L. 米涅尔,L. 183
minorities 少数民族
types of minority situations 少数民族情形的类型 161
see also ethnicized nationalisms; refugees 参见 族群化民族主义;难民
minority rights, Western intervention in 西方对少数民族权利的干预 161 - 2
Montenegro *see* Serbia and Montenegro 黑山共和国 参见 塞尔维亚与黑山共和国

NAALC (North American Agreement on Labour Cooperation) 北美劳工合作协定 81
NAFTA (North American Free Trade Agreement) 北美自由贸易协议 79 - 82
National Agency for Welfare and Health of Finland 芬兰国家福利卫生局 102 - 3
national NGOs 国家非政府组织 157
national policy, global intervention in 对国家政策的全球性干预 22, *23*, 25
nationalism *see* ethnicized nationalisms 民族主义 参见 族群化民族主义
new independent states (NIS) 新独立国家 97
NGOs (non-governmental organizations) 非政府组织
categorizations of 非政府组织的分类 154, 156 - 7
emergence of 非政府组织的出现

198－9
funding of 非政府组织的资金来源 156－7，179－80，184
involvement in global governance 非政府组织对全球管理的参与 211－12
in post-Yugoslav countries 非政府组织在后南斯拉夫国家的活动 *172*，173，191－2，193
Bosnia-Hercegovina 波斯尼亚－黑塞哥维那 184，186
Croatia 克罗地亚 179－80，181
Macedonia 马其顿 190，191
Serbia and Montenegro 塞尔维亚与黑山共和国 187
Slovenia 斯洛文尼亚 175，176
relationship with civil society 非政府组织与公民社会的关系 154，156，211
relationship with World Bank 非政府组织与世界银行的关系 70，155，211－12
role in complex political emergencies 非政府组织在复杂的政治紧迫局面中的作用 158，159，160，162
role in social policy and welfare 非政府组织在社会政策与福利中的作用 155－8
North American Agreement on Labour Cooperation（NAALC）北美劳工合作协定 81
North Atlantic Free Trade Area（NAFTA）北大西洋自由贸易区 79－82

OECD（Organization for Economic Co-operation and Development）经合组织 70－3
collaboration with ILO 经合组织与国际劳工组织的合作 96－7，100
policy approach 经合组织政策做法 148
role in post-communist social policy 经合组织在后共产主义社会政策中的作用 96－7，130，144，148
in Bulgaria 经合组织在保加利亚 *101*，117
in Hungary 经合组织在匈牙利 *101*，104，107－8，*110－11*
Ogata，S. 绪方贞子，S. 183
Open Society Foundation 开放社会基金会 157，187
Organization for Economic Co-operation and Development *see* OECD 经济合作与发展组织 参见 OECD
organizations *see* international organizations；NGOs；regional organizations 组织 参见 国际组织；非政府组织；区域组织
OSCE（Organization for Security

and Cooperation in Europe) 欧洲安全与合作组织 189

partners in transition (PIT) 转型期的伙伴 97
pensions 养老金
policy in Bulgaria 保加利亚的养老金政策 116, 117, *118*
policy in Hungary 匈牙利的养老金政策 105, 106 - 7, 109, *111*
policy in Ukraine 乌克兰的养老金政策 121, *124*, 126, 128, *129*
World Bank policy on 世界银行的养老金政策 67 - 8, 75, 102, 128, 134 - 5, 136 - 8
Petkov, K. 彼特克夫, K. 114
PFI (political freedom index) 政治自由指数 30, 37
PHARE programme 欧盟中东欧经济重建援助项目 97, 98, 100, *101*
policy approach 政策做法 148
in post-communist countries 在后共产主义国家 97 - 8, 100, *101*, 108, 117, 130, 142 - 3
political freedom, link with human welfare 政治自由与人类福利的联系 37 - 8
political freedom index (PFI) 政治自由指数 30, 37
political rights, strengthening of 对政治权力的加强 210 - 11
political science 政治学 5, 151 - 2
politicization of international organizations 国际组织的政治化 59 - 60
politics, socialization of global politics 全球政治的社会化 3
post-communist conservatism 后共产主义保守思想 91
post-communist countries 后共产主义国家
future of 后共产主义国家的未来 4, 91
rise of ethnicized nationalisms in 族群化民族主义在后共产主义国家的兴起 160, 161
social impact of transition on 转型对后共产主义国家的社会影响 45 - 52
as testing ground for new social policy 作为新社会政策的试验场 149 - 50
see also post-Yugoslav countries 参见 后南斯拉夫国家
post-communist social policy 后共产主义社会政策 195
in Bulgaria 后共产主义社会政策在保加利亚 *101*, 109, 112 - 19, *135*, 143
in Hungary 后共产主义社会政策在匈牙利 *101*, 104 - 9, *110 - 11*, *135*, 143
implications for social science 后

共产主义社会政策对社会科学的启示 151－2
rejection of 对后共产主义社会政策的排斥 92
role of international organizations 国际组织的作用 92－3，128，130－1,150－1,198
co-ordination and collaboration 协调与合作 100－3
differing approaches 不同的做法 93－4
instruments and structure 手段与结构 95－100，96，*101*
motivation for intervention 干预的动机 93，95
see also Council of Europe；EU；ILO；IMF；OECD；United Nations；World Bank 参见欧洲理事会；欧盟；国际劳工组织；国际货币基金组织；经合组织；联合国；世界银行
in Ukraine 后共产主义社会政策在乌克兰 *101*，119－28，129，133
welfare choices 福利选择 91
post-Yugoslav countries 后南斯拉夫国家
Bosnia-Hercegovina 波斯尼亚－黑塞哥维那 173，178－9，182－6
comparison of 相互比较 170－3
complications of social policy in 后南斯拉夫国家社会政策的复杂性 173－4
composition and chronology of events 各种事件的构成与时间顺序 168－70
Croatia 克罗地亚 173，176－81，185
economic and social indicators 经济与社会指标 170，*171*
international organizations in 国际组织在后南斯拉夫国家 170，171－4，192，193
Macedonia 马其顿 173，188－91
migration from 从后南斯拉夫国家移民出去 153
NGOs in 非政府组织在后南斯拉夫国家 *172*，173，191－2，193
research in 后南斯拉夫国家的研究工作 162－3
Serbia and Montenegro 塞尔维亚与黑山共和国 173，186－8
Slovenia 斯洛文尼亚 173，174－6
progressive liberalism 渐进式自由主义 81
psycho-social approaches to forced migration 对强迫性移民采取的心理社会措施 180－1
public work，World Bank policy on 世界银行的公共工程政策 134，135－6
public/private division，in global

social policy 全球社会政策的公/私分野 15，20－1

racial divisions of caring 关怀的种族区分 20，21
racial inequality，in meeting welfare needs 福利需求满足方面的种族不平等 32，43
redistribution *see* supranational redistribution 再分配 参见 超国家再分配
refugees 难民
in Bosnia-Hercegovina 波斯尼亚－黑塞哥维那难民 182，183
in Croatia 克罗地亚难民 177，178，179，180－1
definition of 难民的定义 160
increasing numbers of 难民人数的增加 159
psycho-social approaches to forced migration 对强迫性移民采取的心理社会措施 180－1
in Serbia and Montenegro 波斯尼亚与黑山共和国难民 186－7
in Slovenia 斯洛文尼亚难民 175
regional organizations 地区性组织 79－84
regulation 管制
of global competition 对全球竞争的管制 77－9，203－5
see also supranational regulation 参见 超国家管制

Russia 俄罗斯
social impact of transition on 转型对俄罗斯社会的影响 46，52
see also post-conununist countries；post-communist social policy 参见 后共产主义国家；后共产主义社会政策
Rwanda 卢旺达 183

safety net policy 安全网政策 211
in Bulgaria 保加利亚的安全网政策 *118*
in Hungary 匈牙利的安全网政策 105，*110*
of IMF 国际货币基金组织的安全网政策 62，63，132－3
as result of organizational alliances 安全网政策作为组织联盟的结果 199－200
in Ukraine 乌克兰的安全网政策 121，*124*，*129*
viability of 安全网政策的有效性 201
of World Bank 世界银行的安全网政策 68，69，134，135，138
see also social assistance；social security 参见 社会救助；社会保障
Serbia and Montenegro 塞尔维亚与黑山共和国
economic crisis in 塞尔维亚与黑山共和国的经济危机 187－8

international organizations in 塞尔维亚与黑山共和国的国际组织 173，186
NGOs in 塞尔维亚与黑山共和国的非政府组织 187
prospects for social policy in 塞尔维亚与黑山共和国的社会政策前景 188
refugees in 塞尔维亚与黑山共和国的难民 186－7
Shome，P. 肖姆，P. 133
Siaroff，A. 西亚罗夫，A. 39，42
sickness and incapacity benefits 疾病与伤残津贴
in Bulgaria 保加利亚的疾病与伤残津贴 117，*118*
in Hungary 匈牙利的疾病与伤残津贴 105，*111*
in Ukraine 乌克兰的疾病与伤残津贴 126
World Bank policy on 世界银行的疾病与伤残津贴政策 134
Singer，H. W. 辛格，H. W. 206
Single European Act (1987) 单一欧洲法案 80
Slovenia 斯洛文尼亚 173，174－6
social assistance 社会救助
in Bulgaria 保加利亚的社会救助 117
in Hungary 匈牙利的社会救助 105，107－8
World Bank policy on 世界银行的社会救助政策 134，135，138
see also safety net policy；social security 参见 安全网政策；社会保障
Social Charter 社会宪章 82－3，143－4
Social Development Fund 社会发展基金 83
social dumping 社会倾销 1，11
social inequalities 社会不平等 33－4
social justice 社会公正 14，15－16
social liberalism 社会自由主义
and World Bank policy 社会自由主义与世界银行的政策 69，138，149
see also safety net policy 参见 安全网政策
social policy 社会政策
challenges to tradition framework of 对传统社会政策框架的挑战 2
features of 社会政策的特点 1
in global context 全球环境下的社会政策 1－2，8－10，14，195－7
link with development studies 社会政策与发展研究的联系 9－10，13，86－7，152
need to widen scope of 扩大社会政策范围的必要性 191

post-communist countries as testing ground for 后共产主义国家作为社会政策的试验场 149－50
relationship with other perspectives 社会政策与其他视野之间的关系 151－2，193－4
see also comparative analysis；global social policy；post-communist social policy 参见 对比分析；全球社会政策；后共产主义社会政策
social progress 社会进步
and disparity in meeting welfare needs 社会进步与福利需求满足不同步 30－3
measures of 社会进步衡量手段 29－30
social rights 社会权利
at European level 欧洲层次上的社会权利 3，17，23，82
strengthening of 对社会权利的加强 210－11
supranational citizenship in context of 社会权利环境下的超国家公民身份 23，*25*
social security 社会保障
Bulgarian social policy 保加利亚社会政策 115－16，118－19
European Institution of Social Security（EISS）欧洲社会保障研究所 102
ILO policy on 国际劳工组织的社会保障政策 74，75－6
IMF policy 国际货币基金组织对社会保障政策 63－4
International Social Security Association（ISSA）国际社会保障协会 102
World Bank policy 世界银行的社会保障政策 67－8，75，102
see also social assistance 参见 社会救助
social standards，in context of free trade 自由贸易环境下的社会标准 77－82，203－5
Social Summit（1995）社会峰会 87－9
socialist development 社会主义发展 45－52
socialization，of global politics 全球政治的社会化 3
sociology，study of globalization in 社会学领域对全球化的研究 7－8
Sokalski，H. 索卡尔斯基，H. 190
South American welfare states 南美福利制度 45
South Centre 南部中心 209
South East Asian welfare states 东南亚福利制度 43－4
Soviet Union *see* post-communist countries；post-communist social policy 苏联 参见 后共产主义国

家;后共产主义社会政策
Standing, G. 斯坦丁,G. 99-100, 140, 141
state bureaucratic collectivism 国家官僚式集体主义 91, 140
  future of 国家官僚式集体主义的未来 50-2
Stern, N. 斯特恩,N. 66
structural adjustment loans (SALs) 结构性调整贷款 105, 114
structural adjustment programmes 结构性调整项目 61-2, 64, 65, 69
  in Hungary 匈牙利的结构性调整项目 104-5
  ILO policy responses to 国际劳工组织对结构性调整项目的政策反应 75, 76
  UNICEF study of impact of 联合国儿童基金会对结构性调整项目效果的研究 85
subsidiarity 辅助性 19
supranational NGOs 超国家非政府组织 156-7
supranational provision 超国家提供 3, 21, 23, 81
supranational redistribution 超国家再分配 2-3, 21, 22-3, *24*
supranational regulation 超国家管制 2, 21, 22-3, *24*, 159
supranational social policy *see* global social policy 超国家社会政策 参见 全球社会政策
Svetlik, I. 斯韦特里克,I. 175

TACIS programme 欧盟独联体国家技术资助项目 97-8, 100, *101*
  in post-communist countries 在后共产主义国家 127-8, 130, 142-3
Thompson, G. 汤普森,G. 212
Tobin tax 托宾税 209
Tomes, L. 托姆斯,L. 115
Townsend, P. 汤森,P. 9, 215
tripartism 三方合作
  in Bulgaria 保加利亚的三方合作 109, 112
  ILO policy of 国际劳工组织的三方合作政策 74, 76, 218

Ukraine, post-communist social policy in 乌克兰的后共产主义社会政策 *101*, 119-28, 129, *135*
Ukraine Human Development Report《乌克兰人类发展报告》126
unemployment benefits 失业津贴
  and citizenship-based income 失业津贴与基于公民身份的收入 140, 141
  policy in Bulgaria 保加利亚的失业津贴政策 113, *118*
  policy in Hungary 匈牙利的失业津贴政策 *110*

policy in Ukraine 乌克兰的失业津贴政策 121，*124*，126，127，128，*129*
World Bank policy on 世界银行的失业津贴政策 134，135
United Nations（UN）联合国 84－6
financing of 联合国的财政来源 208－9
intervention in complex political emergencies 联合国对复杂的政治紧迫局面的干预 159
in post-communist countries 联合国在后共产主义国家的活动 144－7，198
in post-Yugoslav countries 联合国在后南斯拉夫国家的活动 177，183，190
reform of 联合国改革 207－9
relationship with IMF and World Bank 联合国与国际货币基金组织和世界银行的关系 206，208
summits 联合国峰会 87－9
United Nations Charter of Human Rights 联合国人权宪章 18
United Nations Children's Fund（UNICEF）联合国儿童基金会 84－5
and reform of UN 联合国儿童基金会与联合国改革 207
relationship with World Bank 联合国儿童基金会与世界银行的关系 85，147
role in post-communist social policy 联合国儿童基金会对后共产主义国家社会政策的作用 99，108－9，128，144，145－7，149，184
United Nations Declaration of Human Rights 联合国人权宣言 17，210
United Nations Development Programme（UNDP）联合国开发计划署
collaboration with ILO 联合国开发计划署与国际劳工组织的合作 125
HDI and *Human Development Reports* 人类发展指数与《人类发展报告》30，37，85
policy approach 联合国开发计划署政策做法 149
and reform of UN 联合国开发计划署与联合国的改革 207
role in post-communist social policy 联合国开发计划署对后共产主义国家社会政策的作用 117，119，125－6，*129*，144，145
United Nations Economic Commission for Europe（UNECE）联合国欧洲经济委员会 83，144－5
United Nations Economic and Social Council（ECOSOC）联合国经济与社会理事会 84，205－6，

207 - 8, 212
United Nations High Commission for Refugees (UNHCR) 联合国难民事务高级专员办事处 3, 17, 159 - 60, 179,183, 187
United Nations International Court of Justice 联合国国际法庭 17, 23
United Nations Preventive Deployment Force (UNPREDEP) 联合国预防性部署部队 173, 190
United Nations Research Institute for Social Development (UNRISD) 联合国社会发展研究所 85 - 6, 144
universality and diversity 全民性与多样性 15, 17 - 19

Van Parijs, P. 范帕里斯,P. 215
Vobruba, G. 沃布里巴,G. 14

war and conflict 战争与冲突 158 - 9
impact in Bosnia-Hercegovina 战争与冲突在波斯尼亚 - 黑塞哥维那造成的后果 182
impact in Croatia 战争与冲突在克罗地亚造成的后果 176 - 7
Weale, A. 威尔,A. 81
welfare 福利
alternative strategies 福利替代性战略 13
changing paradigms of 福利范式的改变 149 - 50, 199 - 201
choices in post-communist countries 后共产主义国家的选择 91
diversity amongst capitalist welfare states 资本主义福利制度的多样性 39 - 45
impact of global competition on 全球竞争对福利的影响 1, 11 - 13
impact of socialist transition on 社会主义转型对福利的影响 45 - 52
link with political freedom 福利与政治自由的联系 37 - 8
relationship with economic growth 福利与经济增长的关系 35 - 7
'welfare as burden' approach "视福利为负担"的做法 71
welfare needs 福利需求
measuring progress in meeting 衡量福利需求满足方面的进步 29 - 30
Doyal and Gough's analysis 多亚尔和高夫的分析 29, 38 - 9, *40 - 1*
progress and disparity in meeting 福利需求满足方面的进步与不一致 30 - 3
welfare provision 福利提供
agency mix in 福利提供方面的机构混合性做法 15, 19 - 20

supranational provision 超国家提供 3，21，23，81
welfare states，types of 福利制度的类型 39－45，50－1
WHO（World Health Organization）世界卫生组织 184
Willets，P. 威利茨，P. 154
Williams，F. 威廉姆斯，F. 43，54
workfare，World Bank policy on 世界银行的工作福利政策 134，135－6
workforce 劳动力
flexibilization and income maintenance 灵活化与收入维持 12
see also labour standards 参见 劳动标准
World Bank 世界银行 65－70
accountability of 世界银行的责任性 205－7
anti-poverty strategy 世界银行的反贫困战略 65，69－70，85
compared with IMF 与国际货币基金组织比较 62，63
competition for influence in Ukraine 在乌克兰争取影响力 124－5
human rights impact of 世界银行对人权的影响 211
internal structures of 世界银行的内部结构 67，99
national responses to 各国对世界银行的反应 130
opposition and debate within 世界银行内部的反对派与论争 66－8，136－8
policy approach 世界银行的政策做法 148，149，198，201
policy on family and child benefits 世界银行的家庭与儿童津贴政策 135，138
policy on pensions 世界银行的养老金政策 67－8，75，102，128，134－5，136－8
policy on public work 世界银行的公共工程政策 134，135－6
policy on sickness and incapacity benefits 世界银行的疾病与伤残津贴政策 134
policy on social assistance 世界银行的社会救助政策 134，135，138
policy on social security 世界银行的社会保障政策 67－8，75，102
policy on unemployment benefits 世界银行的失业津贴政策 134，135
politicization by USA 世界银行被美国政治化 59－60
reform of 世界银行改革 26
relationship with Council of Europe 世界银行与欧洲理事会的关系 83
relationship with ILO 世界银行

与国际劳工组织的关系 76，124－5，127
relationship with NGOs 世界银行与非政府组织的关系 70，155，211－12
relationship with UN agencies 世界银行与联合国机构的关系 85，147，206，208
role in post-communist social policy 世界银行在后共产主义社会政策中的作用 65－6，93－4，99，128，133－8，198
in Bulgaria 世界银行在保加利亚的作用 *101*，109，113－14，115－16，*117*，118－19，135
in Hungary 世界银行在匈牙利的作用 *101*，104，105，106－7，*110－11*，135
in Ukraine 世界银行在乌克兰的作用 *101*，122－5，129，135
role in post-Yugoslav countries 世界银行在后南斯拉夫国家的作用 173，181，182，189，192
safety net policy 世界银行的安全网政策 68，69，134，135，138
and social liberalism 世界银行与社会自由主义 69，138，149
structural adjustment policy 世界银行的结构性调整政策 65，69
World Health Organization（WHO）世界卫生组织 184
World Trade Organization（WTO）世界贸易组织 77－9，206－7

Yugoslavia 南斯拉夫
composition and features of 南斯拉夫的构成与特征 163，*164*
crisis of 1980s 1980 年代南斯拉夫的危机 166，167
ethnicized nationalisms in 南斯拉夫的族群化民族主义 167－8
self-management after Second World War 第二次世界大战后南斯拉夫的自我管理 163，165
social policy and welfare in 南斯拉夫的社会政策与福利 165－7
uneven development in 南斯拉夫的不均衡发展 163，165－7
see also post-Yugoslav countries 参见 后南斯拉夫国家

图书在版编目(CIP)数据

全球社会政策:国际组织与未来福利/(英)迪肯,(英)赫尔斯,(英)斯塔布斯著;苗正民译.—北京:商务印书馆,2013
(社会政策译丛)
ISBN 978-7-100-08540-3

I. ①全… II. ①迪… ②赫… ③斯…④苗… III. ①社会福利—福利政策—研究—世界 IV. ①D57

中国版本图书馆 CIP 数据核字(2011)第 175505 号

社 会 政 策 译 丛
李秉勤 贡森 主编

QUÁNQIÚ SHÈHUÌ ZHÈNGCÈ

全 球 社 会 政 策

——国际组织与未来福利

〔英〕鲍勃·迪肯 与 米歇尔·赫尔斯 保罗·斯塔布斯 著

苗正民 译

商 务 印 书 馆 出 版
(北京王府井大街36号 邮政编码 100710)
商 务 印 书 馆 发 行
北京瑞古冠中印刷厂印刷
ISBN 978-7-100-08540-3

2013 年 1 月第 1 版　　开本 850×1168 1/32
2013 年 1 月北京第 1 次印刷　　印张 13¾

定价: 32.00 元